珍藏本
纪念版

汉译世界学术名著丛书

自杀论

社会学研究

〔法〕埃米尔·迪尔凯姆 著
冯韵文 译

商务印书馆
SINCE 1897 The Commercial Press
2017年·北京

Etude de Sociologie

par

Émile Durkheim

LE SUICIDE

Librairie Félix Alcan

Paris, 1930

根据费利克斯·阿尔冈出版社巴黎 1930 年版译出

珍藏本
纪念版

汉译世界学术名著丛书

自杀论

社会学研究

〔法〕埃米尔·迪尔凯姆 著

冯韵文 译

商务印书馆
SINCE 1897
The Commercial Press

2017年·北京

汉译世界学术名著丛书
（120 年纪念版·珍藏本）
出 版 说 明

2017 年 2 月 11 日，商务印书馆迎来 120 岁的生日。120 年前，商务印书馆前贤怀揣文化救国的理想，抱持“昌明教育，开启民智”的使命，立足本土，放眼寰宇，以出版为津梁，沟通中西，为中国、为世界提供最富智慧的思想文化成果。无论世事白云苍狗，潮流左右激荡，甚至战火硝烟弥漫，始终践行学术报国之志，无改初心。

逐译世界各国学术名著，即其一端。早在 20 世纪初年便出版《原富》《天演论》等影响至今的代表性著作，1950 年代后更致力于外国哲学和社会科学经典的译介，及至 1980 年代，辑为“汉译世界学术名著丛书”，汇涓为流，蔚为大观。丛书自 1981 年开始出版，历时三十余年，迄今已推出七百种，是我国现代出版史上规模最大、最为重要的学术翻译工程。

丛书所选之书，立场观点不囿于一派，学科领域不限于一门，皆为文明开启以来，各时代、各国家、各民族的思想与文化精粹，代表着人类已经到达过的精神境界。丛书系统译介世界学术经典，引领时代思想，为本土原创学术的发展提供丰富的文化滋养，为推动中国现代学术和现代化进程做出了突出的贡献。

为纪念商务印书馆成立120周年，我们整体推出"汉译世界学术名著丛书"120年纪念版的珍藏本，寄望既利于文化积累，又便于研读查考，同时向长期支持丛书出版的译者、编者和读者致以敬意。

两甲子后的今天，商务印书馆又站在了一个新的历史时间节点上。我们不仅要铭记先辈的身影和足迹，更须让我们的步伐充满新的时代精神。这是商务人代代相传的事业，更是与国家和民族的命运始终紧密相连的事业。我们责无旁贷，必须做好我们这代人的传承与创造，让我们的努力和成果不仅凝聚成民族文化的记忆，还能成为后来人可以接续的事业。唯此，才能不负前贤，无愧来者。

商务印书馆编辑部

2017年10月

出版说明

埃米尔·迪尔凯姆(旧译涂尔干,1858—1917)是19世纪末20世纪初法国一位著名的社会学家。1882年,他在巴黎高等师范学校毕业后,先后在桑斯等地许多中学任教,1885—1886年赴德国游学,深受德国实验心理学创始人冯特的青睐。回国后到波尔多大学任社会哲学讲师,后晋升教授。1896年,他创办了《社会学年刊》。1902年,他根据社会学研究的不同对象,把社会学分为一般社会学、宗教社会学、法律社会学、犯罪社会学、经济社会学、道德社会学、社会形态学、美学社会学等。同时,他还给社会学下了定义,认为它是一门以比较的方法研究各种社会制度和社会过程的科学。

迪尔凯姆的主要著作有:《社会分工论》(1893);《社会学方法的准则》(1895);《自杀论》(1897);《宗教生活的基本形式》(1912);《社会主义》(在他死后1928年发表);《社会学教程—风俗法律的物质作用》(1950年发表)。

《自杀论》是迪氏的一部重要社会学著作,它和《社会分工论》内容十分密切,也可以说,它是《社会分工论》的续篇。因为在《社会分工论》的最后一部分已对社会分工而引起的社会病态进行了分析。作者认为,所谓自杀,就是"任何由死者自己完成并知道会产生这种结果的某种积极或消极的行动直接或间接地引起的死亡”。自杀是一种特殊的社会现象。在资本主义制度下,这种现象之所以增多,是由于资本主义经济的发展、科学技术的进步和社会分工的变细所造成的社会病态而引起的。它跟种族、遗传因素、个人素质、心理状态、精神病、自然条件、气候变化无重大关系,或者说关系不大,然而它跟社会环境、其中包括经济危机、政治危机、社会动荡、改朝换代、工作变迁、生活变化等却有着密切的关系。

但是,自杀人数的多少和自杀率的高低在不同的国家和地区则有所不同。它们与不同的宗教信仰、文化程度高低和两性差异关系很大。在这些自杀者中,作者又按照自杀的不同原因,把自杀分为三种类型,即利己主义自杀、利他主义自杀和由于社会混乱所引起的自杀。

为了防止和消除自杀,作者提出了以下设想:一、对自杀者进行惩罚,不给他的尸体落葬,剥夺其公民权利、政治权利和家庭的权利,没收其财产,以警告其效尤者;二、对悲观主义者采取必要的措施,使其精神状态恢复正常;三、改进教育,培养人们的坚强性格,增强信念;四、重新发挥家庭在防止自杀中的作用;五、最主要的是恢复行会,建立不同职业的职业组织,使个人命运与集体组织联系起来。总之,作者通过系统研究,探索自杀的原因和它的规律性,写出这部系统论述自杀的著作,这在社会学领域内是不多见的,应该说是对社会学的一大贡献。正是这个缘故,它成了众多社会学著作中一部名著。

1996 年 2 月

目　　录

序

近来，社会学风行一时。十几年前还鲜为人知甚至几乎被人贬低的这个词，今天已成为一个常用词。公众对这门新科学的兴趣越来越大，似乎对它有一种偏爱。人们对它寄予很大的希望。可是应该承认，已经取得的成果与已出版著作的数量和人们对这些著作的兴趣完全不相称。一门科学的进步，其标志是它所研究的问题不再原封不动。有人说，如果发现了迄今为止尚不知道的规律，或者至少是新的事实改变了提出问题的方法，尽管还没有提供可以被看作是最后的解决办法，这门科学就算是进步了。然而，不幸的是有充分的理由认为，社会学并没有向我们展现出这种景象；因为它往往不提出明确的问题。它还没有超越建设和哲学综合的阶段。它不是以说明社会领域的有限部分为己任，而是宁可研究那些引人注目的一般性，考察所有的问题而不是特地研究哪一个问题。这种方法固然可以稍微满足一点公众的好奇心，向公众阐明各种各样的问题，但是根本达不到任何目的。人们不是借助于草率的直感粗浅地进行考察便能发现如此复杂的现实事物的规律的。况且，某些既广泛又仓促的概括是不可能得到任何证明的。人们能做到的就是在有机会的时候举几个有利于说明已经提出的假设的例子，但是说明并不是证明。此外，一个人在遇到那么

多问题的时候，他什么问题也解决不了，他所能利用的只是某些偶然知道的情况，甚至没有办法加以考证。因此，对于任何习惯于只研究某些特定问题的人来说，纯社会学的著作毫无用处，因为大部分著作都不属于任何特定的研究领域，而且过分缺少有点权威性的资料。

对我们这门科学的前途抱有信心的人应该把结束这种状态的事放在心上。如果这种状态继续下去，社会学很快就会重新信誉扫地，只有理性的敌人才会为此而感到高兴。因为对于人类的理智来说，如果漏掉迄今为止唯一不受其支配和人们为之激烈争论的这一部分现实，哪怕是暂时的，这也将是一次可悲的失败。即使取得的成果不明确，也决不应该灰心丧气。这是作出新的努力的理由，而不是洗手不干的借口。一门诞生不久的科学有权犯错误和进行探索，只要它意识到自己的错误和探索以免重复。因此，社会学不应该放弃任何抱负；但是另一方面，如果要不辜负人们对它的期望，它就不应该变成一种别具一格的哲学专题著作。社会学家就不应该热衷于对社会现象进行形而上学的思考，而应该把各种具有明确界限的现象作为研究的对象；这些现象可以说是用手摸得着的，人们可以说出它们的来龙去脉，而且可以抓住不放！社会学家还应该仔细参考各种辅助学科，例如历史、人种志和统计学；没有这些学科，社会学就可能一事无成！如果说有什么要担心的话，这就是社会学家所掌握的材料无论如何不会与他试图研究的课题相适应；因为不管他多么细心地划定界限，他的课题总是如此丰富、如此多变，以致包含着无数的意外情况。但是这没有什么要紧。如果他这样进行研究，即使他所掌握的材料不完整，方法太

有限，他还是做了一件有益的工作，这件工作将大有前途。因为，具有某种客观基础的观念和它们的提出者的人格并无紧密的关系。这些观念具有某种非个人的性质，使别人也可以接受和继承；它们是可以传播的。因此，在科学工作中可以有某种连续性，而这种连续性正是进步的条件。

人们即将读到的这本书正是在这种意图的支配下构思的。在教学过程中，我们有机会研究各种各样的课题，我们之所以在其中选择自杀作为本书的研究课题，是因为比自杀更容易确定的课题不多，我们觉得自杀是一个特别适当的例子；尽管要明确地划定这个课题的范围还需要做一番准备工作。但是，只要集中力量，我们便可以找到名副其实的规律，这些规律比任何辩证的论据更能证明社会学是切实可行的。人们将会看到我们希望已经证明的规律。当然，我们可能不止一次地弄错，在我们的归纳中超越观察到的事实。但是，至少每一种假设都附有证据，而且我们力求使证据尽可能多一点。尤其重要的是，我们每次将仔细地把推理和解释同被解释的事实明确地区分开来。因此，读者能够评价向他所作的这些解释的根据而不会受到丝毫干扰。

此外，在这样限制研究范围的同时，人们完全没有必要限制自己全面和概括地看问题。相反，我们认为我们已经确定了有关婚姻、丧偶、家庭和宗教团体等等的许多命题；如果我们没有弄错，这些命题比伦理学家关于这些条件或制度的性质的一般理论使我们懂得更多的东西。从我们的研究中，甚至可以看出关于欧洲当前存在的普遍不安的原因的某些征象，以及可以缓和这种情况的补救办法。因为不应该认为，一种普遍的状态只能用普遍性来解释。

这种状态可能有某些明确的原因，如果不仔细地研究各种同样明确的表现形式，我们就可能不会知道这些原因。然而，自杀在今天的情况下正是我们所遭受的集体疾病的表现形式之一；因此它将帮助我们理解这种疾病。

最后，读者将在本书中重新看到我们曾在其他著作中提出和考察过的主要的方法论问题，但更加具体和有的放矢。① 在这些问题中，甚至有这样一个问题，这个问题对本书来说太重要了，所以我们不能不立刻提醒读者注意。

我们所采用的社会学方法完全基于这样的基本原则：各种社会现象应被当作事物，即外在于个人的现实来研究。对我们来说，没有要更多争论的规则，但也没有更基本的规则。因为，归根到底，社会学为了能够存在，首先应该有一个完全属于它自己的研究对象。它应该研究一种不属于其他科学范畴的现实。但是，如果除了那些特殊的意识以外再没有别的实在的东西，那么它就会因为没有自己的题材而消失。今后可以观察的唯一对象是个人的心理状态，因为再没有别的了；然而，这是归心理学研究的问题。从这个观点来看，婚姻、家庭或宗教中一切具有实质性内容的东西其实都可以被看作是由这些行动来满足的个人需要：父母对子女的爱、子女对父母的爱、性欲以及人们称之为宗教本能的东西等等。这些行动本身及其复杂多变的历史形式却变得无足轻重了。作为个性一般属性的表面和偶然的表现形式，这些行动不过是个性的一个方面，不需要专门进行研究。有时候研究一下人类这些永恒

① 《社会学方法的准则》，巴黎，F.阿尔康书店，1895年。

的感情在不同的历史时期是如何表现出来的，这也许是出于好奇；但是这些表现都是不完整的，所以人们不可能给予重视。从某些方面来看，最好把这些表现撇在一边，以便能更好地触及使这些表现具有意义和使这些表现改变性质的根源。因此，借口把社会学建立在更加坚实的基础上而把这门科学纳入个人心理学的范畴，实际上是使它离开唯一属于它的研究对象。人们没有意识到，如果没有社会就不可能有社会学，而如果只有个人就不可能有社会。此外，这种观念根本不是在社会学中保持模糊的普遍性的理由。如果人们只承认一种虚假的存在，那么他们怎么能专门说明社会生活的各种具体形式呢？

然而，我们很难认为，本书的每一页并不给人以这栏的印象：支配个人的是超越个人的道德的现实，即集体的现实。如果人们认为，每个民族都有自己的自杀率，这种自杀率比一般死亡率更稳定，即使有变化，那也是按每个社会特有的加速系数来变化的，每日、每月、每年的不同时刻的变化不过是社会生活节奏的反映。如果人们认为，结婚、离婚、家庭、宗教团体和军队等等按某些明确的规律影响着社会生活的节奏，其中有些规律甚至可以用数字形式来表示，那么他们就不会认为，这些情况和这些行为是不道德的和无效益的意识形态安排。但是人们会感觉到，这是一些实在的、有生命的和活跃的力量，这些力量以它们支配个人的方式证明它们并不从属于个人；至少是，即使个人作为组成部分进入产生这些力量的组合，这些力量也随着自己的形成而对个人施加影响。在这种情况下，人们就更懂得社会学可能而且必须是客观的，因为社会学所面对的现实和心理学家或生物学家所研究的现实一样明确和

具体。[①]

在这里,我们还要感谢我们从前的两位学生:波尔多高等小学教师费朗先生和哲学教师马塞尔·莫斯先生,感谢他们对我们的热诚支持和帮助。前者绘制了本书的全部地图;后者帮助我们收集了表二十一和表二十二的必要数据,读者将会看到这些数据的重要性。为此,必须分析 26000 名自杀者的档案,以便按年龄、性别、身份和有无子女进行分类。这项繁重的工作是莫斯先生单独完成的。

这些表格是根据司法部的文件编制的,但这些文件没有包括在年度报告中,是司法统计局局长塔尔德先生好意向我们提供的,我们向他表示最衷心的感谢。

① 不过我们将要指出(第 356 页注②),这种看法决不排除一切自由,而是使自由与统计资料所揭露的决定论协调起来的唯一方法。

导　　论

一

由于自杀一词在交谈的过程中不断地被提到，所以人们可能以为，这个词的意义已是人人皆知，家喻户晓，给它下定义是多此一举。但是，实际上，日常语言中的词，就像这些词所表达的概念一样，始终是模棱两可的；学者们如果按照他们所接受的惯用法来使用这些词，而不给这些词另作详细说明，就可能陷于最严重的混乱。不仅词的含义不受什么限制，根据谈话的需要随时变化，而且由于词的分类不是产生于某种有系统的分析，而只是说明民众的各种含糊不清的印象，所以不断地发生这样的情况：某些不同范畴的事实被不加区别地归入同一个类别，或者性质相同的事实被冠以不同的名称。因此，如果我们听凭自己被固有的词义所支配，我们就可能把应该合在一起的事物区别开来，或者把应该区别开来的事物混在一起，以致看不出这些事物之间的真实关系，从而误解它们的性质。只有经过比较才能消除误解。因此，科学调查只有针对可以比较的事实才能达到目的，而且越是有把握汇集那些能够有效地进行比较的事实，就越有成功的机会。但是，那种产生通俗术语的肤浅考察是不可能有把握地弄清事物的这些正常关系

的;因此,学者不能把那些符合日常用语的既成事实作为他研究的对象。他倒是应该由他自己来确定他要研究的那些事实,以便使这些事实具有能被科学地探讨所必需的同质性和特异性。因此,当植物学家谈到花卉或水果的时候,当动物学家谈到鱼类或昆虫的时候,他们都是按他们不得不预先规定的含义来理解这些不同术语的。

所以,我们的第一个任务应该是,确定我们打算在自杀的名称下进行研究的事实的范畴。为此,我们要想一想,在不同类别的死亡中,是不是有某些死亡既具有任何诚心诚意的观察者都能看得出来的共同的客观特点,又具有在其他死亡中看不到的特异性,但同时相当接近于人们通常归于自杀名下的死亡,使我们能够保留这个词而不至于曲解这个词的惯常用法。如果遇到这类情况,我们将毫无例外地把所有表现出这些特性的事实汇集在这个名称之下;即使这样形成的分类并不包括所有人们通常称之为自杀的死亡,或者包括那些人们经常冠以另一种名称的死亡,我们也不会为此感到不安。因为重要的不在于要比较确切地表达普通人在谈到自杀时所使用的概念,而在于要确定一种事物的范畴,这种范畴既可以毫无困难地列入这种类别,又是客观地确定的,也就是说符合事物的特定性质。

不过,在各种不同类别的死亡中,有一类死亡表现出这样的特点:这类死亡是死者自己的有意识行为,也可以说是某种行动的结果,受害者是采取行动的人本身;另一方面可以肯定,这种特点也是人们通常在谈论自杀时的思想基础。此外,产生这种后果的行动的内在性质并不重要。一般地说,尽管人们把自杀设想成一种积极的和使用暴力的行为，这种行为意味着显示某种肌肉的力量，但是一种完全消极的态度或者一种简单的克制也可以产生同样的后果。绝食自杀和用铁器或火器自杀是一样的。受害者所采取的行动甚至不必是死亡的直接前提，以便死亡可以被看成是这种行动的结果；因果关系可以是间接的，现象并不因此而改变性质。反对偶像崇拜的人为了赢得殉难者的桂冠，犯下了他也知道要被处以极刑的欺君之罪，死于死刑执行人之手，他就像自己给了自己致命的一击一样导致了自己的死亡；至少没有必要把这两种自愿的死亡列入不同的类别，因为这两种死亡只是在具体的细节上有某些区别。这样，我们就得出了第一个公式：任何由死者自己所采取的积极或消极的行动直接或间接地引起的死亡都叫做自杀。

但是这个定义并不完全；它没有区别两种十分不同的死亡。我们实在不能把幻觉症患者的死亡和神志清醒的人的死亡列为一类，以同样的方式来对待：前者从楼上的窗口跳下来，因为他以为窗口和平地在同一个水平上，而后者自尽时知道自己在干什么。从某种意义上说，不以死者的某种行为为远因或近因的死亡是很少的。死亡的各种原因属于我们身外的，远远多于我们自身的，除非我们闯入它们的行动范围，它们是不会找到我们头上来的。

我们能不能说，从死亡结果的观点看，只有受害者作出了引起死亡的行动才有自杀呢？我们能不能说，只有想要自杀的人才是真正的自杀，因而自杀是故意杀害自己呢？不过，这首先要根据性质来确定自杀，这种性质尽管值得注意，而且很重要，但无论如何这种过失不易辨认，因为它不易被观察到。怎么知道是什么动机使死者下定决心；当他下定决心的时候，他是想要死还是有什么其他目的？意图是非常隐蔽的东西，除了大概估计，别人是无法猜到的，甚至连其本人也觉察不出来。我们有多少次误解了促使我们采取行动的真实理由啊！我们经常用丰富的激情或者崇高的理由来解释我们受庸俗感情或盲目守旧的影响。

况且，一般地说，一种行动不能用采取这种行动的人所追求的目的来说明，因为许多同样的行动不必改变性质就可以达到完全不同的目的。实际上，如果只是在有自杀的意图时才有自杀，那就不应该给某些事件加上自杀的名称；这些事件尽管从表面上看来和自杀有许多不相同之处，但实际上和人们所说的自杀没有两样，而且如果不用自杀这个词就不可能有别的名称。为了挽救自己的团队而迎着死亡向前冲去的士兵并不想死，然而，他的死亡难道不是他自己造成的，就像工业家或者商人为了逃避破产的屈辱而自杀一样？我们也可以这样说为信仰而死的殉道者，为孩子而牺牲自己的母亲等等。不管死亡仅仅是被当作一种令人遗憾的、但从想要达到的目的来说又是不可避免的状态来接受的，还是明确地希望和追求的，自杀者都是不想再活下去，不同方式的自杀只能是同一类死亡中的几个变种。这些死亡的基本相似之处太多了，所以不能不把它们归在同一个类别里，除非在这个类别里再把它们分为若干种。当然，通俗地讲，自杀首先是一个再也活不下去的人在绝望时所采取的行动。但是，实际上，因为一个人在离开人间的时候依然留恋着人生，所以他是不会轻易弃世的；而在一个活人就这样放弃他最宝贵的财富时所采取的各种行动之间，有着某些显然是固有的共同特点。相反，能够下定这种决心的不同动机却只

会产生某些次要的区别。因此，一旦这种决心到了肯定要牺牲性命的程度，从科学上来讲，这就是自杀；至于是什么种类的自杀，我们将在下面看到。

这种最大牺牲的所有可能的形式的共同点是，作出这种牺牲的行动是在深知原因的情况下完成的；牺牲者在采取行动时知道他的行动可能产生什么结果，而不管是什么理由促使他采取这种行动的。所有表现出这种特点的死亡明显地不同于其他死亡，在其他死亡中，死者或者不是造成他自己死亡的因素，或者只是不自觉的因素。这种死亡以一种很容易辨认出来的性质区别于其他死亡，因为，要知道一个人是否事先就考虑到他的行动的必然结果，并不是一个解决不了的问题。因此，这种死亡构成一种特定的、性质相同的、可以区别于其他死亡的类型，所以应该用一个特殊的词来表示。自杀这个词适用于这种死亡，没有必要创造另一个词；因为人们平常所说的自杀绝大多数属于这种类型。因此我们明确地说：人们把任何由死者自己完成并知道会产生这种结果的某种积极或消极的行动直接或间接地引起的死亡叫做自杀。自杀未遂也是这种意义上的行动，但在引起死亡之前就被制止了。

这个定义足以使我们不去考虑任何有关动物自杀的情况。其实，我们对动物智力的了解并不容许我们把动物死亡的预先表现，尤其是能够引起死亡的手段归于动物。诚然，有人看到某些动物拒绝进入它们的同类曾经遭到杀害的地点，他们就说这些动物能预感到它们的命运。但是，实际上，血腥气就足以引起这种本能的退缩。他人所提到并希望从中看到严格意义上的自杀的所有例子，都可以有完全不同的解释。如果被激怒的蝎子把自己的毒钩刺进自己的身体（况且这并不确实），这可能是出于某种无意识的、没有经过考虑的反应。由它的发怒所产生的动能是漫无目的和随意地发泄掉的；这种发泄的牺牲品碰巧是动物，我们不能说这种发泄的后果事先就已经表现出来了。相反，如果有几只狗在它们失去主人之后拒绝吃东西，这是因为它们所深深感到的悲哀无意识地使它们失去食欲；死亡是丧失食欲的结果，但并不是事先就预料到的。这种情况下的绝食和另一种情况下的受伤，都没有被用来作为达到已知结果的手段。所以它们没有我们在上面明确说明的自杀的特点。因此，我们在下面将只考虑人类的自杀。①

但是，这个定义不仅有这样的好处：预先告诉我们那些迷惑人的类似自杀的情况或者任意排除在自杀之外的情况，而且使我们从现在起就对自杀在整个道德生活中所占的地位有了某种概念。实际上，这个定义告诉我们，自杀并不像人们可能认为的那样是一种完全不同的类型，是一类孤立的骇人听闻的现象，与其他行为方式毫无关系；但是，相反，自杀是通过一系列中间状态与其他行为方式联系在一起的。自杀只是习惯做法的夸大形式。我们说自杀确实是存在的，因为死者在采取必然会致自己于死命的行动时肯定知道这种行动在正常情况下可能产生什么后果。不过这种肯定可能比较强烈，也可能不那么强烈。只要对这种肯定稍加怀疑，你就会看到一种新的情况，这种情况不再是自杀，但和自杀十分相

① 还有极少数例子不能这样解释，但是这些例子更加令人怀疑。例如，亚里士多德说过，有人看到一匹马，这匹马发现人们在它没有意识到的时候让它和它的母亲交配。后来它多次拒绝，并且故意从悬崖上跳了下去。（《动物的历史》，IX，47）关于这个问题，参看韦斯科特的《自杀》，第174—179页。

似，因为两者之间只有程度上的差别。一个人有意识地为了别人使自己受到牵连，但不一定送命，他当然不是一个自杀者；即使他有可能送命，那他也不过是一个冒失鬼，故意拿自己的生命开玩笑而又力求免于一死，或者是一个麻木不仁的人，对什么都不感兴趣，不愿自找麻烦去关心自己的健康，并由于疏忽而使健康受到损害。然而，这些不同的行动方式和严格意义上的自杀并没有根本的区别。它们都是类似的精神状态引起的，因为它们都导致生命的危险，而采取这种行动的人并不是不知道这种危险，但这种危险的前景并没有阻止他采取这种行动；唯一的区别是死的可能性比较小。因此人们常说，由于熬夜而弄得筋疲力尽的学者是在自杀，这不是毫无道理的。所有这些情况都是萌芽状态的自杀，而且，尽管把它们和完全的、成熟的自杀混为一谈并不是一个好办法，但也不应该看不到它们与后者之间的同源关系。因为，一旦人们意识到自杀一方面与表现勇气和献身精神的行为有密切的关系，另一方面又与表现冒失和单纯粗心大意的行为有密切的关系，自杀就会表现为完全不同的样子。我们在下面将会看到这些关系多么有启发性。

二

但是，社会学家是不是对这种情况感到兴趣呢？既然自杀是一种个人的行为，这种行为只影响个人，那么自杀似乎应该完全取决于个人的因素，因而只属于心理学的范畴。事实上，人们通常不是根据自杀者的脾气、性格、经历和个人历史上的大事件来解释他的决心吗？

我们暂时不去探讨在何种程度上和在什么条件下研究自杀才是合情合理的。但可以肯定的是，自杀完全可以从另一个方面来考虑。事实上，如果不把自杀仅仅看成是孤立的、需要一件件分开来考察的特殊事件，而是把一个特定社会在一段特定的时间里所发生的自杀当作一个整体来考虑，我们就会看到，这个整体不是各个独立事件的简单的总和，也不是一个聚合性的整体，而是一个新的和特殊的事实，这个事实有它的统一性和特性，因而有它特有的性质，而且这种性质主要是社会性质。事实上，对于同一个社会来说，只要观察所涉及的时间不是太长，自杀的统计数字就几乎没有什么变化，就像表一所证明的那样。因为，人们生活在其中的环境并不是每年都有明显的变化。有时候诚然有一些重大的变化，但这些变化完全是例外。我们还可以看到，这些变化总是和某种暂时影响社会状态的危机同时发生。[①] 因此，在 1848 年，所有欧洲国家的自杀都突然减少了。

如果观察一段比较长的时间，我们就会看到更加重大的变化。但这时这种变化变成了长期的，因此只表明社会的结构特点在这段时间里也发生了深刻的变化。值得注意的是，这种变化并不像相当多的观察家所认为的那样是非常缓慢地发生的；但这种变化既是突然发生的，又是逐渐发生的。统计数字连续几年在十分接近的上下限之间起伏之后，突然呈现出某种上升的趋势，这种趋势在几度摇摆之后便稳定下来，逐渐增强，最后固定下来。因为，社

① 我们把与这些例外年代有关的数字放在括号里。

表一 欧洲主要国家自杀的稳定性
（绝对数字）

年 代	法 国	普鲁士	英 国	萨克森	巴伐利亚	丹 麦
1841	2814	1630		290		337
1842	2866	1598		318		317
1843	3020	1720		420		301
1844	2978	1575		335	244	285
1845	3082	1700		338	250	290
1846	3132	1707		373	220	376
1847	(3647)	(1852)		377	217	345
1848	(3301)	(1649)		398	215	(305)
1849	3583	(1527)		(328)	(189)	337
1850	3596	1736		390	250	340
1851	3598	1800		402	260	401
1852	3676	2073		530	226	426
1853	3415	1942		431	263	419
1854	3700	2198		547	318	363
1855	3810	2354		568	307	399
1856	4189	2377		550	318	426
1857	3967	2038	1349	485	286	427
1858	3903	2126	1275	491	329	457
1859	3899	2146	1248	507	387	451
1860	4050	2105	1365	548	339	468
1861	4154	2185	1347	(643)		
1862	4770	2112	1317	567		
1863	4613	2374	1315	643		
1864	4521	2203	1340	(545)		411
1865	4946	2361	1392	619		451
1866	5119	2485	1329	704	410	443
1867	5011	3625	1310	752	471	469
1868	5547	3658	1508	800	453	498
1869	5114	3544	1588	710	425	462
1870		3270	1554			486
1871		3135	1495			
1872		3467	1514			

会平衡状态的中断尽管是突然发生的，但总是需要有时间来表现出它的全部后果。因此，自杀的变化呈现出明显和连续的波浪状，这种起伏是一阵阵地发生的，一次高潮过后是一阵间歇，然后又是一次高潮。我们从表一可以看到，这样的一次高潮是紧接着 1848 年事件以后发生的，换句话说，根据各国不同的情况分别发生在 1850 年到 1853 年之间；另一次高潮在德国是在 1866 年战争以后开始的，在法国则更早一些，是在 1860 年帝国政府鼎盛时期开始的，在英国是在 1868 年即商业条约所引起的商业革命以后开始的。1865 年我们在法国看到的又一次高潮也许是出于同样的原因。最后，1870 年战争以后又开始了一次新的高潮，这次高潮还在持续着，而且几乎遍及整个欧洲。①

因此，每一个社会在它历史上的每一个时刻都有某种明确的自杀倾向。我们通过比较自杀的总数和总人口数之间的关系来衡量这种倾向的强度。我们把这个数据称之为被考察的社会所特有的自杀死亡率。我们通常以一百万人或十万人为单位来计算自杀死亡率。

自杀死亡率不仅在一个长时期内保持不变，而且这种不变甚至比主要的人口学现象的不变性还要大。尤其是，一般死亡率往往从这一年到下一年都有变化，而且变化很大。为了证实这一点，只消比较一下这两种现象在几个时期里的变化。这正是我们在表二中所做的。为了便于比较，我们根据这个时期的平均死亡率和

① 在表一中，我们交替使用白体字和黑体字来表示不同高潮时的自杀人数，以便使每一次高潮的特征一目了然。

表二　自杀死亡率与一般死亡率变化的比较

1. 绝对数字								
1841—1846	自杀（每10万人中）	一般死亡（每千人中）	1849—1855	自杀（每10万人中）	一般死亡（每千人中）	1856—1860	自杀每（10万人中）	一般死亡（每千人中）
1841	8.2	23.2	1849	10.0	27.3	1856	11.6	23.1
1842	8.3	24.0	1850	10.1	21.4	1857	10.9	23.7
1843	8.7	23.1	1851	10.0	22.3	1858	10.7	24.1
1844	8.3	22.1	1852	10.5	22.5	1859	11.1	26.8
1845	8.8	21.2	1853	9.4	22.0	1860	11.9	21.4
1846	8.7	23.2	1854	10.2	27.4			
			1855	10.5	25.9			
平　均	8.5	22.8	平　均	10.1	24.4	平　均	11.2	23.8
2. 用百分比表示每年的比率								
1841	96	101.7	1849	98.9	113.2	1856	103.5	97
1842	97	105.2	1850	100	88.7	1857	97.3	99.3
1843	102	101.3	1851	98.9	92.5	1858	95.5	101.2
1844	100	96.9	1852	103.8	93.3	1859	99.1	112.6
1845	103.5	92.9	1853	93	91.2	1860	106.0	89.9
1846	102.3	101.7	1854	100.9	113.6			
			1855	103	107.4			
平　均	100	100	平　均	100	100	平　均	100	100

	连续两年之间的			平均数以上和平均数以下	
	最大差距	最小差距	平均差距	最大平均数以　下	最大平均数以　上
	1841—1846				
一般死亡率	8.8	2.5	4.9	7.1	4.0
自　杀　率	5.0	1	2.5	4	2.8
	1849—1855				
一般死亡率	21.5	0.8	10.6	13.6	11.3
自　杀　率	10.8	1.1	4.48	3.8	7.0
	1856—1860				
一般死亡率	22.7	1.9	9.57	12.6	10.1
自　杀　率	6.9	1.8	4.82	6.0	4.5

平均自杀率,用百分比来表示每年的死亡率和自杀率。这样,一年和一年的不同或者和平均率的关系便可以在这两栏中比较出来。这种比较的结果是,在每一个时期,一般死亡率的变化幅度要比自杀率的变化幅度大得多,平均大两倍。在后两个时期,只有连续两年之间的最小差距才看上去差不多同样大。不过,在一般死亡栏里,这种最小差距是一个例外,相反,历年自杀人数的变化却很少有差距。我们比较各种平均差距就可以看出这一点。①

的确,如果我们比较的不再是同一个时期内连续几年的数字,而是不同时期的平均数,我们所看到的死亡率的变化自然变得几乎微不足道。当我们把较长一段时间作为计算的基础时,那由于一时的和偶然的原因而逐年发生和引起的行动在两个相反方向上的变化就会互相抵消;因此,由此而产生的平均数也就没有什么很大的变化。例如在法国,从 1841 年到 1870 年,每 10 年的平均数分别为 23.18;23.72;22.87。但是,逐年的自杀率如果不是超过各个时期的一般死亡率,至少也是相等,这已经是首先值得注意的事实。其次,平均死亡率只是在死亡变成普遍的和非个人的情况时才具有这种规律性,只能用来非常不完全地说明某一特定社会的特点。事实上,就所有已经达到几乎同样文明程度的民族来说,死亡率看上去差不多;至少差别是很小的。例如在法国,正像我们刚才已经看到的,从 1841 年到 1870 年,死亡率一直是 23‰左右;在同一个时期,比利时的死亡率是 23.93、22.5 和 24.04;英国是

① 瓦格纳已经用这种方法比较过死亡率和结婚率(《人类表面上的随意行为的规律性》,第 87 页)。

22.32、22.21 和 22.68；丹麦是 22.65（1845—1849 年）、20.44（1855—1859 年）和 20.4（1861—1868 年）。如果把俄国除外，因为它只是在地理上属于欧洲，那么欧洲大国中死亡率比较明显地与上述数字有差距的只有意大利（1861—1867 年达到 30.6）和奥地利（更高达 32.52）。[①] 相反，自杀率每年的变化看起来虽然很小，但是不同的社会有不同的自杀率，可以相差一倍、两倍、三倍、四倍甚至更多（见表三）。因此，比死亡率高得多的自杀率是每个社会群体所特有的，可以被看成一种特有的标志。自杀率甚至和每个民族气质中最深沉的气质有着如此密切的联系，以致不同的社会在这方面的排列顺序在非常不同的时期也几乎完全不变。这一点通过对表三的考察就可以得到证明。在作比较的三个时期内，自杀到处都在增加；但是，在这种增加中，不同的民族保持着各自的差距。每个民族都有它自身固有的加速系数。

因此，自杀率形成一种事实的顺序，一种单一的和确定的顺序；这是它的持久性和可变性所同时表明的。因为这种持久性是无法解释的，如果它不具备一系列与众不同、互相联系、尽管周围环境不同但同时表现出来的特点的话；而这种可变性则表明这些特点的个性和具体性，因为这些特点和社会的个性本身一样是变化着的。总之，这些统计资料所表明的是使每个社会都集体受到损害的自杀倾向。我们现在不去谈这种倾向究竟是什么性质，如果它是一种集体精神的特殊情况，[②]并有它自身的实在性的话，

① 据贝蒂荣的《死亡率》，载《医学百科辞典》，第 LXI 卷，第 738 页。

② 当然，我们使用这种说法完全不是要把集体意识具体化。我们不承认社会比个人具有更多实质性的精神。此外，我们以后还要谈到这一点。

表三　不同的欧洲国家中每百万居民的自杀率

	1866—1870年	1871—1875年	1874—1878年	顺序		
				第一个时期	第二个时期	第三个时期
意大利	30	35	33	1	1	1
比利时	66	69	78	2	3	4
英国	67	66	69	3	2	2
挪威	76	73	71	4	4	3
奥地利	78	94	130	5	7	7
瑞士	85	81	91	6	5	5
巴伐利亚	90	91	100	7	6	6
法国	135	150	160	8	9	9
普鲁士	142	134	152	9	8	8
丹麦	277	238	255	10	10	10
萨克森	283	267	334	11	11	11

或者如果它只是个别情况的总和的话。尽管上述考虑很难和最后这种假设调和起来,但我们还是要在本书正文中讨论这个问题。[①]不管人们如何考虑,这种倾向总是以这种或那种名义存在。每个

① 见本书第三编,第一章。

社会都有一部分人倾向于自愿死亡。因此这种倾向可以成为属于社会学范畴的专门研究对象。这正是我们要进行的研究。

我们并不打算因此而开列一张尽可能包括一切可以算作个别自杀起因的条件的完整的清单，而只是研究那些我们称之为社会自杀率的这个确定无疑的事实的条件。人们认为这是两个性质截然不同的问题，不管其中可能有什么联系。事实上，在这些个别条件中，肯定有许多条件还没有普遍到足以影响自愿死亡的总数与人口的关系。这些条件也许能促使某一个人去自杀，但不可能促使整个社会产生多少有点强烈的自杀倾向。正如这些条件并不取决于某种社会组织状态一样，这些条件也没有社会影响。因此，这些条件使心理学家感到兴趣，而不使社会学家感到兴趣。后者所研究的是可能影响群体而不是可能影响个人的原因。因此，在自杀的各种因素中，他所关心的只是那些使整个社会都感觉到它们的影响的因素。自杀率是这些因素的产物。因此我们必须注意这些因素。

这就是本书的研究对象，共分三部分。

现在要加以解释的现象只能是属于具有极大普遍性的非社会原因，或者是属于严格意义上的社会原因。我们首先要考虑前者有什么影响，我们将会发现这种影响根本不存在，或者十分有限。

然后我们将确定这些社会原因的性质，这些社会原因产生影响的方式，以及这些社会原因和个别情况的关系，个别情况与不同类型的自杀有关。

这样，我们便能更明确地说明自杀的社会因素，即我们刚刚谈到的这种集体倾向究竟包括些什么，这种倾向和其他社会现象有什么关系,以及用什么方式才能影响这种倾向。①

① 读者在需要的时候可以在每章的开头找到有关这一章所讨论的特殊问题的参考书目。下面是有关自杀的一般参考书目。

1. 我们主要利用的官方统计出版物:

《奥地利统计资料》(《卫生事业统计资料》)。——《比利时统计年鉴》。——《巴伐利亚州皇家统计局杂志》。——《普鲁士统计资料》(《按死亡原因及老年死亡者统计的死亡数》)。——《符腾堡统计与地方志年鉴》。——《巴登州统计资料》。——《美国第十次人口普查。关于美国1880年死亡率和人口统计的报告》,第11部分。——《意大利统计年鉴》。——《意大利王国城镇死亡原因统计资料》。——《关于意大利军队卫生情况的医学统计报告》。——《奥尔登堡大公国新闻统计资料》。——《法国刑事法庭总结报告》。

《柏林市统计年鉴》。——《维也纳市统计资料》。——《汉堡市统计手册》。——《不来梅州官方统计年鉴》。——《巴黎市统计年鉴》。

此外读者还可以从下述文章中找到有用的资料:普拉特尔:《论1819—1872年间奥地利的自杀》,载于《统计月刊》,1876年。——布拉塔谢维茨:《1873—1877年间奥地利的自杀》,载于《统计月刊》,1878年,第429页。——奥格尔:《英国和威尔士的自杀与年龄、性别、季节和职业的关系》,载于《统计学会杂志》,1886年。——罗西:《1884年西班牙的自杀》,载于《精神病学文献》,都灵,1886年。

2. 关于自杀的一般研究:

德盖里:《法国的道德统计学》,巴黎,1835年;《法国和英国的比较道德统计学》,巴黎,1864年。——蒂索:《论自杀狂和反抗精神,原因及纠正办法》,巴黎,1841年。——埃托克—德马齐:《关于自杀的统计学研究》,巴黎,1844年。——利尔:《论自杀》,巴黎,1856年。——瓦普保斯:《普通人口统计学》,莱比锡,1861年。——瓦格纳:《人类表面上的随意行为的规律性》,汉堡,1864年,第二部分。——布里埃尔·德布瓦蒙:《论自杀和自杀狂》,巴黎,热尔梅·巴伊埃尔书店,1865年。——杜埃:《自杀还是自愿死亡》,巴黎1870年。——勒鲁瓦:《塞纳—马恩省的自杀与精神病研究》,巴黎,1870年。——厄廷根:《道德统计学》,第3版,埃尔兰根,1882年,第786—832页和附表103—120。——厄廷根:《论急性自杀和慢性自杀》,多帕特,1881年。——莫塞利:《自杀》,米兰,1879年。——勒古瓦特:《古代的自杀和现代的自杀》,巴黎,1881年。——马萨伊克:《作为社会普遍现象的自杀》,维埃纳,1881年。——韦斯科特:《自杀,它的历史和专题著作等》,伦敦,1885年。——莫塔:《关于自杀的参考书目》,贝林佐纳,1890年。——科尔:《犯罪与自杀》,巴黎,1891年——博诺梅利:《自杀》,米兰,1892年。——迈尔:《自杀统计学》,载于康拉德主编的《社会科学辞典》补遗卷,耶拿,1895年。——D. 奥维埃:《自杀》,论文集,1898—1899年。

第 一 编

非社会因素

第一章　自杀与心理变态①

人们可以先验地认为，有两类非社会原因影响自杀率：即内体—心理的素质和自然环境的性质。可以认为，在个人的性格中，或至少在很大一部分个人的性格中，有一种直接导致人去自杀的倾向，其强烈的程度因国家而异；另一方面，气候、温度等等也可能以影响机体的方式间接地产生同样的结果。对这种假设无论如何不能置之不理。因此，我们将依次考察这两类因素，并且弄清它们是否确实在我们所研究的现象中起某种作用以及起什么作用。

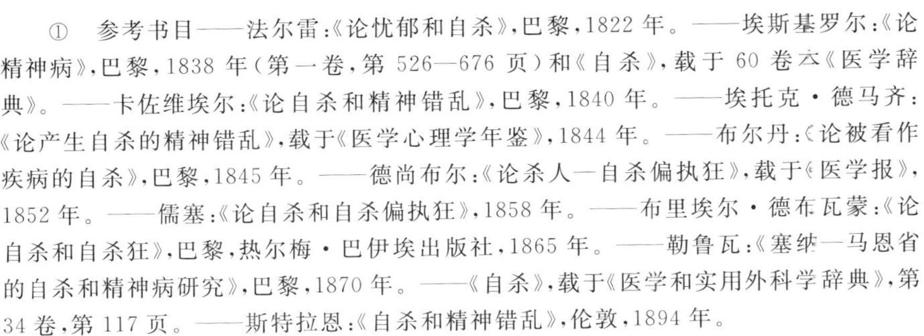

① 参考书目——法尔雷：《论忧郁和自杀》，巴黎，1822 年。——埃斯基罗尔：《论精神病》，巴黎，1838 年（第一卷，第 526—676 页）和《自杀》，载于 60 卷本《医学辞典》。——卡佐维埃尔：《论自杀和精神错乱》，巴黎，1840 年。——埃托克·德马齐：《论产生自杀的精神错乱》，载于《医学心理学年鉴》，1844 年。——布尔丹：《论被看作疾病的自杀》，巴黎，1845 年。——德尚布尔：《论杀人—自杀偏执狂》，载于《医学报》，1852 年。——儒塞：《论自杀和自杀偏执狂》，1858 年。——布里埃尔·德布瓦蒙：《论自杀和自杀狂》，巴黎，热尔梅·巴伊埃出版社，1865 年。——勒鲁瓦：《塞纳—马恩省的自杀和精神病研究》，巴黎，1870 年。——《自杀》，载于《医学和实用外科学辞典》，第 34 卷，第 117 页。——斯特拉恩：《自杀和精神错乱》，伦敦，1894 年。

吕尼埃：《论法国含酒精饮料的生产和消费》，巴黎，1877 年。同名文章，载于《医学心理学年鉴》，1872 年；《统计学会杂志》，1878 年。——普林青格：《酗酒和自杀》，莱比锡，1895 年。

一

有一些疾病的年发生率在某一个社会里相对地说是稳定的，同时在不同的民族中又有相当大的差别。精神错乱就是这种疾病。因此，如果有理由认为任何自愿死亡都是一种精神错乱的表现，那么我们提出的问题就解决了：自杀不过是一种个人的疾病。[①]

这是许多精神病医生所主张的论点。按照埃斯基罗尔的说法："自杀表现出精神错乱的全部特征。"[②]——"人只有在发狂的时候才企图自杀，自杀者就是精神错乱者。"[③]他从这个原则得出的结论是，因为自杀是不由自主的，所以不应该受到法律的惩罚。法尔雷[④]和莫罗·德·图尔以几乎相同的词句表达自己的看法。后者固然在说明他所赞成的学说的段落里提出一种足以使这种学说受到怀疑的看法，他说："自杀是否在任何情况下都应当被看成是精神错乱的结果？我们在这里不想解决这个难题，只是一般地说，对精神错乱的研究越深入、经验越多、看到的精神错乱者越多，就越是倾向于作出肯定的回答。"[⑤]1845 年，布尔丹大夫在一本小册子中毫无保留地支持了这种意见；这本小册子一出版就轰动了

① 在精神错乱本身纯粹是个人的事的范围内。实际，精神错乱在一定程度上是一种社会现象。我们在下面还要谈到这一点。

② 《论精神病》，第 1 卷，第 639 页。

③ 同上书，第 665 页。

④ 法尔雷：《论忧郁和自杀》，第 137 页。

⑤ 载于《医学心理学年鉴》，第 7 卷，第 287 页。

医学界。

可以而且曾经有两种不同的方式为这种理论辩护。有人说，自杀本身是一种*自成一类*的疾病实体，一种特殊的精神错乱；有人不把自杀归为性质截然不同的一类疾病，而只是把它看作一种或几种精神错乱的一个插曲，并不出现在精神正常的人身上。前者是布尔丹的论点；埃斯基罗尔则是另一种观点最有权威的代表人物。他说："根据以上所述，人们已经隐约地看出，自杀对我们来说不过是许多不同原因的一种续发现象，它表现出某些不同的特点；这种现象不能表明某种疾病的特点。正是为了把自杀说成是一种*自成一类*的疾病，人们提出了某些被经验所否定的一般命题。"①

在这两种证明自杀的精神病性质的方法中，第二种方法不太严格，也不太有说服力，因为按照这条原则，不可能有反面的经验。事实上，不可能把所有的自杀列成一份完整的清单，使人们在每一例自杀中都看到精神错乱的影响。人们只能举出几个特殊的例子，不管这种特殊例子有多少，都不能作为科学概括的依据；即使一时提不出相反的例子，这种例子总是可能存在的。但是，如果能够提出其他证据，这种证据就将是结论性的。如果能够确定，自杀就是一种精神病，有它自身的特点和病程，那么问题就解决了；任何自杀者都是疯子。

但是，有没有一种自杀狂呢？

① 《论精神病》，第1卷，第528页。

二

由于自杀的倾向具有特殊性和限定性，所以如果这种倾向是一种精神病的变种，那也只能是一种局部的和只限于某种行为的精神病。为了使这种精神错乱能够说明某种谵妄的特点，这种行为就应该只达到这个唯一的目的；因为如果这种行为有多种目的的话，那就没有理由用其中的一种行为而不用其他行为来给这种谵妄下定义。在心理病理学的传统术语中，人们把这些有限的谵妄称做偏执狂。偏执狂者是这样一种病人，除了在某一点上，他的意识完全是健全的；他只不过表现出一种显然是局部性的缺陷。例如，他有时候突然莫名其妙地想喝水或者偷东西，或者想骂人；但是他的其他一切行为和一切思想都是非常正常的。因此，如果说有一种自杀狂的话，那它也只能是一种偏执狂，而且人们往往是这样来给它定性的。①

另一方面，人们懂得，如果承认这类特殊的疾病叫做偏执狂，那就很容易被说服把自杀归为偏执狂。其实，根据我们刚刚提到的定义，自杀并不说明这类疾病的特点，这些病也不导致智能的主要障碍。在偏执狂者和精神健全的人身上，精神生活的基础是相同的；只是前者在这种共同的基础上突出地表现出一种特定的精神状态。实际上，偏执狂只是在脾性方面有一种过分的热情，在表述方面有一种错误的观念，但是其程度如此强烈，以致

① 见布里埃尔·德布瓦蒙：《论自杀和自杀狂》，第140页。

使精神受到困扰而无法摆脱。例如，当奢望使大脑所有其他功能都达到似乎陷于瘫痪的程度时，它就从正常状态变成病态，而且变成严重的偏执狂。因此，感情上稍微有点剧烈的变化就足以扰乱心理上的平衡而出现偏执狂。然而，自杀者通常似乎是因为受到某种不正常激情的影响，而这种激情是突然爆发或逐步发展起来的；人们甚至有明显的理由可以认为，有一点这类力量来抵消基本的本能始终是必要的。另一方面，许多自杀者除了结束自己生命的特殊行为以外，和其他人没有什么两样；因此没有理由说他们得了一般的谵妄症。这就是自杀如何在偏执狂的名义下被列为精神病的。

可是，到底有没有偏执狂呢？在长时期内，偏执狂的存在没有引起怀疑；精神病医生一致承认局部谵妄理论，没有什么争论。人们不仅相信这种由临床观察所证明的理论，而且把这种理论看作是心理学教学的一种必然结果。于是人们声称，人的精神是由各种性质截然不同的官能和力量组成的，这些官能和力量通常相互配合，但也能单独行动；因此它们能够分别受到疾病的感染看来也是很自然的。既然一个人可以表现出没有意志的智力和没有智力的感觉，那么为什么他就不可以有智力或意志方面的疾病而没有感觉方面的毛病，或者有感觉方面的毛病而没有智力或意志方面的疾病呢？人们在把这条原则应用到这些官能比较特殊的形式上时，就会承认身体所受到的损伤可以只影响某一种倾向、某一种行为或某一种孤立的想法。

但是，这种意见今天已被普遍抛弃。当然，人们不可能通过观察来直接证明偏执狂是不存在的；但是人们举不出一个无可争辩的例证，这是确定无疑的。临床经验决不可能在一种真正的孤立状态中遇到一种精神上的病态倾向；每当一种官能受到损伤，其他官能也同时受到损伤，而且那些相信有偏执狂的人没有觉察到这些同时发生的损伤，这是因为他们没有很好地进行观察。法尔雷说："我们以一个被宗教思想所纠缠并被人们列为偏执狂者的精神错乱者为例。他自称受到上帝的启示，负有一项给世界带来一种新宗教的神圣使命……你们会说，这种想法纯粹是疯话，但是，除了这些宗教上的想法，他像其他人一样通情达理。好吧！你们如果更细心地询问他，你们立刻就会在他身上发现其他不正常的想法；例如你们会发现，在这些宗教思想之外还有一种骄傲的倾向。他不仅会自以为受命改革宗教，而且受命改革社会；他也许还自以为有最高的天命在等待着他……就算你们在这位病人身上寻找骄傲的倾向而没有发现，你们也会觉察到某些卑躬屈膝的想法或惶恐的倾向。被宗教思想所纠缠的病人会自以为遭到了失败、注定要完蛋等等。"[①]当然，所有这些谵妄通常并不集中在一个人身上，但人们往往同时发现这些谵妄；或者说，即使这些谵妄并不同时存在于疾病的同一时刻，也可以看到这些谵妄相继出现在疾病的几个比较接近的阶段。

最后，除了这些特殊的表现以外，在这些所谓的偏执狂者身上，总是有一种作为这种疾病基础的整个精神生活的一般状态，而这些谵妄性观念只是这种状态表面和暂时的表现形式。构成这种状态的是过度的兴奋或者极端的抑郁，或者全面的反常，尤其是在

① 《论精神病》，第 437 页。

思想上和行动上缺乏平衡和协调。病人进行思考，但是他的思想不连贯而且出现空白；他的行为并不荒唐，但没有顺序。因此，说精神错乱可以成为他的组成部分，而且是有限的部分，这是不确切的；只要它影响智力，就是全面的影响。

此外，人们据以提出关于偏执狂的假设的原则，和当前的科学论据有矛盾。几乎不再有人为关于官能的旧理论辩护了。在有意识的活动的不同方式中，人们不再看到自我结合而只是在单纯精神的抽象中重新获得统一的分散的力量，而是看到各种互相依靠的官能；因此，一种官能受到损伤而这种损伤不影响其他官能是不可能的。这种影响对大脑甚至比对人体其余部分更加深刻，因为心理机能没有相互区别的器官，以致一种器官受到影响而其他器官不受影响。心理机能分散在大脑的不同区域，没有一定之规，正像大脑的不同部位很容易互相取代所证明的那样，如果其中某一个部位不能完成它的任务的话。它们非常完整地互相交织在一起，以致精神错乱不可能影响某一个部位而不影响其他部位。更何况精神生活不根本改变，精神错乱就完全不可能改变一种思想或一种特殊感情。因为表现和倾向没有本身的存在；它们不是集合在一起形成精神的许多小实体，即精神原子。它们只不过是意识中心一般状态的外在表现；它们来自这种状态，而且表现这种状态。因此，只要这种状态本身不恶化，它们就不可能具有病态的特征。

但是，如果精神上的缺陷不能局部化，那就没有也不可能有严格意义上的偏执狂。那些从表面上看来是局部的、被人们称之为偏执狂的精神错乱，总是产生于更广泛的精神错乱；它们不是疾

病，而是更全身性的疾病的特殊的和继发性的偶发症状。因此，既然不存在偏执狂，也就不可能有自杀偏执狂，所以自杀就不是一种性质截然不同的精神错乱。

三

但是，自杀只在精神错乱的状态下发生还是可能的。如果自杀本身不是一种特殊的精神病，那么自杀也不是能够产生自杀的那种精神病。自杀只是精神病的一种插曲式的综合征，但经常发生。能不能根据这种发生率得出结论说，自杀决不会在健康的状态下发生，它是精神错乱的一个确凿标志呢？

这个结论未免有点草率。因为，在精神错乱者的各种行为中，如果自杀是精神错乱者所特有的行为，可以用来说明精神错乱的特点，那么其他行为就是精神错乱者和健康人所共有的，只是在疯子身上具有某种特殊的形式。没有理由先验地把自杀列入第一种范畴。精神病医生们固然断言，他们所知道的自杀者大多数都有精神错乱的症状，但这种证据不足以解决问题；因为这类观察过于简单。况且，根据这种非常特殊的经验是不可能归纳出任何普遍规律来的。他们所知道的自杀者当然都是精神错乱者，但是他们不能断定他们没有观察到的自杀者也是精神错乱者，而后者的数量最多。

从方法论上来说，唯一的办法是根据自杀的基本性质来划分疯子的自杀，从而确定精神错乱的自杀的主要类型，看是否所有的自愿死亡都能纳入这些疾病的分类学范围。换言之，要知道自杀是不是精神错乱者的一种特殊行为，就应该确定自杀在精神错乱时所采取的形式，然后看这是不是自杀所采取的唯一形式。

专家们通常很少致力于对精神错乱者的自杀进行分类，但是可以认为，下述四种类型包括了那些最重要的自杀种类。这种分类的基本轮廓是从儒塞和莫罗·德·图尔那里借用来的。[①]

1. 躁狂性自杀。——这种自杀或者是出于幻觉，或者是出于某些谵妄性观念。病人自杀是为了躲避某种危险或某种想象的耻辱，或者是为了服从他从上面接到的一道神秘的命令，等等。[②] 但是，这种自杀的动机和发展方式反映了引起自杀的疾病即躁狂症的特点。使这种疾病与众不同的是它的多变性。各种各样的、甚至互相矛盾的思想和感情以极快的速度相继出现在躁狂症患者的意识中。这是一种持久性的精神错乱。一种意识状态刚刚出现就被另一种意识状态所取代。引起躁狂性自杀的各种动机也是如此：它们以惊人的速度产生、消失或变化。使患者决定自我毁灭的幻觉或谵妄突然出现，由此引起自杀的企图；后来，转瞬之间情况发生变化，如果自杀的企图失败，就不会重复，至少暂时不会重复。如果自杀的企图后来再次出现，那也是出于另一种动机。最微不足道的事情也可能引起这种突然的变化。一位这类想要结束自己生命的病人跳进一条小河，河水不太深。他不得不寻找一个能淹

① 见《医学和实践外科学辞典》《自杀》条。

② 不应该混淆这些幻觉和那些会使病人对他所遇到的危险产生误解的幻觉，例如使他把窗户误认为大门。在这种情况下，不存在前述定义所说的自杀，而是意外的死亡。

没自己的地点，当时有一位海关官员怀疑他的意图，举起枪来瞄准他，并威胁说如果他不走上岸来就要开枪了。我们这位病人立刻顺从地走回家去，再也不想自杀了。①

2. 忧郁性自杀。——这种自杀与极度抑郁和过分忧伤的综合状态有关，这种状态使病人不再正确地评价周围的人和事与他的关系。娱乐对他来说没有任何吸引力；他把一切都看成是丑恶的。他认为生活使人烦恼或痛苦。因为这种心情经常存在，所以自杀的念头同样经常存在；这种心情和念头具有极大的固定性，引起这种心情和念头的一般动机也总是明显地相同。有一位年轻的姑娘，父母都很健康，她在乡下度过童年之后，不得不在14岁的时候远离家乡去完成她的学业。从这时候起，她就感到一种说不出来的烦恼，一种对孤独的明显爱好，不久又感到一种无法排遣的对死的愿望。"她一连几个小时一动也不动，眼睛注视着地上，感到透不过气来，好像担心发生某种可怕的事。她决心投河自尽，所以要寻找最偏僻的地方，以免别人来救她。"②然而，她懂得她打算采取的行动是一种罪行，所以暂时放弃了这种打算。但是一年以后，这种自杀的倾向更加强烈，自杀的念头频繁出现。

这种普遍的绝望往往伴随着直接导致自杀的幻觉和谵妄性观念。只是这种幻觉和谵妄性观念不像我们刚才在躁狂症患者身上看到的幻觉和谵妄性观念那样多变。相反，它们和产生它们的整

① 布尔丹：《论被看作疾病的自杀》，第43页。

② 法尔雷：《论忧郁和自杀》，第299—307页。

个状态一样是固定不变的。纠缠着患者的忧虑、他的自责和他所感到的悲伤总是相同的。因此，尽管这种自杀像前一种自杀一样是由想象的理由引起的，但它的慢性特点使它与前者有所区别。这种自杀也是难以根除的。这类病人沉着地准备实行自杀的手段：他们为了达到目的坚持不懈，有时甚至显得异常机灵。这种执着的精神与躁狂症患者无休止的变化无常毫无相似之处，后者只有一时的发作，没有持久的原因；而前者则有一种与患者的一般特点有联系的稳定状态。

3. 强迫性自杀。——在这种情况下，自杀不是任何实际的或想象的动机引起的，而只是一种固定不变的死的念头引起的，这种念头毫无明显理由地完全控制了病人的思想。病人被自杀的愿望所纠缠，尽管他完全知道他没有任何合理的动机要这样做。这是一种本能的需要，思考和推理对它没有影响，类似人们所说的偏执狂患者有偷盗、杀人、放火的需要。因为患者知道他的需要是荒唐的，所以他首先试图抗拒。但是在整个抗拒过程中，他感到忧伤、压抑、心中有一种与日俱增的焦虑感。因此，人们有时把这种自杀称之为焦虑性自杀。下面是一位病人有一天向布里埃尔·德布瓦蒙所作的自白，分毫不差地描述了这种状态："作为一家商行的雇员，我干得相当不错，但是，我的行动像木头人，别人对我说话的声音好像空谷中的回声。我最大的痛苦是想自杀，片刻也摆脱不掉这个念头。我有这种冲动已经一年了；起先，这种冲动不太明显。两个多月来，这种冲动到处纠缠着我，可是我没有任何自杀的动机……。我的身体很好，家里也没有人得过类似的病；我没有经济上的困难，我的薪水足够我开支，而且容许我享受我这种年龄的

人所能享受的乐趣。”[①]但是，病人一旦打定主意不再抵制这种焦虑，决心自杀，这种焦虑却停止了，而且恢复了平静。尽管自杀的企图不成功，但有时足以暂时平息这种病态的愿望。也可以说患者满足了他的愿望。

4. 冲动性或不由自主的自杀。——这种自杀和前一种自杀一样没有任何动机，既不是出于现实的原因，也不是出于病人想象的原因。不过，这种自杀不是由一种在一段或长或短的时间里折磨着精神的念头，而只是由逐步控制意志的固定不变的念头引起的，它是一种突然的、一时无法抗拒的冲动的结果。这种冲动一瞬间显示出它的全部力量，引起自杀的行为，或者至少引起自杀行为的开始。这种突然性使我们想到我们在上述躁狂症中所看到的情况；只是躁狂性自杀总还是有某种理由，尽管这种理由并不合理。这种自杀与患者的谵妄性观念有关。但是在这里，自杀倾向的出现及其产生的后果的确是不由自主的，没有任何理智上的先兆。看见一把刀，在悬崖边上散步等等，在一瞬间便引起了自杀的念头，随之而来的行动如此迅速，病人往往没有意识到发生了什么事。“有一个人正在平静地和朋友们聊天；突然之间他向前冲去，跨过护墙，跳进河里。他随即被人救起；人们问他这种行为的动机，他什么也不知道，他只是不由自主地顺从了某种驱动他的力量。”[②]另一个人说：“奇怪的是，我想不起来我是怎么爬上窗户的，当时是什么思想支配着我；因为我根本没有要自杀的念头，或者至

① 《论自杀和自杀狂》，第 397 页。
② 同上书，第 574 页。

少我现在不记得有这种想法。”[①]病人不大可能感觉到这种冲动的产生，而且不大可能立即离开死亡的手段而成功地逃避死亡手段对他的诱惑。

总之，所有精神错乱的自杀都没有任何动机，或者是纯粹想象的动机所引起的。然而，许多自愿死亡既不属于这一范畴，也不属于另一范畴；其中大部分都有动机，而这些动机并非没有现实的基础。因此，不能把任何自杀者都看成是疯子，除非滥用名词。在我们已经说明其特点的各种自杀中，最难和正常人自杀区别开来的看来是忧郁性自杀；因为自杀的正常人也经常处于一种沮丧和抑郁的状态，就像精神错乱者一样。但是，两者之间总是有这样的基本区别：前者所处的状态和由此而引起的行为并非没有客观的原因，而后者所处的状态和由此而引起的行为则与外界的环境没有任何关系。总之，精神错乱的自杀不同于其他自杀，就像错觉和幻觉不同于正常的感觉、不由自主的冲动不同于有意识的行为一样。固然，一种状态可以过渡到另一种状态而不中断，但是如果要成为把两者等同起来的理由，一般地说还必须把健康和疾病混为一谈，因为后者不过是前者的一种变化。即使可以肯定，一般人决不会自杀，只有自杀的人才表现出某些反常状态，人们也没有权利认为精神错乱是自杀的一个必要条件；因为精神错乱者不仅仅是一个思想和行为与一般人稍有不同的人。

因此，我们不能把自杀和精神错乱这样紧密地联系起来，除非故意缩小这两个名词的含义。埃斯基罗尔写道：“一个人只服从某

① 《论自杀和自杀狂》，第314页。

种崇高的感情而投身于某种危险之中，使自己遭到不可避免的死亡，为了法律、为了保卫自己的信仰、为了拯救祖国而自愿牺牲自己的生命，他就不是自杀。”[①]他举出了德西乌斯和阿萨斯等人的例子。法尔雷也不同意把库尔提乌斯、科德鲁斯和阿里斯托德穆斯看成自杀者。[②] 布尔丹不仅把宗教信仰或政治信仰所引起的自杀除外，而且甚至把崇高的爱情所引起的自杀除外。但是我们都知道，直接引起自杀的动机的性质不能用来给自杀下定义，因此也不能用来区别自杀和不是自杀。一切由病人自己采取的明知其可能引起的后果的行动所造成的死亡，不管出于什么目的，都十分相似而无法区分其类别。不管怎样，这些自杀只能是同一种类型；为了区分这些自杀，除了死者所要达到或多或少可疑的目的外，还需要有另一种标准。因此，至少有一部分自杀不是精神错乱。然而，一旦打开了例外的大门，就很难再关上了。因为在这些由特别崇高的感情所引起的自杀和那些由不太高尚的动机所引起的死亡之间，没有什么不可逾越的鸿沟，可以不知不觉地从这一种变成另一种。因此，如果前者是自杀，那就没有任何理由不把后者也称作自杀。

因此，有一些自杀并不是精神错乱的自杀，而且数量很多。人们从这种双重标志看出，这些自杀是经过慎重考虑的，而这种慎重考虑的各种表现并不完全是出于幻觉。人们看到，这个经常引起争论的问题是可以解决的，没有必要提出自由的问题。为了知道

① 《论精神病》，第1卷，第529页。

② 《论忧郁和自杀》，第3页。

是否所有的自杀者都是疯子，我们并没有考虑他们是否自由行动；我们只是根据那些在观察不同类型的自杀时所看到的经验特点。

四

既然精神错乱者的自杀并非所有类型的自杀，而只是其中的一种，所以构成精神错乱的心理变态的普遍性并不能说明集体的自杀倾向，但是，在严格意义上的精神错乱和完全的智力平衡之间，有着一系列的中间状态：这就是人们通常统称为神经衰弱的各种反常状态。因此，有必要弄明白，如果没有精神错乱，这些反常状态是否对我们所研究的现象的产生不起重要的作用。

正是精神错乱的自杀的存在，它就提出了这个问题。事实上，如果神经系统的某种严重反常足以引起自杀，那么程度较轻的反常就必然产生程度较轻的影响。神经衰弱是一种初步的精神错乱，因此它必然在某种程度上产生同样的影响。然而，它是一种比精神错乱普遍得多的状态，而且甚至还会越来越普遍。因此可以认为，人们所说的一切反常状态都可能是使自杀率发生变化的因素之一。

此外，人们也懂得，神经衰弱可以导致自杀，因为患神经衰弱的人从气质上来说好像命中注定是要受痛苦的。事实上人们都知道，这种痛苦通常是神经系统受到过分强烈的震动所引起的；过分强烈的神经波往往是使人痛苦的。痛苦是从神经波超过最大强度时开始的，但这种最大强度是因人而异的；在神经比较有抵抗力的人身上，这种强度就比较高，在其他人身上则比较低。因此，在后者身上，痛苦开始得比较早。对于神经病患者来说，任何印象都是苦恼的原因，任何活动都是疲劳的原因；他的神经好像暴露在体外，轻轻一碰就会受伤；生理功能的完成通常是最静悄悄的，但是对他来说却总是最难以忍受的感觉的来源。另一方面，愉快的起点比较低，这也是事实；因为脆弱的神经系统的这种过分可渗透性使他容易受到某些不能扰乱正常机体的刺激的影响。因此，对于这样的患者来说，某些微不足道的小事也可以引起无限的愉快。看来他必须在这一方面重新获得在另一方面失去的东西；由于有这种补偿，他就不会比其他人更无力经受住这种斗争。然而，事实并非如此，他不如别人却是实在的；因为各种日常的印象和日常生活的条件一再引起的感觉始终是一种决定性的力量。因此，生活对他来说很可能不那么惬意。当他能够摆脱这种生活，为自己创造一个外界的喧闹声只能隐约地传到他耳朵里的特殊环境时，他也许能够活下去而不感到过分痛苦，因此我们看到他有时躲避这个使他感到痛苦的世界，去寻找孤独。但是，如果他不得不投身到混乱的人群中，如果他不能细心地保护他病态的敏感不受外界的冲击，那么他很可能感到痛苦多于愉快。因此，这种机体对自杀的念头来说是一块有利的土壤。

这不是神经病患者感到生活艰难的唯一理由。由于他的神经系统极端敏感，所以他的思想和感情总是处于不稳定的平衡状态。因为最轻微的感受也会在他身上引起异常的反应，所以他的心理结构不断发生剧烈的变化，而且在这种不间断的变化的刺激下不能固定为某种确定的形式，它总是在变化。为了使心理结构能够固定下来，过去的各种经历应该起持久的作用，不过这些作用却不断地被突然发生的剧烈变革所破坏和抵消。然而，在一个固定不变的环境中，只有人的所有功能同样固定不变才能生活。因为生活就是以适当方式对外界的刺激作出反应，而且这种和谐的一致只有借助于时间和习惯才能确立。这种和谐的一致有时是好几代人反复探索的产物，这种探索的结果有一部分变成了遗传性的，不能在每次需要行动时推倒重来。相反，如果在行动的时候一切都要从头做起，那么这种行动就不可能是它应该采取的一切。对我们来说，这种稳定性不仅在我们与自然环境的关系中是必要的，而且在我们与社会环境的关系中也是必要的。在一个有确定组织的社会里，个人只有在具有同样确定的心理和道德素质的情况下才能自立。然而，这正是神经病患者所缺少的。他所处在的震惊状态使他对环境不断地感到意外。因为他没有对这种意外作好准备，所以他不得不想出一些古怪的行为方式；由此而产生众所周知的他对新奇事物的爱好。但是，要使自己适应传统的环境，临时想出来的办法就不如由经验中得出来的办法，因此往往失败。所以，社会制度越是固定不变，多变的患者就越是无法在社会中生活。

因此，这种心理特征在自杀者当中很可能是最常见的。还不清楚的是，这种非常个别的条件对引起自杀究竟起多大作用？这种条件稍微借助于环境的作用，或者只能有其他的使个人更容易受到强制力影响的效果，而这种强制力对自杀者来说是外在的，并且是自杀现象的唯一决定性原因，那么这种条件是否足以引起自杀呢？

要直接解决这个问题，必须把各种自杀同各种神经衰弱作比较。遗憾的是后者没有统计资料。但是有一个迂回的办法可以帮助我们解决这个困难。既然精神错乱不过是神经退化的扩大形式,所以可以这样认为而不至于有严重的错误:神经退化者的数量变化和疯子的数量变化是一样的,因此对后者的研究可以代替对前者的研究。此外,这种方法还有这样的好处,就是使我们能够一般地确定自杀率和各种心理变态的总体的关系。

一个基本的事实可以使人们把它们所没有的影响归咎于它们;这个事实就是,自杀和精神错乱一样,城市里比农村多。因此,自杀似乎和精神错乱一样增加和减少;这就可以使人相信,自杀取决于精神错乱。但是这种相似并不一定说明某种因果关系,而很可能是一种简单的巧合。比较讲得通的假设是,自杀的社会原因本身就像我们将要看到的,和城市文明有着紧密的联系,而社会原因在大城市中是最多的。为了估计精神变态对自杀可能产生的影响,必须排除精神变态像自杀的社会条件那样变化的情况;因为当这两种因素在同一个方向上起作用的时候,就不可能在整个结局中区分每一种因素所起的作用。应该专门察看这些因素在什么地方起相反的作用;只有证实这些因素之间的某种矛盾,才能知道哪一种因素占主导地位。如果心理失调起着人们有时归罪于它的主要作用,那么它就必定以某些特定的影响来显示它的存在,即使社会条件逐渐使它失去作用;相反,如果个人的条件向相反的方向起作用,那么社会条件就必定无法显示出来。然而下列事实证明情况恰恰相反:

1. 所有的统计资料都证实,在精神病院里,住院病人中女性略多于男性。她们所占的比例各国不同,但是正如下表所显示的,每 100 名精神病人中的女性为 54 或 55 名,男性为 46 或 45 名:

科克收集了11个国家对精神病患者的普查结果。在166675名男女精神病患者中，男性为78584名，女性为88091名，即精神病患者占男性人口的1.18‰，占女性人口的1.30‰[①]。迈尔也发现了同样的数字。

	年代	每100名精神错乱者中的			年代	每100名精神错乱者中的	
		男	女			男	女
西利西亚	1858	48	51	纽约	1855	44	56
萨克森	1861	48	52	马萨诸塞	1851	46	54
符腾堡	1853	45	55	马里兰	1850	46	54
丹麦	1847	45	55	法国	1890	47	53
挪威	1855	45*	56*	法国	1891	48	52

* 原文如此。——译者

人们自然要问，精神病院里女病人多于男病人，是否只是因为男疯子的死亡率高于女疯子的死亡率。事实上，在法国，每100名死在精神病院的疯子中大约有55名是男性。因此，在一个特定时刻统计的女病人数量比较多，并不证明女人更容易精神失常，而仅仅证明女人在这种情况下和其他所有情况下一样比男人活得长。但是无论如何还是应该承认，在现有的精神病患者中女性多于男性；如果断定疯子都神经过敏是合情合理的，那就应该承认，患神经衰弱的女性任何时候都多于男性。因此，如果说自杀率和神经衰弱之间有什么因果关系的话，那么妇女自杀的就必然多于男人，至少应该一样多。因为，即使考虑到女性的死亡率比较低，并且相应地修改各项统计数字，那么人们能够由此得出的结论是：她们和

① 科克：《关于精神错乱的统计》，斯图加特，1878年，第73页。

男子一样容易精神错乱；她们的死亡率比较低，而她们在精神错乱者的所有统计数字中占优势，两者差不多刚好互相抵消。然而，她们的自杀倾向并不超过或者等于男人的自杀倾向，自杀碰巧基本上是一种男性的感情表现形式。有一个妇女自杀，就平均有 4 个男子自杀（见表四）。因此，男女都有某种明确的自杀倾向，这种倾向对于每一种社会环境来说甚至是固定不变的。但是这种倾向的强度丝毫不像心理变态因素那样变化，无论是根据每年新发生的病例数来估计，还是根据在一个特定时刻统计的病人数来估计。

表四①　男性和女性在自杀总数中所占的份额

	自杀的绝对数		每 100 名自杀者中的	
	男	女	男	女
奥地利(1873—1877)	11429	2478	82.1	17.9
普鲁士(1831—1840)	11435	2534	81.9	18.1
普鲁士(1871—1876)	16425	3724	81.5	18.5
意大利(1872—1877)	4770	1195	80	20
萨克森(1851—1860)	4004	1055	79.1	20.9
萨克森(1871—1876)	3625	870	80.7	19.3
法　国(1836—1840)	9561	3307	74.3	25.7
法　国(1851—1855)	13596	4601	71.8	25.2
法　国(1871—1876)	25341	6830	78.7	21.8
丹　麦(1845—1856)	3321	1106	75.0	25.0
丹　麦(1870—1876)	2485	748	76.9	23.1
英　国(1863—1867)	4903	1791	73.3	26.7

2. 表五使我们可以比较不同宗教信仰的人中精神错乱倾向的强度。

① 根据莫塞利的著作。

表五[①]　不同宗教信仰中的精神错乱倾向

	每种宗教信仰每千人中的疯子数		
	基督教徒	天主教徒	犹太教徒
西里西亚(1858)	0.74	0.79	1.55
梅克伦堡(1862)	1.36	2.0	5.33
巴登公国(1863)	1.34	1.41	2.24
巴登公国(1873)	0.95	1.19	1.44
巴伐利亚(1871)	0.92	0.96	2.86
普鲁士(1871)	0.80	0.87	1.42
符腾堡(1832)	0.65	0.68	1.77
符腾堡(1853)	1.06	1.06	1.49
符腾堡(1875)	2.18	1.86	3.96
赫斯大公国(1864)	0.63	0.59	1.42
奥伦堡(1871)	2.12	1.76	3.37
伯尔尼州(1871)	2.64	1.82	

我们看到，犹太教徒中的精神错乱病人要比其他教徒中多得多；因此有理由认为其他神经系统疾病在犹太教徒中也同样多。然而，恰恰相反的是，犹太教徒中的自杀倾向却很微弱。我们将在后面证明，自杀在犹太教徒中最少。[②] 因此，在这种情况下，自杀的变化正好和心理变态成反比，而决不是心理变态的后果。当然，不应该从这个事实得出结论说，神经和大脑的缺陷任何时候都能起到预防自杀的作用，而应该说，这些缺陷对于引起自杀来说很少起作用，因为在这些缺陷发展到最严重的程度时，自杀的可能性却反而会减少。

如果只把天主教徒和基督教徒作比较，这种成反比的情况并

① 根据科克的著作，第108—119页。

② 见本书第二编，第一章，第152页。

不普遍，但很常见，天主教徒精神错乱的倾向只低于基督教徒1/3，所以两者的差距不大。但是我们从表十八[①]可以看到，各地天主教徒自杀的人数毫无例外地要比基督教徒自杀的人数少得多。

3. 下面还将证实，[②]在所有的国家里，自杀的倾向是从童年到老年逐步增强的。尽管在70岁或80岁以后这种倾向有时有所减弱，但减弱得不多；这种倾向在生命的这个时期仍然要比在壮年时期强二三倍。相反，在壮年时期更经常地突然发生精神错乱。30岁左右时发生精神错乱的可能性最大；这种可能性过了30岁就缩小，到老年时最小。[③] 如果使自杀的情况发生变化的原因和引起精神错乱的原因性质相同，那么这种差异就无法解释了。

如果把每个年龄段的自杀率和精神错乱者的比例数进行比较，而不是和同一时期精神错乱的新的病例相对发生次数进行比较，就可以看出没有任何明显的对应关系。与整个人口相比而言，35岁左右的疯子最多。接近60岁疯子所占的比例大体相同；超过了60岁，这个比例就迅速下降。因此，在自杀率*最高*的时候，疯子所占的比例*最低*，而且在此之前不可能看出两者的变化有任何有规律的关系。[④]

4. 如果比较不同社会的自杀和精神错乱，就更看不出这两种现象的变化有什么关系。诚然，关于精神错乱的统计不太准确，所以不可能非常精确地进行这种国际间的比较。然而，值得注意的

① 见本书第151页。
② 见本书第82页表九。
③ 科克的著作，第139—146页。
④ 科克的著作，第81页。

表六[①]　欧洲各国自杀与精神错乱的关系

A

	疯子数（每10万居民中）	自杀数（每100万居民中）	顺序	
			精神错乱	自杀
挪威	180(1855)	107(1851—1853)	1	4
苏格兰	164(1855)	34(1856—1860)	2	3
丹麦	123(1847)	258(1846—1850)	3	1
汉诺威	103(1856)	13(1856—1860)	4	9
法国	99(1856)	100(1851—1856)	5	5
比利时	98(1858)	50(1855—1860)	6	7
符腾堡	92(1853)	108(1846—1856)	7	3
萨克森	67(1861)	245(1856—1860)	8	2
巴伐利亚	57(1858)	73(1846—1856)	9	6

B

	疯子数（每10万居民中）	自杀数（每100万居民中）	自杀的平均数
符腾堡	215(1875)	180(1875)	107
苏格兰	202(1871)	35	
挪威	185(1865)	85(1866—1870)	63
爱尔兰	180(1871)	14	
瑞典	177(1870)	85(1866—1870)	
英格兰和威尔士	175(1871)	70(1870)	
法国	146(1872)	150(1871—1875)	164
丹麦	137(1870)	277(1866—1870)	
比利时	134(1868)	66(1866—1870)	
巴伐利亚	98(1871)	86(1871)	153
内奥地利	96(1873)	122(1873—1877)	
普鲁士	86(1871)	133(1871—1875)	
萨克森	81(1875)	272(1875)	

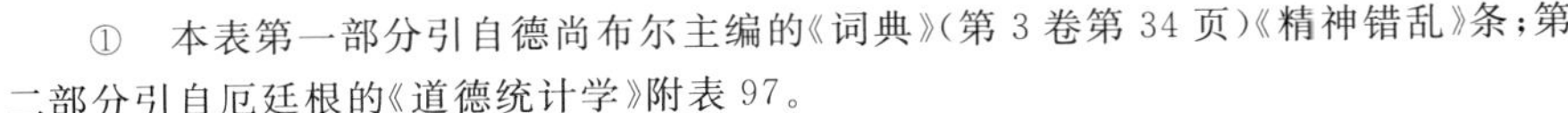

① 本表第一部分引自德尚布尔主编的《词典》(第3卷第34页)《精神错乱》条；第二部分引自厄廷根的《道德统计学》附表97。

是，我们从两本不同著作中引用的下述两表却得出了明显地一致的结论。

由此可见，疯子最少的国家却是自杀最多的国家；萨克森的情况特别明显。勒鲁瓦大夫在关于塞纳—马恩省的自杀的出色研究中就已经提出过类似的看法。他说：“在精神病多的地方，自杀往往也多。然而这两种多可能完全不相干。我甚至准备相信，除了有些地区相当幸运，既没有精神病，也没有自杀，……还有一些地区只出现了精神病。”在其他地区，情况正好相反。[①]

诚然，莫塞利的结论稍有不同。[②] 但是，这首先是因为他在精神错乱的名称下混淆了严格意义上的疯子和白痴。[③] 然而，这两种疾病截然不同，尤其从它们可能对自杀所起的作用来看。白痴绝不是自杀的诱因，倒像是一种预防自杀的抗体；因为白痴在农村比在城市里多得多，而自杀在农村却少得多。因此，在设法确定不同的神经疾病对自杀率的影响时，必须分清这两种截然不同的情况。但是，甚至在把它们混为一谈的时候，也不能肯定精神错乱和自杀有某种固定的对应关系。事实上，如果认为莫塞利的数字是无可争议的，欧洲主要国家便可以按它们患精神错乱的人数（白痴和疯子加在一起）分成五组；如果再找到每一组的平均自杀人数，便可以得到下表的数字：

① 勒鲁瓦的著作，第 238 页。

② 莫塞利的著作，第 404 页。

③ 莫塞利并没有明确地这样做，而是他所提供的数字表现出来的。为了描述精神错乱这些单一的病例，这些数字太大了。参见德尚布尔的《词典》里的那张表，表上是有区别的。我们清楚地看到，莫塞利把疯子和白痴加在一起了。

	精神错乱者（每10万居民中）	自　杀　者（每100万居民中）
第1组（3个国家）	340—280	157
第2组（3个国家）	261—245	195
第3组（3个国家）	185—164	65
第4组（3个国家）	150—116	61
第5组（3个国家）	110—100	68

大体上可以说，疯子和白痴多的国家自杀也多，反之亦然。但是，两栏数字之间并没有某种经常的对应关系表明这两种现象之间存在着某种确定的因果关系。第2组自杀的人数本应少于第1组，实际上却多于第1组；第5组自杀的人数本应少于其他各组，但实际上反而超过了第4组，甚至超过了第3组。最后，如果用科克完整得多的、而且看来更加严谨的统计来代替莫塞利关于精神错乱的统计的报告，两者之间没有对应关系这一点就更加突出了。下面就是我们所看到的结果。[①]

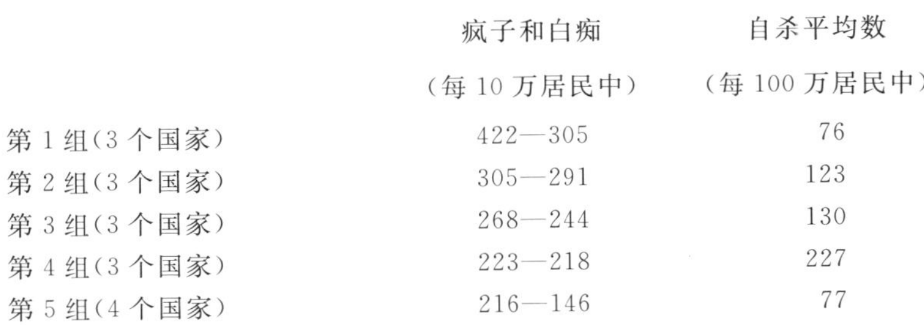

	疯子和白痴（每10万居民中）	自杀平均数（每100万居民中）
第1组（3个国家）	422—305	76
第2组（3个国家）	305—291	123
第3组（3个国家）	268—244	130
第4组（3个国家）	223—218	227
第5组（4个国家）	216—146	77

莫塞利所作的另一种意大利各省之间的比较，他自己也承认不太说明问题。[②]

① 在科克向我们提供有关材料的欧洲国家中，我们只略去了荷兰，因为有关荷兰自杀倾向强度的资料看上去不太充分。

② 莫塞利的著作，第403页。

5. 最后，人们由于认为一个世纪以来精神错乱不断增加，[①]自杀也是如此，所以忍不住认为这个事实就是两者相互联系的证据。但是，使这个事实没有任何说明问题的价值的是，下层社会中精神错乱很少，自杀却时有发生，正像我们将要在下面证明的那样。[②]

因此，社会自杀率和精神错乱没有任何明确的关系，从归纳推理上来看，和各种神经衰弱的倾向也没有任何明确的关系。

事实上，正像我们已经指出的，即使神经衰弱可能是自杀的原因，也不一定有这种结局。当然，有神经衰弱的人几乎不可避免地感到痛苦，如果他过分参与活跃的生活的话；但是他也不是不可能退出这种生活，去过一种比较沉思的生活。不过，如果利害冲突和感情冲突对于一个如此脆弱的机体来说过分激烈的话，他倒能够充分领略比较安静地思考的乐趣。他的肌肉软弱无力，他的感觉过分灵敏，使他不适合于行动，反而适合于智力活动，智力活动本身也需适当的器官。同样，如果过分静止不动的社会环境只能挫伤他的本能，那么在社会本身变幻不定并且只有在进步的条件下才能继续存在下去的范围内，他才可以起有益的作用，因为他是进步的出色工具。正因为他不服从传统，不受习惯的约束，所以他是新鲜事物的丰富源泉。由于最有教养的社会也是那些有代表性的职能最需要、最发达的社会，同时由于这些社会具有极大的复杂性，不停的变化是这些社会存在的条件，所以神经衰弱患者最有理

① 事实上从来没有提出过非常说明问题的证明。不管怎样，即使有所增加，我们也不知道加速的系数。

② 见本书第二编，第四章。

由存在的时候正是神经衰弱患者最多的时候。因此，他们从本质上来说并非不合群的人，他们自杀是因为他们不是为了在他们所处的环境中生活来到这个世界上的。但是，除了神经衰弱患者特有的器质状态外，还应该有其他原因使这种器质状态带上这种倾向，并且向这个方向发展。神经衰弱本身是一种十分普遍的诱因，这种诱因不一定导致任何确定的行为，但根据不同的情况可以采取多种形式的行动。这是一块能够按照社会原因给它施肥的方式产生不同倾向的土壤。在一个古老和迷失方向的民族中，很容易产生对生活的厌倦和习惯性的忧郁，以及这种情况所引起的有害后果；相反，在一个年轻的社会里，优先得到发展的是火热的理想主义、普遍的改变信仰和积极的献身精神。尽管身心衰弱者在腐朽没落的时代越来越多，但国家还是由他们建立起来的，伟大的革新者也出在他们当中。因此，一种如此模棱两可的力量[①]不足以说明自杀率这样一个如此明确的社会事实。

五

但是有一种特殊的精神变态，人们近来习惯于把我们的文明

① 法国文学和俄国文学所表现出来的相似之处和不同之处是这种模棱两可的一个明显例子。我们曾经以同情的态度接受俄国的文学，这一点说明俄国文学和法国文学不是没有相似之处。事实上，在两国作家的身上都有一种神经系统的病态脆弱，精神上和道德上缺少某种平衡。但是这种同样的生物学和心理学状态竟然产生不同的社会效果！俄国的文学过分理想主义，它那由于强烈地同情人类的苦难而产生的伤感情调是一种有益的忧伤，既唤起信念，又激起行动，而我们的文学则自诩只表达绝望的感情，反映一种令人不安的消沉状态。这就是为什么同样的器质状态可以导致几乎相反的社会效果。

的几乎所有弊病都归咎于它。这就是酗酒。不管对与不对，人们已经把精神错乱、贫困和犯罪行为的增加归咎于它。那么它对自杀的增加有没有影响呢？先验地说，这种假设看来不大可能。因为自杀最多的还是最有教养和最富裕的阶段，而酗酒最多的却不是这些人。但是没有什么东西能胜过事实。现在让我们来看看事实。

如果比较一下显示自杀和酗酒情况的法国地图，[①]人们看不出两者之间有什么关系。前者的特点是发生率最高的省集中在两个地区，一个是法兰西岛及其以东一带，一个是从马赛到尼斯的地中海沿岸。在显示酗酒发生率的地图上，高发区和低发区的分布则完全不同。在这里，我们看到有三个主要的高发区，一个在诺曼底，尤其是在塞纳河下游，另一个在菲尼斯泰尔省和布列塔尼诸省，第三个在罗纳省及其邻近地区。相反，从自杀的情况来看，罗纳省的自杀率并不在平均数以上，诺曼底的大多数省在平均数以下，而布列塔尼几乎没有自杀。因此，两种现象的地理分布很不相同，所以不能说一种情况的发生对另一种情况的发生起了重要的作用。

如果比较自杀和酗酒引起的精神或心理疾病，而不是比较自杀和因醉酒而犯罪，结果也是一样。在按照自杀率的高低把法国所有的省分成八个组以后，我们根据吕尼埃大夫提供的数字[②]找到了每个组酒精中毒性精神错乱的平均数；我们得到的结果如下：

---

① 根据《刑事裁判总结》，1887 年。——见图一。

② 《论法国含酒精饮料的生产和消费》，第 174—175 页。

	每 10 万居民中的自杀数（1872—1876）	每 100 名被收容人员中酒精中毒性精神错乱数（1867—1869 和 1874—1876）
第 1 组（5 个省）	50 以下	11.45
第 2 组（18 个省）	51—75	12.07
第 3 组（15 个省）	76—100	11.92
第 4 组（20 个省）	101—150	13.42
第 5 组（10 个省）	151—200	14.57
第 6 组（9 个省）	201—250	13.26
第 7 组（4 个省）	251—300	16.32
第 8 组（5 个省）	300 以上	13.47

这两栏的数字并不相互对应。自杀人数的增加从一倍到六倍以上，而酒精中毒性精神错乱者只增加几个人，而且这种增加没有规律：第 2 组比第 3 组多，第 5 组比第 6 组多，第 7 组比第 8 组多。但是，即使酒精中毒影响作为精神变态的自杀，也只能通过酒精中毒引起心理失常起作用。两张地图的比较证实了一般的情况。①

乍看起来，酒的消费量和自杀的倾向之间似乎有着密切的关系，至少从我国的情况来看是如此。事实上，北方几个省的人喝酒最多，自杀在这一带也最盛行。但是，首先，从这两张地图上看，这两种情况的范围根本不同。一种情况最严重的是诺曼底和北部，并且向着巴黎的方向逐渐减轻；这是酒的消费情况。相反，另一种情况最严重的是塞纳省和邻近几个省；在诺曼底情况并不太悲观，而且没有影响北部。第一种情况向西发展，直到大西洋沿岸；第二种情况则向相反的方向发展。这种情况由于某种不能逾越的界线而在西部方向上很快停止发展；它没有越过厄尔省和厄尔—卢瓦

① 见图一。

自杀人数
（1878—1887）
每 10 万
居民中
31–48
24–30
18–23
13–17
8–12
3–7

酗酒罪
（1878–1887）
每 10 万
居民中
376–659
210–266
111–196
70–104
41–69
19–38
平均 173

酒精性精神错乱
（1867–1876）
（年均值）
每100名精神
错乱收容人员
中酒精中毒的
比例
20.3–18.9
18.10–13.00
13.44–12.75
12.22–10.06
9.76–8.27
7.00–3.30
平均14.36

酒的消费量
（1873）
每位居民酒的
平均消费量
10–6.80
6.34–5.05
4.75–3.30
2.61–2.05
1.84–1.01
0.99–0.37
平均2.84公升

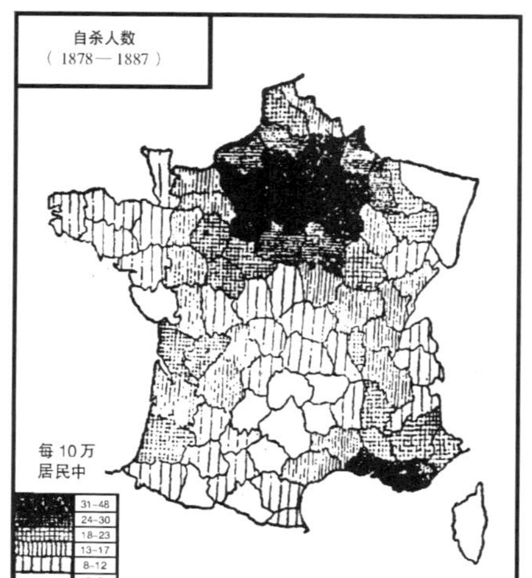

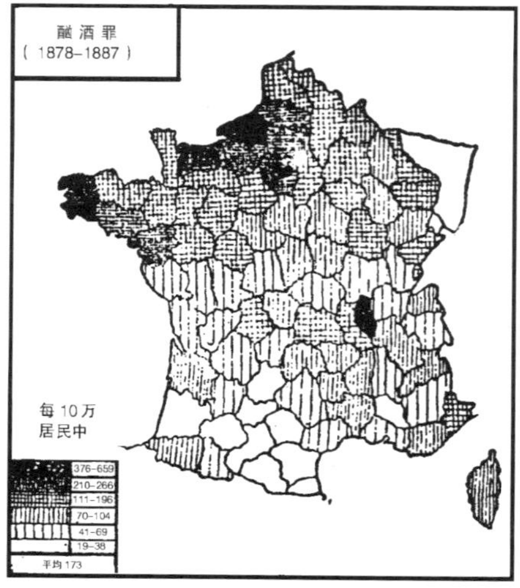

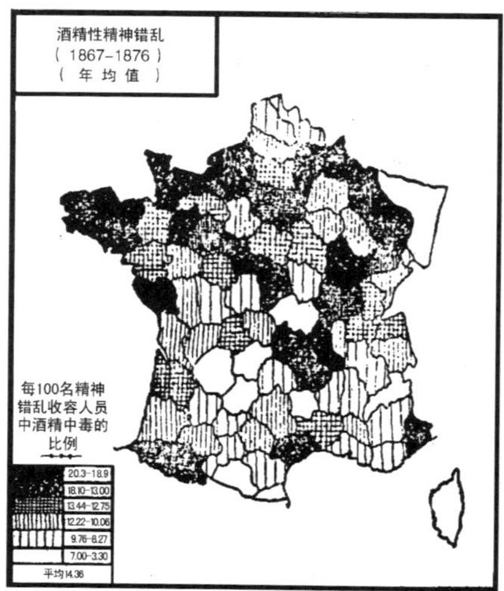

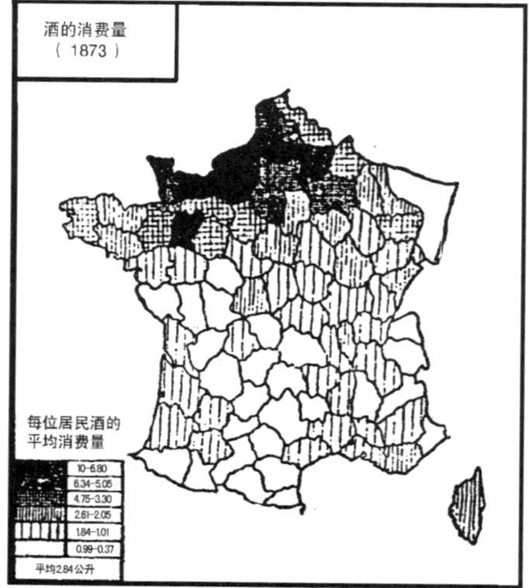

图一 自杀和酗酒

尔省而向东部发展。此外，自杀的地图上显示南部最严重的地区是瓦尔省和罗讷河口省，而在酒精中毒的地图上则根本不是这样。[①]

总而言之，即使有巧合的地方，也不能说明任何问题，因为这种巧合是偶然的。事实上，如果离开法国一直向北去，就可以发现酒的消费量几乎在有规律地增加，而自杀并没有增加。在法国，1873 年酒的人均消费量为 2.84 升，而在比利时，1870 年这个数字达到 8.56 升，英国达到 9.07 升（1870—1871 年），荷兰达到 4 升（1870 年），瑞典达到 10.34 升（1870 年），俄国达到 10.69 升（1866 年），而圣彼得堡甚至达到 20 升（1855 年）。然而，在相应的时期里，法国每百万人口中有 150 人自杀，比利时只有 68 人，英国是 70 人，瑞典 85 人，俄国很少。只有丹麦是自杀多而且酒的消费量大（1845 年人均 16.51 升）的北方国家。[②] 因此，法国北部诸省的自杀倾向和对酒精饮料的爱好之所以引人注目，不是因为前者从后者产生的，并从后者找到解释。这种机遇是偶然的。在北方，人们通常多喝白酒，因为那里葡萄酒少而且贵，[③]也许是因为那里比别处更需要可以保持较高体温的特殊饮食；另一方面，在我国的这个地区，引起自杀的原因特别多。

对德意志各邦的比较证实了这个结论。事实上，如果根据自杀的人数和酒的消费量来分类[④]，就可以看到，自杀人数最多的组

① 见图一。

② 根据吕尼埃的著作第 180 页及以后几页。在普林青格的著作第 58 页上可以找到和其他年份有关的类似数字。

③ 葡萄酒消费量的变化和自杀人数的变化正好相反。南方人喝葡萄酒最多，自杀的人却最少。不过不能由此得出结论说葡萄酒保证使人不自杀。

④ 根据普林青格的著作，第 75 页。

（第三组）正是酒的消费量最少的组。分开来看就可以发现真正的反比；波兹南省差不多是整个帝国中自杀人数最少的地方（每100万居民中有96.4人），但酒的消费量最大（人均13升）；在萨克森，自杀的人数差不多是波兹南的四倍（每100万居民中有384人），而酒的消费量却少一半。最后，我们还注意到，酒的消费量最少的第四组几乎都是南方的一些省和州。另一方面，那里的自杀人数之所以比德意志帝国其他地方少，是因为那里的居民都是天主教徒，或者天主教的势力很大。①

德意志帝国的酒精中毒和自杀

	酒的消费量（1884—1886）	自杀的平均数（每100万人口）	
第1组	人均13—10.8升	206.1	波兹南，西利西亚，勃兰登堡，波美拉尼亚
第2组	人均9.2—7.2升	208.4	东普鲁士和西普鲁士，萨克森省，汉诺威，图林根，威斯特伐利亚
第3组	人均6.4—4.5升	234.1	梅克伦堡，萨克森王国，石勒苏益格—荷尔斯秦因，阿尔萨斯，黑森省和黑森大公国
第4组	人均4升以下	147.9	莱因诸省，巴登，巴伐利亚，符腾堡

由此可见，没有任何精神变态和自杀保持某种有规律的和不

① 为了证明酒精的影响，人们有时提出挪威的例子。在挪威，含酒精饮料的消费量和自杀的人数自1830年以来已经同时减少。但是，在瑞典，酒精中毒也减少了，而且是以同样的比例减少，可是自杀却不断地增加（1886—1888年每100万居民中为115人，而1821—1830年只有63人）。俄国的情况也是如此。

容置疑的关系。一个社会有多少自杀者不是取决于这个社会有多少神经病患者和酗酒者。尽管各种不同形式的身心衰退是适合于能够引起人自杀的原因起作用的一块心理上的沃土，但身心衰退不是这些原因之一本身。我们可以承认，在相同的情况下，身心衰退者比健康人更容易自杀，但他的自杀不一定是由于他的身心状态。他身上的这种潜在性只有在我们应该探讨的其他因素的作用下才能起作用。

为了使读者掌握这个问题的所有材料，我们应该补充一点：法国的统计资料把自杀归因于饮酒过度或经常酗酒的比例从1849年的6.69%增加到1876年的13.41%。但是，首先，这些自杀并非都可以归因于严格意义上的酒精中毒，不应该把酒精中毒和简单的醉酒或经常上小酒馆混为一谈。其次，这些数字的确切含义不管是什么，都不能证明滥用酒精饮料对自杀率有十分重要的影响。最后，我们将在后面看到人们为什么不能十分重视统计资料这样向我们提供的这些推测出来的自杀原因。

第二章 自杀与正常的心理状态。种族。遗传。

但是可以认为，自杀倾向的基础是个人的体质，而不是特别取决于我们在前面谈到过的那些不正常状态。自杀可能是纯粹的心理现象，不一定和神经系统的某种反常有联系。人为什么不可以有一种既非偏执狂又非某种形式的精神错乱或神经衰弱的自杀倾向呢？如果像许多关于自杀的著作所承认的那样，[①]每个种族都有自己特有的自杀率，那么这个命题就可以被认为是成立的。因为每一个种族和另一个种族的区别就在于它的身心特点。因此，如果自杀率确实因种族而异，那就应该承认，自杀和某种身体素质有着密切的关系。

但是，这种关系是否存在呢？

一

首先，什么是种族？因为不仅一般人，而且连那些人类学家自

① 特别是瓦格纳的《人类表面上的随意行为的规律性》，第165页及以后几页；莫塞利的著作，第158页；厄廷根的《道德统计学》，第760页。

己对种族一词的理解也不尽相同，所以更有必要给种族下一个定义。然而，在已经提出的那些关于种族的不同公式中，通常有两种基本的概念：相似概念和血统概念。但是，根据这些学派的不同见解，占主导地位的是其中的一种概念。

有时候，人们认为种族是一种个人的集合体，这些个人可能表现出某些共同的特征，但是这种特征的相同还必须是这些个人都出自同一个祖先。如果同一个有性世代中的某一个人或几个人在某种原因的影响下产生了某种使他们不同于其他人的变化。而这种变化不是在下一代消失，而是通过遗传的作用在机体中逐渐固定下来，那么这种变化就产生一个种族。德·卡特勒法热先生正是根据这个意思才给种族下定义为："属于同一人种、通过有性世代传递某种原始变化的特点的相似个体的总和。"[①]根据这样的理解，种族就不同于人种，因为产生同一个人种的不同种族的那些最初的配偶本身又都是来自一对配偶。因此，种族的概念明显地是有限制的，而且它的定义来自产生种族的特殊血缘关系。

可惜，如果坚持这个公式的话，一个种族的存在和范围就只能依靠历史研究和人种志研究来确定，而这些研究的结果总是不可靠的；因为关于种族的起源问题，人们永远只能接触到某些不肯定的可能性。此外，今天是不是有符合这个定义的人类种族还不能肯定；因为由于发生过各种意义上的杂交，人类现有的每一个种族都来自许多不同的祖先。因此，如果我们没有另一个标准，就很难

① 《人类》，第 28 页。巴黎，费利克斯·阿尔康书店。

知道不同的种族和自杀有什么关系，因为谁也说不清这些种族的来龙去脉。此外，德·卡特勒法热先生的概念还错误地预断一个科学上还远未解决的问题的解决办法。他的概念实际上假定，种族特有的素质是在进化过程中形成的，这些素质只是在遗传的影响下在机体中固定下来。然而，所有已经使用多源说者这个名称的人类学家都对这个概念提出了异议。按照他们的看法，人类不是一对配偶的后代，像圣经传说所以为的那样，而是同时或相继出现在地球上的不同地点。因为这些原始的祖先都是相互独立地形成的，所以从一开始就不一样，各自成为一个种族。因此，那些主要的种族不是由于后天变化的逐渐固定才形成的，而是从一开始就一下子形成的。

既然这场大辩论始终没有结束，所以把血缘观念或亲属观念引进种族概念不是办法。最好根据种族的直接属性，例如观察者能够直接看到的属性，来给种族下定义，把起源问题放在一边。这样就只有两个特点使种族与众不同。首先，种族是一群表现出某些相似之处的个人；但是同一种信仰或同一种职业的人也是如此。这些相似之处终于成为种族的特点，是因为它们是遗传的。这种种族的类型，不管它的起源是如何形成的，现在却可以遗传给后代。正是在这个意义上，普里夏尔写道："人们对种族这个名称的理解是任何一群表现出或多或少可以遗传的共同特点的个人，不考虑这些特点的起源。"白乐嘉先生用大致相同的措词来表达自己的意思，他说："至于人类的各种变种，它们已经获得了种族的名称，这个名称产生了同一个种族的个体之间有某种或多或少是直接的血统关系的观念，但是既没有肯定地、也没有否定地解决不同变种的个体之间的亲属关系问题。”①

这样一来，种族的形成问题就变得可以解决了；只是这个名称的使用已经如此广泛，以致变得不明确了。它不再仅仅表示人类最一般的分支，表示人类自然的和相对来说始终不变的区分，而且表示各种类型的人。根据这种观点，每一类民族——其成员由于几百年来的亲密关系把他们团结在一起，表现出某些在一定程度上是遗传的相似之处——实际上都可以构成一个种族。因此，人们有时谈到拉丁种族、盎格鲁撒克逊种族等等。甚至只有以这种形式，种族才能仍然被看成是历史发展的具体和活跃的因素。在各民族的混战中，在历史的熔炉中，那些原始的和基本的种族终于混合到这样的程度，以致几乎失去了全部个性。即使这些种族并没有完全消失，至少人们只能发现一些并不明显的线条和局部的特征，这些线条和特征只是不完整地凑合在一起，并不构成具有特点的外貌。仅仅依靠有关身高和颅骨形状的某些往往不明确的材料确定的人种，并没有足够的稳定性和规定性，使我们能够认为它对各种社会现象的进展有着巨大的影响。那些从广义上被称之为种族的比较特殊和数量较少的人种具有某种比较明显的特点，而且必定有某种历史性的作用，因为他们是历史的产物，而不是大自然的产物。但是他们的客观界线根本不明确。例如，我们完全不知道区别拉丁种族和撒克逊种族的特征究竟是什么。每个人都按照自己的想法谈论这些种族，没有十分严格的科学性。

这些初步的看法提醒我们，社会学家在着手研究种族对某种

① 德尚布尔的《词典》第5卷中的“人类学”条。

社会现象的影响时，慎重总是不算过分的。因为，为了能够解决这些问题，还应该知道什么是不同的种族，他们是如何互相辨认的。何况人类学的这种不肯定性很可能是由于种族这个词现在不再符合任何明确的东西，所以更有必要慎重行事。事实上，一方面，原始的种族现在几乎只对古生物学有某种重要性，而另一方面，今天被人们称之为种族的这些比较有限的群体似乎只是一些民族或民族社会，是由文化而不是由血缘联系在一起的兄弟。这样设想的种族最后都和国籍混为一谈。

二

然而，我们都同意，在欧洲有几大人种，人们大体上看得出他们最普遍的特点，在他们之间又分为一些民族，而且我们同意赋予他们以种族的名称。莫塞利把他们分为四个种族：日耳曼族，它作为种族包括德意志人、斯堪的纳维亚人、盎格鲁撒克逊人、佛来米人；克尔特—罗马族（比利时人、法兰西人、意大利人和西班牙人）；斯拉夫族和乌拉尔—阿尔泰族。我们提到这最后一个种族，是为了不忘记他们，因为他们在欧洲的人数太少，以致不能确定他们和自杀有什么样的关系。事实上，只有匈牙利人、芬兰人和俄国的几个省可能和自杀有关。其他三个种族按照他们自杀倾向的大小顺序排列如下：首先是日耳曼族，其次是克尔特—罗马族，最后是斯拉夫族[①]。

① 我们不谈瓦格纳和厄廷根提出的排列顺序；莫塞利本人曾经断然地批评过这种排列顺序（第160页）。

但是这些区别能不能真正归因于种族的影响呢？

如果每一群集合在同一个种族中的人具有同样强烈的自杀倾向，这种假设是可以成立的。但是同一个种族的各民族之间却有着极大的差别。斯拉夫人通常不大倾向于自杀，而波希米亚人和摩拉维亚人则是例外。波希米亚人每百万居民中有 158 名自杀者，摩拉维亚人中为 136 名，而卡尼奥拉人中只有 46 名，克罗地亚人中为 30 名，达尔马提亚人中为 14 名。同样，在克尔特—罗马诸民族中，法国以自杀人数众多而著称，每百万居民中有 150 名自杀者，而意大利在同一时期只有 30 名，西班牙则更少。很难像莫塞利所希望的那样承认，如此巨大的差别能够用这样的事实来解释，即法国的日耳曼人多于其他拉丁国家。尤其是由于这些就这样和他们的同类分开的民族也都是最文明的民族，所以人们有权怀疑，区别各种社会和所谓种族群体的不是他们的文化发展不平衡。

在日耳曼诸民族之间，这种差别更大。在属于这个人种的四个群体中，有三个比斯拉夫族和拉丁族更不倾向于自杀：弗来米人每百万居民中只有 50 名自杀者，盎格鲁撒克逊人只有 70 名；[①]至于斯堪的纳维亚诸国，丹麦的自杀人数每百万居民中固然多达 268 名，但挪威只有 74.5 名，瑞典只有 84 名。因此，不可能把丹麦的自杀率归因于种族，因为这两个国家的种族最纯，但种族所产生的影响却相反。总之，在所有的日耳曼诸民族中，一般说来只有

① 为了解释这些事实，莫塞利假定（但没有提出证据）在英国有许多克尔特人，至于弗来米人，他以气候的影响为理由。

德国人强烈地倾向于自杀。因此，如果我们按严格的意义来使用这些名词，那么这里就不可能再是种族的问题，而是国籍的问题了。然而，由于从来就没有证明，没有一个德意志人种是部分地遗传的，所以人们可以把这个名词的意义扩大到这种极限，并且说，自杀在德意志种族的各民族中比在大多数克尔特—罗马、斯拉夫、甚至盎格鲁撒克逊和斯堪的纳维亚社会中更盛行。但是，从上述数字所能得出的结论也就到此为止了。无论如何，这是唯一可以在必要时怀疑种族特点有某种影响的情况。我们还将看到，种族其实和自杀毫不相干。

事实上，为了能够把德国人的自杀倾向归咎于这个原因，光指出这种倾向在德国很普遍还不够；因为这种普遍性可能起因于德国文明的特性。但是必须证明，这种倾向和德意志人的人体遗传状况有关，这种人体是人种的永久特征，甚至在社会环境发生了变化时还继续存在。只有在这种条件下，我们才能把自杀看成是种族的产物。因此，我们要探讨，德意志人在德国以外的地方和其他民族生活在一起，并且适应了不同的文明时，是否还保留着他们这种可悲的倾向。

奥地利给我们提供了回答这个问题的现成经验。在奥地利，德意志人和完全不同种族的人口混居在一起，各省所占的比例很不相同。因此让我们来看看，他们的存在是否起到增加自杀人数的作用。表七表明每一个省中德意志人所占的比例，以及 1872—1877 年这五年的自杀率。不同种族的区别是根据他们所使用的方言的种类；尽管这种标准并非绝对精确，然而这是我们可以利用的最可靠标准。

表七　奥地利各省的自杀和种族比较

		每100居民中的德意志人	自杀率（每百万人中）		
全部是德意志人的省	下奥地利	95.90	254	平均106	
	上奥地利	100	110		
	萨尔斯堡	100	120		
	外蒂罗尔	100	88		
大部分是德意志人的省	卡林西亚	71.40	92	平均125	
	斯蒂里亚	62.45	94		
	西里西亚	53.37	190		
德意志人是重要少数民族的省	波希米亚	37.64	158	平均140	两组平均86
	摩拉维亚	26.33	136		
	布哥维纳	9.06	128		
德意志人很少的省	加利西亚	2.72	82		
	内蒂罗尔	1.90	88		
	滨海省	1.62	38		
	达尔马提亚	6.20	46		
			14		

在这张从莫塞利本人那里抄来的表上，我们不可能看到德意志人影响的丝毫痕迹。波希米亚、摩拉维亚和布哥维纳只有37%到9%德意志人，平均自杀率（140）却高于德意志人占大多数的斯蒂里亚、卡林西亚和西里西亚（125）。同样，斯拉夫人是这三个省的重要少数民族，然而平均自杀率却超过了居民全部是德意志人的三个省：上奥地利、萨尔斯堡和外蒂罗尔。下奥地利的自杀人数固然比其他地区多得多，但不能归因于有德意志人，因为在上奥地利、萨尔斯堡和蒂罗尔，德意志人更多而自杀的人数却只有前者的1/2或1/3。自杀人数多的真正原因是，下奥地利的首府是维也纳，像所有的首都一样，每年都有大量的自杀者；1876年，维也纳的自杀人数是每百万居民中为320名。因此，应该避免把大城市所带来的后果归咎于种族。相反，滨海省、卡尼奥尔和达尔马提亚自杀人数之所以这样少，并不是因为没有德意志人；因为在内蒂罗

尔和加利西亚，德意志人并不多，而自杀的人数却多一至四倍。如果把这八个德意志人较少的省加在一起计算，平均自杀率为 86，相当于全部是德意志人的外蒂罗尔，超过了德意志人占多数的卡林西亚和斯蒂里亚。* 由此可见，当德意志人和斯拉夫人生活在同样的社会环境中时，他们的自杀倾向也大致相同。因此，当环境不同时所表现出来的差异与种族无关。

我们已经指出的德意志族和拉丁族之间的差异也是如此。在瑞士，我们发现这两个种族的人都有。有十五个州全部或一部分是德意志人，那里的自杀率为 186（1876 年）。五个州法兰西人占多数（瓦莱、弗里堡、纳沙泰尔、日内瓦、沃州），那里的自杀率为 255。在这些州中，自杀人数最少的是瓦莱州（每百万居民中为 10 人），而那里的德意志人却最多（每 1000 居民中有 319 人）；相反，纳沙泰尔、日内瓦和沃州的人口几乎全部是拉丁族，但自杀的人数却分别为每百万居民中 486 人、321 人和 371 人。

为了更好地显示种族因素的影响（如果有影响的话），我们曾经力图排除可能掩盖这种影响的宗教因素。为此，我们比较了信仰同样宗教的德意志人占多数的州和法兰西人占多数的州。比较的结果只是进一步肯定了上述情况：

瑞士各州

天主教德意志人	自杀人数	87	新教德意志人	自杀人数	293
天主教法兰西人	自杀人数	83	新教法兰西人	自杀人数	456

* 原文如此。与表七所示不一致。——译者

在天主教徒中，这两个种族之间没有明显的差别；在新教教徒中，法兰西人自杀的多于德意志人。

因此，这些事实都证明，德意志人中的自杀者之所以多于其他民族，其原因不在于他们的血统，而在于他们在其中受到熏陶的文明。不过，在莫塞利为了证明种族影响而提出的各种证据中，有一种乍看起来可以被认为比较可靠。法兰西民族主要是克尔特和基姆利这两个种族混合的结果，这两个种族最初的区别是他们的身材。从于勒·恺撒时代起，基姆利人就以他们的身材高大而著称。因此，白乐嘉能够根据居民的身材确定这两个种族今天在我国的分布情况；他发现，克尔特人的后裔在卢瓦尔河以南占优势，而基姆利人的后裔则在卢瓦尔河以北占优势。因此，这种人种的分布在某种程度上和自杀的分布相似；因为我们知道，自杀者集中在我国的北方，而在中部和南方最少。但是莫塞利走得更远了。他认为可以肯定，法国自杀人数的多少是按人种分布的方式有规律地变化的。为了证明这一点，他把法国的省分成六组，计算每一组的自杀率和因身高不够标准免服兵役的人所占的比例；这是一种间接衡量相应人口平均身高的方法，因为平均身高随着免除兵役的人数减少而增加。然而，这两个平均数却按反比例变化：身高不够标准免除兵役的人越少，换句话说平均身材比较高，自杀的人数就越多。①

一种如此精确的对应关系（如果成立的话）几乎只能用种族的影响来解释。但是，莫塞利用来得出这种结论的方法却不能使人

① 莫塞利的著作，第189页。

一致确认这种结论。实际上，他是把白乐嘉按照假设的克尔特和基姆利这两个种族的纯度来区别的六个种族群体作为比较的基础的。[①] 然而，不管这位学者的威望有多高，这些人种志的问题毕竟太复杂，而且给各种解释和矛盾的假设留下太多的余地，所以人们不能认为他所提出的分类是确实可靠的。只要看一下他需要多少无法验证的历史猜测来证明他的分类就够了，而且，如果他从这些研究中明显地得出结论，说在法国有两个截然不同的人种，那么他认为已经辨认出一些有各种细微差别的中间人种这个事实就更值得怀疑了。[②] 如果把这张成系统的、但也许过于精细的表格放在一边，只根据每个省的平均身材（即根据因身材不够标准而免服兵役的应征者的平均人数）来分类，如果这个平均数和自杀的平均数

① 《人类学论文集》，第 1 卷，第 320 页。

② 存在着两个大的地区：一个地区包括 15 个北方省，身材高大的人占优势（每 1000 名应征者中只有 39 名免除兵役），另一个地区包括中部和西部的 24 个省，那里的人身材普遍矮小（每 1000 名应征者中免除兵役的有 98 至 130 名）。这种区别是不是种族造成的呢？这是一个很难解答的问题。如果考虑到，在 30 年里，法国人的平均身高有了很大的变化，因为身高不够标准而免役的人数从每 1000 名应征者中 92.80 名减少到 1860 年的 59.40 名，那就有理由怀疑，如此变化不定的特点是不是确认存在着这些相对稳定、人们称之为种族的人种的可靠标准。但是，不管怎样，这些中间群体（白乐嘉把他们放在两个截然不同的人种之间）的构成、命名以及或者和基姆利人、或者和其他人种联系在一起的方式就使我们更加怀疑了。在这里，不可能是形态学方面的原因。人类学完全可以确定某一特定地区的平均身高是多少，而不必确定这种平均身高是哪些种族通婚的结果。不过，中等身材既可以是克尔特人和其他身材较高的种族通婚的结果，也可以是基姆利人和其他身材较矮的种族通婚的结果。地理分布更不能成为理由，因为在西北部（诺曼底和卢瓦尔河下游）、西南部（阿基坦盆地）、南部（罗马省）和东部（洛林）等地，到处都有这些异族通婚的群体。因此，这些历史论据仍然只能是猜测。历史并不清楚民族的各次入侵和渗透是如何、何时、在什么条件下和以什么规模进行的。更何况历史并不能帮助我们确定入侵和渗透对这些民族的机体构成所产生过的影响。

相比，就可以发现下述结果和莫塞利所得出的结果明显不同：

表　八

<table>
<tr><th colspan="3">高身材的省</th><th colspan="3">矮身材的省</th></tr>
<tr><td></td><td>免除兵役的人数</td><td>平　均自杀率</td><td></td><td>免服兵役的人数</td><td>平　均自杀率</td></tr>
<tr><td>第 1 组(9 个省)</td><td>每 1000 名受体检者中 40 人以下</td><td>180</td><td>第 1 组(22 个省)</td><td>每 1000 名受体检者中 60—80 人</td><td>115(不包括塞纳省为 101)</td></tr>
<tr><td>第 2 组(8 个省)</td><td>40—50 人</td><td>249</td><td>第 2 组(12 个省)</td><td>80—100 人</td><td>88</td></tr>
<tr><td>第 3 组(17 个省)</td><td>50—60 人</td><td>170</td><td>第 3 组(14 个省)</td><td>100 人以上</td><td>90</td></tr>
<tr><td>总　平　均</td><td>每 1000 名受体检者中 60 人以下</td><td>191</td><td>总　平　均</td><td>每 1000 名受体检者中 60 人以上</td><td>103(包括塞纳省)
93(不包括塞纳省)</td></tr>
</table>

自杀率并不有规律地因为基姆利人的成分比较多或假定比较多而相应地增加；因为身材较高的第 1 组的自杀人数比第 2 组少，比第 3 组多不了多少；同样，后三组的自杀人数几乎差不多，[①]不管从身材上来看这三个组多么不一样。从这些数字得出的全部结论是，法国分成两部分：北部自杀人数较多，身材较高；中部身材较矮、自杀人数较少。然而这两种级数并不完全对应，换言之，我们在人种分布图上所看到的两大地区并不完全是我们在自杀分布图上所看到的两大地区，而只是一般说来大体上一致。两种现象相比较所表现出来的变化细节并不一致。

因此，一旦恢复这种一致的实际比例，这种一致就不再是有利于种族成分的有力证明，因为这种一致只不过是一个奇怪的事实，

① 尤其是不把塞纳省算在内。塞纳省由于所处环境特殊，不能严格地和其他省相比。

不足以证明某种规律。这种一致很可能只是一些独立因素相遇的结果。为了能够把这种一致归因于种族行为，这种假设至少应该得到其他事实的进一步肯定。然而恰恰相反，这种一致遭到了下述事实的驳斥。

1. 如果说像德意志人种这样的集体人种——其实在性不容置疑，而且具有如此强烈的自杀倾向——在社会环境发生变化时就不再表现出自杀的倾向，而像克尔特人或古比利时人这样多少有点可疑的人种——他们只留下极少残迹——今天却依然有效地影响着这种倾向，这就不可理解了。在使人永远想起这个人种的最一般特点和自杀倾向的复杂特性之间，有着极大的差距。

2. 我们在后面将会看到，在古代的克尔特人中，自杀是常见的现象。[①] 因此，今天在假定是克尔特人后裔的人口中之所以很少见到这种现象，也许不是由于种族的天性，而是由于外部的环境发生了变化。

3. 克尔特人和基姆利人并不是纯粹的原始种族；他们是“既通过血统，也通过语言和信仰”结合在一起的。[②] 他们都是通过大规模入侵或相继移居而逐渐分散到整个欧洲的金发碧眼、身材高大的人种的变种。从人种学的观点来看，他们之间的全部区别是，克尔特人由于和黑发黑眼、身材较矮的南方种族通婚而更加不同于原来的人种。因此，如果说基姆利人更倾向于自杀有种族的原因，因为他们身上的原始种族特点改变不多，那么我们就应该看

① 见本书第二编，第四章，第230、235页。

② 白乐嘉的著作第1卷，第394页。

到，即使在法国以外，这个种族的特点越明显，自杀的人就越多。然而事实并非如此。挪威人的身材是欧洲最高的(1.72 米)，而且这个人种很可能原来就在北方，尤其是在波罗的海沿岸；据认为，这个人种的特点在那里保留得最好。可是，在斯堪的纳维亚半岛，自杀率并不高。有人说，这个人种在荷兰、比利时和英国比在法国更纯，[①]然而法国的自杀人数却比这三个国家多得多。

此外，法国自杀人数的这种地理分布可以得到解释，而无须借助于说不清的种族力量。大家都知道，从道德上和人种上来说，我国分成还没有完全互相渗透的两个部分。中部和南部的人保留了他们的性格和一种适合于他们的生活，因此抵制北方的思想和风俗习惯。然而，法国文明的中心却在北方；因此法国的文明基本上还是北方的东西。另一方面，正像我们在后面将要看到的，因为法国的文明包含着促使法国人去自杀的主要原因，所以法国文明的活动领域的界线也就是自杀最盛行的地区的界线。因此，北方人自杀之所以比南方多，不是因为他们的种族气质使他们更倾向于自杀，而只是因为自杀的社会原因在卢瓦尔河以北比在卢瓦尔河以南积累得更多。

至于我国的这种双重道德是如何产生和保存下来的，这是一个人种志的种种考虑所不能完全解决的历史问题。不管怎样，不是或不仅仅是种族的差异才能成为自杀的原因，因为差异很大的种族也可以互相融合和同化。在北方人种和南方人种之间，不存在几个世纪的共同生活都不能克服的对抗。洛林人和诺曼底人之

① 见托皮纳的《人类学》，第 464 页。

间的差别并不比普罗旺斯人和法兰西岛居民之间的差别小。* 但是，由于某些历史上的原因，外省精神和地方传统主义在南方要强烈得多，而在北方，对付共同敌人的必要性、利害比较一致和频繁的接触使那里的人们较早接近，并使他们的历史混同起来。正是这种使人员、思想和事物的交流更加活跃的道德水准使北方成为一个高度文明的发祥地。①

三

此外，把种族看成是自杀倾向的一个重要因素的理论还含蓄地认为自杀是遗传的：因为只有在这种条件下，自杀的倾向才能成为种族的特点。但是，自杀的遗传性是否得到了证明呢？由于自杀的遗传性除了和上述种族因素的关系外，还有其本身的重要性，所以这个问题就更加值得探讨了。事实上，如果自杀倾向是代代相传的这一点得到肯定，那就应该承认，这种倾向是严格地取决于某种特定的机体状态的。

但是，首先必须明确这些词的含义。人们在谈到自杀时说自杀是遗传的，是否仅仅想说自杀者的孩子具有从他们的父母那里

---

* 洛林在法国东北部；诺曼底在法国西北部；普罗旺斯在法国南部；法兰西岛即巴黎，在法国北部。——译者

① 这种看法也适用于意大利。在意大利，自杀的人数也是北方多于南方，另一方面，北方人的平均身高略微超过南方人。但这是因为今天意大利的文明起源于皮埃蒙特，另一方面是因为皮埃蒙特人的身材略高于南方人。尽管如此，差别还是很小的。在托斯卡纳和威尼托看到的最高身材是 1.65 米，在卡拉布里亚看到的最低身材是 1.60 米，至少在意大利本土是这样。在撒丁岛，身高降到 1.58 米。

继承来的气质，所以在同样的情况下也倾向于像他们的父母那样行事？如此说来，这种假设就是无可争辩的，但没有什么意义，因为遗传的不是自杀，而只是某种一般的气质，这种气质在某种情况下可能使他们倾向于自杀，但并非必然如此，因此，这种气质不能充分说明他们的决心。事实上，我们已经看到，为什么最有利于表现出这种倾向的个人气质，即各种形式的神经衰弱，丝毫不能说明自杀率的差异。但是，心理学家们往往是从完全不同的意义上来谈论遗传性的。父母直接地和完整地遗传给孩子的是自杀的倾向，一旦遗传，这种倾向就会真正自动地引起自杀。这时，这种倾向便构成一种具有一定程度自律性的心理机制，这种机制和偏执狂没有很大区别，完全可能和某种同样明确的生理机制相对应。因此，自杀的倾向基本上取决于各种个人的原因。

观察能不能证明这种遗传性的存在呢？当然，人们有时看到在同一个家庭里可悲地经常发生自杀。最令人吃惊的是加尔所举的一个例子："一位姓 G 的财主留下了七个孩子和一笔价值 200 万法郎的财产，六个孩子住在巴黎或巴黎附近，保住了他们所分得的那份财产，有的甚至还使这笔财产有所增加。他们没有一个人遇到不幸，身体也都很好……在 40 年里，这七个兄弟都相继自杀了。"[①]埃斯基罗尔认识一位商人，这位商人有六个孩子，其中有四个自杀了，第五个曾经一再试图自杀。[②] 在其他地方，人们也看到过父母和儿孙们出于同样的冲动相继自杀。但是，生理学家们的

① 《论脑的功能》，巴黎，1825 年。

② 《精神病》，第 1 卷，第 582 页。

例子应该使我们懂得不要过早地下结论，这些关于遗传性的问题需要慎重地对待。同样，连续几代人得肺痨的情况肯定是很多的，然而学者们仍然迟迟不愿承认这种病是遗传的。相反的答案倒似乎占了优势。同一个家庭里一再发生这种疾病也许不是由于肺痨本身的遗传性，而是由于某种一般气质的遗传性，这种气质容易感染致病的细菌，并且在有机会的时候使这种细菌繁殖。在这种情况下，遗传的不是疾病本身，而是有利于疾病发展的天生体质。为了有权断然否定这种解释，至少应该证实在胎儿身上常常发现结核杆菌；只要这一点得不到证实，人们就必然要产生怀疑。对我们所关心的问题同样需要慎重。因此，要解决这个问题，光指出某些有利于遗传性论点的事实是不够的。这些事实还必须有足够的数量，免得被认为是偶然的巧合——不包含其他解释——不和其他任何事实相矛盾。那么这些事实是否满足这三个条件呢？

诚然，这些事实是常见的。但是要由此得出结论，说自杀从本质上来说是遗传的，那就不足以说明这些事实多多少少是常见的。此外，还必须能够确定这些事实和自杀的总数有什么相应的关系。对自杀总数中的大部分人来说，如果证明他们有遗传的先例，那就有充分的理由承认这两种事实有某种因果关系，自杀有一种遗传的倾向。但是只要这一点得不到证实，人们总是可以怀疑这些情况是否由于几种不同原因的偶然结合。然而，观察和比较——只有这样才能解决这个问题——从来没有广泛地进行过。人们几乎总是满足于引证一些有趣的小故事。我们在这方面所掌握的材料从任何意义上来说都什么也证明不了；这些材料甚至有点自相矛盾。吕伊斯大夫有机会在他的诊所里观察过 39 名有比较明显自杀倾向的精神病患者，并收集了这些病人相当完整的有关材料，他发现只有一例病人的家庭成员中有过同样的倾向。① 在布里埃·德布瓦蒙所遇到过的265名精神病患者中，只有11名病人的父母是自杀的，即只占4%。② 卡佐维埃伊所提供的比例则要高得多；在60名病人中，他查明有13名即28%*的病人家中有过遗传的现象。③ 根据巴伐利亚州的统计材料——唯一记载遗传影响的统计材料，在1857—1866年期间，使人感到是遗传的约为13%。④

无论这些事实多么不起决定性的作用，如果在说明这些事实时只能承认自杀的某种特殊遗传性，那么这种假设也会具有一定的权威性，而且甚至不可能找到另一种解释。但是，至少有另外两种原因能够产生同样的结果，尤其是在这两种原因同时存在的时候。

首先，几乎所有这些观察都是由精神病医生进行的，因而是在精神病患者中进行的。然而，在所有的疾病中，精神错乱也许是最经常遗传的疾病。因此，人们可以自问，遗传的是不是自杀的倾向，或者遗传的是不是精神错乱，自杀不过是其经常的然而又是偶发的症状。使这种怀疑更加有根据的是，所有的观察者都承认，最有利于遗传性假设的病例主要是——即使并非全部是——在自杀的精神病患者身上见到的。⑤ 毫无疑问，即使在这种情况下，遗传

① 《自杀》，第197页。

② 转引自勒古瓦特的著作，第242页。

* 原文如此。应为21.6%。——译者

③ 《自杀》，第17—19页。

④ 根据莫塞利的著作，第410页。

⑤ 布里埃尔·德布瓦蒙的著作，第59页；卡佐维埃伊的著作，第19页。

起着重要的作用，但这不再是自杀的遗传性。遗传的是一般的精神病，是神经上的毛病，自杀是这种毛病的偶然结果，尽管始终使人感到害怕。在这种情况下，遗传不再带有自杀的倾向，就像在遗传的肺痨中不再带有咯血一样。如果一个不幸的人，家里既有精神病患者又有自杀者，他之所以自杀，决不是因为他的父母是自杀的，而是因为他们都是精神病患者。因此，正像精神错乱在遗传时有所变化，例如上一代的忧郁症变成了下一代的慢性谵妄或先天性精神错乱那样，同一个家庭里有几个成员自杀，这些自杀可能是不同的精神错乱的结果，因此属于不同的类型。

然而，这第一种原因不足以说明全部事实。因为，一方面，没有证据表明，自杀历来只是一再发生在精神错乱者的家庭里；另一方面，这种值得注意的特殊性始终是，在某些精神错乱者的家庭里，自杀似乎是经常发生的，尽管精神错乱不一定导致这种结果。但是并非任何精神错乱都导致自杀。那么，精神错乱者似乎注定要自杀的根源何在呢？相似情况的这种巧合当然意味着还有一种不同于前面所说的因素。但是我们可以加以说明而不必将其归因于遗传性。榜样的感染力足以引起自杀。

事实上，我们将在下一章看到，自杀的感染力非常强。这种感染性在那些比较容易受各种一般性暗示、尤其是自杀念头影响的人身上特别起作用；因为他们不仅喜欢仿效一切使他产生强烈印象的行为，而且特别倾向于重复他们已经有某些倾向的行为。不过，这种双重条件只有那些父母都已自杀的精神错乱者或单纯神经衰弱者才具备。因为他们的神经脆弱，使他们容易被吸引，同时使他们容易接受自杀的念头。因此，回忆或看到他们亲人的悲惨结局对他们来说成了某种摆脱不了的念头或不可抗拒的冲动的根源，这就不足为怪了。

这种解释不仅完全像求助于遗传性的解释一样令人满意，而且有些事实只有这种解释才能说明。在那些一再发生自杀的家庭里，自杀者往往互相仿效。自杀不仅发生在相同的年龄，而且采取同样的方式。有的家庭看中上吊，有的家庭则看中投河或跳楼。在一个经常提到的例子中，这种相似之处更加突出：一个家庭的成员都用同一件凶器自杀，而且相隔了好几年。[①] 人们希望在这种相似中看到更有利于遗传性的证据。然而，如果有充分理由不把自杀看成是一种性质截然不同的心理实体，那就更难承认有一种用上吊或手枪自杀的倾向了！这些事实难道不是正好证明，那些用鲜血玷污了他们家庭历史的自杀者对还活着的人的精神有多大感染性影响吗？因为这些记忆必定纠缠着他们，迫使他们决定如此忠实地仿效他们前人的行为。

使这种解释更加可靠的是，有许多事例不可能是遗传性的问题，感染是这种坏事的唯一原因，但表现出相同的特征。在下面还将谈到的流行病中，不同的自杀几乎总是惊人地相似。可以说，这些自杀者是在彼此仿效。大家都知道15名残废军人的故事。在1772年的一段很短的时间里，他们相继在残废军人院阴暗过道里的同一只钩子上自缢身亡。钩子被取走以后，这种流行病也就停止了。同样，在布洛涅的兵营里，一个士兵在一个岗亭里开枪把自己的脑袋打开了花；在短短的几天里，有好几个士兵在这个岗亭里

① 里博：《遗传性》，第145页。巴黎，费利克斯·阿尔康书店。

开枪自杀；但是，这个岗亭被烧毁后，这种感染就停止了。在所有这些事实中，强迫观念难以抗拒的影响是很明显的，因为一旦引起自杀念头的东西消失，自杀就停止了。因此，当某些明显地是彼此影响所引起的自杀似乎都在重复同一种模式时，把这些自杀归因于同一个原因是合理的，何况在各种因素都促使其增加力量的家庭里，这个原因必定发挥其最大的作用。

此外，许多人都有这样的感觉：像他们的父母那样行事是对榜样的诱惑力作出让步。这就是埃斯基罗尔所观察的一个家庭的情况："最小的（兄弟）二十六七岁，他变得郁郁不乐，从自家屋顶上跳下来自杀了；照看他的二哥对他的死感到内疚，几次试图自杀，经过持续和反复的绝食，一年以后也死了。四哥是一位医生，他在两年前怀着异常绝望的心情一再向我说起他逃脱不了他的命运，后来也自杀了。"[①]莫罗举出了下面这样一件事。一个精神病患者的兄弟和叔叔都自杀了，他也受到了自杀倾向的影响。一个兄弟到夏朗东来看望他，对他所带回的可怕念头感到绝望，而且忍不住确信他到头来也会向这种念头屈服。[②] 一位病人终于向布里埃尔·德布瓦蒙承认："我在 53 岁以前身体一直很好；我没有任何忧愁，我的性格相当开朗。三年前，我开始有了一些忧伤的念头。……三个月来，这些念头一直使我不得安生，而且每次都使我忍不住要去自杀。我不向你隐瞒，我的哥哥是在 60 岁时自杀的；我从来没有认真地关心过这件事，但是到了我 56 岁时，这种记忆更加生动

① 利尔的著作，第 195 页。

② 布里埃尔的著作，第 57 页。

地出现在我的脑子里，现在这种记忆始终萦绕在我的心头。”但是，最有说服力的事实之一是法尔雷报告的。一个 19 岁的年轻姑娘得知“一位叔父是自杀的。这个消息使她非常悲痛：她曾经听说精神错乱是遗传的，有朝一日她也可能落到悲惨地步的念头立刻缠住了她……当她处在这种悲惨境地时，她的父亲也自杀了。于是，她深信自己注定要暴死。她只关心她即将来临的结局，而且一再地说：‘我应该像我的父亲和叔叔那样去死！我的血液已经变质！’而且她作过一次尝试。然而，她以为是她父亲的那个男人并不是她真正的父亲。为了使她摆脱她的恐惧，她母亲安排她和她的亲生父亲见了一次面。他们的相貌如此相似，于是这位病人的全部疑惧一下子就消失了。从此，她抛弃了自杀的念头；她又逐步心情愉快起来，健康也恢复了”。①

因此，一方面，那些最有利于说明自杀的遗传性的情况不足以证明这种遗传性的存在；另一方面，这些情况毫无困难地适合于另一种解释。但是更有甚者，统计表上的某些事实——心理学家们似乎没有注意到这些事实的重要性——和狭义的遗传假设是不相容的。这些事实是：

1. 如果有一种产生于遗传的、注定那些要自杀的人的命运的生理—心理决定论的话，那么这种决定论就应该几乎同等地影响男人和女人。因为，既然自杀本身并没有性别的差异，那就没有理由说遗传只影响男孩子而不影响女孩子。然而，事实上我们都知道，女性自杀者很少，只相当于男性自杀者的一小部分。因此，如

---

① 吕伊斯的著作，第 201 页。

果遗传性真有人们所说的那种力量，情况就不会如此。

可不可以说，女人和男人同样继承自杀的倾向，但是这种倾向往往被女性特有的社会条件所抵消？但是，应该如何看待某种在大多数情况下都是潜伏的，要不然就是包含某种非常含糊的、根本不能证明其存在的潜在可能性的遗传性呢？

2. 在谈到肺痨的遗传性时，M. 格朗歇用这样的话来表达自己的意思："人们在这种情况下（在一个三个月的婴儿身上发现了肺痨）承认遗传性，这一点使我们完全同意……结核病是从婴儿还在子宫内的时候开始的，这一点已经不太肯定，如果结核病在出生15或20个月以后发作，那就不能不使人对某种潜伏的结核病的存在产生怀疑。对那些在出生15、20或30年以后出现的结核病，我们怎么说呢？假定某种病变在生命开始时就已经存在，这种病变在经过这样长一段时间难道没有失去它的致病力吗？把任何疾病都归咎于这些早已死亡的细菌，而不是归咎于病人一生中所能遇到的活生生的杆菌，这是不是合乎情理呢？"①事实上，为了有理由肯定某种疾病是遗传的，即使没有不容置疑的证据使人看到胎儿或新生儿身上的病菌，至少也得证实这种疾病经常出现在幼儿身上。这就是为什么人们把遗传性说成是从婴儿期就表现出来的这种特殊精神错乱的根本原因，并因此而把这种精神错乱称之为遗传性精神错乱。科克甚至指出，即使并非完全是遗传引起、但没有摆脱遗传影响的精神错乱，也要比没有既往史的精神错乱更明

① 《医学百科辞典》，第76卷，第542页，《肺痨》条。

显地倾向于较早出现。[①]

诚然，有人提到某些特点被看作是遗传的，然而只是在年龄较大时才表现出来，例如胡须和喉结等等。但是，在关于遗传性的假设中，这种延迟只能用这些特点取决于某种机体的状态来解释，而这种机体的状态本身是个体在发展过程中形成的；例如就性功能来说，遗传性显然只能在青春期产生明显的影响。但是，可以在任何年龄遗传的特性应该立即就显示出来。因此，应该承认，特性显示得越晚，受遗传性的影响就越小。不过，我们不清楚自杀的倾向为什么和机体发展的某个阶段相联系，而不和另外某个阶段相联系。如果自杀的倾向是一种明确的机制，能够十分有规律地遗传，那么这种机制就应该在人出生后的最初几年里起作用。

但是，事实上情况恰恰相反。儿童的自杀非常罕见。根据勒古瓦特的材料，1861—1875 年期间，在法国的每百万 16 岁以下的儿童中，男孩子自杀的为 4.3 人，女孩子为 1.8 人。根据莫塞利的材料，在意大利，这个数字更小：男孩子不超过 1.25 人，女孩子不超过 0.33 人(1866—1875 年)，而且所有的国家大体上都是这个比例。最年轻的自杀者是 5 岁，但这完全是例外。而且不能证明，这些异乎寻常的事实应该归因于遗传性。事实上也不应忘记，儿童本身也处于社会原因的作用下，而这些社会原因足以使他决定自杀。在这种情况下，同样证明了社会的影响，而儿童自杀根据社会环境而变化。其他地方的儿童自杀都没有大城市多。[②] 这是因

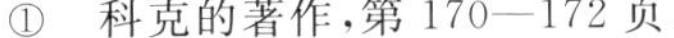

① 科克的著作，第 170—172 页。

② 见莫塞利的著作，第 329 页及以下几页。

为，对于儿童来说，其他地方的社会生活没有大城市开始得早，正像城市小居民的早熟所证明的那样。参加文明运动比较早和比较全面，受到的影响也比较早和比较完全。这也使得文明国家儿童自杀的人数可悲地按规律增加。[①]

此外，自杀不仅在童年时期极为罕见，而且只有到老年期才达到顶点。自杀率随着年龄的增高而有规律地增高。

表九[②]　**不同年龄的自杀率**（每个年龄组每百万人中）

	法　国（1835—1844）		普鲁士（1873—1875）		萨克森（1847—1858）		意大利（1872—1876）		丹　麦（1845—1856）
	男	女	男	女	男	女	男	女	男 女
16 岁以下	2.2	1.2	10.5	3.2	9.6	2.4	3.2	1.0	113
16—20 岁	56.5	31.7	122.0	50.3	210	85	32.3	12.2	272
20—30 岁	130.5	44.5	231.1	60.8	396	108	77.0	18.9	307
30—40 岁	155.6	44.0	235.1	55.6	551	126	72.3	19.6	426
40—50 岁	204.7	64.7	347.0	61.6			102.3	26.0	576
50—60 岁	217.9	74.8	529.0	113.9	906	207	140.0	32.0	702
60—70 岁	274.2	83.7					147.8	34.5	785
70—80 岁	317.3	91.8			917	297	124.3	29.1	
80 岁以上	345.1	81.4					103.8	33.8	642

尽管有一些极细微的差别，所有国家都是这种比例。瑞典是最高比例在 40—50 岁下降的唯一国家。在其他所有的国家，最高比例的下降只发生在 80 岁以上或 70—80 岁，同样，在其他所有的

① 见勒古瓦特的著作，第 158 页及以下几页。巴黎，费利克斯·阿尔康书店。

② 本表数字引自莫塞利的著作。

国家，除了也许是由于统计上的错误而出现的极少数例外，[①]自杀率一直升高到这个极限。我们所看到的80岁以上的自杀率下降不是绝对普遍的，而且，不管怎样，下降的幅度是很小的。这个年龄的自杀率稍稍低于70岁的自杀率，但仍然高于其他年龄，或者至少高于大部分其他年龄。因此，怎么能把某种只是成年时才出现、而且从成年时起随着年龄增长逐步加强的倾向归因于遗传性呢？怎么能把一种在童年时期根本就不存在或者很不明显、而是逐步发展起来的、到了老年才达到最大限度的疾病说成是先天的呢？

在这种情况下，不能引用同时性遗传规律。实际上，这条规律是说，在某些情况下，遗传特性在后代身上出现时的年龄与在父母身上出现时的年龄大致相同。但是自杀的情况并非如此；过了10岁或15岁，自杀在任何年龄都可能发生。自杀的特点是不在生命的某一特定时刻出现，而是随着年龄的增长不断地发展。这种不间断的发展表明，自杀的原因本身也随着人的年龄增长而发展。然而遗传性并不满足这个条件；因为，根据定义，遗传性从完成受精之时起就应该和可能存在。能不能说，自杀的倾向从出生之时起就以潜伏的状态存在，但要在另一种后来出现并逐步发展的力量的作用下才表现出来呢？但这样说就等于承认，遗传的影响归

① 就男人来说，我们只知道一种例外，这就是意大利的情况。在意大利，自杀率在30—40岁出现了停止增长的情况。就女人来说，自杀率在同样的年龄出现了停止增长的情况，但这种情况是普遍的，因此必定是真实的。这个年龄标志着女性生活中的一个阶段。因为这个年龄对于独身的女人来说具有特殊意义，并且毫无疑问地符合于这种中间时期，在这个时期里，独身所引起的失望和挫伤开始不那么明显了，而那种在年龄较大时所产生的精神孤独还没有发挥其全部影响。

根到底至多是一种十分普通和不确定的诱因；因为，如果遗传的影响不能没有另一种因素的协作，以致只能在有了另一种因素的时候才发挥作用，那么这另一种因素就应该被看作是真正的原因。

总之，自杀的方式因年龄而异这一点无论如何都表明，某种生理—心理状态不可能是自杀的决定性原因。因为人体的一切都受生命节律的支配，依次经过生长的阶段、停滞的阶段和最后一个衰退的阶段。没有什么生理的或心理的特点是无止境地发展的；所有的特点在达到一个顶点以后都趋于衰退。相反，自杀却是在人生的最后阶段才达到它的顶点。人们往往看到80岁左右自杀的人数有所减少，但减少很有限，也不是绝对普遍地减少，而只是相对地减少，因为90岁左右自杀的人数和60岁左右自杀的人数一样多，或者更多，尤其比正当壮年自杀的人数多。难道从这种迹象上看不出使自杀人数发生变化的原因不可能是某种先天性的、不变的冲动，而是社会生活的逐步影响吗？正像自杀发生的迟早取决于人们进入社会的年龄一样，自杀的人数也随着人们更完全地投入社会而增加。

于是我们又重新回到前一章的结论。毫无疑问，自杀只有在个人的体质不加拒绝时才可能发生。但是，最有利于自杀的个人身体状况不是某种明确的和无意识的倾向（精神错乱者的情况除外），而是某种一般的和不明确的天赋，很容易根据不同的环境采取不同的形式，可以是自杀，但不一定是自杀，因此不能说明自杀的原因。

第三章　自杀与自然因素[①]

个人素质尽管不是决定自杀的唯一原因，但如果和某些自然因素结合在一起，却可以起更大的作用。正如物质环境有时会使某些疾病暴发一样，要是没有这种环境，这些疾病可能仍然处于萌芽状态。物质环境也能够使某些个人天生具有的一般的和完全潜在的自杀倾向变为行动。在这种情况下，没有必要把自杀率看成是一种社会现象；由于某些物质原因和某种生理—心理状态的巧合，自杀完全或主要属于不健康的心理状态。诚然，也许很难解释，为什么在这些条件下每个社会群体中的自杀是如此紧密地涉及个人的，因为各国的自然环境并没有很大的差别。然而，一个重要的事实不能不承认，这就是，我们至少可以说明这种现象所表现出来的某些变化并不涉及社会原因。

在这类因素中，人们只把自杀基因的影响归因于其中的两个因素，即气候和季节性气温。

① 参考书目——隆布罗索：《思想与大气现象》；费里：《温度计的变化与犯罪行为》，载于《犯罪人体测量档案》，1887 年；科尔：《布雷斯特地方的不法行为和自杀》，载于《犯罪人体测量档案》，1890 年，第 109 页及以后几页，第 259 页及以后几页；科尔：《犯罪与自杀》，第 605—659 页；莫塞利的著作，第 103—157 页。

一

下面是自杀按不同纬度在欧洲地图上的分布：

北纬 36°—43°	每百万居民中的自杀者 21.1 人
北纬 43°—50°	每百万居民中的自杀者 93.3 人
北纬 50°—55°	每百万居民中的自杀者 172.5 人
北纬 55°以上	每百万居民中的自杀者 88.1 人

由此可见，自杀人数最少的是欧洲的南部和北部；自杀人数最多的是中部；莫塞利可以更确切地说，北纬 47°—57°和东经 20°—40°之间是自杀的高发地区。这个地区正好是欧洲气候最温和的地区。是不是应该把这种巧合看成是气候影响的一种结果？

这是莫塞利所支持的一种论点，尽管多少有点犹豫。事实上，人们看不出温和的气候和自杀的倾向之间可能有什么关系；因此，要使人承认这种假设，各种事实必须非常一致。然而，自杀和某种气候非但没有任何关系，而且在任何气候下都时有发生。今天，意大利自杀的人数相对来说比较少，但在帝国时代却是很多的，当时罗马是文明欧洲的首都。同样，在印度灼热的天空下，某些时代自杀的人也很多。[①]

这个地带的相对位置本身清楚地表明，气候并不是这个地带发生的许多自杀的原因。从地图上看，这个地带不是由单一的、几乎是同等和同质的长条构成的，它包括所有气候相同的国家，而是由两个截然不同的地区构成的：一个地区以法兰西岛及其周围几

① 见本书第二编，第四章，第 230，231，237 页。

个省为中心,另一个是萨克森和普鲁士。因此,这两个地区不是和某一个明确的气候带相巧合,而是和欧洲文明的两个主要中心相巧合。因此,应该从这种文明的性质,从这种文明在不同国家之间的分布状况,而不是从气候的神秘力量中,去寻找各国人民具有不同自杀倾向的原因。

同样可以解释盖里已经指出过、莫塞利用新的观察证实过的另一个事实,这个事实尽管不是没有例外,但却相当普遍。在那些不属于中心地带的国家里,最接近中心地带的地区(也许是北方,也许是南方)也是自杀最多的地区。因此,意大利自杀人数最多的是北方,而英国和比利时自杀人数最多的是南方。但是没有任何理由把这些事实归因于接近温和的气候。承认如此强烈地促使法国北方和德国北方的居民去自杀的那些思想和感情,一句话,就是承认那些社会潮流,而这些潮流在过着差不多同样生活的邻国也存在,但不是那么强烈,这岂不是更加合乎情理吗?此外,下面的事实表明社会原因对自杀的这种分布有多大影响。在意大利,到1870年为止,自杀人数最多的是北方诸省,其次是中部诸省,第三是南方诸省。但是,北方和中部的距离逐渐缩小了,各自的次序也终于颠倒了(见表十)。然而不同地区的气候并没有变化。发生了

表十 自杀在意大利的地区分布

	每百万居民中的自杀人数			每个地区的比例(以北方地区为100)		
	1866—1867	1864—1876	1881—1886	1866—1867	1864—1876	1884—1886
北方	33.8	43.6	63	100	100	100
中部	25.6	40.8	88	75	93	130
南方	8.3	16.5	21	21	37	33

变化的是，随着 1870 年对罗马的征服，意大利的首都迁到了中部。科学、艺术和经济活动的中心也迁到了中部。自杀也是如此。

因此，没有理由再坚持一种得不到任何证明而许多事实又加以否定的假设。

二

季节性气温的影响似乎比较肯定。对各种事实可以作出不同的解释，但这些事实是始终存在的。

如果不是去观察那些事实，而是试图通过推理来预测哪一个季节最有利于自杀，那么人们一定会认为，最有利于自杀的季节是天空最阴暗、气温最低或最潮湿的季节。那时，大自然所显示出来的荒凉面貌难道不是起到了引起幻想和伤感的作用吗？此外，这个季节的生活也最艰难，因为我们必须有更丰富的食物，以便补充大自然热量的不足，而且因为食物更难弄到。正因为如此，孟德斯鸠认为有雾和寒冷的国家特别有利于自杀的发展，而且这种看法长期以来一直被当作规律。把这条规律运用到季节上，人们就会认为，自杀的高峰应该在秋季。尽管埃斯基罗尔已经对这种理论的真实性提出了种种疑问，但是法尔雷却接受了这种理论的原则。[①] 今天，统计材料明确地否定了这种理论。自杀达到最大限度不是在冬季，也不是在秋季，而是在那个美好的季节，在那个季节里，大自然最明媚，气候最温和。人们宁愿在生活最安逸的时候

---

① 《论神经衰弱》，第 28 页。

弃世而去。事实上,如果把一年分为两个半年,一半包括最热的6个月(从3月到8月,包括3月和8月在内),另一半包括最冷的6个月,那么自杀人数最多的总是前一半。没有哪一个国家是这条规律的例外。两者的比例几乎到处都一样。在每年的自杀者中,1000名里有590—600名死在美好的季节,只有400名死在一年的其他季节里。

自杀和气温变化的关系甚至可以更精确地确定。

如果可以把从12月到2月这一个季度称作冬季,从3月到5月称作春季,从6月开始到8月结束的季度称作夏季,后面的三个月称作秋季,如果把这四个季节按自杀人数的多少排列,人们会发现,占首位的几乎到处都是夏季。莫塞利根据这个观点比较了18个欧洲国家的三十四个不同时期的情况,并且看到,在三十个时期里,即88%的时期里,自杀人数最多的是夏季,只有三个时期是春季,一个时期是秋季。这最后一个不规则的情况是在巴登大公国观察到的,而且只是它的历史上的一个时期,所以没有什么价值,因为这种不规则情况是根据一个很短的时期计算的结果;此外,这种不规则的情况在后来的时期里没有再次发生。另外三个例外并没有更大的意义。这些例外与荷兰、爱尔兰、瑞典有关。就前两个国家来说,作为确定季节平均数的实际数字太小,以致根本不能由此作出肯定的结论;荷兰只有387例,爱尔兰只有755例。再说,这两个国家的统计根本没有合乎要求的权威性。最后,就瑞典来说,人们只看到1835—1851年这个时期的情况。因此,如果仅限于我们真正了解情况的这几个国家,那就可以说,这条规律是绝对的和普遍的。

自杀最少的时期同样是有规律的：在三十四次中有三十次，即88%，是在冬季；另外四次是在秋季。不符合规律的四个国家和地区是爱尔兰和荷兰（和自杀最多的情况相同）、伯尔尼州和挪威。我们知道前两个不规则的程度如何，对第三个还不太清楚，因为我们总共只观察到 97 例自杀。总之，在三十四次中有二十六次，即76%，按自杀人数多少顺序排列的季节是：夏季、春季、秋季和冬季。丹麦、比利时、法国、普鲁士、萨克森、巴伐利亚、符腾堡、奥地利、瑞士、意大利和西班牙都是这种顺序，毫无例外。

不仅季节的顺序相同，而且各国每个季节自杀人数所占的比例也相同。为了使这种不变性更加显而易见，我们在表十一中按每年自杀总数算作 1000 来列出欧洲主要国家每个季节的自杀人数。可以看到，每一行的数字几乎是相同的。

表十一　每个国家每个季节自杀人数在全年自杀总人数中所占的比例

	丹　麦（1858—1865）	比利时（1841—1843）	法　国（1835—1843）	萨克森（1847—1858）	巴伐利亚（1858—1865）	奥地利（1858—1859）	普鲁士（1869—1872）
夏季	312	301	306	307	308	315	290
春季	281	275	283	281	282	281	284
秋季	237	229	210	217	218	219	227
冬季	177	195	201	195	192	185	199
	1000	1000	1000	1000	1000	1000	1000

根据这些无可争辩的事实，费里和莫塞利得出结论说，气温对自杀的倾向有着直接的影响；热量通过对脑功能的机械作用导致人去自杀。费里甚至曾试图解释热量是如何产生这种作用的。他说，一方面，热量增加神经系统的兴奋性；另一方面，由于机体在温暖的季节里不需要许多物质来保持本身所需的体温，因此积累起

来的闲置力量必然要寻找出路。由于这两方面的原因，所以夏季有过剩的活动力和生命力需要消耗，而且几乎只能以暴力行为的形式来消耗。自杀就是这些形式之一，杀人是另一种形式，因此自杀和杀人罪在这个季节里就多起来。此外，各种形式的精神错乱在这个季节里也有所发展；因此，有人曾经说过，由于自杀和精神错乱有关，所以自杀自然也同样有所发展。

这种以简单明了吸引人的理论乍看起来似乎和事实是一致的。这种理论似乎只是直截了当地说明事实，实际上却远远没有说明。

三

首先，这种理论导致一种十分有争议的自杀概念。这种理论实际上是说，自杀总是有一种过度兴奋状态的心理既往史，自杀是一种暴力行为，只有使出极大的力量才能做到。然而，相反，自杀往往是极端抑郁的结果。尽管兴奋型或激动型的自杀是有的，但忧郁型自杀同样常见；我们在下面还有机会证明这一点。但是，热量对两者同样起作用是不可能的；如果热量引起前一种类型的自杀，那就较少引起后一种类型的自杀。热量可能对某些人产生严重影响，但这种影响会被热量对另一些人起的缓和作用所抵消；因此，热量的影响不可能通过统计数字以一种特别明显的方式表现出来。所以统计数字因季节不同而变化必定另有原因。至于把这种变化看成是精神错乱在各个季节的类似变化的简单反应，要能接受这种解释，那就必须承认自杀和精神错乱之间有一种比实际存在的关系更直接更紧密的关系。况且，季节以同样的方式影响这两种现象并没有得到证实，[①]而且，即使这种类似是无可争辩的，也还是需要知道，使精神错乱的曲线上升和下降是否就是季节气温的变化。不能肯定的是，某些性质完全不同的原因就不能引起或有助于引起这种结果。

但是，不管怎样解释这种归因于热量的影响，我们都要看这种影响是否真实。

从某些观察得出的结果似乎是，过分的热度促使人去自杀。在远征埃及时，法国军队中自杀的人数好像有所增加，有人把这种增加归咎于气温因素。在热带地区，当太阳光直射下来的时候，有人突然跳进海里的事并不少见。迪特里希大夫说过这样一件事：在夏尔·德·戈尔茨伯从1844年到1847年之间完成的一次环球旅行中，他注意到水手中有一种他称之为谵妄的不可抗拒的冲动。他这样写道："这种病通常在冬季发作。在这个季节里，水手们在远涉重洋之后踏上了陆地，他们毫无牵挂地坐在灼热的火炉旁，按照惯例开怀畅饮。可怕的谵妄症状在回到船上的时候发生。得了

① 我们只能根据精神病院接受住院的人数来判断精神错乱在各个季节的发病数。然而，这个标准是很不够的，因为家庭并不正好在病人发病的时候把他送进医院，而是在发病以后。此外，就拿我们所掌握的材料来说，这些材料远远不能证明精神错乱的季节变化和自杀的季节变化完全一致。根据卡佐维埃伊的统计，在夏朗东，每年接受的1000名精神错乱病人中，各个季节收治的人数是：冬季222名；春季283名；夏季261名；秋季231名。以同样的方法计算塞纳省各精神病院接受住院的病人人数所得出的结果相似：冬季234名；春季266名；夏季249名；秋季248名。由此可见：1. 病人最多的时候是在春季，而不是在夏季；还应该考虑到这样的事实：由于已经说明的种种理由，病人真正最多的时候应该在冬季；2. 不同季节之间的差别是很小的。至于自杀，这种差别是比较明显的。

这种病的人被一种不可抗拒的力量所推动而跳进海里，也许是在桅杆顶上操作时感到晕眩，也许是在睡梦中突然发作，病人猛然惊醒，发出可怕的喊声。”人们还观察到，刮来令人窒息的热量的欧洲南部焚风对自杀有着类似的影响。①

但是，这种影响并不是热量所特有的；严寒也同样起作用。在从莫斯科撤退期间，据说我们的军队有许多人自杀。因此，人们不会用这些事实来解释为什么自杀的人数总是夏季多于秋季，而秋季又多于冬季；因为由这些事实所能得出的全部结论是，极端的气温，无论是热还是冷，都有利于自杀的发生。再说，大家都懂得，任何类型的过分行为和自然环境的剧烈变化都会使机体紊乱，使机能的正常作用失调，从而引起某些类型的谵妄，在谵妄中可能冒出自杀的念头并加以实施，尽管原来根本没有这种念头。但是，这些特殊的和无规律的紊乱与每年气温的逐渐变化之间没有任何类比的关系。因此问题还是没有完全得到解决。应该从分析统计资料中去寻求解答。

如果气温是我们观察到的波动的根本原因，那么自杀的人数就应该像气温那样有规律地变化。然而事实并非如此。春季自杀

	法　　国		意　大　利	
	每个季节的自杀人数（以每年1000名计算）	季节平均气温	每个季节的自杀人数（以每年1000名计算）	季节平均气温
春季	284	10.2°	297	12.9°
秋季	227	11.1°	196	13.1°

① 我们引证的这些事实根据布里埃尔·德布瓦蒙的著作第60—62页。

的人数比秋季多得多，尽管春季比秋季冷一点：

由此可见，法国的气温上升 0.9°时，自杀人数减少 21%；意大利的气温上升 0.2°时，自杀人数减少 35%。同样，意大利冬季的气温比秋季低得多（前者为 2.3°，后者为 13.1°），然而这两个季节的自杀死亡率却差不多（分别为 196 和 194）。春秋季夏季的自杀率各地的差别很小，而气温的差别却很大。在法国，后者的差别为 78%，而前者的差别只有 4%；在普鲁士，这种差别分别为 121%和 4%。

如果不是按季节而是按月份观察自杀的变化，这种与气温无关的情况就更加明显。事实上，这种逐月的变化是服从下述适用于欧洲所有国家的规律的：从 1 月起，包括 1 月在内，自杀的人数逐月增加，直至 6 月，然后从这时起逐月减少，直至年底。最常见的情况是，自杀人数最多的月份，65%是 6 月，25%是 5 月，12%是 7 月；自杀人数最少的月份，60%是 12 月，22%是 1 月，15%是 11 月，3%是 10 月。此外，最明显的无规律性多半表现为级差太小而无重大意义。在可以长时间观察自杀发展情况的地方，例如在法国，我们可以看到，自杀人数逐渐增加，一直到 6 月，然后逐渐减少，一直到 1 月；自杀人数最多和最少这两个极端之间的差距平均不小于 90%或 100%。因此，自杀人数最多的月份不是最热的 8 月或 7 月；相反，从 8 月起，自杀人数开始十分明显地逐渐减少。同样，在大多数情况下，自杀人数减少到最低点不是在最冷的 1 月，而是在 12 月。表十二表明，在气温的变化和自杀人数的变化之间，并没有固定不变的对应关系。

在同一个国家里，在气温差不多相同的月份里，自杀的人数却

相差很大(例如在法国的5月和9月、4月和10月,意大利的6月和9月,等等)。相反的情况同样是常见的:在法国的1月和10月、2月和8月,尽管气温相差很大,但自杀的人数却差不多;在意大利和普鲁士的4月和7月,情况也是如此。此外,在这些不同的国家里,每月自杀的人数几乎完全相同,尽管各国的月平均气温相差很大。以5月为例,普鲁士的平均气温为10.47°,法国为14.2°,意大利为18°,而普鲁士这个月的自杀人数为104‰,法国为105‰,意大利为103‰。[①] 可以说,几乎所有其他月份都是如此。12月份的情况特别说明问题。这三个国家12月份自杀人数占全年自杀人数的比例完全相同(61‰);然而这个月的平均气温在罗马为7.9°,在那不勒斯为9.5°,而在普鲁士则不超过0.67°。月平均气温不仅不相同,而且在不同的地区按照不同的规律变化;例如,在法国,从1月到4月,气温上升比从4月到6月快,而在意大利则相反。因此,气温的变化和自杀人数的变化没有任何关系。

此外,如果气温有人们所想象的影响,那么对自杀人数的地理分布也应该有影响。最热的国家应该最受影响。这种推断如此显而易见,以致意大利学派试图证明杀人的倾向也随着气温的升高而增加。隆布罗索和费里力求证明,因为凶杀案夏天比冬天多,所以南方的凶杀案比北方多。可惜,在涉及自杀时,事实却驳斥了这些意大利犯罪学家:因为在欧洲南部的国家里,自杀的人数却最少。意大利的自杀人数比法国少4倍;西班牙和葡萄牙几乎没有

① 我们不能过分强调这些比例数的恒定性。关于这种恒定性的意义,我们将在下文(本节第三编第一章)讨论。

表　十　二①

	法　国（1866—1870）		意大利（1883—1888）			普鲁士（1876—1878，1880—1882，1885—1889）	
	平均气温	每月自杀人数（按每年1000人计算）	平均气温		每月自杀人数（按每年1000人计算）	平均气温（1848—1877）	每月自杀人数（按每年1000人计算）
			罗马	那不勒斯			
一　月	2.4°	68	6.8°	8.4°	69	0.28°	61
二　月	4°	80	8.2°	9.3°	80	0.73°	67
三　月	6.4°	86	10.4°	10.7°	81	2.74°	78
四　月	10.1°	102	12.5°	14°	98	6.79°	99
五　月	14.2°	105	18°	17.9°	103	10.47°	104
六　月	17.2°	107	21.9°	21.5°	105	14.05°	105
七　月	18.9°	100	21.9°	24.3°	102	15.22°	99
八　月	18.5°	82	24.3°	24.2°	98	14.60°	90
九　月	15.7°	74	21.2°	21.5°	73	11.60°	83
十　月	11.3°	70	16.3°	17.1°	65	7.79°	73
十一月	6.5°	66	10.9°	12.2°	63	2.93°	70
十二月	3.7°	61	7.9°	9.5°	61	0.60°	61

人自杀。在法国的自杀人数分布图上，只有位于卢瓦尔河以南的几个省形成一片相当大的空白。当然，我们并不是说，这种情况果真是气温引起的结果；但是，不管是什么原因，这种情况是一个与把高温说成是引起自杀的因素的理论不一致的事实。②

① 本表所有月份都按30天计算。——有关气温的数字，法国的引自《天文学研究所年鉴》，意大利的引自《中央气象局年鉴》。

② 按照这些作者的看法，自杀确实只是杀人行为中的一种，因此，在南方国家中没有自杀只是一种表面现象，因为大量的杀人行为抵消了自杀。我们将在下文看到应该如何看待这种认同。但是从现在起为什么不认为这种论据是不利于这些作者的呢？如果说在炎热的国家里看到杀人的超过部分抵消了自杀的空白，那为什么在炎热的季节里没有出现这种抵消呢？自杀和杀人同时都很多，这种抵消又从哪里来的呢？

意识到这些难点和矛盾促使隆布罗索和费里稍微修改了一下意大利学派的学说，但没有放弃其原则。按照莫塞利转述的隆布罗索的意见，引起自杀的不是炎热的程度，而是第一阵热浪的袭击，即寒冷消失和炎热季节开始之间的对比。炎热的季节突然袭击人的机体，这时人的机体还不适应这种新的气温。但是，只消看一下表十二就可以证实，这种解释是没有任何根据的。如果这种解释是正确的，那么我们就应该看到，表示每月自杀人数变化的曲线在秋季和冬季始终呈水平状，然后在第一阵热浪——一切坏事的根源——袭来时突然上升，而在人的机体逐渐适应后同样突然地下降。然而，事实恰恰相反，曲线的变化是非常有规则的：只要上升，就几乎同样地逐月上升。从 12 月到 1 月、1 月到 2 月、2 月到 3 月，即在第一阵热浪远未来到的这几个月里，曲线逐渐上升；从 9 月到 12 月，曲线逐渐下降，而这时炎热的季节早已结束，所以不能把这种下降归因于炎热的消失。此外，炎热从什么时候开始呢？人们通常认为是从 4 月份开始。实际上，从 3 月到 4 月，平均气温从 6.4°上升到 10.1°，上升 57%，而从 4 月到 5 月只上升 40%，5 月到 6 月上升 21%。因此，我们应该看到，4 月份自杀的人格外多。其实，4 月份增加的自杀人数并没有超过从 1 月到 2 月增加的自杀人数（18%）。说到底，因为这种增加虽然比较缓慢。但不仅保持这种势头而且一直继续到 6 月甚至 7 月，所以看来很难把这种增加归因于春季的影响，除非把这个季节延长到夏末，只有 8 月份除外。

此外，如果第一阵热浪如此有害，那么第一阵寒流应该具有同样的影响。第一阵寒流也突然袭击人的机体，并且打乱各种生命机能，直至人的机体重新适应。然而，在秋季，自杀的人数远不像在春季那样增加。因此，我们不明白，莫塞利既然承认，按照他的理论，从炎热到寒冷的过渡和相反的过渡具有同样的影响，为什么还能说："根据我们的统计表，或者更好地根据我们的全部曲线，在秋季、即10月和11月的第二次上升，就可以证明第一阵寒流的这种影响，这就是说，人的机体、尤其是神经系统最强烈地感受到从炎热季节到寒冷季节的过渡。"[①]只要参考一下表十二就可以看到，这种说法与事实决然相反。即使根据莫塞利提供的数字，所得出的结果也是，从10月到11月几乎没有一个国家的自杀人数是增加的，倒是反而减少了。只有丹麦和爱尔兰以及奥地利的一个时期（1851—1854年）是例外，而且这三个国家自杀人数的增加也是微乎其微的。[②]在丹麦，自杀人数从68‰增加到71‰，爱尔兰从62‰增加到66‰，奥地利从65‰增加到68‰。同样，在三十一份观察报告中，只有八份，即挪威、瑞典、萨克森、巴伐利亚、奥地利和巴登公国各一份，符腾堡二份，显示出自杀人数在10月份有所增加。其余的报告都显示出自杀人数减少或没有变化。总之，在三十一份报告中有二十一份，即67%显示出自杀人数从9月到11月在逐步减少。

因此，无论是向上还是向下，曲线的完整连续性都证明，每月自杀人数的变化不可能是人的机体在一年中有一次或两次突然或一时失衡而产生的暂时性骤变所引起的。自杀人数的变化只能取

① 莫塞利的著作，第148页。

② 我们把瑞士的数字放在一边，因为这些数字只是一年的（1876年），因此不能由此得出结论。而且，从10月到11月，自杀的人数增加得很少，从83‰增加到90‰。

决于各种原因，这些原因的变化也有同样的连续性。

四

现在可以来看一下这些原因的性质。

如果我们比较一下每月的自杀人数在一年的自杀人数中所占的比例和每月的平均昼长，我们所取得的两组数字正好以同样的方式变化（见表十三）。

表十三　法国每月自杀人数的变化与平均昼长的比较

	昼　长①	增加和减少	自杀人数（按每年1000人计算）	增加和减少
		增　加		增　加
一　月	9小时19分	从1月到4月增加55%	68	从1月到4月增加50%
二　月	10小时56分		80	
三　月	12小时47分		86	
四　月	14小时29分		102	
五　月	15小时48分	从4月到6月增加10%	105	从4月到6月增加5%
六　月	16小时03分		107	
		减　少		减　少
七　月	15小时04分	从6月到8月减少17%	100	从6月到8月减少24%
八　月	13小时25分		82	
九　月	11小时39分	从8月到10月减少27%	74	从8月到10月减少27%
十　月	9小时51分		70	
十一月	8小时31分	从10月到12月减少17%	66	从10月到12月减少13%
十二月	8小时11分		61	

① 每月最后一天的昼长。

两组数字的变化十分相似，彼此都在同一个时候达到最高值和最低值；在此期间，这两种现象以同样的比例变化。白昼的时间延长得快，自杀的人数就增加得多（1 月到 4 月），白昼时间的增加放慢，自杀人数的增加也放慢（4 月到 6 月）。在减少的时候也有同样对应的情况。甚至在那些昼长几乎相同的不同月份里，自杀的人数也几乎相同（7 月和 5 月，8 月和 4 月）。

如此有规律的和精确的对应不可能是偶然的。因此，昼长的变化和自杀人数的变化之间必定有某种关系。这种假设除了直接产生于表十三之外，还可以说明我们在前面已经指出过的一个事实。我们已经看到，在欧洲的几个主要国家里，自杀严格地以同样的方式发生在一年、一季或一月的不同时间里。[①] 费里和隆布罗索的理论根本不能说明这种奇怪的一致性，因为欧洲不同地区的气温大不相同，而且变化也各种各样。相反，我们所比较的欧洲各国的昼长却明显地差不多。

但是，得以证明这种关系的真实性的是这样的事实：在任何季节里，大部分自杀都发生在白天。布里埃尔·德布瓦蒙可能分析了从 1834 年到 1843 年间在巴黎发生的 4595 例自杀的档案材料。在 3518 例可以确定时间的自杀中，有 2094 例发生在白天，766 例发生在傍晚，658 例发生在夜里。因此，白天和傍晚发生的自杀相当于自杀总数的 4/5，而第一种情况一项就已经占了 3/5。

普鲁士的统计在这方面收集了更多的资料。这些资料涉及

① 这种一致性使我们不必把表十三弄得复杂化。既然彼此都明显地差不多，就没有必要比较法国以外的其他国家每月昼长的变化和自杀人数的变化，只要不比较纬度相差太大的国家就行了。

1869—1872年间所发生的11822例自杀，刚好证实了布里埃尔·德布瓦蒙的结论。由于每年的比例明显地差不多，为了简明扼要，我们只列举1871年和1872年的比例：

自杀主要发生在白天是显而易见的。因此，既然白天自杀的人数多于夜间，那么自杀的人数随着白昼时间的延长而增加也是天经地义的了。

表　十　四

	自　杀　人　数（按每天1000人计算）			
	1871		1872	
早　　晨①	35.9		35.9	
上　　午	158.3	375	159.7	391.9
中　　午	73.1		71.5	
下　　午	143.6		160.7	
傍　　晚	53.5		61	
夜　　间	212.6		219.3	
时间不明	322		219.9	
	1000		1000	

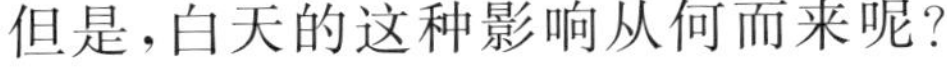

但是，白天的这种影响从何而来呢？

当然，为了说明这一点，我们不会提出太阳和气温的作用。实际上，在中午，也就是说在一天中最热的时候，自杀的人数比傍

① 指太阳升起后的一段时间。

晚*或上午少得多。我们在下面还将看到，中午自杀的人数明显地减少。排除这种解释以后，就只剩下了一种可能性，即白天有利于自杀，因为这时候各种事务最繁忙，人际交往错综复杂，社会生活最紧张。

我们所掌握的有关自杀人数在一天的不同时间里或一周的不同日子里的分布方式的某些情况证实了这种解释。根据布里埃尔·德布瓦蒙对巴黎1993例自杀的分析和盖里对全法国548例自杀的分析，自杀人数在二十四小时内的主要变化如下：

巴黎		法国	
	每小时自杀人数		每小时自杀人数
从午夜到6点	55	从午夜到6点	30
从6点到11点	108	从6点到中午	81
从11点到中午	81	从中午到2点	32
从中午到4点	105	从2点到6点	47
从4点到8点	81	从6点到午夜	38
从8点到午夜	61		

我们看到，有两个时间自杀最多，即事务最繁忙的上午和下午。在这两段时间之间，有一段休息的时间，这时候，一般的活动都暂时停止，自杀也暂时停止。这种暂时的平静在巴黎发生在11点左右，在外省则发生在中午前后。这种暂时的平静在外省比在首都更明显、时间更长，只因为这是外省人吃午饭的时候；因此自杀的暂停也更明显、持续的时间也更长。我们在前面引证过的普

* 原文如此，但根据表十三的数字应为下午。——译者

鲁士的统计资料可以提供类似看法的理由。①

另外，盖里在确定了 6587 例自杀发生在星期几之后，得出了我们在表十五所转引的比例。由此可见，自杀的人数在从星期五

表 十 五

	每天自杀人数（以每周 1000 人计算）	男女所占比例	
		男	女
星期一	15.20	69%	31%
星期二	15.71	68%	32%
星期三	14.90	68%	32%
星期四	15.68	67%	33%
星期五	13.74	67%	33%
星期六	11.19	69%	31%
星期日	13.57	64%	36%

起的周末减少。然而，我们知道，对星期五的偏见有延缓社会生活的作用。这一天，坐火车的人比其他日子少得多。在这个不吉利的日子里，人们不大愿意交往和办事。星期六从下午起开始放松，在某些国家，停工休息的相当多；想到第二天是星期天也许对头脑预先起到某种镇静的作用。最后，在星期天，经济活动便完全停止了。如果不是另一类表现形式取代了已经消失的表现形式，如果娱乐场所不是在车间、办公室和商店里空荡荡的时候挤满了人，那么我们可以认为，星期天自杀人数的减少还会更加突出。我们还

① 每小时发生意外事故的次数有变化，也证明了社会生活在一天里有平静和活跃的变化。根据普鲁士统计局的资料，意外事故发生次数的分布如下：

从 6 点到中午平均每小时发生 1011 次。

从中午到 2 点平均每小时发生 686 次。

从 2 点到 6 点平均每小时发生 1191 次。

从 6 点到 7 点平均每小时发生 979 次。

将注意到，这一天妇女自杀人数所占的比例最高；不过，这一天妇女往往走出她们平时隐居的家，并且在某种程度上参与社会生活。①

因此，一切都有助于证明，白天之所以是一天中最有利于自杀的时候，这是因为这也是社会生活最沸腾的时候。既然如此，我们便有理由说明为什么自杀的人数随着太阳停留在地平线以上的时间延长而增加。可以说，因为白昼的延长给集体生活打开了更广阔的天地。对集体生活来说，休息的时间开始得更晚而结束得更早。集体生活有更多的空间展开。因此，集体生活所导致的种种后果必然在这时显示出来，而且既然自杀是这些后果之一，所以自杀的人数就增加了。

但是这第一个理由并非唯一的理由。如果说，社会活动在夏季比在春季频繁，而在春季又比在秋季和冬季频繁，这不仅仅是因为社会活动在其中展开的外部范畴随着时间的推移而扩大，而是因为社会生活受到其他原因的刺激。

对农村来说，冬季是休息的季节，这种休息甚至到了静止不动的地步。一切生活似乎都停止了；交往很少，因为气候条件和农活

① 值得注意的是，在一个月里也可以看到这种上半个星期和下半个星期之间的对比。因为，根据布里埃尔·德布瓦蒙的著作第 424 页，巴黎 4595 例自杀在一个月中的分布如下：

上旬	1721 人
中旬	1488 人
下旬	1380 人

下旬的自杀人数可能比这个数字还要小，因为这个月有 31 天，所以下旬是 11 天而不是 10 天。我们可以说，社会生活的节奏反映了日历的划分；每当人们进入一个新的时候，就好像有一种重新开始的活动，这种活动随着这个时期接近尾声而逐渐减少。

的减少使交往失去了存在的理由。居民们进入了名副其实的睡乡。但是到了春季，一切都开始复苏：各种农活重新开始，各种关系重新建立起来，各种交易逐渐增加，名副其实的全民运动开始满足农业劳动的种种需要。农村生活的这些特殊条件不可能不对每月自杀的人数产生巨大的影响，因为一半以上的自杀发生在农村；在法国，从 1873 年到 1878 年共有 36365 人自杀，其中农村就有 18470 人。因此，自杀的人数随着气候恶劣的季节过去而增加是很自然的。在 6 月或 7 月，即在农村最繁忙的季节，自杀的人数最多。在 8 月，一切都开始平静下来，自杀的人数也开始减少。自杀人数的减少只是从 10 月、尤其是从 11 月开始加快，这也许是因为许多收获只在秋季进行。

此外，同样的原因也作用于全国，尽管在较小的程度上。城市生活在气候宜人的季节里也更加活跃。因为这时交通比较便利，人们更愿意出门，社会交往也变得更加频繁。下面是我们的铁路干线 1887 年各季度的收入（只计算快车）：①

冬季…………7190 万法郎
春秋…………8670 万法郎
夏季……… 10510 万法郎
秋季…………9810 万法郎

每个城市内部的来往也经历同样的几个阶段。还是在 1887 年，从巴黎某处坐车到另一处的旅客从 1 月（655791 人）增加到 6

① 根据《公共工程部公报》。

月（848831人），从7月起连续减少到12月（659960人）。[①]

最后一个经验将证实对事实的这种解释。尽管城市生活在夏季和春季必然比在其他季节繁忙，然而，不同季节之间的差距不像在农村那样明显。因为，工商业的业务、文艺和科学活动以及社交在冬季暂时中断的程度不及农业劳动。城市居民的各种活动几乎全年都可以同样继续进行。白昼的长短在大城市里尤其不可能有很大影响，因为人工照明使大城市昏暗的时间比其他地方短。因此，如果说每个月或每个季节自杀人数的变化取决于集体生活的不同繁忙程度，那么这种变化在大城市里必然不像全国那样明显。事实完全和我们的推断一致。表十六表明，如果说在法国、普鲁士、奥地利和丹麦，自杀人数最多时比最少时分别增加52%、45%甚至68%，那么在巴黎、柏林和汉堡，这种差距平均只有20%—25%，甚至只有12%（法兰克福）。

我们还可以看到，和全国其他地方相反，在大城市里，自杀人数最多的往往是春季。即使夏季的自杀人数超过春季（巴黎和法兰克福），超过也不多。这是因为在大城市里，公共生活的主要公

① 同上公报。对这些证明社会活动在夏季增加的事实，还可以加上下述事实：在气候宜人的季节里发生的意外事故比其他季节多。下面是意外事故在意大利的分布：

	1886年	1887年	1888年
春季	1370	2582	2457
夏季	1823	3290	3085
秋季	1474	2560	2780
冬季	1190	2748	3032

按照这种观点，如果说冬季的意外事故有时仅次于夏季，这只是因为冰雪引起的摔跤比较多，而且寒冷本身也引起一些特殊的意外事故。如果我们不考虑这种原因引起的意外事故，那么各个季度意外事故的次数和自杀人数多少的顺序就是一样的。

表十六　若干大城市和全国每季度自杀人数变化的比较

各季度的自杀人数(按平均每年1000人计算)									
	巴黎(1888—1892)	柏林(1882—1885,1887—1889—1890)	汉堡(1871—1891)	维也纳(1871—1872)	法兰克福(1867—1875)	日内瓦(1838—1847,1852—1854)	法国(1835—1843)	普鲁士(1869—1872)	奥地利(1858—1859)
冬季	218	231	239	234	239	232	201	199	185
春季	262	287	280	302	245	288	283	284	281
夏季	277	248	232	211	278	253	306	290	315
秋季	241	232	258	253	238	287	210	227	219
各季度的比例数(以冬季为100)									
	巴黎	柏林	汉堡	维也纳	法兰克福	日内瓦	法国	普鲁士	奥地利
冬季	100	100	100	100	100	100	100	100	100
春季	120	124	120	129	102	124	140	112	151
夏季	127	107	107	90	112	100	152	145	168
秋季	100	100.3	103	108	99	97	104	114	118

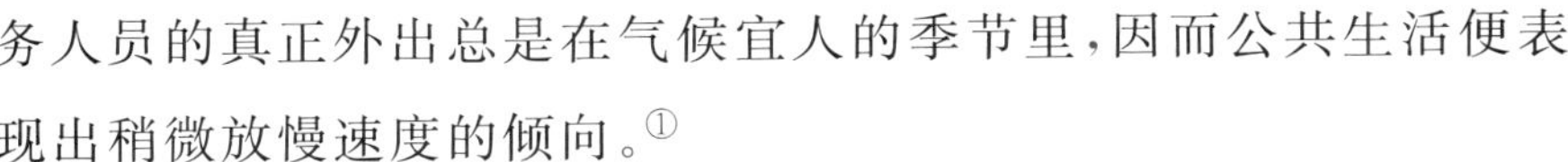

务人员的真正外出总是在气候宜人的季节里,因而公共生活便表现出稍微放慢速度的倾向。①

总之,我们首先证实了自然因素的直接作用不能解释每月或每个季节自杀人数的变化。现在我们懂得了自杀的真正原因是什么性质,应该朝什么方向去找出这些原因,而这个积极的成果肯定了我们的批判性考察的结论。如果说自杀的人数从1月到7月变

① 我们还可以看到,在我们所比较的这些大城市里,不同季节自杀的比例数看上去差不多,但和这些城市所在国的比例数完全不同。同样,我们再次发现,在社会环境相同的地方,自杀率也是相同的。在柏林、维也纳、日内瓦和巴黎等大城市,自杀的潮流在不同季节中的变化也差不多。因此,我们要进一步探讨这种情况的全部现实意义。

得越来越多，这不是因为炎热扰乱了人的机体，而是因为社会生活越来越繁忙。毫无疑问，社会生活之所以繁忙，是因为太阳在黄道上的位置和气候状况等等使社会生活比在冬季更容易展开。但是，直接刺激社会生活的不是物理环境；影响自杀人数多少的尤其不是物理环境。自杀人数的多少取决于社会条件。

诚然，我们还不知道集体生活为什么能起这种作用，但是我们从现在起懂得：如果说集体生活包含使自杀率发生变化的原因，那么自杀率必然根据集体生活是否活跃而上升或下降。至于比较确切地确定这些原因，这将是本书下文的目标。

第四章　仿效[①]

但是，在探讨自杀的社会原因之前，还有最后一个心理因素，我们必须确定它在一般的社会事件产生过程中，而且尤其是在自杀发生过程中对于重要的极端行为的原因的影响。这就是仿效。

仿效是一种纯粹的心理现象，这一点明显地表现为这样的事实，即仿效可能在没有任何社会联系的个人之间发生。一个人可以仿效另一个人，他们彼此之间既不需要有任何联系，也不需要依存于同一个群体，而且仿效的传播本身也没有能力使他们相互联系起来。一个喷嚏、一个舞蹈似的动作、一阵杀人的冲动，都可以从一个人转移给另一个人，而他们之间只需要偶然和短暂的接触。他们既不需要任何智力上或道德上的一致，也不需要彼此为对方做什么事，甚至不需要说同一种语言。他们在转移之后并不感到比转移之前关系更加密切。总之，我们用来仿效我们同类的方法，也就是能帮助我们来再现自然界的各种声音、各种东西的形状和各种生物的动作的方法。既然后者没有丝毫社会性，那么前者也

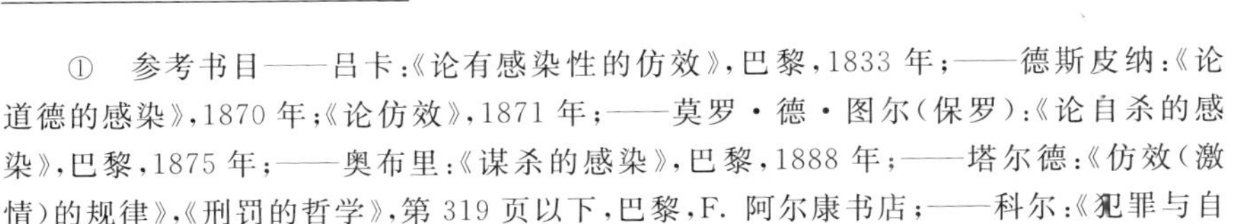

① 参考书目——吕卡：《论有感染性的仿效》，巴黎，1833 年；——德斯皮纳：《论道德的感染》，1870 年；《论仿效》，1871 年；——莫罗·德·图尔（保罗）：《论自杀的感染》，巴黎，1875 年；——奥布里：《谋杀的感染》，巴黎，1888 年；——塔尔德：《仿效（激情）的规律》，《刑罚的哲学》，第 319 页以下，巴黎，F. 阿尔康书店；——科尔：《犯罪与自杀》，第 207 页以下。

同样没有丝毫社会性。这种方法来源于我们有代表性的生活的某些特性，而这些特性并不是任何集体影响的产物。因此，如果可以肯定，这种方法有助于确定自杀率，那么由此可以得出结论，自杀率或者完全地或者部分地直接取决于个人原因。

一

但是，在考察各种事实之前，应该先确定仿效这个词的含义。社会学家们如此地习惯于使用一些术语而不给这些术语下定义，这就是说，既不确定也不有条理地划定他们打算谈论的事物的范畴，以至于他们经常不知不觉地让同一种说法从它最初要表达或似乎要表达的概念扩大成另一些有点相似观念。在这种情况下，观念终于变得模棱两可而难以讨论。因为，没有明确的轮廓，观念就可以按照目的的需要几乎随心所欲地变化，而且不可能严格地预见到这种观念可能表现的所有不同方面。人们所说的仿效本能尤其是这种情况。

仿效这个词通常用来表明下述三组事实：

1. 在所有成员都受到同一种原因或一些类似原因影响的同一个群体中，有时在不同的意识之间会发生一种拉平现象，由于这种现象，所有人的思想或感觉都一致起来。然而，人们往往把产生这种一致的全部活动叫作仿效。因此，仿效这个词是指同时被不同的人感到的各种意识状态的特性，这种特性使一些人影响另一些人，并且使他们结合在一起，以便产生一种新的状态。我们在这种意义上使用这个词是想说，这种结合归功于每个人被大家和大家被每个人所相互仿效。[①] 可以说，正是“在我们城市喧闹的集会上和我们进行急剧变革的大舞台上”，[②]这样设想的仿效才会最充分地表现出它的本性来。正是在这种情况下，我们才能最清楚地看到结合在一起的人是如何通过彼此的影响相互转化的。

2. 人们给这样一种需要起了同样的名字，这种需要促使我们与我们作为其组成部分的社会协调一致，并且为此目的促使我们采取在我们周围普遍流行的思考方式或办事方式。因此，我们按照习俗和惯例行事，而且，由于法律和道德的实践只不过是确定的和特别根深蒂固的惯例，所以我们在合乎道德地行动时往往就是在按照惯例行动。每当我们看不到我们所服从的道德准则的理由时，我们服从道德准则仅仅是因为道德准则本身具有社会权威。从这个意义上来说，根据我们是以我们的祖先为榜样还是以我们的同时代人为榜样，我们就把仿效习俗和仿效惯例区别开来了。

3. 最后，可以认为，我们重复某种在我们面前发生或我们所知道的行为，仅仅因为这种行为是在我们面前发生的，或者我们曾经听说过。这种行为并不具备对我们来说是重复这种行为的理由的固有性质。我们重复这种行为，既不是因为我们认为这种行为有用，也不是为了使我们与我们的榜样一致，而仅仅是为了重复这种行为。我们自己的行为表现就是自动地决定再现这种行为的动作。因为我们看到某一个人打呵欠、笑和哭，所以我们也这样打呵欠、笑和哭。自杀的念头也这样从一个人的意识传给另一个人的

① 博尔迪埃：《各种社会的生活》，巴黎，1887 年，第 77 页。——塔尔德：《刑罚的哲学》，第 321 页。

② 塔尔德同上书，第 319—320 页。

意识。这是一种自为的笨拙仿效。

然而，这三类事实彼此大有区别。

首先，第一类事实不会和其余两类事实混淆，因为这一类事实不包括任何从严格的意义上说来是重复的事实，而是各种不同的、或者至少是不同起源的状态的特殊综合。因此，仿效这个词不能用来表明这一类事实，除非失去其全部明确的词义。

让我们来分析一下这种现象。一群聚集在一起的人以同样的方式受到同一种环境的影响，而且他们意识到这种一致性至少部分地是和表现每一种特殊感情的征象相一致的。那么会发生什么情况呢？每一个人都模糊地回忆起当时他周围的情况。于是，每个人的思想上便形成这群人在不同地点的不同表现的形象，以及这些形象的各种细微差别。到这时为止，还根本不会发生可以称之为仿效的事；只有感性印象，然后是和在我们身体外部引起的感觉完全相同的感觉。① 随后又发生什么情况呢？这些千变万化的表现一旦出现在我的意识中，就会互相结合，并且和构成我的自身感觉的表现结合在一起。于是便形成一种新的状态，这种状态不再是我从前的那种状态，不再具有特殊性，而且由于一系列反复的、但和从前类似的转化，越来越摆脱可能依然具有太多特性的状态。这种结合更不能被称之为仿效的事实，除非我们同意把所有

① 把这些印象归因于一个仿效的过程，是不是说这些印象是它们所表现的那些状态的简单复制品呢？首先，这可能是一种非常粗浅的隐喻，是从陈旧的和不能接受的关于有感物种的理论中借用来的。此外，如果我们从这个意义上来使用仿效一词，就应该把这个词不加区别地扩大到我们的全部感觉和思想，因为，根据同样的隐喻，我们岂不可以说，感觉和思想是重复它们所涉及的东西。于是整个理性生活都变成了仿效的产物。

智力活动——通过智力活动，两种或两种以上相似的意识状态由于它们的相似之处而互相需要，然后融合和混合为一种既吸收了这些状态而又与之有所不同的结果——都称之为仿效。毫无疑问，词可以有各种定义。但是应该承认，词的定义可能是非常随意的，所以只能成为混乱的根源，因为定义使词完全失去它通常的词义。应该说这是创造，而不是仿效，既然这种力量的结合产生出某种新的东西。这种过程甚至是使头脑具有创造力的唯一过程。

也许有人会说，这种创造仅限于增加最初状态的强度。但是，首先，量的变化不失为一种创新。而且，事物不可能只发生量的变化而不发生质的变化；一种感情变成两倍或三倍强烈时，它的性质就完全改变了。事实上经常可以看到，聚集在一起的人相互影响的方式可以把一群无害的平民变成可怕的魔鬼。产生这些相似隐喻的仿效是罕见的！我们之所以能够用一个如此不确切的术语来表示这种现象，这无疑是因为我们模糊地想象，每一种个人感情都是以其他人的感情为模式的。但是，实际上，既没有模式，也没有复制品，只有渗透，即一定数量的状态在另一种不同的状态中的融合：这就是集体状态。

诚然，把产生这种状态的原因称之为仿效，并没有什么不恰当，如果我们承认，这种状态总是由一位带头人灌输给群众的。但是，这种说法从来没有得到哪怕是初步的证实，而且被大量的事实所否定：领袖显然是群众的产物，而不是群众的信息来源，除此之外，在任何情况下，只要这种领导行为是真实的，它就和人们所说的相互仿效毫无关系，因为它是单方面的；因此，我们暂时不谈这一点。我们首先应该细心地避免那些曾经使问题变得如此模糊的混淆。同样，如果有人说，在一群人中总是有一些人赞同共同的意见，不是出于自发的行动，而是因为这种意见是强加给他们的，那么他就是说明了一个不容置疑的真理。我们甚至相信，在同样的情况下，从来没有个人的意识不或多或少地受到这种强制。但是，因为这种强制的根源是共同的实践或信仰在构成时所具有的特殊力量，所以它属于我们已经区别开来的第二类事实。因此，让我们来考察一下这一类事实，看看这一类事实在何种意义上可以称之为仿效。

这一类事实至少从包含着某种重复来说不同于前一类事实。当人们遵循某种风尚或遵守某种习惯时，他们是在做别人做过的事，而且天天这样做。不过，即使按照定义所说，这种重复也不是出于人们所说的仿效的本能，而是一方面出于同情，这种同情促使我们不去伤害伙伴们的感情，以便更好地和他们交往，另一方面出于对集体的行为方式或思考方式的尊重和集体对我们的直接或间接影响，以便防止分裂和在我们身上保持这种尊重的感情。行为不是因为它当着我们的面或者在我们知道的情况下发生而重复，也不是因为我们喜欢重复而重复，而是因为这种行为在我们看来是必需的，而且在某种程度上来说是有益的。我们完成这种行为不是因为它已经不折不扣地被完成过，而是因为它带有社会的印记，我们尊重这种印记，而且为不引起极大的不便，我们不能没有这种印记。总之，这是出于尊重或出于害怕舆论而行动，而不是出于仿效而行动。这类行为和每当我们进行革新时所一致采取的行动基本上没有区别。这类行为的发生实际上是由于它们具有某种固有的性质，这种性质使我们把这些行为视为和以前一样的事实。

但是，当我们反对各种惯例而不是遵循这些惯例时，我们不是受另一种方式支配的；若是我们接受一种新的观念，一种创新的做法，是因为这种观念或做法具有某些固有的性质，这些性质使我们认为这种观念或做法是必须接受的。当然，在这两种情况下，支配我们的动机的性质是不同的，但心理机制却完全一样。在行为的表现和实施之间，有某种智力活动，这种智力活动包括明确地或含糊地、迅速地或迟缓地理解起决定作用的特点，不管这种特点是什么。因此，我们遵守本国的习俗和风尚的方式，与无意识的笨拙模仿没有任何共同之处，[①]后者使我们重复我们所看到的动作。在这两种行为方式之间，有一段相当的距离把理性的和有意识的行为同无意识的行为分开。前者有它的种种理由，哪怕这些理由没有以明确的判断形式表现出来。后者则没有，仅仅是由于看到某种行为而直接产生的结果，没有任何其他心理上的中间状态。

我们由此可以设想，把两类如此不同的事实纳入同一个名称是犯了什么样的错误。我们确实应该防止这种错误；当我们谈到仿效时，我们指的是那种感染现象，我们很容易从这些观念的第一类情况转到第二类情况，而且不是毫无道理。但是，在履行某种道德格言、尊重传统或舆论的权威的事实中，有没有感染性呢？同样，当我们以为已经把两个事实由一种化为另一种的时候，我们只是把两种截然不同的概念混为一谈。在生物病理学中，如果一种疾病完全是或几乎完全是由于某种细菌从体外进入机体繁殖所引

① 毫无疑问，在特殊情况下，一种风尚或一种传统的重复，可能完全是出于无意识的模仿，而不是作为风尚或传统被重复的。

起的，我们就说这是一种传染病。相反，如果这种细菌只有在它所生存的环境的积极配合下才能繁殖，那么传染这个词就不合适了。同样，为了能够把某种行为归因于某种道德感染，光是使我们受到类似行为的启发的思想就不够了。这种思想一旦进入我们的头脑，它自身还应该自动地转化为动作。感染确实是存在的，因为外界的行为是在以表现的形式进入我们的头脑时自行再现的。仿效同样是存在的，因为新的行为完全按照它所模仿的榜样。但是，如果后者在我们身上所产生的印象只有在我们的同意和参与下才能起作用，那么这就不可能是感染的问题，而只是一种比喻，但这种比喻是不确切的。因为使我们同意的理由是决定我们行动的原因，而不是我们亲眼看到的榜样。我们是榜样的创造者，哪怕我们并没有发明这种榜样。[①] 因此，所有这些反复出现的关于仿效的蔓延和感染的扩大的说法都是不合适的，应该予以抛弃。这些说法歪曲事实，而不是说明事实。

总之，如果我们要想彼此了解，我们就不能用同一个名词来说明在一群人中产生某种集体感情的过程，也不能用这个名词来说明我们赞同共同的或传统的行为规则的过程，以及帕尼日[*]的绵羊因为其中的一只已经跳进水里而都跳进去的过程。有共同的感情是一回事，向舆论的权威屈服是另一回事，而无意识地重复别人

① 诚然，我们有时把所有不是最初发明的行为称做仿效。按照这种说法，显然几乎所有的人类行为都是仿效的结果，因为严格意义上的发明是很少见的。但是，正因为仿效这个词几乎指一切行为，所以它不再指任何特定的行为。这样的术语只能引起混乱。

* 19 世纪法国著名作家拉伯雷的小说《巨人传》中的人物。——译者

做过的事则又是一回事。在第一类事实中，没有任何重复；在第二类事实中，重复只是逻辑行为、[①]判断和推理的结果，无论是明确的还是不明确的，逻辑行为、判断和推理都是这种现象的要素，因此重复不能被用来给这种现象下定义。只有在第三种情况下才是重复。在这种情况下，重复就是一切：新的行为是最初的行为的重复。新的行为不仅重复最初的行为，而且这种重复除了重复本身和使我们在某些情况下成为仿效者的全部属性以外，没有存在的理由。因此，仿效这个词只应该用于这种范畴的事实，如果我们希望这个词具有明确的含义的话，而且我们可以说：**当一种行为有一种类似的、以前由别人完成的行为的表现作为直接的先例，没有明确的或不明确的思想活动介乎这种表现和实施之间来影响这种重复行为的本来性质，那么仿效是存在的。**

因此，当我们考虑仿效对自杀率有什么影响时，正是应该在这种意义上才使用这个词。[②] 如果我们不是这样来确定这个词的含义，那么我们就有为了作出某种解释而使用某种纯粹口头表达方

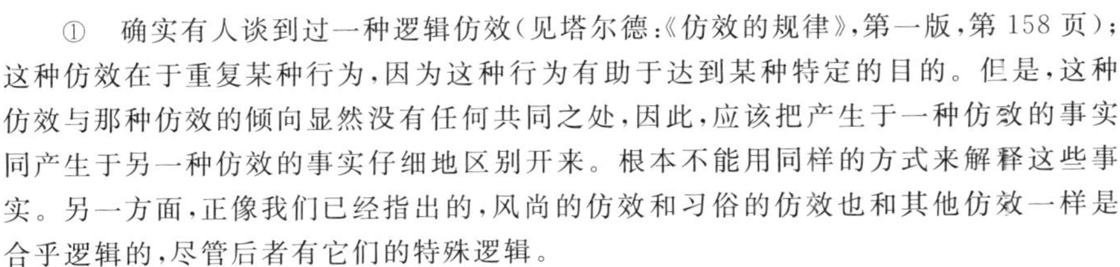

① 确实有人谈到过一种逻辑仿效（见塔尔德：《仿效的规律》，第一版，第158页）；这种仿效在于重复某种行为，因为这种行为有助于达到某种特定的目的。但是，这种仿效与那种仿效的倾向显然没有任何共同之处，因此，应该把产生于一种仿效的事实同产生于另一种仿效的事实仔细地区别开来。根本不能用同样的方式来解释这些事实。另一方面，正像我们已经指出的，风尚的仿效和习俗的仿效也和其他仿效一样是合乎逻辑的，尽管后者有它们的特殊逻辑。

② 更确切地说，由于个别的或集体的行为者的道德或智力威望而被当作榜样来仿效的行为属于第二种范畴。因为这种仿效丝毫不是无意识的。这种仿效包含着某种推理：人们像他们所信任的人那样行动。因为他们承认他的优势，这就保证了他的行为是适当的。人们有理由尊重他，当然也有理由追随他。因此，当人们简单地说仿效了他的行为时，就不再对这些行为作出解释了。重要的是要知道决定这种顺从的信任或尊重的原因。

式的危险。实际上，当我们说到某种行动或思想方式是仿效行为时，我们的意思是说，仿效就说明了这种方式，而且这就是我们在说出这个词时以为把一切都说清楚了的原因。然而，这个词只有在无意识地重复的情况下才有这种属性。在这种情况下，这个词可以自行构成一种令人满意的解释，[①]因为所发生的一切都是仿效性感染的产物。但是，当我们遵循某种习俗、适应某种道德实践时，我们顺从的理由就存在于这种实践的性质、这种习俗固有的特点和那些激励我们的感情中。因此，在涉及这类行为时，如果有人谈到仿效，实际上他一点也没有使我们懂得他的意思；他只是让我们知道，我们所重复的行为并不是什么新的行为，即这种行为是重复的，而根本没有向我们解释这种行为为什么会被重复和我们为什么要重复这种行为。这个词更不能代替对由此产生集体感情、而我们在上文只能推测地和大概地描述的如此复杂的过程的分析。[②] 这就是为什么不恰当地使用这个词可能使人以为我们已经或即将解决这些问题，而实际上我们只是成功地掩盖了这些问题。

因此，只要这样来给仿效下定义，我们就有权把仿效看成是自

① 而且，正像我们将要在下文看到的，仿效本身成为令人满意的解释，这种情况是很少见的。

② 因为必须很好考虑，我们只是含糊地知道这个词的含义。确切地说，造成这种集体状态的结合是如何产生的，这种结合的要素是什么，为什么会出现这种占优势的状态，这些问题太复杂了，不可能仅仅通过内省来得到解答。各种没有进行过的实验和观察都是必要的。我们还不太清楚孤立的个人的种种心理状态是如何和按照什么规律结合在一起；更何况我们根本不知道群体生活所引起的各种更加复杂的结合的机制。我们的解释往往只是一些隐喻。因此，我们没有想到要把上面所说的看成是这种现象的确切表述；我们只是试图说明，除了仿效还有别的什么东西。

杀的一个心理因素。实际上，我们称之为彼此仿效的情况完全是一种社会现象：因为这是在共同培养一种共同的感情。同样，习俗和传统的重复是各种社会原因的结果，因为这种重复归因于集体的信仰和实践所被赋予的强制性和特殊魅力——只有这样，这种信仰和实践才是集体的。因此，只要能承认自杀是通过这种或那种途径传播的，那么自杀就是取决于社会原因而不是取决于个人的条件。

关于这个问题的术语就这样确定了，现在让我们来看看事实。

二

可以肯定，自杀的念头不是传染的。我们已经谈到过那条有15名残废军人相继在那里自缢自亡的走廊，以及布洛涅兵营里那个在短短几天内就发生几起自杀的著名岗亭。在军队里经常可以看到这样的事：1862年在驻普罗万的第4轻骑兵营里，1864年在第15轻骑兵营里，1868年在驻蒙彼利埃（后驻尼姆）的第41轻骑兵营里，等等。1813年，在一个名叫圣彼埃尔—蒙若的小村子里，一名妇女吊死在一棵树上，不久，另外几名妇女也相继在那里上吊。皮内尔谈到，在埃唐普附近有一位神甫悬梁自尽，几天以后，另外两位神甫自杀身亡，几名在俗教徒仿效了他们的做法。[①] 当卡斯特尔里勋爵纵身跳进维苏威火山口时，他的几位同伴也紧随其后跳了进去。厌世者泰门之树成了历史遗迹。在监狱里经常发

① 关于这些事实的细节，见勒古瓦的著作，第227页以下。

生这类传染的情况，这一点也得到许多观察家的证实。[①]

然而，有许多在我们看来另有根源的事实，按照惯例却被认为与这种原因有关，并被归因于仿效。人们称之为被围困自杀的情况尤其如此。约瑟夫在他的《犹太人抗击罗马人的历史》[②]一书中谈到，在耶路撒冷遭到围攻之时，有一些被围困的人自杀了。尤其是躲藏在一个地道里的40个犹太人，他们决定寻死并相互杀戮。蒙田说，被布鲁图斯包围的桑索斯人“到处乱跑，男人、女人和儿童如此强烈地渴望死去，以致他们不是尽力去逃避死，而是尽力去逃避生，所以布鲁图斯只能勉强救出极少数人”。[③] 这种集体自杀的根源看来不是一两个人的做法，他们只是重复这一两个人的做法。他们似乎是出于一种集体的决心，一种真正的社会协调一致，而不是出于一种简单的传染。这种念头不是产生于一个特殊的人，然后传播给其他人，而是由整个群体构思出来的；这个群体完全处于绝望的状态下，集体地决心去死。事情的经过总是这样的：一个不管是什么样的社会群体在同样环境的作用下作出共同的反应。这种串通并不因为是在感情冲动时建立的而改变性质；即使这种协议更加有条理和更加考虑周到，也不会有什么根本的不同。因此，说仿效是不恰当的。

我们可以说出其他许多类似的事实。例如埃斯基罗尔所说的：“由于他们的宗教信仰被破坏而感到绝望的秘鲁人和墨西哥人……自杀的人如此之多，以致用他们自己的手杀死的人多于被

① 类似的事实见埃布拉尔的著作第376页。

② Ⅲ，26。

③ 《论文集》，Ⅱ，3。

野蛮的征服者的炮火杀死的人。”比较一般地说，为了能够指责仿效，指出相当多的自杀发生在同一个时候和同一个地点是不够的。因为这些自杀可能由于社会环境的某种普遍状态，由此而产生某种集体情绪，这种情绪以多次自杀的形式表现出来。归根到底，为了确定所使用的术语，把道德流行病和道德传染病区别开来可能是有好处的；这两个词都被不加区别地用来表示两类完全不同的事物。流行病是一种社会现象，是社会原因的产物；传染病永远只是不同程度地重复的个人行为的反应。[①]

这种区别一旦得到承认，肯定会有减少归因于仿效的自杀的作用，然而，这种自杀毫无疑问是很多的。也许没有更容易传染的现象。杀人的冲动本身并没有这种传播的能力倾向。杀人的冲动自动地传播的情况并不多见，况且，仿效在其中所起的作用通常也并不占优势；与一般的看法相反，我们可以说，自我保存的本能不像基本的道德观念那样深深地扎根在意识中，因为这种本能不大经得起同样原因的影响。但是，即使承认这些事实，我们在本章开头所提出的问题还是丝毫没有得到解决。自杀可以由一个人传染给另一个人，不能先验地证明这种传染性会产生社会影响，即影响社会的自杀率——我们所研究的唯一现象。这种传染性尽管不容置疑，但也很可能只产生个别的或零星的后果。因此，上述观察并不解决问题，而是进一步表明问题的重要性。实际上，如果仿效像

① 我们在下文将要看到，在任何社会里，在正常情况下任何时候都有一种以自杀的形式表现出来的集体情绪。这种情绪不同于我们建议称之为流行病的东西，因为它是长期的，因为它构成社会道德气质的正常组成部分。流行病本身也是一种集体情绪，但它是例外地爆发的，产生地不正常的原因，而且是一时性的。

人们所说的是各种社会现象的原始的、而且是特别丰富的根源，尤其是在涉及自杀时，那么仿效必然显示出它的力量，因为这是它能够发挥影响的事件。所以，自杀可以给我们提供一种手段，来通过决定性的试验证实人们赋予仿效的这种不可思议的功效的现实性。

三

如果存在这种影响的话，那么首先应该在自杀的地理分布中感觉到这种影响。在某些情况下，我们应该看到，某一个国家或地区特有的自杀率会传播到邻近的地区。因此我们必须查阅地图，但是必须有条不紊地查阅。

有些作者曾经认为，每当两个以上毗邻的省表现出同样强烈的自杀倾向，就可以说是仿效在起作用。然而，这种在同一个区域内的传播很可能是由于某些有利于自杀的发展的原因也在这个区域内传播，因为这个区域内的社会环境到处都一样。为了能肯定一种倾向或思想是通过仿效来传播的，就必须把这种倾向或思想看成是它从它所产生的地方出来，侵入其他本身在本质上不会产生这种倾向和思想的地方。因为，正像我们已经指出过的，只有在被仿效的行为单独自动地引起重复它的行为，而无需其他因素的协助时，才有仿效的传播。因此，要确定仿效在我们所研究的现象中所占的部分，就必须有一个比我们往往感到很满意的标准更为简单的标准。

首先，如果没有仿效的榜样，就不会有仿效；没有引起感染的病灶，就没有感染并因此而使感染达到最严重的程度。同样，如果观察到某些传播中心的存在，我们才有理由承认自杀的倾向从社会的这一部分传播到另一部分。但是我们根据什么迹象来识别这些中心呢？

首先，这些中心应该比周围地区具有更大的自杀倾向，应该在地图上用比周围地区更深的颜色标出。其实，由于仿效也在那里和真正引起自杀的原因同时起作用，所以那里的自杀自然可能比较多。其次，为了使这些中心能够起到人们所赋予它们的作用，为了使人们因此而有权把它们周围发生的一切归因于它们的影响，每一个中心就都应该以某种方式成为周围地区所注意的焦点。如果它不被人注意，它就显然不可能被仿效。如果人们的注意力都集中在其他地方，它的自杀人数再多也是枉然，这些自杀的人好像并不存在，因为他们被忽视了；因此，他们不会被模仿。不过，人们的目光只能注视着在地区生活中占有重要地位的一点。换句话说，在首府和大城市周围，传染现象应该最明显。我们甚至可以预料会在那里观察到这种现象，因为仿效的传播作用受到其他因素——例如有时给予它们的行为方式以如此巨大扩散力的大城市的道德权威——的帮助和加强。因此，仿效在那里必然具有社会影响，如果它在其他地方也产生社会影响的话。最后，大家都承认，在其他条件相同的情况下，由于榜样的影响随着距离的增大而减弱，所以周围地区离中心越远，受到的影响也必然越小，反之亦然。这就是自杀分布图至少必须满足的三个条件，这样我们才能哪怕部分地把它所表现出来的形式归因于仿效。此外，依然有必要分析这种地理分布是否与引起自杀的生活条件的分布相同。

在确定这些规则之后，让我们来运用这些规则。

就法国而言，一般的地图只是按省来表现自杀率，对这种分析来说是不够的。实际上，在仿效的结果应该最明显的地方，即同一个省的不同县，在这种地图上却看不出仿效可能产生的结果来。

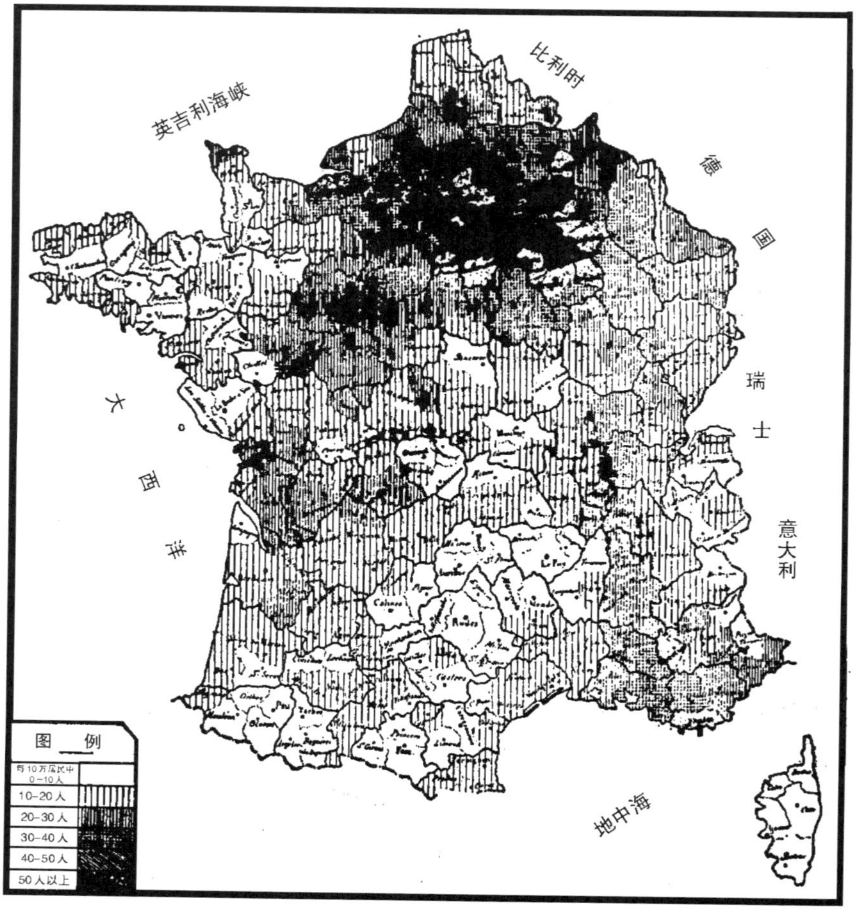

比利时
英吉利海峡
德国
瑞士
意大利
大西洋
地中海

图例

每10万居民中 0—10人	
10—20人	
20—30人	
30—40人	
40—50人	
50人以上	

图二　法国各县的自杀人数（1887—1891）

此外，有一个县自杀的人很多或很少，就可能人为地提高或降低这个省的平均自杀率，并且从而产生一种在其他县和邻省各县之间表面上的不连续性，或者相反地掩盖某种真正的连续性。最后，大城市的作用因此而被过分冲淡，以致可能不容易看出来。因此，为研究这个问题，我们特别绘制了一张分县地图；这张地图涉及1887—1891 年这五年时间。阅览这张地图给我们提供了最意想不到的结论。①

引人注意的首先是，在北方有一大片深颜色，它的主要部分在旧法兰西岛*一带，但深深地揳入香槟省并一直延伸到洛林省。如果说这一大片深颜色是由于仿效而形成的，那么它的发源地必定是巴黎，这是这一地区的唯一中心。实际上，人们通常都把这种情况归因于巴黎的影响。盖里甚至说过，如果从法国边缘地区的某一点出发（马赛除外），向首都走去，就可以看到，离巴黎越近，自杀的人就越多。但是，尽管分省地图表面上可以证明这种解释是有理由的，分县地图却证明这种解释是完全没有根据的。事实上，塞纳省的自杀率恰恰低于周围各县的自杀率。塞纳省每百万居民中只有 471 名自杀者，而古龙米埃为 500 名，凡尔赛为 514 名，默伦为 518 名，莫县为 525 名，科尔贝为 559 名，蓬图瓦兹为 561 名，普罗万为 562 名。甚至香槟省各县的自杀率也大大超过最靠近塞纳省的几个县：兰斯每百万居民中有 501 名自杀者，埃佩尔内为537 名，奥布河畔阿尔西为 548 名，沙托蒂埃里为 623 名。勒鲁瓦

① 见图二。

* 在巴黎盆地的中心。——译者

大夫在他的论著《塞纳——马恩省的自杀》中就已经惊讶地指出这样的事实：莫县的自杀人数相对说来比塞纳省多。[①] 下面是他给我们提供的数字：

	1851—1863 年	1865—1866 年
莫 县	每 2418 名居民中有 1 名自杀者	每 2547 名居民中有 1 名自杀者
塞纳省	每 2750 名居民中有 1 名自杀者	每 2822 名居民中有 1 名自杀者

而且，莫县的情况并不是绝无仅有的。这位作者给我们列举了同一个省 166 个镇的名字，这些镇在这个时期里的自杀人数超过了巴黎。巴黎真是一个奇怪的发源地，它的自杀人数居然少于被认为是受它传染的次要发源地！然而，除了塞纳省，看不到另一个辐射中心。因为更难说巴黎受科尔贝或蓬图瓦兹的影响。

再往北一点，我们看到另一片深色，虽然不尽相同，但颜色也很深；这一片相当于诺曼底地区。因此，如果说这一片深色是由于传染的扩张所致，那么它的发源地就必定是省会和特别重要的城市鲁昂。不过这个地区自杀人数最多的两个地方却是纳沙泰尔县（每百万居民中有 507 名自杀者）和蓬奥德迈县（537 名）；而这两个县并不毗连。然而，这个省的道德素质肯定不可能是由于它们的影响。

在东南方的地中海沿岸，我们看到一片从罗讷河口省最远的边界到意大利边境的狭长土地，那里的自杀人数也很多。在这里

① 《塞纳——马恩省的自杀》，第 213 页。——根据作者提供的数字，在 1865—1866 年期间，马恩省和塞纳——马恩省的自杀率都超过塞纳省。当时，马恩省每 2791 名居民中有 1 名自杀者，塞纳——马恩省为每 2768 名中有 1 名，而塞纳省每 2822 名中有 1 名。

有一个真正的大都市马赛，而在另一端则是社交生活的重要中心尼斯。不过受影响最大的县却是土伦县和福尔卡基埃县。然而没有人会说马赛是受它们的影响。同样，在西海岸，罗什福尔县是由夏朗德省和滨海夏朗德省构成的一大片唯一颜色最深的地方，然而那里有一个非常重要的城市昂古莱姆。一般说来，有很大一部分省不是县府所在地处于领先地位。在孚日省，处于领先地位的是雷米尔蒙，而不是埃皮纳勒；在上索恩省是格雷这个已经冷落或正在冷落的市镇，而不是沃苏勒；在杜省是多勒和波利尼，而不是贝桑松；在吉伦特省不是波尔多，而是拉雷奥勒和巴扎；在曼恩—卢瓦尔省是索米尔而不是昂热；在萨尔特省是圣加来而不是勒芒；在北部省份是阿韦斯纳而不是里尔，等等。然而，在这种情况下，超过省会的县并不包括这个省最重要的城市。

我们当然可以继续进行这种比较，不仅比较县与县，而且比较市镇与市镇。遗憾的是不可能绘一幅全国市镇自杀分布图。但是，在他那本有趣的专著中，勒鲁瓦大夫为塞纳——马恩省做了这件工作。然而，在按自杀率的高低把这个省的所有市镇从高到低排列之后，他却发现了如下的结果："名单上第一个重要市镇拉拉费尔泰—苏—儒阿尔（人口 4482）占第 124 位；莫镇（10762 人）占第 130 位；普罗万（7547 人）占第 135 位；古龙米埃（4628 人）占第 138 位。奇怪的是，这些顺序相近的市镇甚至使人以为它们都受到同样的影响。[①] 拉尼（3468 人）离巴黎如此之近，却只排在第

① 当然，这不可能是传染性影响的问题。这是三个县城，重要性大致相同，而且被许多市镇隔开，这些市镇的自杀率很不相同。这一切反而证明，同样大小和处于十分相似的生存条件下的社会群体，它们的自杀率是相同的，没有必要相互影响。

219 位；蒙特罗福约纳（6217 人）排在第 245 位；枫丹白露（11939 人）排在第 247 位……最后，省会默伦（11170 人）只排在第 279 位。相反，如果我们考察一下名单上排在前 25 位的市镇，我们就会看到，除了两个市镇，其余市镇的人口都很少。"①

如果走出法国，我们可以看到同样的情况。欧洲自杀者最多的地区是包括丹麦和中德意志在内的地区。不过，在这个广大的地区内，自杀者大大超过其余所有国家的是萨克森王国，它在每百万居民中有 311 名自杀者。萨克森—阿尔滕堡公国次之（303 名自杀者），而勃兰登堡只有 204 名。可是，德意志远没有注意到这两个小国家。给汉堡和柏林作表率的既不是德累斯顿，也不是阿尔滕堡。同样，在意大利的所有省份中，博洛尼亚和里窝那相对说来自杀者最多（88 名和 84 名）；根据莫塞利得出的 1864—1876 年间的平均数，米兰、热那亚、都灵和罗马的自杀率都远远低于这个平均数。

① 《塞纳——马恩省的自杀》，第 193—194 页。名单上占首位的非常小的市镇（莱什）在 630 名居民中有 1 名自杀者，或者说在每百万居民中有 1587 名自杀者，比巴黎多四五倍。而且这不是塞纳——马恩省的特殊情况。我们应该感谢特莱维勒的勒古皮尔大夫给我们提供了关于蓬莱韦克县三个小市镇的情况：维莱维勒（978 人）、克里克伯夫（150 人）和佩纳德皮（333 人）。在 14 至 25 年的时间里，这三个市镇的自杀率分别为每百万居民中有 429 名、800 名和 1081 名自杀者。

一般说来，大城市的自杀者要比小城市或农村多，这无疑是正确的。但是这种说法只是大体上正确，有许多例外的情况。此外，有一种办法使这种说法与上述似乎和这种说法相矛盾的事实一致起来：只要承认影响大城市的形成与发展的原因和引起自杀增加的原因是相同的，大城市本身便不会助长自杀。在这种情况下，在自杀者多的地区大城市自然也多，但是自杀者并不集中在大城市里；相反，自杀者少的地区大城市也少，但自杀者少并不是由于没有大城市。因此，大城市的平均自杀率高于农村，同时在某些情况下也可以低于农村。

归根结底，这些地图向我们表明的是，自杀根本不是大致上围绕着某些中心发生，并且从这些中心逐渐均匀地扩散开来，而是以差不多（仅仅是差不多）同样的数量成批地发生的，没有任何中心。因此，这种情况根本显示不出仿效的影响，只是表明自杀并不取决于各城市不同的局部环境，但是引起自杀的条件总是具有某种普遍性。这里既没有仿效者，也没有被仿效者，结果的相对一致是由于原因的相对一致。正像上述这一切已经预见到的，自杀之所以基本上取决于某些社会环境的状况是很容易理解的。因为社会环境在相当大一片土地上通常保持同样的格局。因此，在社会环境相同的地方，结果自然也相同，传染在那里毫不相干。这就是在同一个地区自杀率往往保持在几乎相同水平上的原因。但是从另一方面来说，因为产生自杀的原因决不可能完全均匀地扩散，所以从一个地方到另一个地方，从一个县到毗邻的县，自杀率有时不可避免地表现出或大或小的重大变化，正像我们已经看到的那样。

这种解释是有根据的，这就是我们看到自杀率突然发生变化，每次都完全是在社会环境突然发生变化的时候。社会环境从来不把它的影响扩大到它的自然界限之外。一个有着某些特殊条件使其特别具有自杀倾向的国家，从来不会仅仅由于榜样的力量就把它的倾向强加给邻国，如果这些邻国不在同等程度上存在这些条件或其他类似条件的话。因此，自杀在德国是一种地方病，我们已经看到它的流行是何等猖獗；我们在下面还将证明，新教是这种特殊倾向的主要原因。但是，有三个地区是这种普遍规律的例外，它们是莱茵河沿岸诸省和威斯特法利亚，巴伐利亚、尤其是巴伐利亚的斯瓦本，最后是波兹南。这是全德国仅有的几个每百万居民中自杀人数少于 100 名的地区。在地图上，[①]这些地区看上去好像三个孤岛，代表它们的白色和它们周围的深色形成鲜明的对照。这是因为这三个地区都信奉天主教。因此，在它们周围如此汹涌的自杀潮流未能影响它们；这种浪潮在它们的边界上停了下来，因为它找不到发展的更有利条件。同样，在瑞士，南方完全信奉天主教；所有信奉新教的人都在北方。不过，在自杀分布图上看到这两个国家彼此截然不同，[②]人们会以为它们属于不同的社会。尽管它们完全接壤，来往不断，但是在关于自杀的观点上却保留着各自的个性。尽管这一边的平均自杀率低，另一边的平均自杀率却高。同样，在瑞士北方，卢塞恩、乌里、翁特瓦尔登、施维茨和楚格等信奉天主教的州在每百万居民中至多只有 100 名自杀者，尽管它们被信奉新教、自杀者多得多的州所包围。

另一种经验也可以探索一番，我们认为这种经验可以进一步肯定上述论证。一种道德感染现象几乎只能通过两种方式产生：或者是作为榜样的事实通过人们所说的公众舆论口头传播，或者是通过报刊杂志传播。人们通常指责后者；事实上，报刊杂志无疑是一种有力的传播手段。因此，如果说仿效起到传播的作用，那么我们应该看到自杀者的多少随着报刊杂志在公众心目中所占的地位不同而有所不同。

遗憾的是这种地位很难确定。不是报刊杂志的数量而是它们的读者的数量才能衡量它们的影响大小。在瑞士这样权力不太集

① 见图三。

② 见图三。关于各州的详细数字见第二编第五章表二十六。

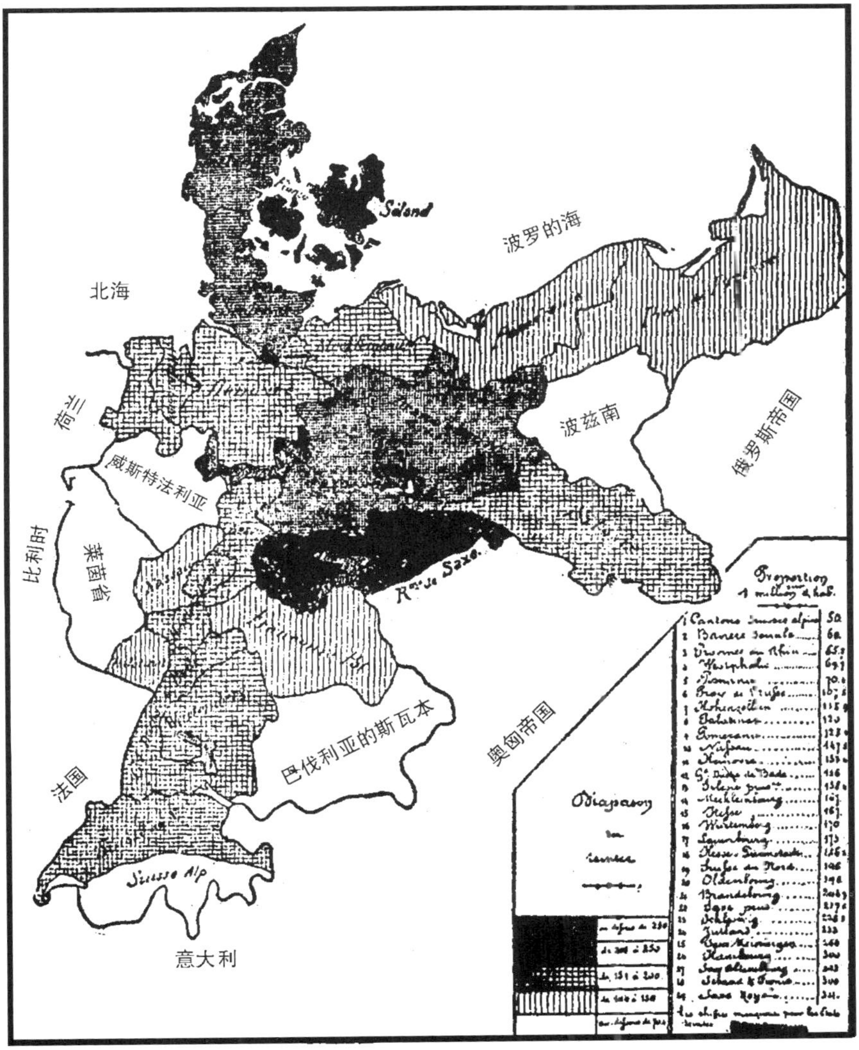

图三　中欧的自杀情况（根据莫塞利的材料）

中的国家里，报刊杂志可能是很多的，因为每个地方都有它自己的刊物，然而，由于每一份刊物的读者都很少，所以它们的传播能力

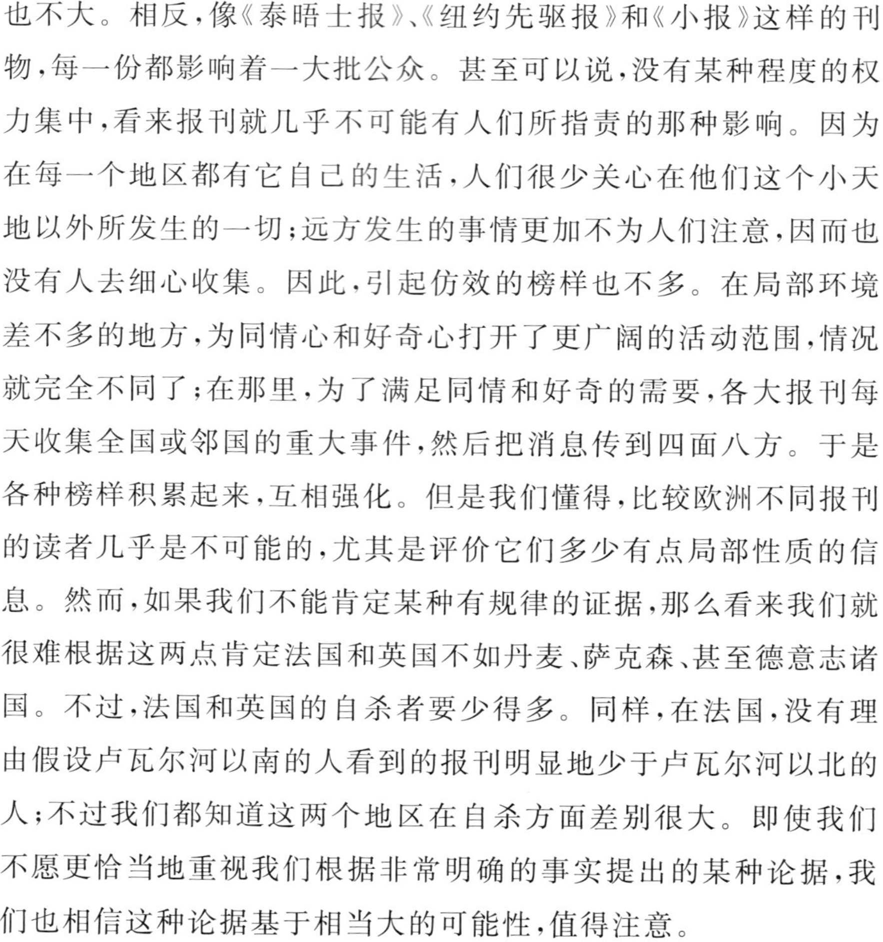

也不大。相反，像《泰晤士报》、《纽约先驱报》和《小报》这样的刊物，每一份都影响着一大批公众。甚至可以说，没有某种程度的权力集中，看来报刊就几乎不可能有人们所指责的那种影响。因为在每一个地区都有它自己的生活，人们很少关心在他们这个小天地以外所发生的一切；远方发生的事情更加不为人们注意，因而也没有人去细心收集。因此，引起仿效的榜样也不多。在局部环境差不多的地方，为同情心和好奇心打开了更广阔的活动范围，情况就完全不同了；在那里，为了满足同情和好奇的需要，各大报刊每天收集全国或邻国的重大事件，然后把消息传到四面八方。于是各种榜样积累起来，互相强化。但是我们懂得，比较欧洲不同报刊的读者几乎是不可能的，尤其是评价它们多少有点局部性质的信息。然而，如果我们不能肯定某种有规律的证据，那么看来我们就很难根据这两点肯定法国和英国不如丹麦、萨克森、甚至德意志诸国。不过，法国和英国的自杀者要少得多。同样，在法国，没有理由假设卢瓦尔河以南的人看到的报刊明显地少于卢瓦尔河以北的人；不过我们都知道这两个地区在自杀方面差别很大。即使我们不愿更恰当地重视我们根据非常明确的事实提出的某种论据，我们也相信这种论据基于相当大的可能性，值得注意。

四

总之，如果肯定自杀是在个人之间传染，那么我们决不会看到仿效传播自杀，以致影响社会自杀率。仿效很可能引起许多个别情况，但不会使不同的社会和每个社会内部比较特殊的社会群体对自杀本身具有不同的倾向。由此而产生的影响总是非常有限的。当这种影响达到一定的强度时,也永远是非常短暂的。

但是有一条比较一般的理由说明为什么在统计数字中觉察不到仿效的影响。这就是,仿效单靠本身的力量根本不可能影响自杀。在成年人身上,除了极少数多少有点绝对孤独意想的情况,某种行为的想法是不足以引起某种类似的行为的,除非这种想法正好符合他本身的特殊倾向。莫雷尔写道,"我总是注意到,仿效的影响尽管很大,但是当听到或读到一种特殊的犯罪行为所造成的印象时,在精神正常的个人身上并不足以引起类似的行为。"[①]同样,保罗·莫罗·德·图尔大夫认为,根据他个人的观察可以肯定,历来只有在非常容易感染的个体中才会有传染性的自杀。[②]

的确,因为这种倾向在他看来主要取决于器质性的原因,所以他当然很难解释某些不能同这种起因联系起来的情况,除非承认某些完全不可能的和真正不可思议的原因的结合。怎么能相信我们说过的 15 名残废军人正好碰巧都得了神经衰弱症呢?而且我们可以同样举出许多在军队里或监狱里观察到的实例。但是这些实例很容易得到解释,只要我们承认自杀的倾向可以由社会环境引起。因为我们完全有理由不把这些实例归因于某种不可理解的偶然性把相当多都得了同一种精神病的个人集合在同一座营房或同一座监狱里,而是归因于他们生活在其中的共同环境的影响。我们确实可以看到,在监狱或军队里,有一种集体的状态使士兵和

① 《精神病论文集》,第 243 页。

② 《论自杀的传染》,第 42 页。

犯人倾向于自杀，和最严重的神经官能症所能做到的同样直截了当。榜样是使冲动爆发的偶然原因；但引起冲动的不是榜样，如果冲动不存在，榜样就是无害的。

因此我们可以说，除了十分罕见的例外，仿效并不是自杀的一个原始因素。仿效只是使一种状态更加明显，这种状态才是引起自杀的真正原因，而且看来总是找到产生它的自然影响的办法，哪怕仿效并不参与其事；因为必须天性特别强烈，一点点小事才能使这种天性变成行动。因此自杀行为不带有仿效的印记也就不足为奇，因为仿效本身没有影响，即使有也非常有限。

一种具有实际意义的看法可以当作这种结论的必然结果。

有些作者赋予仿效以一种它所没有的能力，曾经要求禁止报刊报道自杀和犯罪。[①] 这种禁令可能成功地稍微减少一点这些不同行为每年的总数。但是这种禁令能不能改变社会自杀率和社会凶杀率却很成问题。集体倾向的强度依然如故，因为群体的道德状态并没有因此而改变。因此，如果比较这种措施可能产生的问题和微不足道的好处以及取消所有的法院公告会带来的极大不便，那么我们可以设想立法机构对遵照专家的忠告就会表现出某种犹豫。实际上，能够促使自杀或凶杀增加的不是谈论这些事件，而是谈论这些事件的方式。在这些行为遭到痛恨的地方，这些行为所激起的感情通过对这些行为的叙述流露出来，因而抵消而不是加强这些个人的天性。反之，当社会在道德上无所适从的时候，它所处在的不稳定的状态便引起对这些不道德行为的纵容；每当

① 尤其见奥布里：《凶杀的传染》，第一版，第 87 页。

谈起这些行为来，这种纵容便会无意地流露出来，并且使得这些行为显得不那么明显地不道德。

但是本章所要着重说明的是，这种把仿效当作任何集体生活主要根源的理论是多么没有根据。从来没有什么行为像自杀那样容易通过传染的途径传播的，然而我们方才已经看到，这种传染性并不产生社会影响。既然仿效在这一方面没有社会影响，那么它在其他方面就更不会有影响了；因此，人们赋予它的种种功效都是虚构的。在一个有限的范围内，仿效很可能引起同一种思想或同一种行为在某种程度上的重复，但是它决不会有如此深远的影响，以致触及和改变社会的感情。各种集体的状态由于几乎都是一致的，而且其作为客体往往是长期存在的，所以具有很大的阻力，以致个人的创新不可能战胜它。一个仅仅是个人的个人[①]怎么能有足够的力量按他的形象来塑造社会呢？如果我们还没有到几乎像原始人想象自然界那样粗浅地想象社会的地步，如果我们还没有到与科学的所有归纳背道而驰的地步，至少含蓄地和无意识地承认各种社会现象和产生这些现象的原因是不成比例的，那么我们就不会停留在一种想法上，这种想法尽管像《圣经》那样简单明了，却和思想的基本原则有矛盾。我们现在再也不相信，动物学上的各种物种只不过是通过遗传繁殖的个体变种；[②]更不能承认的是，

① 我们在这里所说的个人不考虑一切能使他增加威信的集体信任或仰慕。事实上，一位官员或一位知名人士除了天生的个人才干外，显然还体现着由集体感情产生的社会力量，这种社会力量使他可以对社会的进程产生影响。但是只有在他不再是个人时才有这种影响。

② 见德拉热：《原生质的结构和各种遗传理论》，巴黎，1895 年，第 813 页及以下几页。

社会行为只不过是某种个人行为的普遍化。但是,尤其站不住脚的是,这种普遍化可能起因于某种任意的传染。我们甚至有理由对于有必要讨论一种假设感到吃惊,这种假设除了引起认真的反驳,从来没有开始得到经验的证明。因为从来没有人证明仿效可以说明某一类社会行为,更没有人证明只有仿效可以说明某一类社会行为。人们仅限于根据某些含糊的形而上学的考虑,说明以警句形式提出的主张。然而,只有在不再允许那些发展社会学的人如此武断,而且如此明显地回避证据的必要性时,社会学才可以被当作一门科学来受到重视。

第 二 编

社会原因和社会类型

第一章　确定社会原因和社会类型的方法

上一编的各种结论并不完全是否定的。实际上，我们已经证实，每一个社会群体对自杀都有一种特殊的倾向，这种倾向既不能用个人的心理器质结构来解释，也不能用自然环境来解释。由此可见，通过排除法，这种倾向必然取决于社会原因，而且本身构成一种集体现象；甚至我们已经考察过的某些事实，尤其是自杀的地理变化和季节变化，也明确地把我们引向这个结论。我们现在要进一步研究的正是这种倾向。

一

为了做到这一点，看来最好首先探讨一下这种倾向是不是单一的和不可分解的，或者这种倾向是不是包括许多通过分析可以分开来、并且适宜于分开研究的不同倾向。在这种情况下，这就是为什么我们应该这样做的理由。因为这种倾向是不是唯一的，只有通过表现这种倾向的个人自杀才能观察得到，所以应该从观察个人自杀着手。因此，我们要观察尽可能多的自杀，当然，那些精神错乱者除外。如果这些自杀者都具有同样的基本性格，那么我们就可以把他们归为同一类人；在相反的假设中——这是非常可能的，因为他们太不相同，以致不能包括若干变化——我们可以根据他们的相似之处和不同之处把他们归为许多类人。我们越是辨认出截然不同种类的人，我们就越是会承认有各种自杀的倾向，然后力求分别确定这些倾向的原因和影响。在我们对精神错乱的自杀扼要考察中，我们所使用的大体上就是这种方法。

可惜，根据自杀的方式或形态学特点对有理智的人的自杀进行分类是做不到的，因为几乎完全没有必要的资料。事实上，要进行分类，就必须拥有关于大量案例的正确描述。应该知道自杀者在下定决心要自杀时处于什么样的精神状态，他是如何准备自杀的，他最后是如何自杀的，是激动还是消沉、是平静还是兴奋、是焦虑还是愤怒，等等。但是我们几乎没有这类资料，只有几个精神错乱的自杀的案例，而且正是由于精神病医生收集的观察报告和描述，我们才有可能确定决定性原因是精神错乱的自杀的几个主要类型。至于其他类型的自杀，我们几乎没有任何资料。只有布里埃尔·德布瓦蒙曾经试图对 1328 个留下书信或文字材料的自杀者做过这项描述工作，他在他的著作中概述了这些书信或文字材料。但是，首先，这种概述过于简单。其次，自杀者本人向我们透露的关于他的精神状态的秘密很不充分，即使这些秘密并不令人怀疑。他只是过分倾向于误解他自己和他的情绪；例如，他自以为做起事来头脑冷静，实际上兴奋到了极点。最后，除了不太客观外，这些观察所涉及的事实也太少，以致我们不能从中得出明确的结论来。我们隐约看到几条十分模糊的分界线，可以利用这些分界线所表现出来的种种迹象，但是这些分界线太不明确，不能用来

作为正式分类的根据。而且，从大多数自杀的方式来看，进行名副其实的观察几乎是不可能的。

但是我们可以通过另一种途径来达到我们的目的。只要把我们的研究顺序颠倒过来就行了。实际上，只有引起自杀的原因不同，才可能有不同类型的自杀。每一种类型要有自身固有的性质，就必须有自身存在的特殊条件。同一个前提或同一组前提不可能有时产生这一种结果，有时又产生另一种结果，因为，如果有这种可能的话，区分这两种结果的差别就没有原因了；这就否定了因果关系。各种原因之间的特殊差别意味着各种结果之间的特殊差别。因此，我们可以确定自杀的各种社会类型，不是直接根据事先描述的特点，而是根据产生这些类型的原因来加以分类。我们不必费劲去弄清这些类型为什么彼此互不相同，而是立即探索决定这些类型的社会条件；然后根据这些条件的相似之处和不同之处把这些条件分为若干不同的类别，这样，我们就可以确定哪一种特定类型的自杀和哪一种类别的社会条件相对应。总之，我们的分类一开始就是病因学的分类，而不是形态学的分类。此外，这并不是一种下策，因为我们如果知道一种现象的原因，就可以比只知道这种现象的基本特点即主要部分，要能深入地了解它的性质。

诚然，这种方法的不足之处在于只假设各种不同的类型，而不是直接识别这些类型。这种方法可以确定这些类型的存在和数量，而不能确定这些类型的不同特点。但是，至少可以在某种程度上防止这种不足之处。一旦知道了各种原因的性质，我们就可以设法推断出各种结果的性质，同时，这些结果也只有和各自的原因联系起来才能显示出它们的特点并加以分类。当然，这种推断如果根本没有事实为依据，就可能成为纯粹想象的组合。但是我们可以借助我们所掌握的某些自杀形态学的资料来解释这种推断。这些资料本身很不完整和肯定，以致不能给我们提供分类的原则；但是一旦确定了这种分类的范围，这些资料就可以被利用了。这些资料向我们指出应该朝什么方向推断；通过这些资料给我们提供的例子，我们就可以确保这样推断出来的类型不是想象出来的。这样，我们就可以从原因重新转向结果，我们的病因学分类就可以由一种形态学分类来完成，后者可以用来检验前者，反之亦然。

无论从哪一方面来看，这种颠倒顺序的方法是唯一适用于我们向自己提出的特殊问题的方法。我们确实不应该忘记，我们所研究的是社会自杀率。因此，应该使我们感到兴趣的只有那些构成自杀率和自杀率随之变化的类型。不过，没有得到证实的是，所有个人的自杀方式都具有这种属性。有些方式——尽管具有某种程度的普遍性——与社会的道德气质没有或没有足够的联系，不能作为特有的因素包括在每个人在自杀方面所表现出来的特征。例如，我们已经看到，酗酒并不是一个决定每个社会特殊倾向的因素，然而，酒精中毒的自杀显然是有的，而且数量相当多。因此，能够使我们了解哪些具有社会学特点的情况历来不是关于某些特殊情况的描述，哪怕是非常确切的描述。如果我们想知道哪些不同情况的汇集会导致被看作集体现象的自杀，从一开始就应该从它的集体形式来考虑，即通过统计资料来考虑。直接作为分析对象的应该是社会自杀率；应该从整体到各个部分。但是，显然只有联系决定整体的各种原因才能分析整体，因为形成整体的各个单元都是相同的，没有质的区别。因此，我们应该毫不迟疑地专心确定原因，哪怕接着就研究这些原因是如何在个人身上引起反应的。

二

但是如何找到这些原因呢？

在每一次发生自杀时都要进行的法院验证中，我们注意到似乎是决定自杀的动机（家庭纠纷，肉体或其他痛苦，内疚或酗酒，等等），而在几乎所有国家的统计报告中，我们都发现一份特殊的表格，在这份表格中，这些调查的结果列在“被推定为自杀动机”一栏里。因此，利用这项成果并通过对这些资料的比较来着手我们的研究，看来是很自然的。事实上，这些资料看来向我们指出了各种自杀的直接前提；为了理解我们所研究的现象，首先追溯其最直接的原因，如果感到有必要再进一步涉及各种现象，这难道不是一种很好的办法吗？

但是，正像瓦格纳已经说过的，所谓自杀动机的统计，实际上是负责提供这项资料的官员——往往是下级官员——对动机的看法的统计。我们都知道，遗憾的是法院的验证往往不太合规定，哪怕这些验证涉及任何有责任心的观察者都可以看到的明显的具体事实，而且这些验证没有留下任何评价的余地。但是，如果不是为了记录一件已经发生的事，而是为了解释这件事，那么这些验证必然引起许多怀疑。要确定一种现象的原因始终是一个难题。仅仅为了解决其中的一个问题，科学家就需要进行各种各样的观察和实验。然而，在所有的现象中，人类的意志是最复杂的。因此，我们可以想象得出，这些根据仓促收集起来的资料声称给每一种特殊情况确定了明确的根源的即兴判断能有多大价值。一旦以为已经在死者的既往史中发现了某些通常被看作导致绝望的事情，人们就会认为进一步研究没有用，但是，如果死者被认为近来曾经丢失过钱财，或者经历过家庭纠纷，或者嗜酒成癖，人们就会把他的死因归咎于酗酒、家庭纠纷或经济上的损失。我们不能把如此靠不住的情况当作解释自杀的根据。

而且，即使比较可信，这些情况也不可能对我们有多大帮助，因为这些不管有没有理由就这样被认为是自杀的动机，并不是自杀的真正原因。证明这一点的是，被统计表归因于这些假设原因的自杀所占的比例数几乎没有什么变化，相反，这些自杀的绝对数却有极大的变化。在法国，从 1856 年到 1878 年，自杀的人数增加了 40%，而萨克森在 1854—1880 年期间增加了 100%（从 547 例增加到 1171 例）。然而，在这两个国家里，从一个时期到另一个时期，每一类动机的自杀人数各自所占的比例数变化不大。这就是表十七所显示的。

如果我们认为表中所显示的这些数字是而且只能是大体上近似，而且如果我们因此而认为这些微小的差别无关紧要，那么我们就可以承认这些数字是始终不变的。但是，为了使每一种假设的原因所占的份额相应地保持不变，而自杀的人数却增加一倍，那就得承认每一种原因获得双倍的功效。然而，这种情况不可能是由于偶然的巧合：这些原因同时使所有死亡多一倍。因此，我们不得

表十七　在每年 100 名男女自杀者中每一类动机所占的份额

法　国①				
	男		女	
	1856—1860	1874—1878	1856—1860	1874—1878
贫困和财产损失	13.30	11.79	5.38	5.77
家庭纠纷	11.68	12.53	12.79	16.00
爱情、妒忌、放荡、行为不端	15.48	16.98	13.16	12.20
各种忧伤	23.70	23.43	17.16	20.22
精神病	25.67	27.09	45.75	41.81
内疚、担心由于犯罪受惩罚	0.84	—	0.19	—
其他原因和原因不明	9.33	8.18	5.51	4
合　计	100.00	100.00	100.00	100.00

萨　克　森②				
	男		女	
	1854—1878	1880	1854—1878	1880
肉体上的痛苦	5.64	5.86	7.43	7.98
家庭纠纷	2.39	3.80	3.18	1.72
失意和贫困	9.52	11.28	2.80	4.42
放纵、赌博	11.15	10.74	1.54	0.44
内疚、担心被追捕等等	10.41	8.51	10.44	6.21
不幸的爱情	1.79	1.50	3.74	6.20
精神错乱、宗教狂热	27.94	30.27	50.64	54.43
发怒	2.00	3.29	3.04	3.09
厌世	9.58	6.67	5.37	5.76
原因不明	19.58	18.58	11.77	9.75
合　计	100.00	100.00	100.00	100.00

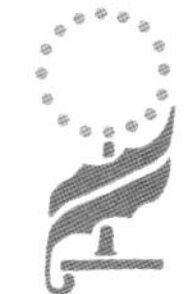

不由此得出结论：这些原因都从属于某些比较普遍的情况，充其量是这种情况不同程度的忠实反映。正是这种情况使这些原因不同

① 据勒古瓦的著作，第 342 页。

② 据厄廷根：《道德统计学》，附表，第 110 页。

程度地引起自杀，因此，这种情况才是自杀的真正决定性原因。我们应该直接研究这种情况，而不是停留在这种情况可能在个人意识中引起的模糊反应上。

我们在勒古瓦的著作中看到的另一个事实[①]更好地说明这些不同的动机所引起的行为到底是什么。没有比农业和自由职业彼此更不相同的职业了。一位艺术家、一位学者、一位律师、一位军官、一位法官的生活和一位农民的生活没有丝毫相似之处。因此我们可以认为，对于他们来说，自杀的社会原因肯定是不同的。然而，这两类人自杀的原因不仅相同，而且这些不同的原因对这两类人的影响程度也几乎完全相同。下表是法国 1874—1878 年期间这两种职业的主要自杀动机所占的百分比：

	农　　业	自由职业
失业、失意、贫困	8.15	8.87
家庭纠纷	14.45	13.14
受到挫折的爱情和嫉妒	1.48	2.01
酗酒	13.23	6.41
犯罪者的自杀	4.09	4.78
肉体上的痛苦	15.91	19.89
精神病	35.80	34.04
厌世、各种挫折	2.93	4.94
原因不明	3.95	5.97
	100.00	100.00

除了酗酒以外，两边的数字没有多大差别，尤其是那些比较大的数字。因此，如果只考虑动机，人们就可能以为，在这种情况下，这些自杀的原因无疑不具有同样的强度，但具有同样的性质。然

① 勒古瓦的著作，第 358 页。

而，实际上这是一些很不相同的力量，这些力量促使农民和城市里有教养的人去自杀。因此，这些原因是人们赋予自杀的，或者是自杀者本人用来解释他的行为的，所以往往只是自杀的表面原因。这些原因不仅只是个人对某种一般情况的反应，而且是非常不忠实地表现这种一般情况，因为这些原因都是相同的，而这种一般情况却完全是另一回事。可以说，这些原因标志着个人的弱点，而促使他自杀的外来潮流最容易通过这些弱点影响他。但是这些原因并非这种潮流本身的组成部分，所以不可能帮助我们理解这种潮流。

因此，我们毫不惋惜地看到英国和奥地利等这样一些国家拒绝记录这些所谓的自杀原因。统计学应该把力量投向另一个方面，不是力求解决这些无法解决、要用伦理学来判断的问题，而是致力于更细心地记录自杀的社会伴生现象。不管怎样，对我们来说，我们要规定不把某些既不可靠又缺乏有教益的资料引入我们的研究之中。事实上，自杀学家们从来没有成功地从这些资料中得出任何值得注意的规律来。因此，当这些资料对我们似乎具有某种特殊意义并显出某些特殊的可靠性时，我们也只是偶尔地加以利用。我们不想知道这些引起自杀的原因在个人身上表现为什么形式，而是尽力直接确定这些原因。因此可以说，我们撇开作为个人的个人、他的动机和想法，直接考虑自杀是随着什么样的社会环境（宗教信仰、家庭、政治团体、行业团体，等等）发生变化的。只是在这之后我们才重新回到个人，研究这些一般的原因是如何个性化而引起它们所导致的杀人后果的。

第二章　利己主义的自杀

我们首先观察不同的宗教信仰对自杀产生的影响。

一

如果我们看一下欧洲的自杀分布图，我们一眼就看出，在西班牙、葡萄牙和意大利这样一些纯粹的天主教国家里，自杀是很少的，而在普鲁士、萨克森和丹麦这样一些新教国家里，自杀是最多的。由莫塞利计算出来的下述平均数就证实了这第一个结论：

	每百万居民中平均自杀人数
信奉新教的国家	190
信奉新教和天主教的国家	96
信奉天主教的国家	58
信奉希腊正教的国家	40

不过，信奉希腊正教的国家自杀人数较少肯定不可能是由于宗教的缘故，因为它们的文明和其他欧洲国家的文明很不一样，这种文化上的不同可能是自杀倾向比较小的原因。但是，大多数信奉天主教和新教的社会则不是这样。毫无疑问，这些社会的知识和道德都不在同一个水平上；不过，相似之处还是主要的，所以我们有理由把它们在自杀方面如此明显的差别归因于信仰的不同。

然而，这种初步的比较还是很粗浅。尽管相似之处是不容置疑的，但是这些不同国家的居民在其中生活的社会环境却并不完全相同。西班牙和葡萄牙的文明程度要比德国低得多，因此可以认为，这种文明程度的低下是我们在上文看到的自杀人数较少的原因。如果我们想避开这种错误的原因，比较明确地确定天主教和新教对自杀倾向的影响，就应该在同一个社会里比较这两种宗教。

在德意志的所有大国里，巴伐利亚的自杀人数远远少得多，从1874年起，每年每百万人口中只有90名自杀者，而普鲁士为133名(1871—1875年)，巴登公国为156名，符腾堡为162名，萨克森为300名。不过，在巴伐利亚，天主教徒也最多，每1000名居民中有713.2名。另一方面，如果我们比较这个王国的每一个省，我们就会发现，自杀的人数和新教徒的人数成正比，而和天主教徒的人

巴伐利亚诸省(1867—1875年)①

天主教徒少于50%的省	每百万居民中自杀人数	天主教徒占50%—90%的省	每百万居民中自杀人数	天主教徒占90%以上的省	每百万居民中自杀人数
莱茵河巴拉丁领地	167	下法兰克尼亚	157	上巴拉丁领地	64
中法兰克尼亚	207	施瓦本	118	上巴伐利亚	114
上法兰克尼亚	204			下巴伐利亚	19
平　均　数	192	平　均　数	135	平　均　数	75

数成反比(见上表)。不仅这些平均数之比证实了这条规则，而且第一栏的所有数字都大于第二栏，第二栏的数字都大于第三栏，没有任何不规则的地方。

① 15岁以下的人口除外。

普鲁士的情况也是如此：

从细节上来看，在这样进行比较的14个省中，只有两个省稍有一点不规则：西里西亚的自杀人数较多，应该属于第二类，却列在了第三类，而波美拉尼亚应该列在第二类而不是第一类。

从这个观点来看，瑞士是值得研究的。因为在瑞士由于既有法兰西族的居民，也有德意志族的居民，所以可以分别观察宗教信仰对这两个民族的影响。然而，这种影响对每一个民族来说却是一样的。不管属于哪一个民族，信奉新教的州的自杀人数要比信奉天主教的州多4至5倍。

普鲁士诸省(1883—1890年)

新教徒占90%以上的省	每百万居民中自杀人数	新教徒占68%—89%的省	每百万居民中自杀人数	新教徒占40%—50%的省	每百万居民中自杀人数	新教徒占28%—32%的省	每百万居民中自杀人数
萨克森	309.4	汉诺威	212.3	西普鲁士	123.0	波兹南	96.4
石勒苏益格	321.9	黑森	200.3	西利西亚	260.2	莱因地区	100.3
波美拉尼亚	171.5	勃兰登堡和柏林	290.3	威斯特伐利亚	107.5	霍亨索伦	90.1
			171.3				
平均数	264.6	平均数	220.0	平均数	163.6	平均数	95.6

法兰西族的州		德意志族的州		两种民族杂居的州	
信奉天主教的州	每百万居民中83名自杀者	信奉天主教的州	87名自杀者	信奉天主教的州	86.7名自杀者
				信奉两种宗教的州	212名自杀者
信奉新教的州	每百万居民中453名自杀者	信奉新教的州	293名自杀者	信奉新教的州	326.3名自杀者

宗教信仰的影响如此强大，以致支配着所有其他因素。

此外，在相当多的情况下，我们可以直接确定每一种宗教信仰的人口中每百万居民的自杀人数。下面是不同观察家所发现的数字：（见表十八）

表十八　在不同国家中每一种宗教信仰的人口中每百万居民的自杀人数

	新教徒	天主教徒	犹太教徒	观察者
奥地利（1852—1859年）	79.5	51.3	20.7	瓦格纳
普鲁士（1849—1855年）	159.0	49.6	46.4	同上
普鲁士（1869—1872年）	187	69	96	莫塞利
普鲁士（1890年）	240	100	180	普林青格
巴登（1852—1862年）	139	117	87	勒古瓦
巴登（1870—1874年）	171	134.7	124	莫塞利
巴登（1878—1888年）	242	170	210	普林青格
巴伐利亚（1844—1856年）	135.4	49.1	105.9	莫塞利
巴伐利亚（1884—1891年）	224	94	193	普林青格
符腾堡（1846—1860年）	113.5	77.9	65.6	瓦格纳
符腾堡（1873—1876年）	190	120	60	迪尔凯姆
符腾堡（1881—1890年）	170	119	142	同上

由此可见，各地新教徒中的自杀人数都比其他宗教的信徒中多，毫无例外。[①] 差距从**最小的**20%—30%到**最大的**300%不等。

① 我们没有关于宗教信仰在法国的影响的资料。但是这里有勒鲁瓦在他的论文中所说的关于塞纳——马恩省的情况：在坎西、楠特伊莱莫、马勒伊等县中，310名新教居民中有1名自杀者，678名天主教居民中有1名自杀者（见他的著作第203页）。

挪威和瑞典虽然是新教国家，但只达到自杀人数的平均数。像迈尔[①]那样引用这种少见的情况来驳斥这样一种事实上的一致性是徒劳的。首先，正像我们在本章开头所指出的，这种国际性比较并不说明问题，除非涉及相当多的国家，而且即使在这种情况下，这种比较也不是结论性的。斯堪的纳维亚半岛的居民和中欧的居民之间有着相当大的区别，所以我们可以理解，新教对彼此的影响并不完全相同。而且，在这两个国家里，自杀率本身虽不太大，如果考虑到它们在欧洲文明国家中所占的地位不太重要，那么它们的自杀率看来还是比较高的。没有理由认为，它们的文化水平已经超过了意大利，差得还很远，然而自杀的人数却多二三倍（每百万居民中达 90 至 100 名自杀者，而不是 40 名）。新教难道不是自杀人数较多的原因吗？因此，事实不仅没有否定根据如此大量的观察所得出的规律，反而倾向于肯定这条规律。[②]

至于犹太教徒，他们的自杀倾向一直比较小，而且普遍地小于天主教徒，尽管相差的程度不大。不过，后一种比例关系有时也会颠倒过来，尤其近年来有这种颠倒的情况。在本世纪中叶以前，除了巴伐利亚，所有国家中自杀的犹太教徒都比天主教徒少；[③]直到 1870 年，犹太教徒才开始失去他们以前的天赋。他们的自杀率大大超过天主教的情况是很少见的。此外，不应忘记，比起其他宗教

---

① 《社会科学手册》，《补遗》第 1 卷，第 702 页。

② 只有英国的情况是例外。英国不是天主教国家，自杀的人却不多。这种情况将在下文得到解释，见第 132—133 页。

③ 巴伐利亚也是唯一的例外：那里自杀的犹太教徒比天主教徒多一倍。在这个国家里，犹太教的地位有什么特殊之处？我们不知道。

信仰的群体来，犹太教徒居住在城市里并从事脑力劳动。由于这个缘故，他们比其他信徒更加强烈地倾向于自杀，这是出于他们所信奉的宗教以外的原因。因此，尽管有这种使之更加严重的影响，信奉犹太教的人自杀率仍然这样低，我们认为，在同样的情况下，这是由于犹太教是所有宗教中自杀人数最少的缘故。

事实就是如此，那么如何解释这些事实呢？

二

如果我们考虑到，各地的犹太教徒都很少，而在我们早先观察过的大多数社会里，天主教徒也是少数，那么我们就会情不自禁地想在这个事实中找出解释这两种宗教信仰中自杀人数比较少的原因。[①] 其实，我们可以想象，人数最少、不得不和周围居民的敌意作斗争的教派，为了维护自身的生存，就不得不对自身实行严格的控制，强迫自己遵守某种特别严格的纪律。为了证明给予他们总是暂时的容忍是有理由的，他们不得不更加重视道德。除了这些考虑之外，某些事实看来确实意味着这种特殊因素不是没有某种影响。在普鲁士，天主教徒所处的少数地位是非常突出的，因为他们只占全部人口的三分之一。他们的自杀人数也只有新教徒的三分之一。在巴伐利亚，三分之二的居民是天主教徒，差距就小一点；后者的自杀人数和新教徒的自杀人数只有 100 比 275，甚至只有 100 比 238，这要分不同时期。最后，在几乎全是天主教徒的奥

① 勒古瓦的著作，第 205 页；厄廷根：《道德统计学》，第 654 页。

地利帝国，新教徒和天主教的自杀人数之比为 155 比 100。由此看来，如果新教成为少数，新教徒的自杀倾向也就减少。

但自杀首先是一种极大的自我放纵，所以担心受到谴责，哪怕非常轻微的谴责也可以起很大的作用，对处于少数地位的人也是如此，他们的处境迫使他们特别注意公众的舆论。因为这是一种并不伤害任何人的行为，所以人们不大责备那些比其他群体更倾向于这种行为的群体，而且不可能像犯罪和不法行为那样大大地增加他们所引起的反感。此外，宗教的褊狭如果非常强烈，往往产生相对的效果。这种褊狭不是促使异教徒更加尊重舆论，反而使他们习惯于对舆论漠不关心。如果一个人感到自己是一种无法挽回的敌意的目标，他就会拒绝使这种敌意平息，而是更加固执地坚持那些最受排斥的习俗。这是犹太教徒常有的情况，因此不能肯定他们这种异乎寻常的免疫力没有其他原因。

但是，不管怎样，这种解释不足以说明新教徒和天主教徒各自的情况。因为，在天主教盛行的奥地利和巴伐利亚，尽管天主教教义的预防作用比较小，但还是很值得注意的。因此，天主教教义的预防作用不仅是因为它处于少数地位。比较普遍的情况是，不管这两种信仰在整个人口中占多大比例，凡是我们可以从自杀的观点进行比较的地方，我们都看到自杀的新教徒比天主教徒多。甚至有一些像上巴拉丁和上巴伐利亚这样的国家，那里的居民几乎全是天主教徒（92%和 96%），然而那里自杀的新教徒和自杀的天主教徒之比为 300 和 423 比 100。在下巴伐利亚，这个比例甚至上升到 528%，在那里，改革后的宗教的虔诚信徒在 100 个居民中还不到 1 个。因此，尽管少数派不得不采取的这种谨慎态度是导致这两种宗教之间如此巨大差异的原因，但在更大程度上肯定是由于其他原因。

我们可以在这两种宗教制度的性质中找到这些原因。然而，这两种宗教制度都同样明确地禁止自杀；它们不仅在道义上非常严厉地谴责自杀，而且都教导说，新的生活始于死后，在这种生活中，人们将因他们的错误行为受到惩罚；新教和天主教都把自杀算在错误行为之列。最后，在这两种宗教信仰中，这种禁律都具有神圣的性质；这种禁律不是被表现为一种正确推理的逻辑，但是它的权威性就是上帝本人的权威性。因此，新教之所以有利于自杀的发展，不是因为它对待自杀的态度不同于天主教。但是，如果说这两种宗教在这一点上有同样的戒律，那么它们对自杀有不同影响的原因必定是使它们有所区别的比较一般的特点之一。

不过，天主教和新教之间唯一的基本区别是，后者比前者在更大的程度上允许自由思考。毫无疑问，与希腊—拉丁的多神教和犹太人的一神教相比，天主教已经给思考和反省留下了更大的余地，单就这一点来说它是一种理想主义的宗教。它不再满足于机械的礼仪，而是力求支配人们的意识。因此，它所针对的是意识，而且即使它要求理智盲目服从，它也是用理智的语言对理智说话的。同样确实的是，天主教徒自然而然地接受它的教义，不加思考。他甚至不能对它的教义进行历史的检验，因为人们所依据的原始经文禁止他这样做。为了使传统不致发生变化，巧妙地建立了一整套权威的等级制度。一切**变化**都是天主教思想所厌恶的。相比之下，新教徒却是他的信仰的创造者。圣经掌握在他的手里，任何解释都不能强加于他。甚至这种改革过的宗教信仰的结构也使这种宗教个人主义状态不可忽视。除了英国，任何地方的新教神职人员都不分等级；教士只从属于他自己和他的意识，就像虔诚的信徒一样。他是一位比普通信徒更有教养的引路人，但没有规定教条的特殊权威。但是，最能说明宗教改革运动发起人所宣布的这种自由思考不是始终处于纯理论肯定状态的，是与天主教会不可分割的统一形成如此强烈对照的各种教派的日益增多。

因此，我们得出的第一个结论是，新教的自杀倾向必定与推动这种宗教的自由思考有联系。我们要尽力正确地理解这种联系。自由思考本身只是另一种原因的结果。当自由思考出现的时候，当人们长期以来已经接受了由传统形成的信仰之后，要求由他们自己来形成信仰的时候，这不是由于自由探讨的内在诱惑力，因为自由探讨既带来痛苦也带来欢乐，而是由于人们从此以后需要这种自由。不过，这种需要本身只可能有一个原因，就是动摇传统的信仰。如果传统的信仰始终以同样的力量使人接受，那么人们甚至不会想到要对它提出批评。如果传统的信仰始终具有同样的权威，那么人们就不会要求有权核对这种权威的来源。反省只是在需要进行的时候才进行，这就是说，尽管有一些不成熟的思想和感情过去一直足以指导行为，但是这些思想和感情现在失去了它们的有效性。于是反省便来填补已经形成的真空，但这种真空不是它所造成的。正像反省随着思想和行为表现为无意识的习惯而消失一样，反省只能随着各种已经形成的习惯解体而复苏。反省并不要求恢复和舆论对抗的权利，除非舆论不再具有同样的力量，即不再是普遍的看法。因此，如果这种要求不是在某一时刻以短暂

的危机形式出现，如果这种要求变成长期的，如果个人的意识以一种不变的方式表明它的自发性，这是因为这种要求继续被引向不同的方向，因为一种新的看法并没有为了取代不再存在的看法而改变自身。如果一种新的信仰体系已经重新形成，而且像旧的信仰体系一样，在所有的人看来都是无可争辩的，那么人们就不会想到进一步对它提出异议。甚至加以讨论也是不允许的，因为全社会所共有的思想从这种一致的赞同中获得一种权威，这种权威使这些思想成为神圣不可侵犯，并且使这些思想不受任何争议。要使这些思想比较宽容，就应该使这些思想已经变成不太普遍和不太完全被赞同的对象，使它们被事先的争论所削弱。

因此，如果说自由思考一旦被宣布就会产生各种教派是确实的，那就应该补充一点：自由思考必须以各种教派为前提，并且产生于各种教派，因为自由思考只是为了允许各种潜在的或半公开的教会分裂更自由地发展才被要求和指定为一项原则。因此，如果说新教比天主教允许个人思想有更大的自由，这是因为新教不大重视共同的信仰和实践。不过，一个宗教社会的存在不能没有集体的信条，而且这种信条越是广泛，这个社会就越是统一和强大。因为宗教社会不是通过交换和彼此服务把人们联系在一起的，世俗联系包含着种种差别并且是以差别为前提的联系，但是宗教社会不能结成这种联系。宗教社会只有使所有的人都信奉相同的教义才能使他们社会化，而且这种教义越是广泛、越是站得住脚，宗教社会就越是能使人们社会化。带有宗教特点、因而不受自由思考影响的行动和思考方式越多，上帝的思想就越是出现在生活的一切细节中，就越是使个人的意志趋向同一个目标。反之，一个宗教群体越是受个人判断的支配，这个群体就越是没有自己的生活，更没有内聚力和生命力。因此，我们得出这样的结论：新教徒的自杀比较多是因为新教是一个不像天主教会那样非常整体化的教会。

与此同时，犹太教的情况也得到了解释。事实上，基督教长期以来对犹太人的谴责已经在犹太人当中引起了特别强烈的团结一致的感情。同一种普遍的敌意作斗争的必要性，甚至没有和其他居民自由交往的可能性，迫使犹太人彼此紧紧地互相依靠。因此，每一个社区变成了一个紧密团结和协调一致的小社会，这个小社会对它自身和它的团结有着十分强烈的感情。这个小社会里的所有人都以同样的方式思想和生活；由于共同的生活和彼此实行紧密的和不断的监督，个人之间的分歧几乎不可能存在。犹太教会因此比任何其他教会更加集中，由于它是排斥异己的对象而更加依靠自己。因此，按照我们对新教所作的观察类推，犹太人不大倾向于自杀也可能是这个原因，尽管各种环境相反地可能使他们倾向于自杀。毫无疑问，从某种意义上来说，正是包围着他们的敌意，他们必须具有这种天赋。但是，这种敌意之所以有这种影响，不是因为它迫使他们具有某种更高尚的道德观念，而是因为它使他们非常和睦地生活在一起。正因为他们所从属的宗教社会牢固地团结在一起，所以他们才有这样的免疫力。此外，对他们的排斥只是产生这种结果的原因之一；犹太教的性质也可能在很大程度上促成这种结果。实际上，犹太教和所有次要的宗教一样，基本上由一系列宗教仪式所组成，这些宗教仪式详尽地规定了生活的全部细节，给个人的判断只留下很少的余地。

三

一些事实证实了这种解释。

首先，在所有的新教大国中，英国是自杀人数最少的。实际上，英国每百万居民中只有 80 名左右自杀者，而经过宗教改革的各德意志社会却有 140 至 400 名；然而，一般的思想和商业活动似乎和其他地方一样频繁。[①] 与此同时，英国的圣公会恰恰比其他新教教会要整体化得多。诚然，人们曾经习惯于把英国看成是个人自由的传统乐土，但是，实际上，许多事实证明，在英国，共同的和强制的、因而不允许个人自由思考的宗教信仰和宗教仪式要比德国多得多。首先，英国的法律还承认许多宗教法规：例如关于礼拜日停止工作的法律，禁止把圣经中的任何人物搬上舞台的法律，最近还有要求所有议员都申明信仰某种宗教的法律，等等。其次，大家都知道，对传统的尊重在英国是多么普遍和强烈：这种尊重不可能不像扩大到其他事件那样扩大到宗教。然而，非常发达的传统主义总是不同程度地排斥个人自身的活动。最后，在所有的新教神职人员中，只有英国的神职人员有等级。这种外部的组织显然说明内部的统一，这种统一和非常突出的宗教个人主义是不能并存的。

此外，英国也是神职人员最多的新教国家。1876 年，英国每一位牧师平均有 908 名信徒，而匈牙利是 932 名，荷兰是 1100 名，

① 英国的自杀统计确实不太精确。由于自杀要受到惩罚，所以许多案件都登记为意外死亡。不过，这种不精确不足以说明英国和德国之间如此悬殊的差距。

丹麦是1300名，瑞士是1440名，德国是1600名。[1] 然而，教士的数量并不是一个无关紧要的细节和与宗教内在性质无关的表面特点。这个证明就是，各地的天主教神职人员比新教神职人员多得多。在意大利，267名天主教徒就有一名神甫，西班牙是419名，葡萄牙是536名，瑞士是540名，法国是823名，比利时是1050名。这是因为教士是信仰和传统的天然工具，因为在这方面和其他方面一样，工具必须与职能同步发展。宗教生活越是紧张，就越是要有人来指导生活。越是有些教条和戒律的解释不受个人意识的支配，就越是要有能胜任的权威人士来说明其含义；另一方面，这种权威人士越多，他们和个人的联系就越紧密，而且能更好地约束个人。因此，英国的情况远不是否定我们的理论，而是证实我们的理论。新教在英国之所以不像在大陆那样产生同样的影响，是因为英国的宗教社会组织得更严密，和天主教会近似。

但是，这里有一个具有更大普遍性的确凿证据。

不伴随着对教育的爱好，对自由思考的爱好是不可能产生的。事实上，科学是自由思考为达到其目的所掌握的唯一手段。如果那些不合理的宗教信仰或宗教仪式失去了权威性，为了寻找别的宗教信仰或宗教仪式，就很有必要求助于明智的意识，科学只是这种意识更高级的表现形式。其实，这两种爱好是一回事，都产生于同样的原因。一般说来，人们只有在这两种爱好都摆脱了传统的束缚时才渴望学习，因为只要传统支配着智慧，传统就能满足一切，并且不轻易容忍敌对的力量。但反过来说，只要蒙昧的习惯不

---

① 厄廷根：《道德统计学》，第626页。

再满足新的需要，人们就要寻找光明。因此，哲学这种最初的综合形式的科学便在宗教失去威望的时候出现，而且只有在这时才出现；后来随着产生哲学的需要本身进一步发展，我们便看到哲学逐步产生出许多特定的科学。因此，如果我们没有弄错，如果集体的和习惯的偏见逐步削弱引起自杀的倾向，如果由此而产生新教的特殊素质，我们就应该看到以下两个事实：1. 新教徒对教育的爱好应该比天主教徒更强烈；2. 由于这种爱好表明共同信仰的动摇，所以这种爱好一般地说应该像自杀那样变化。事实是不是证实了这两种假设呢？

如果只比较天主教的法国和新教的德国的最高层，这就是说，如果只比较这两个国家的最上层阶级，那么我们看来是经得起这种比较的。和我们的邻国相比，科学在我国的大城市中同样得到重视和传播；甚至可以肯定，我们在这一点上胜过许多新教国家。但是，尽管这两个社会的上层对学习的需要都很明显，在下层却并非如此，而且，尽管这两个国家对学习的需要几乎都达到最大强度，我国的平均强度却较低。可以说，和新教国家相比，天主教国家都是如此。假定后者的最高文化不次于前者，那么普及教育就完全是另一回事了。1877—1878 年，新教国家（萨克森、挪威、瑞典、巴登、丹麦和普鲁士）每 1000 名学龄儿童——即 6—12 岁的儿童——中有 957 名上学，而天主教国家（法国、奥地利、匈牙利、西班牙和意大利）则只有 667 名，少 31%。1874—1875 年和 1860—1861 年的比例也是如此。[1] 这个数字最低的新教国家普鲁士也大

① 厄廷根：《道德统计学》，第 586 页。

大高于天主教国家中处于领先地位的法国:前者每1000名学龄儿童中有897名上学,后者只有766名。[①] 在整个德意志,巴伐利亚的天主教徒最多,文盲也最多。在巴伐利亚的所有省份中,上巴拉丁是天主教徒最多的省份之一,应征入伍的新兵中既不会读也不会写的也最多(1871年占15%)。在普鲁士,波兹南公国和普鲁士省的情况完全一样。[②] 最后,在整个普鲁士王国,1871年每1000名新教徒中有66名文盲,每1000名天主教徒中有152名文盲。在这两个教派的妇女中,这个比例也是如此。[③]

有人也许会提出异议说,初等教育不能用来衡量普及教育的状况。他们常常说,一个民族的教育程度的高低并不取决于文盲的多少。我们同意这种保留意见,但是,说实在的,尽管不同程度的教育可能比看上去没有更多的关联,然而初等教育不发达,普及教育也很难同时发达。[④] 不管怎样,即使初等文化水平只是不完全地反映科学文化的水平,它也相当准确地表明,一个民族从整体上来说在何种程度上认识到学习的必要性。一个民族必须最强烈地感到这种必要性,才会努力把基础知识传播到最下层的阶级中去。为了使所有的人由此掌握学习的手段,为了直至在法律上禁止愚昧无知,一个民族必须认识到,使人人变得更加聪明对它自身的存在来说是必不可少的。实际上,新教国家之所以如此重视初

① 有一个时期(1877—1878年),巴伐利亚稍稍超过了普鲁士,但也只有这一次。

② 厄廷根:《道德统计学》,第582页。

③ 莫塞利的著作,第223页。

④ 此外,我们在下文(第167页)还将看到,中等教育和高等教育在新教徒中也比在天主教徒中发达。

等教育，是因为它们认为必须使每一个人都能解释圣经。不过，我们现在所要涉及的是这种需要的平均强度，是每个民族所承认的科学的价值，而不是它的学者及其发明的价值。从这个特定的观点来看，高等教育和真正科学生产的状况可能是一种不适当的标准，因为这种状况只会向我们显示在社会有限的一部分中所发生的情况。普及教育的一般教育才是比较可靠的标志。

我们的第一个假设由此得到证实，现在还有第二个假设有待证实。学习的需要只要和共同信仰的削弱相对应，是否确实像自杀一样得到发展呢？新教徒比天主教徒更有文化，自杀也更多，这个事实已经是一种初步的推断。但是这条规律不仅在比较这些宗教信仰时得到证实，而且在每一种教派内部同样被观察到。

意大利完全是一个天主教国家。然而，那里的普及教育和自杀却以完全相同的方式确切地分布开来（见表十九）。

不仅几个平均数完全对应，而且在细节上也一致。只有一个例外：在某些局部原因的影响下，艾米利亚的自杀人数与教育程度无关。我们在法国也可以进行同样的观察。双方都没有文化的夫妻最多（超过20%）的省份是科雷兹、科西嘉、北滨海、多尔多涅、菲尼斯泰尔、朗德、莫尔比昂和上维埃纳；这些省份相对来说都没有自杀者。更通常的是，在那些双方都是文盲的夫妻超过10%的省份当中，没有一个省份属于法国传统的自杀之乡的东北地区。[①]

如果对新教国家之间进行比较，可以发现类似的情况。萨克森的自杀人数比普鲁士多；而普鲁士的文盲比萨克森多（1865年

① 见《法国统计年鉴，1892—1894年》，第50、51页。

表十九[①]　意大利各省自杀和教育的比较

第一组	双方都有文化的夫妻所占的比例	每百万人口中自杀的人数	第二组	双方都有文化的夫妻所占的比例	每百万人口中自杀的人数	第三组	双方都有文化的夫妻所占的比例	每百万人口中自杀的人数
皮埃蒙特	53.09	35.6	威尼斯	19.56	32.0	西西里	8.98	18.5
伦巴第	44.29	40.4	艾米利亚	19.31	62.9	阿布鲁齐	6.35	15.7
利古里亚	41.15	47.3	翁布里亚	15.46	30.7	普利亚	6.81	16.3
罗马	32.61	41.7	马尔凯	14.46	34.6	卡拉布里亚	4.67	8.1
托斯卡纳	24.33	40.6	坎伯尼亚	12.45	21.6	巴西利卡塔	4.35	15.0
			撒丁	10.14	13.3			
平均数	39.09	41.1	平均数	15.23	32.5	平均数	6.23	14.7

分别为 5.52%和 1.3%)。萨克森甚至表现出这样的特点:学生人数超过了应受义务教育的人数。1877—1878 年,每 1000 名学龄儿童中有 1031 名在上学,这就是说,有许多儿童在规定的学习年限之后继续上学。这种情况在任何其他国家都是看不到的。[②] 最后,在所有的新教国家中,我们知道英国的自杀人数最少;就教育程度而言,英国也最接近天主教国家。1865 年,海军中有 23%的士兵不识字,27%的士兵不会写。

还有其他一些事实可以用来和上述事实对照并证实这些事实。

① 与双方都有文化的夫妻有关的数字引自厄廷根:《道德统计学》,附录,表八十五;这些数字是 1872—1878 年的,自杀的数字是 1864—1876 年的。

② 厄廷根:《道德统计学》,第 586 页。

自由职业，这些通常比较富裕的阶级，肯定也是对科学的爱好最为强烈，并过着最有理智的生活的阶级。然而，尽管按职业和阶级分类的自杀统计不可能总是非常精确，但无可争议的是，在社会最上层的阶级中自杀的人格外多。在法国，从1826年到1882年，自由职业居于领先地位，在这个职业群体的每百万人中有550名自杀者；家庭仆人居第二位，只有290名。[①] 在意大利，莫塞利可以把专门从事研究工作的职业分出来，并发现从事这些职业的人中自杀的人数大大超过所有其他职业。他估计，在1868—1876年期间，每百万从事这些职业的人中有482.6名自杀者；其次是军队，有404.1名，而全国的平均数只有32名。在普鲁士（1883—1890年），经过慎重选拔、构成知识分子精英的政府官员每百万人中有832名自杀者，超过了所有其他职业；卫生和教育部门的自杀者虽然少得多，但数字也很大（439名和301名）。巴伐利亚的情况也是如此。如果把军队放在一边（就自杀而言，它的情况是例外，其理由下文再谈），政府官员处于第二位，自杀率是454，几乎接近于第一位，因为他们的自杀率仅次于商人，后者的自杀率为465；居于第三位的是文艺界和新闻界，他们的自杀率是416。[②] 诚然，在比利时和符腾堡，有文化的阶级似乎没有特别受到影响；但是这两个国家的专业名称都不太精确，所以不能过分重视这两个不规则的情况。

其次，我们已经看到，在全世界的所有国家中，妇女自杀的都

① 《1882年刑事法庭公告》，第CXV页。

② 见普林青格的著作，第28—31页。——奇怪的是，在普鲁士，文艺界和新闻界的自杀率并不高（279）。

比男人少得多。不过，妇女受过教育的也少得多。她们基本上是墨守成规的，按既定的信仰行事，不大需要用脑力。在意大利，1878—1879 年期间，每一万对夫妻中有 4808 对不会在他们的婚约上签名；每一万名妻子中有 7029 名不会签名。[①] 在法国，1879 年的比例是每 1000 对夫妻中有 199 名丈夫和 310 名妻子不会签名。在普鲁士，两者之间的差距相同，新教徒和天主教徒一样。[②] 在英国，这种情况要比其他欧洲国家少得多。1879 年，每 1000 对夫妻中有 138 名丈夫没有文化，185 名妻子没有文化，而且自 1851 年以来就大体上是这个比例。[③] 但是英国也是妇女自杀人数最接近男子自杀人数的国家。按 1000 名女性自杀者计算，男性自杀者在 1858—1860 年为 2546 名，1863—1867 年为 2745 名，1872—1876 年为 2861 名，但是，在其他各国，[④]妇女自杀比男子少四、五、六倍。最后，在美国，经历的各种条件几乎完全相反，这就使这种经历特别说明问题。黑人妇女所受的教育似乎和她们的丈夫相同，有时甚至超过。有些观察家报告，[⑤]她们也有十分强烈的自杀倾向，有时甚至超过白人妇女。有某些地方，这个比例可能达到 350%。

然而，有一种情况看来使我们的规律不能得到证实。

在所有的教派中，犹太教是信奉它的人自杀最少的宗教，但并

① 厄廷根：《道德统计学》，附录，表八十三。

② 莫塞利的著作，第 223 页。

③ 厄廷根的著作，第 577 页。

④ 除了西班牙。但是，西班牙的统计数字的精确性不仅使我们怀疑，而且不能和中欧及北欧的大国作比较。

⑤ 拜利和鲍丁。转引自莫塞利的著作，第 225 页。

不是教育最不发展的宗教。就初等教育而言，犹太教徒至少和新教徒处在相同的水平上。事实上，在普鲁士（1871 年），每 1000 名一种性别的犹太教徒中，没有文化的男子有 66 名，妇女有 125 名；在新教徒中，这两个数字几乎完全一样，男子为 66 名，妇女为 114 名。但是，受过中等和高等教育的犹太教徒从比例上看要比其他教徒多；我们摘引的普鲁士的下述统计数字（1875—1876 年）证明了这一点。[1]

	天主教徒	新教徒	犹太教徒
每 100 名居民中每种宗教徒所占的比例	33.8	64.9	1.3
每 100 名中学生中每种宗教徒所占的比例	17.3	73.1	9.6

考虑到人口的种种差别，上中学和职业中学的犹太教徒大约为天主教徒的 14 倍，新教徒的 7 倍。高等教育的情况也是如此。在 1000 名上各级学校的天主教青年中，上大学的只有 1.3 名，在 1000 名新教青年中为 2.5 名，而在犹太教青年中，这个比例上升到 16。[2]

但是，犹太教徒之所以能找到这种既很有文化，又不大倾向于自杀的方法，这是因为他们所表现出来的兴趣具有非常特殊的根源。宗教上的少数派为了能够更有把握地抵挡住别人对他们的憎恨，或者仅仅出于一种好胜心，不得不在学问上超过周围的人，这

① 根据阿尔温·佩特席利：《关于普鲁士中等学校的统计》，载于《普鲁士统计局杂志》，1877 年，第 109 页以下。

② 《普鲁士统计局杂志》，1889 年，第 XX 页。

是一条普遍规律。因此，新教徒自己也同样表现出对科学更加爱好，因为他们在总人口中是少数。[①] 因此，犹太教徒力求受教育，不是为了用经过深思熟虑的观念来取代集体的偏见，而只是为了在斗争中更好地武装自己。这是为了向他补偿舆论以及有时是法律给他们造成的不利处境的一种手段。但是，由于科学本身丝毫不能影响依然保持其一切活力的传统，所以他们只是在习惯的活动之外增加一重文化生活，后者并不破坏前者。这就是产生他们面貌的复杂性的原因。从某些方面来看，他们是未开化的，从另一些方面来看，他们又是理智的和高雅的人。他们就这样把作为往昔小群体的特点的严格纪律所带来的好处同我们现实的大社会所特有的高度文化结合在一起。他们具有现代人的全部智慧，而不分享现代人的绝望。

因此，在这种情况下，智力的发展之所以与自杀的人数无关，是因为两者不是出于同样的原因，也没有同样的涵义。由此可见，

① 下表说明，在普鲁士的不同省份中，新教徒上中学的情况实际上是何等不同：

	新教徒占总人口的比例		新教徒占学生总数的比例	二者之差
第一组	98.7％—87.2％	平均　94.6	90.8	－3.8
第二组	80％—50％	平均　76.3	75.3	＋5
第三组	50％—40％	平均　46.4	56.0	＋10.4
第四组	40％以下	平均　29.2	61.0	＋31.8

由此可见，在新教徒占多数的地方，新教徒学生的人数与新教徒的总人口并不相称。一旦占少数的天主教徒人数增加，学生总数和总人口数之差就从负数变成正数，而且随着新教徒人数的减少，这种正差就越大。在天主教徒占少数的地方，天主教徒也表现出对知识比较感兴趣（见厄廷根：《道德统计学》，第650页）。

例外是显而易见的；这种例外甚至肯定了这条规律。事实上，这种例外证明，在有文化的阶层中，自杀的倾向之所以比较严重，正像我们已经说过的，是由于传统信仰的削弱和由此而引起的道德利己主义的状态；因为当教育具有另一种原因和满足其他需要时，这种例外就会消失。

四

从这一章可以得出两个重要的结论。

第一，我们看到为什么一般说来自杀随着科学的进步而发展。决定这种发展的不是科学。科学是无辜的，没有比指责科学更不公正的了；犹太教徒的例子在这一点上很说明问题。但是，这两个事实同时产生于同样的一般状态，不过表现为不同的形式而已。一个人力求受教育而又自杀，是因为他所从属的宗教社会失去了内聚力；但他不自杀却是因为他受过教育。使宗教解体的不是他所受过的教育，而是因为宗教解体才引起对教育的需要。教育不是被当作一种推翻已被认可的舆论的手段来力求获得的，而是因为舆论已经开始被推翻。毫无疑问，科学一旦存在，便能以它自身的名义为它自身而战斗，并且自认为是传统感情的对立面。但是，如果这些感情仍然根深蒂固的话，它的进攻就将毫无结果，更确切地说，它的进攻甚至不可能发生。人们不是用某些辩证的论证来根除信仰的，而一定是信仰已被其原因所彻底动摇，以致不能抗拒各种论据的冲击。

科学不是邪恶的根源，恰恰相反，它是消除邪恶的手段，是我

们所掌握的唯一手段。各种已经确立的信仰一旦被事物的进程带走，人们就不可能人为地重新确立这些信仰，只有反省才能指导我们的生活。社会本能一旦衰退，智慧就是我们剩下的唯一指导，我们应该借助智慧来恢复某种意识。无论事情多么危险，也不允许犹豫不决，因为我们没有选择的余地。因此，但愿那些惶惑不安和忧伤地眼看着旧信仰的破灭、体会到这个关键时刻的全部困难的人不要指责科学！科学不是邪恶的原因，相反，科学力求消除邪恶。但愿他们不要把科学当作敌人来对待！科学并没有人们归咎于它的那种有腐蚀作用的影响，而是使我们能够与产生科学本身的解体作斗争的唯一武器。禁止它并不是一个解决办法。使它保持沉默也不可能使已经消失的传统恢复权威，只会使我们更不可能更换这些传统。当然，应该同样小心地不使自己把教育看成一种自我满足的目的，而教育只是一种手段。如果人为地禁锢思想不能使思想忘掉对独立的爱好，那么解放思想也不能使思想获得平衡。但思想还是应该适当地利用这种解放。

第二，我们知道为什么一般地说宗教对自杀有一种预防的作用。正像我们经常说的，这不是因为宗教和世俗道德一样毫不犹豫地谴责自杀，不是因为上帝的意旨使他的训诫具有特殊的、能使意志屈服的权威，也不是因为来世生活的前景和在那里等待着罪人的可怕惩罚使他的禁令比人间的法律得到更有效的承认。新教徒和天主教徒一样相信上帝和灵魂不灭。相反，最不倾向于自杀的宗教，即犹太教，倒恰恰是唯一不正式禁止自杀的宗教，也是灵魂不灭的思想最不起作用的宗教。实际上，《圣经》并不包括任何禁止自杀的条文，[①]另一方面，其中有关来世的信仰也是很不明确的。毫无疑问，在这两方面，拉比的教导逐渐填补了《圣经》的空白，但是没有《圣经》的权威。因此，宗教的有益影响并非来自宗教观念的特殊性质。宗教之所以使人避免自杀的欲望，不是因为宗教用某些特殊的理由劝告他重视自己的身体，而是因为宗教是一个社会，构成这个社会的是所有信徒所共有的、传统的、因而也是必须遵守的许多信仰和教规。这些集体的状态越多越牢固，宗教社会的整体化越牢固，也就越是具有预防的功效。信条和宗教仪式的细节是次要的。主要的是信条和仪式可以维持一种具有足够强度的集体生活。因为新教教会不像其他教会那样稳定，所以对自杀不能起同样的节制作用。

① 我们所知道的唯一刑律是弗拉维乌斯·约瑟夫斯在他的《犹太人抗击罗马人战争史》（第三卷，第25页）中所告诉我们的，但他只是说："自杀者的尸体日落后才可埋葬，尽管允许战斗中的被杀者在日落前入葬。"人们甚至可以怀疑这是不是一种刑律。

第三章　利己主义的自杀(续)

但是,如果说宗教能预防自杀只因为它是一个社会,而且只有在它是一个社会时才能预防自杀,那么其他社会也可能产生同样的作用。因此,让我们从这个角度来观察一下家庭和政治社会。

一

如果只看绝对数字,那么独身者自杀的似乎比已婚者少。1873—1878 年期间,法国自杀的已婚者有 16264 人,而自杀的独身者只有 11709 人。前一个数字和第二个数字之比为 132* 比 100。由于在其他时期和在其他国家也是这个比例,所以某些作者以前曾经告诉我们,家庭生活增加自杀的机会。诚然,如果按照流行的看法,首先把自杀看成是由于生活困难引起的一种绝望的行为,这种看法具有它的全部真实性。单身汉的生活确实比已婚男子安逸。婚姻不是带来各种各样的负担和责任吗?为了保证一个家庭的现在和未来,不是应该比供给一个单身汉的需要要更加省

---

* 原文如此,应为 139。——译者

吃俭用和辛苦吗?[①] 然而,尽管看上去一目了然,但这种先验的推理完全是错误的,只是由于对事实作了错误的分析,所以才使这种推理具有合理的外表。这是老贝蒂荣根据一种巧妙的计算首先作出的推理,我们将在下文重复这种计算。[②]

实际上,要正确地判断上述数字,就应该考虑到大量的独身者年龄都不到 16 岁,而所有已婚者的年龄都比较大。在 16 岁以前,只因为年龄的关系所以自杀的倾向很小。在法国,这个年龄阶段的每百万居民中只有一两名自杀者;在以后的年龄阶段中,自杀的人数就多二十倍。因此,独身者中有大量 16 岁以下的儿童使独身者的普遍倾向减弱并不是规律,因为这种减弱是由于年龄而不是由于独身。看来他们自杀的之所以不多,不是因为他们没有结婚,而是因为他们中许多人还没有结束童年时代。因此,如果要比较这两部分人口,以便确定婚姻状态的影响,就应该减少这种干扰的成分,只比较已婚者和 16 岁以上的未婚者。减去这种成分以后就可以发现,在 1863—1868 年期间,平均每百万 16 岁以上的独身者中有 173 名自杀者,而每百万已婚者中的自杀者为 154.5 名。前一个数字和后一个数字之比为 112 比 100。

因此,独身在某种程度上使自杀的倾向加剧。但是这种加剧要比上述数字所表示的严重得多。我们所作的推论好像所有 16

① 见瓦格纳:《人类表面上的随意行为的规律性》,第 177 页。

② 见《婚姻》,载于《医学百科辞典》,第 50 页以下。——关于这个问题,参见小贝蒂荣:《从婚姻的角度看独身者、丧偶者和离异者》,载于《科学评论》,1879 年 2 月。——参见 1880 年《人类学学会公报》第 280 页以下的一篇文章。——迪尔凯姆:《自杀与出生率》,载于《哲学评论》,1888 年 11 月。

岁以上的独身者和所有的已婚者都是同样的平均年龄。然而事实并非如此。在法国,大多数单身汉,确切地说58%的未婚男子,在15至20岁之间;大多数姑娘,确切地说57%的未婚女子,不到25岁。前者的平均年龄是26.8岁,后者的平均年龄是28.4岁。相反,已婚者的平均年龄在40至45岁之间。另一方面,下面是男女合计自杀人数随着年龄的增长而增加的情况:

16—21岁　每百万居民中45.9名自杀者
21—30岁　每百万居民中97.9名自杀者
31—40岁　每百万居民中114.5名自杀者
41—50岁　每百万居民中164.4名自杀者

这些数字是1848—1857年期间的。因此,如果年龄单独起作用,那么独身者倾向于自杀的不超过97.9,而已婚者倾向于自杀的在114.5和164.4之间,即140左右。已婚者自杀的人数与独身者自杀的人数之比为100比69,后者只是前者的三分之二;然而,我们都知道,实际上他们的自杀人数更多。家庭生活所产生的结果是把这个比例颠倒过来。然而,如果家庭生活没有影响,已婚者按他们的年龄来说自杀人数必然比独身者的自杀人数少一半,那么他们的自杀人数就要少得多。因此可以说,婚姻使自杀的危险大约减少一半;或者说得更确切一点,独身的结果是增加自杀的倾向。用数字来表示增加的比例是$\frac{112}{69}=1.6$。因此,如果可以用1来表示已婚者的自杀倾向,那就应该用1.6来表示独身者的自杀倾向。

在意大利差不多也是这个比例。由于他们的年龄,每百万已婚者(1873—1877年)中有102名自杀者,而16岁以上的独身者中只有77名;第一个数字与第二个数字之比为100比75。[1] 但是,事实上是已婚者自杀的少,只有71名,而独身者为86名,即100比121。因此,独身者的自杀人数与已婚者的自杀人数之比为121比75,即前者是后者的1.6倍,和法国一样。我们在不同的国家可以看到类似的情况。各地已婚者的自杀率都不同程度地低于独身者的自杀率,[2]但是按年龄来看,前者应该比较高。在符腾堡,从1846年到1860年,这两个数字之比是100比143;在普鲁士,从1873年到1875年,这两个数字之比是100比111。

但是,根据现有的资料,如果这种计算方法在几乎所有的情况下都是唯一可以适用的方法,如果因此必须用这种方法来确定事实的普遍性,那么这种方法所得出的结果只能是大体上近似。毫无疑问,这种方法足以证明,独身增加自杀的倾向,但只能很不确切地说明这种增加的程度。事实上,为了区别年龄的影响和婚姻状况的影响,我们已经把30岁的自杀率和45岁的自杀率之比作为基准点。可惜,婚姻状况本身的影响已经给这个比例留下了印记,因为这两个年龄组都是把独身者和已婚者合在一起计算的。毫无疑问,在这两个年龄阶段,如果已婚男子和未婚男子之比相同,未婚女子和已婚女子之比也相同,那就可以起抵消的作用,只表现出年龄的影响。但事实完全不是这样。30岁的未婚男子比已婚男子稍多一些(根据1891年的调查,前者为746111人,后者为714278人),而45岁这个年龄阶段的情况恰恰相反,未婚男子

① 我们假定,在法国,这两个群体的平均年龄是相同的。这种假定可能造成的误差是很小的。

② 只要把男女合起来考虑。下文将说明这种看法的重要性(第二编第五章第三节)。

只是极少数(333033 人,已婚男子为 1864401 人);女子的情况也是如此。由于这种不平均的分布,他们的自杀倾向在这两种情况下并不产生同样的结果。这种不平均的分布使前者的自杀率大大超过后者。因此,后者的自杀率相对来说太小,如果只是年龄起作用,那么可能超过前者的数量就会被人为地减少。换句话说,从自杀方面来看,而且仅仅由于年龄的关系,25 至 30 岁的人口和 40 至 45 岁的人口之间的差距肯定要比用这种计算方法所显示的大。不过,正是这种差距的缩小构成有利于已婚者的几乎全部免疫力。因此,这种免疫力看起来要比实际上小。

这种方法甚至造成过更严重的误差。因此,为了确定丧偶对自杀的影响,人们有时只比较丧偶者的自杀率和同样平均年龄、即 65 岁左右各种婚姻状况的人的自杀率。在 1863—1868 年期间,每百万丧偶者中有 628 名自杀者;每百万 65 岁的男子(各种婚姻状况合计)中大约有 461 名自杀者。从这些数字可以推断,即使是同样的年龄,丧偶者自杀的人数也要比任何其他人口中的自杀人数多得多。因此,流传着这样的偏见:从自杀的角度来看,所有的条件都对丧偶不利。[①] 实际上,65 岁的人口中之所以自杀的人不多,是因为他们几乎全部都是已婚者(997198 人,独身者只有 134238 人)。因此,尽管这种比较足以证明丧偶者自杀的多于同龄的已婚者,但是就他们的自杀倾向与独身者的自杀倾向相比而言,却不能由此类推。

---

① 见贝蒂荣:《婚姻》,载于《医学百科辞典》,第 52 页。——莫塞利的著作,第 348 页。——科尔:《犯罪与自杀》,第 472 页。

总之,如果只比较各种平均数,就只能大体上看到各种事实及其相互关系。因此,很可能得出这样的结论:一般说来,已婚者自杀少于独身者,然而,在某些年龄阶段,这种比例会例外地颠倒过来;我们看到,确实存在这种情况。这些例外对解释这种现象可能有启发,但是不能用这种方法来证明。在各种年龄阶段也可能有各种变化,这些变化虽然达不到完全颠倒过来的程度,但是有重要意义,因此有必要指出来。

避免这些弊病的唯一办法是分别确定每个群体在每个年龄阶段的自杀率。在这种条件下,可以比较例如 25 至 30 岁的独身者与同年龄的已婚者和丧偶者,对其他年龄阶段来说也是如此;婚姻状况的影响就可以这样同任何其他影响区别开来,而且这种影响可能发生的种种变化就可以变得显而易见。此外,这是贝蒂荣第一个用于统计死亡率和结婚率的方法。可惜官方出版物不向我们提供进行这种比较的必要数据。[①] 官方出版物确实使我们认识到,自杀者的年龄与他们的婚姻状况无关。据我们所知,唯一采取另一种做法的是奥尔登堡大公国(包括吕贝克公国和伯肯菲尔德公国)的官方出版物。[②] 这份出版物给我们提供了 1871—1885 年期间各个年龄段和各种婚姻状况自杀人数的分布。但是,这个小

① 然而,为了收集这些资料,有待进行的工作对个人来说是艰巨的,但是由官方统计机构来做可能没有多大困难。人们向我们提供各种毫无价值的情况,但是不告诉我们唯一使我们有可能评价家庭在不同欧洲社会里所处地位的材料。

② 当然,1878 年《国际人口统计学公报》第 195 页上刊载的一份瑞典统计表也给我们提供了同样的数据。但是这份统计表没有多大用处。首先,统计表把丧偶者和独身者混在一起,这就使这种比较意义不大,因为如此不同的条件应该区别开来。此外,我们认为统计有误差。下面是其中的一些数字:

国家在这15年里只有1369名自杀者。由于自杀人数如此之少，

每十万同样性别、同样婚姻状况和同样年龄的居民中自杀的人数							
	16—25岁	26—35岁	36—45岁	46—55岁	56—65岁	66—75岁	75岁以上
男							
已婚者	10.51	10.58	18.77	24.08	26.29	20.70	9.48
未婚者（丧偶者和独身者）	5.69	25.73	66.95	90.72	150.08	229.27	333.35
女							
已婚者	2.63	2.76	4.15	5.55	7.09	4.67	7.64
未婚者	2.99	6.14	13.23	17.05	25.98	51.93	34.69
未婚者的自杀人数是同性别同年龄已婚者的自杀人数的多少倍？							
男子	0.5	2.4	3.5	3.7	5.7	11	37
女子	1.13	2.22	3.18	3.04	3.68	11.12	4.5

就高龄已婚者所具有的异乎寻常的免疫力而言，我们一开始就觉得这些统计结果是靠不住的，因为这些数字不符合我们所知道的全部事实。为了进行一次我们认为必不可少的核实，我们研究了瑞典这个时期每个年龄段自杀的绝对数。下面是男子的自杀人数：

	16—25岁	26—35岁	36—45岁	46—55岁	56—65岁	66—75岁	75岁以上
已婚者	16	220	567	640	383	140	15
未婚者	283	519	410	269	217	156	56

比较一下这些数字和上面的比例数就可以肯定其中有差错。事实上，在66至75岁这个年龄段，已婚者和未婚者自杀的绝对数差不多相同，然而，按十万人计算，后者的自杀人数却是前者的11倍。如果果真如此，那么这个年龄段的已婚者就应该是包括丧偶者和独身者在内的未婚者的10倍（确切地说是9.2倍）。同样，75岁以上的已婚者就应该是未婚者的整整10倍。但这是不可能的。在这样的高龄，丧偶者是很多的，加上独身者，在数量上应该等于或超过已婚者。由此可以猜到可能发生了什么误差。这是由于把独身者和丧偶者的自杀人数加在一起，只用独身者的人口数去除这个

根本不可能作出可靠的结论，所以我们借助于司法部所掌握的内部文件，着手分析我国的情况。我们研究了1889年、1890年和1891年的情况，把大约25000名自杀者分了类。这个数字本身就

表二十　奥尔登堡大公国

1871—1885年间各年龄段、各种婚姻状况的男女每10万人中的自杀人数①

年龄	独身者	已婚者	丧偶者	免疫力系数		
				已婚者		丧偶者
				与独身者之比	与丧偶者之比	与独身者之比
男						
0—20	7.2	769.2	″	0.09	″	″
20—30	70.6	49.0	285.7	1.40	5.8	0.24
30—40	130.4	73.6	76.9	1.77	1.04	1.69
40—50	188.8	95.6	285.7	1.97	3.01	0.66
50—60	263.6	137.8	271.4	1.90	1.90	0.97
60—70	212.8	148.3	304.7	1.63	2.05	0.79
70以上	266.6	114.2	259.0	2.30	2.26	1.02
女						
0—20	3.9	95.2	″	0.04	″	″
20—30	39.0	17.4	″	2.24	″	″
30—40	32.3	16.8	30.0	1.92	1.78	1.07
40—50	52.9	18.6	68.1	2.85	3.66	0.77
50—60	66.6	31.1	50.0	2.14	1.60	1.33
60—70	62.5	37.2	55.8	1.68	1.50	1.12
70以上	″	120	91.4	″	1.31	″

总数，而已婚者的自杀人数却被丧偶者和已婚者的人口总数所除。使人以为必须这样做是因为已婚者的免疫力只有到高龄时才特别强，这就是说，如果丧偶者的人数相当多，就会严重地歪曲计算的结果。这种结果难以置信是因为75岁以后的丧偶者非常多。

① 因此，这些数字是整个15年内的自杀人数，而不是每年的平均数。

足以作为归纳的基础，我们深信没有必要把我们的观察扩大到更长的时期。事实上，每一类人每个年龄段每年的自杀人数差不多一样。因此没有必要确定更长时间的平均数。

表二十一　法国(1889—1891 年)

各年龄段、各种婚姻状况的男女每百万人中的自杀人数

年　龄	独身者	已婚者	丧偶者	免疫力系数		
				已婚者		丧偶者
				与独身者之比	与丧偶者之比	与独身者之比
15—20	113	500	″	0.22	″	″
20—25	237	97	142	2.40	1.45	1.66
25—30	394	122	412	3.20	2.37	0.93
30—40	627	226	560	2.77	2.47	1.12
40—50	975	340	721	2.86	2.12	1.35
50—60	1434	520	979	2.75	1.88	1.46
60—70	1768	635	1166	2.78	1.83	1.51
70—80	1983	704	1288	2.81	1.82	1.54
80 以上	1571	770	1154	2.04	1.49	1.36
15—20	79.4	33	333	2.39	10	0.23
20—25	106	53	66	2.00	1.05	1.60
25—30	151	68	178	2.22	2.61	0.84
30—40	126	82	206	1.53	2.50	0.61
40—50	171	106	168	1.61	1.58	1.01
50—60	204	151	199	1.35	1.31	1.02
60—70	189	158	257	1.19	1.62	0.77
70—80	206	209	248	0.98	1.18	0.83
80 以上	176	110	240	1.60	2.18	0.79

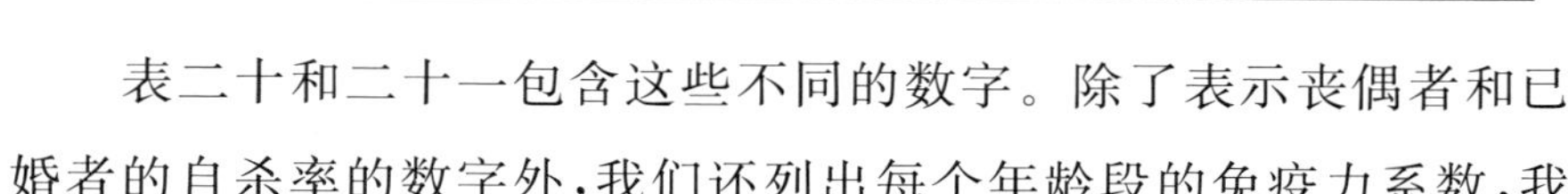

表二十和二十一包含这些不同的数字。除了表示丧偶者和已婚者的自杀率的数字外，我们还列出每个年龄段的免疫力系数，我

们所说的免疫力系数是指已婚者的自杀率与丧偶者的自杀率之比，或者是已婚者和丧偶者的自杀率与独身者的自杀率之比。我们用这个词来表示说明在同一个年龄段内一类人的自杀比另一类人的自杀少多少倍的数。因此，当我们说25岁的已婚者与未婚者相比的免疫力系数是3时，就应该被理解为，如果已婚者在生命的这个时刻的自杀率为1，那么独身者在这个时刻的自杀率就应该为3。自然，如果免疫力系数低于整数，那么这个系数实际上就变成了加剧系数。

从这两张表所得出的规律可以表述如下：

一、**结婚太早有加剧自杀倾向的影响，尤其是对男子**。诚然，由于这个结果是根据很少几个案例计算出来的，所以需要进一步加以证实；在法国，15至20岁的已婚者中平均每年只有一人自杀，确切地说是1.33人。然而，由于在奥尔登堡大公国所观察到的事实也是如此，甚至女子也是这样，所以不大可能是偶然的。甚至我们在上文引证过的瑞典的统计[1]也显示出同样的加剧，至少就男性来说是这样。不过，就我们已经陈述过的理由来说，如果我们认为对高龄的统计不精确，那么我们就没有任何理由怀疑对第一个年龄段的统计，因为这个年龄段还没有丧偶者。此外，我们知道，年纪很轻的丈夫和妻子的死亡率大大超过同龄的未婚男子和女子。1000名15至20岁之间的未婚男子中每年有8.9名死亡，1000名同龄已婚男子中有51名，即多473%。女子的差距小得

① 见上文第152页。——确实可以认为，这种不利于15至20岁的已婚者的情况是由于他们的平均年龄大于同年龄段的独身者。但是证明确实加剧的是下一个年龄段(20至25岁)的已婚者的自杀率要低5倍。

多，已婚女子为 9.9 名，未婚女子为 8.3 名，前一个数字与后一个数字之比只是 119 比 100。[①] 年轻夫妇这种比较高的死亡率显然是社会原因造成的，因为如果说这种较高的死亡率主要是身体不够成熟所造成的，那么较高的死亡率在女性中由于分娩所特有的危险而格外明显。因此，一切都趋向于证明，过早结婚引起一种影响有害的道德状态，尤其是对男子。

二、从20岁起，已婚男女与独身者相比有一个免疫力系数。这个系数大于贝蒂荣计算出来的系数。这位观察家所指出的 1.6 这个数字与其说是最低限度的数字，不如说是平均数。[②]

这种免疫力系数随着年龄的增长而变化，很快就达到最高限度：在法国是在 25 至 30 岁之间，在奥尔登堡是在 30 至 40 岁之间；从这时起，免疫力系数开始下降，直至生命的最后阶段，但有时也会稍为重新回升。

三、已婚者与独身者相比的免疫力系数随着性别的不同而变化。在法国，处于有利地位的是男子，男女免疫力系数之间的差距很大：男人的免疫力系数平均为2.73，而女人只有1.56，即小43%。但是，在奥尔登堡，情况正好相反，女人的免疫力系数平均为 2.16，而男人只有 1.83。值得注意的是，这种不相称比较小：前一个数字只比后一个数字大16%。因此我们可以说，在已婚者

① 见贝蒂荣：《婚姻》，《医学百科辞典》，第 43 页以下。

② 只有一个例外，这就是 70 至 80 岁妇女的系数稍为低于整数。引起这种降低的是塞纳省的影响。在其他省中（见第 201 页表二十二），这个年龄段的妇女的免疫力系数都大于整数；然而，应该注意的是，甚至在外省，这个年龄段的免疫力系数也大于其他年龄段的免疫力系数。

中,**免疫力系数较高的性别因社会的不同而不同**,**两个性别自杀率的差距本身则根据哪个性别的免疫力系数高而变化**。在本书中,我们将会看到证实这条规律的事实。

四、**丧偶降低已婚者的免疫力系数**,**但往往不会使免疫力系数完全没有**。丧偶者自杀的比已婚者多,但往往少于独身者。在某些情况下,他们的免疫力系数甚至高达 1.60 和 1.66。像已婚者的免疫力系数一样,他们的免疫力系数也随着年龄变化,但变化不规则,不可能被看作规律。

正像已婚者的免疫力系数一样,**丧偶者与独身者相比的免疫力系数也随着性别的不同而变化**。在法国,处于有利地位的是男人,他们的免疫力系数平均为 1.32,而寡妇的免疫力系数则降到整数以下,为 0.84,即低 37%。但是在奥尔登堡,处于有利地位的却是女人,就像已婚者一样,她们的免疫力系数平均为 1.07,而鳏夫的免疫力系数低于整数,为 0.89,即低 17%。就像已婚者一样,当处于最有利地位的是女人时,男女免疫力系数的差距比男子处于有利地位的地方小。因此我们用同样的话说,**在丧偶者中**,**免疫力系数较高的性别因社会的不同而不同**,**两个性别自杀率的差距本身则根据哪个性别的免疫力系数高而变化**。

事实就这样确定后,我们应该力求解释这些事实。

二

已婚者所具有的免疫力只能归功于下述两个原因之一:

或者是由于家庭环境的影响。那么这就是家庭以它的影响消除自杀的倾向或防止这种倾向产生。

或者是由于人们所说的婚姻的选择。事实上，婚姻是在整个人口中无意识地进行的一种筛选。并非想结婚就可以结婚的；如果不是同时具备健康、财产和品德等条件，就很少有机会建立一个家庭。因此，那些不具备这些条件的人，除非意外地遇到有利的时机，否则不管愿意不愿意都要被赶进容纳全国人口糟粕的独身者行列。这里汇集了残疾人、患不治之症的人、太穷的人或有污点的人。因此，如果这一部分人口在这一方面不如另一部分人口，那么他们自然要以较高的死亡率、更多的犯罪行为和更强的自杀倾向来证明他们的低劣。按照这种假设，预防自杀、犯罪或疾病的不是家庭；已婚者处于有利地位只不过是因为只有他们才被允许过家庭生活，这种生活已经为肉体和精神的健康提供了可靠的保证。

贝蒂荣似乎在这两种解释之间犹豫不决，而且同时接受了这两种解释。此后，勒图尔诺先生在他的《婚姻与家庭的演变》[①]一书中毫不含糊地选择了第二种解释。他拒绝把已婚者无可争辩的优势看成是婚姻状态占优势的结果和证明。如果他不是粗略地观察这些事实，他就不会如此仓促地作出判断。

毫无疑问，已婚者的肉体和精神状态一般说来比独身者好，这是很可能的。然而，婚姻的选择并非只让人口中的精英进入婚姻状态。尤其不能肯定的是，没有财产和地位而结婚的人大大地少于其他人。正像有人曾经指出的，[②]他们的子女往往比富裕阶级的子女

① 巴黎，1888 年，第 436 页。

② 小贝蒂荣发表在《科学评论》上的论文。

多。因此,如果说深谋远虑并没有妨碍他们轻率地扩大他们的家庭,那又为什么会妨碍他们建立一个家庭呢？此外,事实后来一再证明,贫困并不是决定社会自杀率的因素之一。至于残疾人,除了有许多理由常常使人不计较他们的残疾外,也根本不能证明他们更喜欢自杀。最容易使人倾向于自杀的器质性心理气质是各种神经衰弱。不过,神经衰弱今天与其说被看成是一种缺陷,倒不如说被看成是一种高雅的标志。在我们这个文雅的、热爱才智的社会里,神经过敏的人几乎成了贵族。只有明显的疯子才可能被排除在婚姻之外。这种有限的排除不足以解释为什么已婚者有较大的免疫力。[①]

除了这些多少有点先验的考虑之外,许多事实都表明,已婚者和独身者各自的情况是由于完全不同的原因而造成的。

如果这种情况是婚姻选择的结果,那么从这种选择开始进行起,即从未婚男子和未婚女子开始结婚的年龄起,这种情况就应该显示出来。这时,我们应该看到最初的差距,后来,随着筛选的进行,即随着能够结婚的人结婚而不再和生来就注定要形成独身者阶层的人混在一起,这种差距越来越大。最后,在良莠完全分开的年龄,或者所有能够结婚的人都结了婚,或者在独身者当中只剩下了那些由于肉体和精神都不如别人而无可挽回地处于这种地位的人,这种差距便可能达到最大限度。这个时刻大概在30岁到40岁之间;超过了这个年龄,人们几乎不再结婚。

然而,免疫力系数实际上完全按照另一种规律变化。首先,免

① 为了否定已婚者处于有利地位是由于婚姻选择的假设,人们有时提出丧偶引起的所谓自杀倾向加剧。但是我们刚刚看到,就独身者来说这种加剧并不存在。丧偶者自杀的反而比已婚者少。因此,这种论点不能成立。

疫力系数常常被一种加剧系数所取代。非常年轻的已婚者比独身者更倾向于自杀；如果他们生来就具有这种免疫力，那么情况就不会是这样。其次，最大限度几乎是一下子就达到的。从已婚者的有利地位开始显示出来的第一个年龄段（20 到 25 岁之间）起，免疫力系数就达到一个后来几乎不再超过的数字。然而，在这个年龄段，已婚男子只有 148000 人，而未婚男子为 1430000 人；已婚女子为 626000 人，未婚女子为 1049000 人（均为约整数）。[①] 因此，这个年龄段的独身者当中包括大部分这种被认为由于天生的素质将来会成为已婚者中的杰出人物的精英；从自杀的角度来看，两者的差距应该不大，但是差距已经很大了。同样，在下一个年龄（25 到 30 岁之间），在 200 万应该进入 30 至 40 岁之间的已婚者当中，有 100 多万还没有结婚；然而，独身不仅没有给他们带来好处，反而起到了最坏的作用。就自杀而言，这两部分人口之间的差距从来没有这么大。相反，在 30 到 40 岁之间，区别已经完成，已婚者有自己大体完整的范围，免疫力系数不是达到最高点，从而表现出婚姻选择已经结束，而是突然下降。就男子来说，免疫力系数从3.20下降到 2.77；就女子来说，下降得更明显，从 2.22 降到 1.53，即下降 32%。

另一方面，这种筛选不管以什么方式进行，对未婚女子和未婚男子来说应当是相同的，因为未婚女子和未婚男子都是以同样的方式进行婚姻选择的。因此，如果说已婚者在精神上占优势只是这种选择的结果，那么这种优势对男女来说应当是相同的，因而对自杀的免疫力也应当是相同的。然而，在法国，已婚男子实际上要

① 这些数字是法国 1891 年的统计。

比已婚女子处于更有利的地位。就前者来说，免疫力系数高达3.20，只有一次下降到2.04，一般是2.80左右，而就后者而言，最高不超过2.22(或者至多是2.39[①])，而最低却低于整数(0.98)。因此，在法国，女子的自杀人数最接近于男子是由于结婚造成的。下面是1887—1891年期间处于每一种婚姻状态的男女的自杀率：

	男女的自杀率			
	每百名独身的自杀者中		每百名已婚的自杀者中	
	男	女	男	女
20—25岁	70	30	65	35
25—30岁	73	27	65	35
30—40岁	84	16	74	26
40—50岁	86	14	77	23
50—60岁	88	12	78	22
60—70岁	91	9	81	19
70—80岁	91	9	78	22
80岁以上	90	10	88	12

由此可见，在每个年龄段，[②]已婚女子的自杀率都比未婚女子

① 我们有所保留，是因为2.39这个系数与15至20岁这个年龄段有关，由于已婚女子在这个年龄很少自杀，所以自杀人数少作为计算的根据就使准确性多少有点可疑。

② 当人们比较已婚男女和未婚男女各自的情况时，往往不注意排除年龄的影响；但是这样得出的结果就不准确。因此，按照一般的方法计算，1887—1891年期间，在每百名已婚的自杀者中，女子为21名，男子为79名；在每百名各种年龄的独身的自杀者中，女子为19名。这些数字会使人对情况产生错误的看法。上表证明，在各个年龄段，已婚女子的自杀率和未婚女子的自杀率差距都很大。其原因是，两种性别之间的差距在两种情况下都随着年龄的变化而变化。在70岁和80岁之间，这种差距约为20岁时的两倍。不过，独身人口几乎完全是由30岁以下的人组成的。因此，如果不考虑年龄，那么我们所得出的差距实际上是不到30岁的未婚男子和未婚女子之间的差距。但是，在比较这种差距和不分年龄的已婚者之间的差距时，由于后者的平均年龄为50岁，所以比较的是这个年龄的已婚者。因此，这种比较是有误差的，而且在这两类人中，两种性别之间的差距并不以同样的方式在年龄的影响下发生变化，所以误差更大。这种误差在独身者中比在已婚者中大。

的自杀率高得多。这肯定不是因为已婚女子比未婚女子更容易受影响；表二十和表二十一证明了相反的情况。不过，尽管女子在结婚时没有失去什么，她所获得的却比男子少。但是，免疫力的大小之所以如此不同，是因为家庭生活对两性道德素质的影响不同。不容置疑地证明这种不同并没有其他根源的是，我们可以看到这种免疫力在家庭环境中产生和增长。事实上，表二十一表明，两性的免疫力系数起初几乎没有什么不同（女子为 2.93 或 2，男子为 2.40*）。后来，差距逐渐加大，首先是因为已婚女子的免疫力系数比已婚男子的免疫力系数增加得慢，直到最高年龄；** 其次是因为已婚女子的免疫力系数降低得比较快，幅度比较大。[①] 由此可见，免疫力系数之所以随着家庭影响的延长而变化，是因为免疫力系数取决于家庭的影响。

更说明问题的是，各国已婚男女的免疫程度并不相同。在奥尔登堡大公国，幸运的是已婚女子；而我们在下文将看到另一个反面的例子。不过，婚姻选择大体上是以同样的方式进行的。因此，婚姻选择不可能是免疫力的基本因素；因为这种免疫力在不同的国家怎么会产生相反的结果呢？相反，在两种不同的社会里，家庭倒很可能对男女产生不同的影响。因此，我们所研究的现象的主

---

* 原文如此。按表二十一所示，15 至 20 岁已婚女子的免疫力系数为 2.39，20 至 25 岁已婚女子的免疫力系数为 2；20 至 25 岁已婚男子的免疫力系数为 2.40，而 15 至 20 岁已婚男子的免疫力系数只有 0.22。——译者

** 原文如此。按表二十一所示，这句话应理解为已婚女子的自杀率比已婚男子的自杀率提高得慢。——译者

① 同样，我们在上表可以看到，随着年龄的增长，已婚女子的自杀率越来越超过未婚女子的自杀率。

要原因应该到家庭群体的构成中去找。

但是，无论这个结论多么有意思，都需要进一步说明，因为家庭环境是由不同成分构成的。对每一对夫妻来说，家庭包括：1. 丈夫和妻子；2. 子女。家庭对自杀倾向起免疫作用是由于前者呢还是由于后者？换句话说，家庭由两种不同的结构所构成：一方面是夫妻群体，另一方面是严格意义上的家庭群体。这两个群体既没有同样的起源，性质也不相同，因此，根据各种可能性，也不会产生同样的影响。前者产生于婚约和某种有选择的亲缘关系，后者产生于某种自然现象——血亲关系；前者把同一代的两个成员结合在一起，后者把这一代人和下一代人结合在一起；后者和人类一样年代久远，前者是在较晚的时候才组织起来的。因为这两种群体如此不同，所以可以先验地肯定，它们不会共同引起我们力求理解的事实。不管怎样，即使两者都促成这种事实，也不会是以同样的方式，也不可能以同样的程度。因此，必须研究两者是不是都参与，如果参与，那么它们各自的参与程度又如何。

从本世纪初开始，结婚率变化不大，但自杀率却上升了 3 倍，这个事实已经证明婚姻的影响并不大。从 1821 年到 1830 年，每 1000 名居民中每年有 7.8 名结婚，从 1831 年到 1850 年为 8 名，从 1851 年到 1860 年为 7.9 名，从 1861 年到 1870 年为 7.8 名，从 1871 年到 1880 年为 8 名。然而，在这个时期，每百万居民的自杀率却从 54 名增加到 180 名。从 1880 年到 1888 年，结婚率稍有下降(从 8 名降到 7.4 名)，但是这种下降与自杀率大大上升毫无关系。从 1880 年到 1887 年，自杀率上升 16% 以上。[①] 另外，在 1865—1888 年期间，法国的平均结婚率（7.7）与丹麦（7.8）和意大利（7.6）的平均结婚率差不多；不过，从自杀方面来看，这些国家的情况却大不相同。[②]

但是，我们有一种可靠得多的办法来准确地衡量夫妻结合对自杀的特有影响，这就是在夫妻结合单独起作用的地方，即在没有子女的家庭中，观察夫妻结合的影响。

在 1887—1891 年期间，每百万没有子女的已婚男子中每年有 644 名自杀。[③] 为了知道，撇开家庭不谈，婚姻状况单独在何种程度上预防自杀，只要比较这个数字和平均年龄相同的独身者的自杀人数就行了。表二十一使我们能够进行的正是这种比较，这是它为我们所作出的一个不小的贡献。已婚男子的平均年龄那时和现在一样，为 46 岁 8 个月零 10 天。每百万这个年龄的独身者中大概有 975 名自杀者。644 与 975 之比为 100 比 150，这就是说，无子女的已婚男子的免疫力系数只有 1.5；他们的自杀人数比同

① 然而，勒古瓦（他的著作第 175 页）和科尔（《犯罪与自杀》第 475 页）认为可以证实自杀率的变化和结婚率的变化有某种关系。但是他们的错误首先在于他们所考察的时期太短，其次是他们比较了最近这几年和 1872 年这不正常的一年，在这一年里，法国的结婚率达到了 1813 年以来从未有过的数字，因为必须填补 1870 年战争所造成的空白；我们不能用这个基准点来比较结婚率的变化。这种看法也适用于德国，甚至也适用于几乎所有的欧洲国家。在这个时期，结婚率似乎受到了某种刺激。我们注意到，意大利、瑞士、比利时、英国和荷兰的结婚率突然大大上升，这种上升一直延续到 1873 年。可以说，整个欧洲都为弥补这两个遭到战祸的国家的损失作出了贡献。因此，在一段时间以后，结婚率大大下降自然没有人们所赋予的重要意义了（见厄廷根：《道德统计学》，附录，表一、二、三）。

② 据拉瓦瑟：《法国的人口》，第 2 卷，第 208 页。

③ 据 1886 年（原文如此。——译者）人口调查，《人口调查》第 123 页。

龄独身者的自杀人数只少三分之一。如果有子女,情况就完全不同了。在这个时期,每百万有子女的已婚男子中每年只有 336 名自杀。这个数字与 975 之比为 100 比 290,这就是说,如果婚后有子女,免疫力系数就几乎增加一倍(2.90 而不是 1.5)。

因此,婚姻生活对已婚男子的免疫力影响不大,尽管我们在上述计算中已经使这种影响稍大于实际情况。因为我们假定无子女已婚男子的平均年龄和一般已婚男子的平均年龄相同,而他们的年龄肯定没有这么大。实际上,他们当中包括所有最年轻的已婚男子,他们没有子女,不是因为他们不能生育,而是因为结婚不久,还没有来得及生儿育女。一般来说,男子到 34 岁才有第一个孩子,[①]然而他在 28 岁或 29 岁就结婚了。因此,28 至 34 岁的已婚人口几乎完全包括在无子女的已婚男子中,这就降低了后者的平均年龄;把他们的平均年龄估计为 46 岁肯定是夸大了。但是,应该与之比较的独身者不是那些 46 岁的独身者,而是比较年轻的独身者,因此他们的自杀人数要少于前者。1.5 的免疫力系数大概太高了一点;如果我们确切地知道无子女已婚男子的平均年龄,我们就会看到,他们的自杀倾向比上述数字所表明的更接近于独身者的自杀倾向。

此外,充分证明婚姻的影响有限的是:有子女的鳏夫比没有子女的已婚男子处境更好。事实上,前者每百万名中有 937 名自杀者。不过他们的平均年龄是 61 岁 8 个月零 10 天。同龄独身者的自杀率(见表二十一)在 1434 到 1768 名之间,即 1504 名左右。这

① 见《法国统计年鉴》,第 15 卷,第 43 页。

个数字与 937 之比为 160 比 100。因此，鳏夫如果有子女，他们的免疫力系数至少是 1.6，超过无子女已婚男子的免疫力系数。此外，在这样计算的时候，我们与其说是夸大还不如说是缩小了这个系数。因为有子女的鳏夫肯定比一般的鳏夫年龄大。事实上，后者包括那些因为过早丧偶而婚后无子女的鳏夫，这就是说包括那些比较年轻的鳏夫。因此，有子女的鳏夫应该与 62 岁以上的独身者（按他们的年龄来说，他们的自杀倾向最强）比较。这种比较显然只会突出他们的免疫力。①

诚然，免疫力系数 1.6 明显地低于有子女已婚男子的免疫力系数 2.9，相差 45%。因此可以认为，婚姻生活本身的影响比我们所承认的要大，因为当婚姻生活结束时，鳏夫的免疫力就大大降低。但是这种降低只能在很小的程度上归因于婚姻的解体。证明这一点的是，在没有女子的情况下，丧偶的影响很小。每百万无子女的鳏夫中有 1258 名自杀，这个数字与 62 岁的独身者的自杀率 1504 名相比为 100 比 119。因此免疫力系数还有 1.2 左右，略微低于没有子女的已婚男子的免疫力系数 1.5。第一个数字只比第二个数字低 20%。由此可见，如果丧偶除了使夫妻关系中断，没有其他后果，那么丧偶对鳏夫的自杀倾向就没有很大的影响。因此应该说，夫妻关系的存在对抑制这种倾向来说作用不大，因为当这种关系不再存在时，这种倾向也不会进一步增加。

至于夫妻有了子女后丧偶相对来说更有害的原因，应该到子

① 根据同样的理由，有子女的已婚男子年龄要大于一般已婚男子，因此，其免疫力系数 2.9 应该被看成低于实际情况。

女的影响中去找。毫无疑问，从某种意义上来说，子女使鳏夫重新依恋生命，但是，与此同时，子女也使他所经历的危机更加尖锐。因为受到损害的不再仅仅是夫妻关系；但是，正因为这时存在着一种家庭关系，所以家庭关系的运转也受到了阻碍。缺少一个重要的齿轮，整个机器的运转就失灵。为了恢复被打乱的平衡，男子必须完成双重任务，履行他所没有承担过的职责。因此他便失去了在婚后生活期间所享受过的种种好处。这不是因为他不再是丈夫，而是因为他作为家长的家庭解体了。引起这种混乱的不是妻子的死亡，而是母亲的死亡。

但是，对已婚女子来说，婚后生活的影响显得特别小，如果没有子女作为天然的补充的话。每百万无子女的已婚女子中有 221 名自杀，而每百万同龄(42 至 43 岁)未婚女子中只有 150 名自杀。第一个数字与第二个数字之比为 100 比 67，因此免疫力系数低于整数，等于 0.67，这就是说，实际上是自杀倾向加剧。**由此可见，在法国，无子女已婚妇女的自杀人数比同龄独身女子多一半**。我们已经观察到，一般说来，妻子从家庭生活中所得到的好处少于丈夫。现在我们知道了是什么原因，这就是夫妻关系本身使妻子受到损害，增加了她们的自杀倾向。

然而，大多数已婚妇女之所以有免疫力系数，是因为没有子女的家庭是例外，因此，在大多数情况下，子女的存在减轻并缓和婚后生活的不良影响。但这种不良影响只是缓和而已。每百万有子女的已婚妇女中仍有 79 名自杀；如果把这个数字与 42 岁的未婚女子的自杀率 150 名相比，我们发现，已婚妇女即使是母亲，她们的免疫力系数也只有 1.89，低于处于同样条件下的已婚男子的免疫力系数 35％。[①] 因此，就自杀而言，我们不能同意贝蒂荣的这种主张："当女子进入婚姻状态时，她所获得的多于男子，但是当她脱离这种状态时，她所失去的必然多于男子。"[②]

三

由此可见，一般已婚者所表现出来的免疫性，对一种性别来说是完全由于家庭生活的影响，而对另一种性别来说是大部分由于家庭生活的影响，而不是由于婚姻生活。然而，我们已经看到，即使没有子女，已婚男子的免疫力系数也至少有 1 至 1.5。从 150 名自杀者中减去 50 名或 33％，虽然不如有子女已婚男子的自杀人数减少得多，但也是一个不可忽视的数量，应该了解其中的原因。这种原因是由于结婚给男性带来的好处，或者只不过是婚姻选择的结果呢？因为尽管我们已经证明后者并不起人们所说的主要作用，但没有证明它毫无影响。

有一个事实乍看起来似乎应该使人接受这种假设。我们知道，无子女已婚男子的免疫力系数在某种程度上比婚姻生活保持得更长久，只从 1.5 降到 1.2。不过，无子女鳏夫的这种免疫力显然不会是由于丧偶，丧偶本身从本质上来说不会减轻自杀的倾向，

---

① 无子女已婚男子的免疫力系数和无子女已婚妇女的免疫力系数之间也有类似的差距，不过这个差距更大。后者(0.67)低于前者(1.5)66％。因此，子女的存在使女子重新获得一半她在结婚时所失去的东西。这就是说，尽管她从婚姻中所得到的好处少于男子，但从家庭即子女那里得到的好处却多于男子。她比男子更容易受到子女的有利影响。

② 《婚姻》条，《医学百科辞典》，第 5 卷，第 36 页。

相反地，倒可能加强这种倾向。因此，这种免疫力是先前的原因产生的，不过这种原因似乎不应该是婚姻，因为这种免疫力甚至在婚姻关系由于妻子死亡而解除时还在继续起作用。但是，这种免疫力难道不是包含在已婚男子的婚姻选择使之显示出来而不是创造出来的某种天然素质之中吗？由于这种免疫力先于婚姻而存在，并且与婚姻不相关，所以自然比婚姻更持久。如果说已婚男子是优秀分子，那么鳏夫也必定是优秀分子。当然，这种先天的优越性对后者的作用较小，因为他们能避免自杀的程度较小。但是我们可以设想，丧偶所带来的打击可能部分地抵消这种防御作用，妨碍这种防御作用产生它的全部效果。

但是，要使这种解释能为人们所接受，这种解释就必须既适用于男子也适用于女子。因此，一切情况都一样的话，我们也应该在已婚妇女那里看到这种先天素质的某些迹象，使她们比独身者更能避免自杀。然而，在没有子女的情况下，她们的自杀人数多于同龄的未婚女子，这个事实和认为她们与生俱来就有某种免疫力系数的假设很不协调。我们可以承认，男女都有这种免疫力系数，但在婚姻期间完全被婚姻对女子的道德素质的有害影响所消除。但是，如果说这种有害影响只是被女子在婚后的某种道德败坏所遏制和掩盖，那么这种有害影响必然会在婚姻解体即丧偶时表现出来。我们应该看到，已婚妇女在摆脱了使她们消沉的婚姻枷锁后，恢复她们的全部优势，最终显示出她们对那些未能结婚的姐妹们的天赋优越性。换言之，与独身者相比，无子女寡妇的免疫力系数至少应该接近无子女鳏夫的免疫力系数。然而，事实并非如此。每百万无子女的寡妇中每年有 322 名自杀；每百万 60 岁(寡妇的平均年龄)的未婚女子每年的自杀人数为189名至204名,即196名左右。第一个数字与第二个数字之比为100比60。因此,无子女寡妇的免疫力系数低于整数,是一个加剧系数,等于0.60,甚至稍低于无子女已婚妇女的免疫力系数(0.67)。因此,不是婚姻妨碍后者表现出人们认为她们天生就有的对自杀的厌恶。

有人也许会反驳说,妨碍婚姻使之暂时停止表现出来的这种独到素质完全恢复的是丧偶,因为对已婚妇女来说,丧偶是一种更坏的处境。事实上,寡妇的处境比鳏夫更艰难。有人强调寡妇在不得不养活自己和全家时所必须克服的经济上和精神上的障碍。有人甚至认为,这种看法得到了事实的证明。按照莫塞利的说法,[①]统计可以证明,已婚妇女在丧偶后的自杀倾向比在丧偶前更接近于已婚男子的自杀倾向,因为女子的自杀倾向在婚后已经比在独身时更接近男性的自杀倾向。由此可见,对已婚妇女来说,没有比丧偶更恶劣的处境了。为了支持这种论点,莫塞利引证了下述只与法国有关的数字,但这些数字在所有欧洲国家都能观察到,只有一些细微的变化:

年	每百名已婚自杀者中男女所占的比例		每百名丧偶自杀者中男女所占的比例	
	男	女	男	女
1871	79%	21%	71%	29%
1872	78%	22%	68%	32%
1873	79%	21%	69%	31%
1874	74%	26%	57%	43%
1875	81%	19%	77%	23%
1876	82%	18%	78%	22%

① 见莫塞利的著作,第342页。

在两性丧偶后的自杀人数中，女子所占的比例看来实际上要比在已婚者的自杀人数中所占的比例大得多。这难道不是证明丧偶对妇女来说要比结婚难以忍受得多吗？如果是这样的话，那么，女子一旦守寡，她们的天生素质的有利影响就会比以前更不容易表现出来。

可惜，这种所谓的规律是建立在事实错误的基础上的。莫塞利忘记了到处都是寡妇多于鳏夫一倍。在法国，按约整数来说，寡妇有 200 万人，而鳏夫只有 100 万人。在普鲁士，根据 1890 年的人口统计，鳏夫为 45 万人，寡妇则有 1319000 人；在意大利，鳏夫为 571000 人，寡妇则有 1322000 人。在这种情况下，寡妇的自杀人数自然多于妻子的自杀人数，而妻子的人数显然和丈夫的人数相等。如果要从这种比较中得到某种启示，就应该在这两类人口数相等的情况下进行比较。但是，如果这样做，得出的结果就和莫塞利得出的结果相反。在鳏夫的平均年龄即 60 岁时，每百万名妻子中有 154 名自杀，而每百万名丈夫中自杀的有 577 名。因此，妻子的自杀人数占 21%。在丧偶后，女子所占的比例就大大地降低。事实上，每百万名寡妇中有 210 名自杀，每百万名鳏夫中有 1017 名自杀。因此，在 100 名丧偶的自杀者中，女子只有 17 名。相反，男子所占的比例却从 79%上升到 83%。由此可见，从结婚过渡到丧偶，男子自杀的多于女子，因为他们没有保留由于结婚而获得的某些优势。因此没有理由假设，这种情况的变化对男子来说不像对女子那样难以忍受和使人不安，事实恰恰相反。此外，大家都知道，鳏夫的死亡率大大超过寡妇的死亡率；他们的结婚率也是如此。任何年龄的鳏夫的结婚率都比未婚男子的结婚率高二三

倍，而寡妇的结婚率只稍稍高于未婚女子的结婚率。因此，女子在第二次婚礼上对再婚所表示的冷淡与男子所表示的热情恰成鲜明的对照。[①] 如果丧偶对男子的影响不大，而女子却要承受人们所说的丧偶带来的许多痛苦，那么情况就不同了。[②]

但是，如果丧偶根本不会特别使妇女的天赋——只因为有这种天赋，她们才被婚姻选中——不起作用，如果这种天赋不以任何可以感觉到的特征表现出它的存在，那就没有任何理由假设它的存在。因此，婚姻选择的假设根本不适用于女性。没有什么东西使我们可以认为，被婚姻选中的女子具有在某种程度上能使她避免自杀的素质。因此，这种假设对男子来说也没有多少根据。无子女已婚男子有 1.5 的免疫力系数，并非因为他们属于人口中最健康的部分，因此这只能是婚姻的一种结果。应该承认，对女子来说是如此不幸的婚姻关系对男子来说却是大有好处，哪怕没有子女。那些进入婚姻关系的人并非天生的杰出人物；他们在结婚时根本没有带来某种使他们不再倾向于自杀的气质，这种气质是在婚姻生活中获得的。至少，如果他们具有某些天生的长处，这些长处也只能是非常含糊和不确定的；因为在某些其他条件出现以前，这些长处一直没有产生什么影响。因此，自杀主要不是取决于个人天生的素质，而是取决于支配他们的外部原因，这是千真万确的。

① 见贝蒂荣：《从婚姻的角度看独身者、丧偶者和离异者》，《科学评论》，1879 年。

② 莫塞利同样引证他的论点说，战争爆发后，寡妇的自杀率上升幅度大大高于未婚女子和已婚妇女的自杀率。但这只是因为这时寡妇的人数异乎寻常地增加，因此她们的自杀人数自然也增加，一直持续到恢复平衡和不同范畴的婚姻状态回到正常的水平。

然而,还有最后一个难题有待解决。如果 1.5 的免疫力系数不是取决于家庭,而是取决于婚姻,那么为什么免疫力系数比婚姻存在的时间长,而且至少以略微减少一点(1.2)的形式重新出现在无子女的鳏夫身上呢?如果不接受这种说明免疫力系数比婚姻存在时间长的婚姻选择理论,那么如何取代这种理论呢?

只要假设,一旦婚姻解体,在婚姻生活中养成的习惯、爱好和倾向并不消失,这就够了。再也没有比这种假设更天经地义的了。因此,如果已婚的男子即使没有子女也相对地对自杀感到厌恶,那么他在丧偶时也不可避免地在某种程度上保留这种感觉。不过,由于丧偶不会不产生某种心理上的震动,而且正像我们将在下文要证明的,平衡的打破会促使人去自杀,所以这种感觉即使保留也会减弱。相反地,但由于同样的原因,既然无子女的已婚妇女比未婚女子自杀的更多,所以一旦丧偶,她们便保留了这种比较强烈的倾向,这种倾向甚至因为丧偶总是带来烦恼和不适应而有所加强。不过,由于婚姻的不利影响使她们比较容易适应这种变化,所以这种恶化的程度比较轻。她们的免疫力系数只下降几个百分点(从 0.67 下降到 0.60)。[①]

① 如果有子女,两性免疫力系数因丧偶而下降的程度几乎相同。有子女的丈夫的免疫力系数为 2.9,下降到 1.6。有子女的妻子的免疫力系数从 1.89 下降到 1.06。前者下降 45%,后者下降 44%。正像我们已经说过的,由于丧偶产生两种影响,所以它打乱:1. 婚姻生活,2. 家庭生活。妇女对第一种影响的感受要比男子少得多,因为她们从婚姻中得到的好处少。相反地,她们对第二种影响的感受要比男子多,因为她们在家庭中取代男子的地位要比男子取代她们的家庭职能更难。因此,如果有子女,就会产生一种补偿作用。这种作用使得两性的自杀倾向由于丧偶的影响而以同样的比例变化。由此可见,如果没有子女,寡妇便重新取得她们在婚姻中所失去的一部分优势。

这种解释肯定只是一个比较一般的命题的一种特殊情况，这个命题可以表述如下：在同一个社会里，对每一个性别来说，在丧偶状态下的自杀倾向是同一个性别在婚姻状态下的自杀倾向的因变量。如果已婚男子有很强的免疫力，那么鳏夫也有很强的免疫力，当然强度稍差一点；如果前者勉强能避免自杀，那么后者就不能避免或不太能避免。为了确认这条定理的真实性，只要参阅表二十和二十一以及从这两张表所推断出来的结论就行了。我们从这两张表上已经看到，在结婚时和丧偶时，一种性别的人总是比另一种性别的人有利。然而，在前一种情况下比较有利的人在后一种情况下也比较有利。在法国，已婚男子的免疫力系数比已婚女子高；鳏夫的免疫力系数比寡妇的免疫力系数高。在奥尔登堡，已婚者的情况正好相反：妻子的免疫力比丈夫的免疫力强。鳏夫和寡妇之间也表现出这种相反的情况。

但是，由于仅仅这两个例子完全有理由被认为证据不足，另一方面，其他国家公布的统计资料没有给我们提供必要的素材来检验我们的命题，所以我们不得不依靠下述办法来扩大我们的比较范围：我们分别计算了塞纳省和外省每个年龄组和每种婚姻状况的自杀率。这样彼此分开的两个社会群体的区别足以使这种比较对我们有所启发。事实上，在塞纳省和外省，家庭生活对自杀的影响很不相同（见表二十二）。在外省，丈夫的免疫力比妻子强得多。前者的免疫力系数只有四个年龄段低于3，[①]而后者的免疫力系

① 从表二十二可以看到，在塞纳省和在外省一样，20岁以下已婚男子的免疫力系数都低于整数；这就是说，他们的自杀人数更多。这就证实了前面所说的规律。

表二十二　塞纳省和外省每百万各个年龄段和各种婚姻状况的居民的自杀率比较(1889—1891 年)

年龄	男子(外省)			与独身者相比的免疫力系数		女子(外省)			与独身者相比的免疫力系数	
	独身者	已婚者	丧偶者	已婚者	丧偶者	独身者	已婚者	丧偶者	已婚者	丧偶者
15—20	100	400		0.25		67	36	375	1.36	0.17
20—25	214	25	153	2.25	1.38	95	52	76	1.82	1.25
25—30	365	103	373	3.54	0.97	122	64	156	1.90	0.78
30—40	590	202	511	2.92	1.15	101	74	174	1.36	0.58
40—50	976	295	633	3.30	1.54	147	95	149	1.54	0.98
50—60	1445	470	852	3.07	1.69	178	136	174	1.30	1.02
60—70	1790	582	1047	3.07	1.70	163	142	221	1.14	0.73
70—80	2000	664	1252	3.01	1.59	200	191	238	1.04	0.85
80 以上	1458	762	1129	1.91	1.29	160	108	221	1.48	0.72
平均免疫力系数				2.88	1.45	平均免疫力系数			1.49	0.78
	男子(塞纳省)					女子(塞纳省)				
15—20	280	2000		0.14		224				
20—25	487	128		3.80		196	64		3.06	
25—30	599	298	714	2.01	0.83	328	103	296	3.18	1.10
30—40	869	436	912	1.99	0.95	281	156	373	1.80	0.75
40—50	985	808	1459	1.21	0.67	357	217	289	1.64	1.23
50—60	1367	1152	2321	1.18	0.58	456	353	410	1.29	1.11
60—70	1500	1559	2902	0.96	0.51	515	471	637	1.09	0.80
70—80	1783	1741	2082	1.02	0.85	326	577	461	0.98	0.70
80 以上	1923	1111	2089	1.73	0.92	508	277	591	1.83	0.85
平均免疫力系数				1.56	0.75	平均免疫力系数			1.79	0.93

数从未达到 2;前者的平均数为 2.88,后者的平均数为 1.49。在塞纳省,情况正好相反:已婚男子的平均免疫力系数只有 1.56,而

已婚妇女的平均免疫力系数却为1.79。[①] 在鳏夫和寡妇之间也有这种相反的情况。在外省，鳏夫的平均免疫力系数比较高(1.45)，寡妇的平均免疫力系数低得多(0.78)。在塞纳省则相反，后者比较高，达到0.93，接近整数，而前者却只有0.75。**由此可见，不管是哪一种性别受惠，丧偶和婚姻所产生的影响通常是一致的。**

另外，如果研究一下不同群体的免疫力系数是按什么比例变化的，如果再研究一下丧偶者免疫力系数的变化，就可以发现下述令人惊奇的结果：

$$\frac{\text{外省已婚男子的免疫力系数}\quad 2.88}{\text{塞纳省已婚男子的免疫力系数}\quad 1.56}=1.84$$

$$\frac{\text{外省鳏夫的免疫力系数}\quad 1.45}{\text{塞纳省鳏夫的免疫力系数}\quad 0.75}=1.93$$

女子的情况是：

$$\frac{\text{塞纳省已婚女子的免疫力系数}\quad 1.79}{\text{外省已婚女子的免疫力系数}\quad 1.49}=1.20$$

$$\frac{\text{塞纳省寡妇的免疫力系数}\quad 0.93}{\text{外省寡妇的免疫力系数}\quad 0.78}=1.19$$

对于每一个性别来说，这些数字之比是相同的，只差百分之几；对于女子来说则几乎绝对相同。由此可见，不仅当已婚男子的免疫力系数上升或下降时鳏夫的免疫力系数也上升或下降，而且上升或下降的幅度也完全相同。这些关系甚至可以用一种更能证明我们所说过的规律的形式来表述。事实上，这些关系意味着，无论在什么地方，无论是哪一种性别，丧偶都使已婚者的免疫力按恒定的比例下降：

① 我们看到，如果女性从婚姻中得到的好处多，那么两性之间免疫力系数的差距就比男性从婚姻中得到好处多时小得多。这就再一次证实上述规律。

$$\frac{\text{外省已婚男子的免疫力系数}}{\text{外省鳏夫的免疫力系数}}\ \frac{2.88}{1.45}=1.98$$

$$\frac{\text{塞纳省已婚男子的免疫力系数}}{\text{塞纳省鳏夫的免疫力系数}}\ \frac{1.56}{0.75}=2.0$$

$$\frac{\text{外省已婚女子的免疫力系数}}{\text{外省寡妇的免疫力系数}}\ \frac{1.49}{0.78}=1.91$$

$$\frac{\text{塞纳省已婚女子的免疫力系数}}{\text{塞纳省寡妇的免疫力系数}}\ \frac{1.79}{0.93}=1.92$$

丧偶者的免疫力系数大约为已婚者的免疫力系数的一半。因此，可以毫不夸张地说，丧偶者的自杀倾向是已婚者的自杀倾向的因变量，换言之，前者部分地是后者的结果。但是，既然没有子女的婚姻使丈夫避免自杀，那么鳏夫保留一部分这种带来幸运的素质也就不足为奇了。

这个结论在解决我们所提出的问题的同时，也在某种程度上说明了丧偶的性质。事实上，这个结论告诉我们，丧偶本身并不是一个无法补救的不利条件。丧偶往往比独身强。实际情况是，鳏夫和寡妇的精神素质并没有什么特别之处，而是取决于同一国家同一性别的已婚者的精神素质。前者只是后者的延长。你告诉我在某一个社会里婚姻和家庭生活如何影响丈夫和妻子，我就可以告诉你丧偶如何影响丈夫和妻子。因此，有这样的情况：如果婚姻和家庭生活幸福美满，丧偶所造成的危机更加令人痛苦，但是作为有利的补偿，人们反而作好了充分准备来面对这种危机；相反地，如果婚姻和家庭生活不完全令人满意，危机就不太严重，人们反而没有受到抵御这种危机的充分锻炼。由此可见，在丈夫从家庭得到的好处多于妻子的社会里，丈夫丧偶时比妻子丧偶时更痛苦，但与此同时他却更能忍受这种痛苦，因为他所得到的有利影响使他

更能抵制采取绝望的解决办法。

四

下表归纳了上文所肯定的事实：①

家庭对男女自杀的影响

男			女		
	自杀率	与独身者相比的免疫力系数		自杀率	与独身者相比的免疫力系数
45 岁的独身者	975		42 岁的未婚女子	150	
有子女的已婚男子	336	2.9	有子女的已婚女子	79	1.89
无子女的已婚男子	644	1.5	无子女的已婚女子	221	0.67
60 岁的独身者	1504		60 岁的未婚女子	196	
有子女的鳏夫	937	1.6	有子女的寡妇	186	1.06
无子女的鳏夫	1258	1.2	无子女的寡妇	322	0.60

从这张表和前面的论述可以看出，婚姻对自杀具有其本身特

① J.贝蒂荣(《科学评论》上的论文)已经按有无子女提供了各种婚姻状况的自杀率。下面是他所发现的结果：

有子女的已婚男子：每百万人中有 205 名自杀者。有子女的鳏夫：526 名。

无子女的已婚男子：每百万人中有 478 名自杀者。无子女的鳏夫：1004 名。

有子女的已婚女子：每百万人中有 45 名自杀者。有子女的寡妇：104 名。

无子女的已婚女子：每百万人中有 158 名自杀者。无子女的寡妇：238 名。

这些数字是 1861—1868 年的。由于自杀的普遍增加，这些数字肯定了我们所发现的数字。但是，由于缺少一张与我们的表二十一相类似的表，不能比较已婚男子和鳏夫与同年龄的独身者，所以不能由此得出任何与免疫力系数有关的确切结论来。另一方面，我们怀疑这些数字是不是全国性的。事实上，在法国统计局，人们向我们保证，在 1886 年以前的人口统计中，从来没有区别过有子女的已婚男子和无子女的已婚男子，除了 1855 年的各省统计，但不包括塞纳省。

有的免疫作用。但是这种作用非常有限,而且只对一种性别有利。无论确定这种作用的存在多么有用——我们将在下一章进一步了解这种用处[①]——已婚者的主要免疫因素仍然是家庭,即由父母和子女组成的完整的群体。毫无疑问,由于已婚者是家庭的成员,所以他们对这种结果也作出了贡献,但不仅仅是作为丈夫和妻子,而是作为父亲和母亲,作为家庭关系的维系人。其中一方的消失之所以增加了另一方自杀的可能性,不是因为把他们彼此联系在一起的纽带断裂,而是因为由此而引起的家庭动乱,这种动乱使未亡人受到影响。由于我们将在以后研究婚姻的特殊作用,所以我们现在可以说,家庭生活和宗教生活完全一样,是一个防止自杀的强大因素。

家庭越大,即包括的成员越多,这种免疫力就越大。

我们在 1888 年 11 月出版的《哲学评论》上发表的一篇论文中,就已经提出并说明了这个命题。但是当时我们所掌握的统计资料不足,使我们不能像我们所希望的那样严密地证明这个命题。事实上,我们不知道整个法国和每个省的家庭平均人口是多少。因此我们不得不假设家庭的密度取决于子女的数量,而且,由于人口统计没有说明这个数字本身,所以我们只好利用人口统计学上所谓的生理增殖,即每年超过 1000 名死亡人数的出生人数,间接地作出估计。毫无疑问,这种替代的办法并不是不合理的,因为在生理增殖大的地方,家庭一般不大可能人口不多。然而,这种结果并不是必然的,而且往往并非如此。在子女有较早离开父母——

① 见第二编第五章第三节。

或者是为了移居他乡，或者是为了另立门户，或者是为了其他原因——的习惯的地方，家庭的密度和子女的人数无关。事实上，尽管一对夫妇生了许多孩子，但家里也许人口很少。这种情况发生在有文化的环境中是因为孩子很小就被送出去求学，而发生在贫困地区则是因为生活的艰难使他们不得不过早地四处漂泊。相反，尽管生育率不高，但家庭人口却较多或很多，如果成年的独身者或甚至于已婚的子女继续和父母生活在一起并组成一个家庭社会的话。由于这些原因，如果不知道家庭的实际构成，就不可能确切地衡量家庭群体的相对密度。

1886 年的人口调查——其结果在 1888 年底公布——使我们知道了家庭的实际构成。因此，如果根据我们在其中找到的各种指标研究在法国不同省份中自杀与家庭平均人口有什么关系，就可以发现下述结果：

	每百万居民中的自杀人数（1878—1887）	每百户家庭的平均人口（1886）
第 1 组（11 个省）	430—380	347
第 2 组（6 个省）	300—240	360
第 3 组（15 个省）	230—180	376
第 4 组（18 个省）	170—130	393
第 5 组（26 个省）	120— 80	418
第 6 组（10 个省）	70— 30	434

随着自杀的减少，家庭密度有规律地增加。

如果不是比较平均数，而是分析每个组的情况，我们就不能不肯定这个结论。事实上，就整个法国来说，家庭平均人口为每 10 户 39 人。因此，如果我们研究一下，在这六个组中，每个组有多少省的家庭平均人口数高于或低于全国平均数，我们就会发现这些人口平均数是这样构成的：

	在每个组中有多少省	
	低于全国平均数	高于全国平均数
第1组	100%	0%
第2组	84%	16%
第3组	60%	30%*
第4组	33%	63%*
第5组	19%	81%
第6组	0%	100%

自杀最多的省只包括那些家庭人口数低于全国平均数的省。这种关系逐步有规律地颠倒过来，直到完全相反。在最后一组中，自杀很少见，所有省份的家庭人口数都超过全国平均数。

此外，两张地图(见第208页)的图形大体上相同。家庭密度低的地区明显地和自杀人数多的地区范围相同。这个地区同样位于北部和东部，一边延伸到布列塔尼，另一边延伸到卢瓦尔。相反，在西部和南部，自杀人数比较少，而家庭人口普遍比较多。这种关系甚至存在于某些细节中。在北部地区，有两个省以自杀人数少著称，这就是北部省和加来海峡省。这个事实格外出人意外，因为北部省是一个工业十分发达的省份，而大工业很容易引起自杀。然而，同样的特点也出现在另一张地图上。这两个省的家庭密度都很高，而周围那些省的家庭密度却很低。在南部，我们在这两张地图上都看到同样由罗纳河口省、瓦尔省和滨海阿尔卑斯省构成的深色地区，而在西部则看到由布列塔尼所构成的浅色地区。不规则的地方是例外，而且不很明显；由于许多因素能够影响如此

* 原文如此。——译者

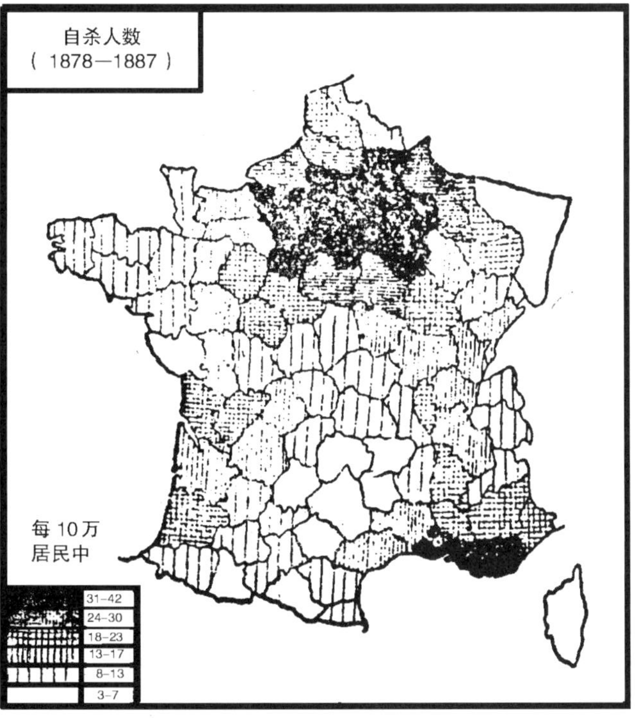

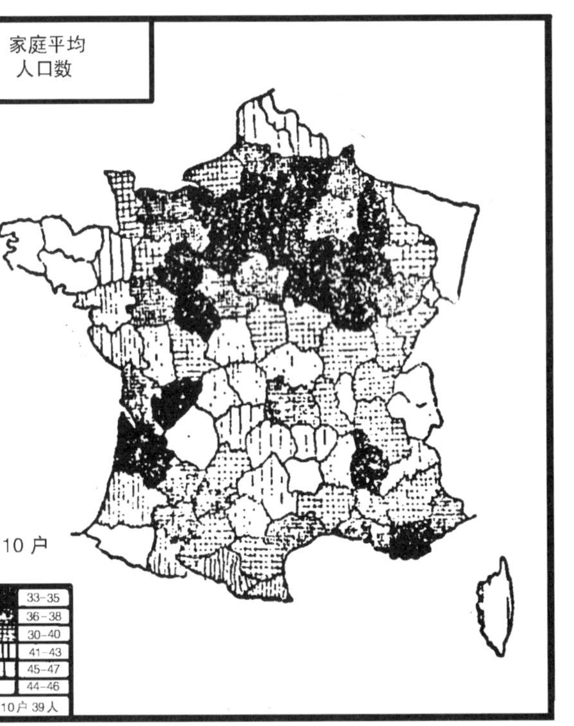

图四　自杀人数和家庭密度（人口数）

复杂的现象,所以如此普遍的巧合就很说明问题。

这种成反比的情况在当时这两种现象变化的方式上也同样存在。从 1826 年起,自杀不断增加,而出生率却不断下降。从 1821 年到 1830 年,出生率还是每一万居民出生 308 人;1881—1888 年就只有 240 人了,而且在此期间连续下降。与此同时,有一种家庭越来越分裂的趋势。从 1856 年到 1886 年,家庭的数量增加了 200 万户,有规律地和不断地从 8796276 户增加到了 10662423 户。然而,在此期间,总人口只增加了 200 万人。因此,每个家庭的成员数就更少了。[①]

由此可见,各种事实都不能证实这种流行的观念:自杀主要是由于生活的负担重,因为随着负担的增加自杀反而减少。这是马尔萨斯人口论的创造者所没有预见到的结果。当他要求限制家庭人口时,他以为这种限制至少在某些情况下对普遍的幸福来说是必要的。可是,实际上这完全是灾难的根源,因为它减少了男子生活下去的欲望。人口多的家庭非但不是可以不需要奢侈品(这种奢侈品只有富人才应该享受)的家庭,相反,还是没有每天的面包就不能生存下去的家庭。无论多么贫穷,甚至单从个人利益的角度来看,把一部分后裔变成资本是最坏的投资。

这个结论和我们在前面已经得出的结论一致。那么家庭的密度到底为什么会对自杀产生这种影响呢?为了回答这个问题,不能诉诸器质性的因素,因为如果说绝对不生育主要是生理原因的结果,生育少却是另一回事,往往是自愿的,取决于某种信念。此

① 见《1886 年人口调查》,第 106 页。

外，家庭的密度，例如我们已经估计过的，并不完全取决于出生率；我们已经看到，在子女不太多的家庭里，其他成员可以取而代之，反之，如果他们实际上并不始终参与家庭生活，那么他们的人数可能不起什么作用。所以，更不应该把这种免疫能力归因于父母对他们的直系后裔的特殊感情。再说，这种感情本身为了发挥效力也必须有某种状态的家庭生活为前提。如果家庭分崩离析，这种感情就不可能有很大的影响。因此，正因为家庭运转的方式随着人口的多少而变化，所以家庭成员的数量影响自杀的倾向。

事实上，一个群体的密度如不减少它的生命力是不可能降低的。集体的感情之所以有一种特殊的力量，是因为使每个人的意识体验到这种感情的力量在所有的人当中互相引起反应。因此，这种感情所达到的强度取决于共同感受到这种感情的个人意识的数量。这就是群体越大，群体中爆发出来的激情就可能越强烈的原因。因此，在一个人口不多的家庭里，共同的感情和怀念不可能十分强烈，因为没有足够的意识来再现这种感情和怀念，并在分享这种感情和怀念时强化这种感情和怀念。在这种家庭中，不可能形成作为联系同一群体成员之间纽带的强大传统，这种传统甚至比这些成员存在得更久并把以后几代人也联系在一起。此外，小家庭必然是短命的；没有寿命，就可能没有稳定的社会。在这种群体中，不仅集体的气氛淡薄，而且可能不多见。因为这种气氛是否多见取决于各种看法和印象的交换和传播；另一方面，参加的人越多，这种交换本身就越快。在一个人口相当多的社会里，这种传播是不间断的，因为总是有一些社会单位互相有联系，而如果社会单位少，那么它们的联系就只能是断断续续的，而且有时候共同的生

活会中断。同样,如果家庭人口不多,那么总是只有少数亲属在一起;因此家庭生活毫无生气,而且有时候家里冷冷清清。

但是,说一个群体比另一个群体缺少共同的生活,也就是说这个群体不太完整,因为一个社会集合体的完整只反映这个集合体中集体生活的强度。成员之间的交往越是活跃和不间断,这个集合体就越是统一和牢固。我们所得出的结论可以因此而完成,正像家庭是一个避免自杀的强大因素一样,家庭的构成越牢固就越能避免自杀。①

五

尽管一些统计表不是最近的,但很容易借助同样方法来证明这种规律正用于政治社会。事实上,历史告诉我们,在年轻的、②正在发展和集中的社会里,自杀是很少见的,相反,随着社会的分崩离析,自杀就多起来。在希腊,在罗马,旧的城邦组织一动摇,自杀就出现了,而自杀的发展标志着连续的几个没落阶段。我们看到在奥托曼帝国也有同样的情况。在法国,在大革命的前夕,当时的一些作者告诉我们,自杀突然增多表明社会由于旧社会制度的

① 我们在这里所使用的“密度”一词的含义,与我们通常在社会学中所赋予它的含义略有不同。通常,我们给一个群体的密度下定义,不是根据结合在一起的个人的绝对数(更恰当地说这是容量),而是根据同等容量中实际上有交往的个人数(见《社会学方法的规则》,第 139 页)。但是,就家庭来说,容量与密度之间的区别并不重要,因为,由于这种群体小,所有结合在一起的个人实际上都有交往。

② 不要把年轻的、有发展前途的社会同低级的社会混为一谈;相反,在低级社会中,自杀是很频繁的,就像我们将在下一章中所看到的那样。

解体而发生动乱。①

除了这些历史资料之外，自杀的统计尽管不能追溯到70年以前，但还是给我们提供了这个命题的若干证据，这些证据比以前的那些证据更确切。

人们有时写道，政治上的大动荡增加了自杀的人数。但是莫塞利正确地指出，事实驳斥了这种看法。在本世纪，法国发生的所有革命在爆发时都减少了自杀的人数。1830年，自杀的人数从1829年的1904名减少到1756名，即一下子减少了将近10%。1848年，自杀的人数减少得也很多；全年自杀的总人数从3647名减少到3301名。1848—1849年期间，震动了法国的危机接着震动了欧洲；各地的自杀人数都减少了，而且，危机越严重，时间越长，自杀人数的减少就越明显。下表说明了这一点：

	丹　　麦	普　鲁　士	巴伐利亚	萨克森王国	奥　地　利
1847	345	1852	217		611(1846)
1848	305	1649	215	398	
1849	337	1527	189	328	452

在德国，公众的情绪比丹麦更激动，而且斗争的时间甚至比法国长，在法国，新政府很快就建立起来了；在德意志诸国，自杀人数的减少也一直延续到1849年。就这一年而言，巴伐利亚的自杀人数减少了13%，普鲁士减少了18%；在萨克森，从1848年到1849年这一年里也减少了18%。

① 爱尔维修在1781年这样写道："财政的混乱和国家政体的改变散布着普遍的沮丧。首都许多人自杀就是可悲的证据。"转引自勒古瓦的著作第30页。梅西埃在他的《巴黎的场景》(1782年)中说，巴黎的自杀人数在25年内增加了二倍。

1851 年，同样的现象并没有发生在法国，1852 年也没有发生。自杀的人数保持不变。但是，在巴黎，政变像通常一样产生了影响；尽管这次政变是在 12 月份完成的，但自杀的人数从 1851 年的 483 名减少到 1852 年的 446 名(－8％)，而在 1853 年，自杀的人数仍然有 463 名。[①] 这个事实倾向于证明，巴黎受这次政变的影响要比外省大得多，外省看来几乎不受影响。此外，一般说来，首都受这些危机的影响总是比外省明显。1830 年，巴黎的自杀人数减少了 13％(269 名，而上一年为 307 名，下一年为 359 名)；1848 年则减少了 32％(从 698 名减少到 481 名)。[②]

有些单纯的选举危机尽管不太严重，但有时也产生同样的结果。例如，在法国，自杀的时间表明显地带有 1877 年 5 月 16 日议会危机及其引起的骚动，以及 1889 年结束布朗热运动的选举的印记。为了说明这一点，只要比较一下这两年及其前后两年每月的自杀人数就行了。

	1876	1877	1878	1888	1889	1890
5 月	604	649	717	924	919	819
6 月	662	692	682	851	829	822
7 月	625	540	693	825	818	888
8 月	482	496	547	786	694	734
9 月	394	378	512	673	597	720
10 月	464	423	468	603	648	675
11 月	400	413	415	589	618	571
12 月	389	386	335	574	482	475

1877 年的头几个月，自杀的人数超过 1876 年头几个月的自

① 根据勒古瓦的著作第 252 页。

② 根据马萨吕克《自杀》，第 137 页。

杀人数(前者从1月到4月为1945名,后者为1784名),而且上升的趋势一直持续到5月和6月。直到6月底,议会才解散,公开选举期才实际上开始,尽管是不合法的;这可能是政治热情最激昂的时候,因为在时间和疲劳的影响下,这种热情必然有所下降。因此,在7月份,自杀的人数不是继续超过上一年的7月份,而是减少了14%。除了8月份有所停顿外,这种减少的趋势一直继续到10月份,尽管减少得不是那么多。10月份是危机结束的时候。危机一结束,自杀人数一度停止上升的趋势又重新开始。1889年,这种现象更加明显。议会是在8月初解散的;选举的骚动随之立即开始并持续到9月底;选举是在9月底举行的。然而,在8月份,自杀的人数与1888年8月份相比突然减少了12%,减少的趋势一直保持到9月份,但在斗争宣告结束的10月份突然停止。

民族战争和政治动乱有着同样的影响。1866年爆发了奥地利与意大利之间的战争,这两个国家的自杀人数都减少了14%。

	1865	1866	1867
意大利	678	588	657
奥地利	1464	1265	1407

1864年,丹麦与萨克森之间爆发了战争。在萨克森,1863年的自杀人数为643名,1864年减少到545名(−16%),1865年又增加到619名。至于丹麦,由于我们没有1863年的自杀人数,所以不能与1864年的自杀人数作比较;但是我们知道,1864年的自杀人数(411名)是1852年以来最少的。而且,由于1865年自杀人数增加到451名,所以411这个数字很可能是非常低的。

1870—1871年的战争在法国和在德国产生了同样的结果:

	1869	1870	1871	1872
普鲁士	3186	2963	2723	2950
萨克森	710	657	653	687
法　国	5114	4157	4490	5275

人们也许可以认为,这种减少是由于一部分老百姓在战时应征入伍了,而在作战部队里是很难统计自杀人数的。但是女子和男子一样对自杀人数的减少作出了贡献。在意大利,女子的自杀人数从 1864 年的 130 名减少到 1866 年的 117 名;在萨克森,从 1863 年的 133 名减少到 1864 年的 120 名和 1865 年的 114 名(—15%)。在这个国家,1870 年女子自杀人数的减少也很明显,从 1869 年的 130 名减少到 1870 年的 114 名,1871 年保持同样的水平,减少了 13%,超过了同期男子自杀人数减少的程度。在普鲁士,1869 年有 616 名女子自杀,而在 1870 年只有 540 名(—13%)。此外,大家都知道,拿起武器的年轻人自杀的很少。1870 年只有 6 个月进行战争;在这期间和在和平时期,100 万 25 至 30 岁的法国人中至多只有 100 人自杀①,而 1870 年整个法国的自杀人数却比 1869 年减少了 1057 名。*

有人会问,自杀人数在危机期间暂时减少是否由于行政当局当时处于瘫痪状态,所以对自杀的记录不太精确。但是许多事实证明,这种偶然的原因不足以说明这种现象。首先,这种现象具有极大的普遍性,不仅发生在战胜国,而且发生在战败国;不仅发生

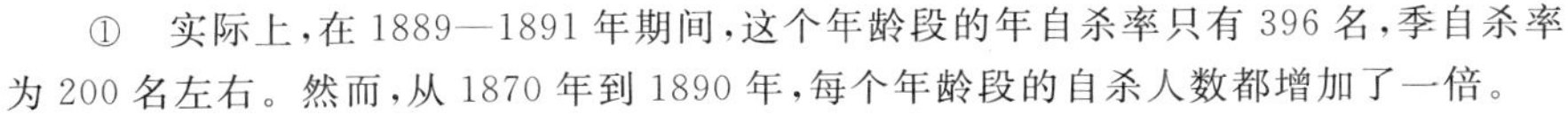

① 实际上,在 1889—1891 年期间,这个年龄段的年自杀率只有 396 名,季自杀率为 200 名左右。然而,从 1870 年到 1890 年,每个年龄段的自杀人数都增加了一倍。

* 原文如此。按上表计算应为 5114－4157＝957 名。——译者

在入侵国，而且发生在被入侵国。此外，如果这种冲击十分强烈，那么甚至在冲击过去以后很久还能感到它的影响。自杀的人数是慢慢地重新增加的，几年以后才恢复到最初的水平，甚至在那些自杀人数在平时就每年有规律地增加的国家也是如此。尽管在这种动乱期间很可能甚至多半会有部分的遗漏，但是统计资料所显示的减少非常恒定，所以不能把这种减少主要归因于行政当局的一时疏忽。

但是，我们所面对的不是计算上的错误，而是一种社会心理现象，最好的证明就是，并非所有的政治危机或民族危机都有这种影响。只有那些引起激情的危机才产生这种影响。我们已经指出，我们的革命在巴黎比在外省更影响自杀的人数，然而，行政管理上的混乱在外省和在首都则是相同的。只是这类事件对外省人的影响比对巴黎人的影响总是小得多，因为后者引起并就近参与这些事件。同样，像 1870—1871 年战争这样大规模的民族战争在法国和德国都对自杀的趋势产生了巨大的影响，而像在克里米亚或意大利发生的那种单纯改朝换代的战争却没有使广大群众大大地激动起来，所以没有产生值得重视的影响。在 1854 年，自杀的人数甚至大大地增加（从 1853 年的 3415 名增加到 3700 名）。在 1864 年和 1866 年战争期间，人们在普鲁士看到了同样的事实。自杀人数在 1864 年保持不变，而在 1866 年则略有增加。因为这些战争完全是政客们挑起来的，没有像 1870 年战争那样引起民众的激情。

从这个观点来看，在巴伐利亚，1870 年并没有产生像对其他德意志国家（尤其是北德意志诸国）那样的影响。1870 年巴伐利亚的自杀人数多于 1869 年（前者为 452 名，后者为 425 名）。只是在1871年,自杀的人数才略有减少,1872年继续有所减少,只有412名,但也只是比1869年减少9%,比1870年减少4%。然而,巴伐利亚参与这些军事事件的程度和普鲁士相同;它也调动了它的全部军队,所以没有理由说它的行政管理不混乱。只是它不像普鲁士那样出自内心地参与这些事件。众所周知,在整个德意志,信奉天主教的巴伐利亚实际上始终是最热爱自己的生活方式的国家,而且最珍惜自己的自治权。它参加战争是出于国王的旨意,但是没有积极性。因此,它比其他同盟国的人民更不受当时使德意志激动的巨大社会运动的影响。这就是巴伐利亚受这场运动的影响比较晚和比较小的原因。积极性是后来才有的,而且比较小。一定是1870年取得胜利后在德意志出现的那种光荣感,才使得一直不积极和不听话的巴伐利亚积极一点。①

我们可以把这个事实和下述具有同样意义的事实进行对照。在法国,1870—1871年期间只有城市的自杀人数减少:

	每百万居民中的自杀人数	
	城市人口	农村人口
1866—1869	202	104
1870—1872	161	110

然而,在农村进行观察必然比在城市更困难。因此,这和区别

① 还不能十分肯定,1872年自杀人数的减少就是由于1870年的事件。实际上,除了普鲁士外,自杀人数的减少都不是发生在战争期间。在萨克森,1870年自杀人数只减少了8%,1871年并没有进一步减少,而1872年就完全不再减少了。在巴登公国,只有1870年有所减少,1871年的自杀人数为244名,超过1869年的自杀人数10%。因此,看来普鲁士是唯一在胜利后达到某种集体安乐境界的国家。其他国家都不太感到战争带来的光荣和强大,而且,巨大的民族危机一旦消失,社会的激情就立刻平息下来。

的真正原因另有所在：战争只对比农村人口更敏感、更容易受影响和更了解情况的城市人口发挥它的全部心理影响。

因此，这些事实只有一个解释：巨大的社会动荡和全民战争都会加强集体感情，激发派性和爱国主义、政治信仰和民族信仰，而且因为把各种活动集中到同一个目标而至少暂时造成比较牢固的社会一体化。我们已经确定其存在的有益影响不是归功于危机，而是归功于这种危机所引起的斗争。因为这种斗争迫使人们紧密团结起来对付共同的危险，所以个人便不大想到自己，而是更多地想到共同的事业。而且人们理解，这种一体化可以不完全是短时的，有时可以比直接引起这种一体化的原因还要存在得长久，在高度一体化时更是如此。

六

这样，我们便相继确定了下述三个命题：

自杀人数的多少与宗教社会一体化的程度成反比。

自杀人数的多少与家庭社会一体化的程度成反比。

自杀人数的多少与政治社会一体化的程度成反比。

这种对照表明，这些不同的社会之所以对自杀有缓解作用，不是由于这些社会各自的特点，而是由于这些社会所共有的特点。宗教起作用不是由于宗教感情的特殊性，因为家庭社会和政治社会也起同样的作用，如果它们高度一体化的话；我们在直接研究不同宗教影响自杀的方式时也已经证明了这一点。[1] 反之，家庭联

① 见上文第170页。

系或政治联系的特点也不能解释这些联系带来的免疫力，因为宗教社会也有这种优越性。原因只能在于这些社会群体都有一种相同的属性，尽管程度可能不尽相同。唯一能满足这个条件的属性是，它们都是高度一体化的群体。因此我们得出这样的一般结论：自杀人数的多少与个人所属群体一体化的程度成反比。

但是，社会不可能自行解体，除非个人在同样的程度上脱离社会生活，除非个人自身的目标压倒共同的目标，一句话，除非个人的人格逐步被置于集体人格之上。个人所属的群体越是虚弱，他就越是不依靠群体，因而越是只依靠他自己，不承认不符合他私人利益的其他行为规则。因此，如果可以把这种个人的自我在社会的自我面前过分显示自己并牺牲后者的情况称之为利己主义，那么我们就可以把这种产生于过分个人主义的特殊类型自杀称之为利己主义的自杀。

但是自杀怎么会有这样一种起源呢？

首先可以说，由于集体的力量是最能遏制自杀的障碍之一，所以集体的力量削弱，自杀就会发展。如果社会是高度一体化的，那么它就会使个人依靠它，认为个人是为它服务的，因此不允许他们异想天开地处置他们自己。它制止他们用死来逃避他们对它的义务。但是，如果他们拒绝承认这种从属关系是天经地义的，那么它怎么能强迫他们承认它的至高无上呢？如果他们想要脱离它，它就再也没有必要的权威使他们留在自己的岗位上，而且，由于意识到自己的虚弱，它也只好承认他们有权自行其是而再也不能加以制止。只要承认他们是自己的命运的主人，结束自己的生命就是他们的权利。从他们这方面来说，他们没有理由耐心地忍受生活的贫困。因为，如果他们与一个他们所喜爱的群体利害一致，那么为了不违背他们自己的利益所服从的某些利益，他们也会更加顽强地活下去。把他们和共同的事业联系在一起的纽带也把他们和生命联系在一起，而且他们所关心的崇高目标也不允许他们如此强烈地感受到自己个人的挫折。最后，在一个有凝聚力和生气勃勃的社会里，彼此不断交流思想和感情，如同一种相互的精神支持，这种精神支持使得个人不是处于孤立无援的境地，而是分享集体的力量并在他自己的力量到了极限时从中得到鼓舞。

但是这些理由都是次要的。过分的个人主义不仅终归有利于引起自杀的原因起作用，它本身也是引起自杀的一个原因。它不仅排除某种有效地防止促使人们去自杀的倾向的障碍，而且彻底地引起这种倾向，从而产生一种带有它的印记的特殊自杀。这是必须很好理解的，因为正是这种情况使刚才区别出来的这类自杀显示出它的本性，而且证明我们给它起的名字是合适的。那么个人主义中有什么东西能解释这种结果呢？

人们有时说，按照人的心理结构，人如果不致力于达到某种高出于他和比他存在时间长的目的是活不下去的，而这种必要性的原因是我们有一种不完全消失的需要。有人说，生活只有在人们发现它有存在的理由、有一个目的并且值得时才是可以容忍的。然而，对于个人的活动来说，仅仅为了自己并不是一个令人满意的目的。个人太微不足道了。他不仅受到空间的限制，而且受到时间的严格限制。因此，如果我们除了自己没有其他目的，我们就不能摆脱这样的念头：我们的努力终究注定要化为泡影，因为我们自己也必然要化为乌有。但是毁灭使我们感到害怕。在这种情况下，我们可能不会有勇气活下去，即不会有勇气去采取行动和进行斗争，因为我们所作的这种努力可能什么都不会给我们留下。总之，利己主义的状态和人的本性必然是矛盾的，因此太不稳定，不可能长期存在。

但是，在这种绝对的形式下，这个命题是很有争议的。如果我们的生命必然要结束的想法确实如此使我们感到厌恶，那么我们只有在自己欺骗自己并对生命的价值抱有偏见的情况才能同意活下去。因为，即使有可能在某种程度上使我们看不到死亡，我们也不可能阻止死亡的存在；不管我们做什么，死亡是不可避免的。我们完全能够把几代人的极限向后推移，从而使我们的名字比我们的肉体多存在几年；但是我们的名字根本不再存在的时刻总会到来，而且对大多数人来说这个时刻来得很早。因为我们从属于各种群体，以便能够通过这些群体延长我们的生命，但是这些群体本身也是要消失的；这些群体也注定要解体，同时把我们所寄托的一切统统带走。与人类的历史紧密地联系在一起、永远留在人类记忆里的社会群体是很少见的。因此，如果我们确实如此渴望不朽，那么如此短促的前景是决不可能满足这种愿望的。而且，依靠我们而存在的是什么呢？一句话、一个声音、一种不易觉察而且往往没有个性特征的形迹，[①]因此，没有什么东西与我们努力的程度有关，而且没有什么东西能使这些努力在我们看来是有理由的。事实上，尽管儿童天生是利己主义者，丝毫不感到需要永远活下去，

① 我们不谈随着信仰灵魂的不朽而来的那种想象中的生命延长，因为：1. 这不能解释为什么家庭或从属于政治社会能使我们不去自杀；2. 这种信仰甚至不能使宗教产生预防的作用；这一点我们在上文已经说明。

而老年人在这一方面和其他许多方面都很像儿童，但是二者都仍然像成年人一样坚持要活下去，而且甚至比成年人更坚持；我们确实看到，自杀在生命的最初15年里非常少见，而且在生命的最后阶段里倾向于减少。动物也是如此，它们的心理结构只是在程度上与人类的心理结构有所不同。因此，说生命只有在生命之外才有存在的理由是错误的。

实际上，有一系列的官能只关系到个人；这就是那些为维持肉体生命所必需的官能。既然这些官能的形成仅仅是为了这个目的，所以当这个目的达到时，这些官能也就完善了。因此，在与这些官能有关的一切事物中，人可以合理地采取行动而不必为自己规定超出这个目的以外的目的。这些官能适用于某种事物，只有通过这种事物才适用于人。因此，人只要没有其他需要，就能得到满足，就可以幸福地活下去而没有活下去以外的目的。可是，有教养的成年人并非如此。有教养的成年人有许多与机体的需要毫无关系的思想、感情和实践。艺术、道德、宗教、政治信仰和科学本身的作用并不是为了弥补器官的磨损，也不是为了使器官顺利地运转。这些超肉体的生活并不是在自然环境的刺激下产生并发展的，而是在社会环境的刺激下产生并发展的。社会的影响在我们身上引起同情和团结一致的感情，这些感情使我们和他人接近；正是社会在按它的形象塑造我们的同时使我们接受这些支配我们行为的宗教、政治和道德信仰；正是为了能够发挥我们的社会作用，我们才力求发展我们的智慧，而且正是社会在向我们传授它所贮存的科学的同时给我们提供了这种发展的手段。

正因为这些高级形式的社会活动具有某种集体的起源，所以

具有某种相同性质的目的。因为这些活动产生于社会,所以只和社会有关,或者不如说,这些活动就是在我们每个人身上具体化和个性化的社会本身。但是,为了使这些活动在我们看来有存在的理由,这些活动的目的对我们来说不应该是无关紧要的。因此,我们只有在与社会保持联系时才能坚持这些活动。反之,我们越是感到自己脱离了社会,我们就越是脱离社会既是其根源又是其目的的生活。如果除我们之外不存在一些规则、戒律和教条所适用的并与我们休戚相关的某种生物,为什么要有这些道德规则、这些强迫我们作出各种各样牺牲的戒律和这些妨碍我们的教条呢?为什么要有科学本身?如果科学除了增加我们活下去的机会之外没有其他用处,那么科学所需的代价就不值了。本能就可以较好地完成这个任务;动物证明了这一点。因此,有什么必要用一种更加犹豫不决和更加容易出差错的反思来取代本能呢?但是,尤其是为什么会有痛苦呢?如果事物的价值只能通过与对个人的好坏相比较来估计,那么这种价值就是得不偿失而且变得难以理解。对于坚守其信仰的忠实信徒来说,对于和某个家庭社会或政治社会保持着密切联系的人来说,这个问题并不存在。他们自发地和不加思考地汇报他们的所作所为,前者向他们的教会或他们的上帝——这个教会的有生命的象征汇报,后者则向他们的家庭、他们的祖国或他们的党汇报。甚至在痛苦中,他们也只考虑到为他们所属的群体增光的手段,并对它表示敬意。所以,基督教徒为了证明他们不重视血肉之躯而更接受于他们的神圣榜样,终于愿意受苦并追求痛苦。但是,只要信徒产生了怀疑,即感到不再和他所分享的宗教信仰休戚与共,只要家庭和城市变得与个人无关,那么他

对他自己来说就成了一个谜，而且不能摆脱这样一个令人生气和苦恼的问题：有什么用？

换言之，如果像人们所常说的，人有两重性，这是因为在具体的人之外还有社会的人。后者必然意味着有一个他所说明和服务的社会。相反，如果社会万一瓦解，如果我们不再感到社会充满活力并在我们周围和我们之上活动，那么我们身上的社会性就没有任何客观的基础。剩下的只是各种虚幻形象的人工结合，一种稍加思考就足以使之消失的幻景；因此，没有什么东西可以作为我们行动的目的。然而，这种社会的人都是有教养的人，正是他们创造了生命的价值。由此可见，我们缺少活下去的理由，因为我们能够珍视的唯一生命不再适应任何现实的东西，而仍然融合在现实中的唯一生命不再满足我们的需要。因为我们已经开始一种比较高尚的生活，所以儿童和动物感到满足的生活再也不能使我们感到满足，而前一种生活忽然离我们而去，使我们不知所措。因此，我们的种种努力再也没有任何目标，并且我们感到这些努力都落了空。在这种意义上，确实可以说我们的活动应该有一个超越生活的目标。我们需要这样一个目标，并非为了使我们保持在那种不可能实现的长生不老的幻觉中；因为这个目标包含在我们的道德素质中，并且不可能避开，甚至不可能部分地避开，没有这个目标，我们的道德素质在同样的程度上就失去存在的理由。无须证明，在这样一种动摇的情况下，最微不足道的气馁也会产生绝望的解决办法。如果生命不值得延续下去，那么一切都可以成为摆脱生命的借口。

但这并不是全部。这种摆脱不仅在孤立的个人中发生。整个

民族气质的组成成分之一就是某种评价生存价值的方式。有一种集体的情绪,就像有一种个人的情绪一样,这种情绪使人们倾向于忧愁或倾向于欢乐,使他们以喜悦的眼光或者以忧郁的眼光看待各种事物。同样,只有社会才能对人生的价值作出总的评价,而个人对此是无能为力的。因为个人只熟悉他自己和他的小天地,因此他的经历太有限,不能作为总的评价的依据。他很可能认为他的生命没有目的,他也说不出别人有什么目的。相反,社会却可以毫不走样地概括它对自己和对自身健康与否的看法。因为个人和社会生活的关系非常密切,所以如果社会生活不健康,个人不可能不受影响。社会的苦难必然变成个人的苦难。因为社会是一个整体,所以它的毛病便传遍它的各个组成部分。因此,它不可能瓦解而不意识到整个生活的正常状态也同样被打乱了。因为社会是我们绝大部分人的归宿,所以它不可能不感到我们在避开它而同时感到我们的活动是没有目的的。既然我们是它的作品,它就不可能没有衰败的感觉而感到这种作品从此以后毫无用处。由此便形成了消沉和幻灭的思潮,这种思潮不是产生于任何特定的个人,而是表现出社会所处的瓦解状态。这种思潮表明社会联系的松弛,表明一种集体的虚弱、一种社会弊病和个人的忧伤,如果这种忧伤是长期的,那就是以它的方式表明个人机体的不健康状态。于是便出现了各种形而上学体系和宗教体系,这些体系把这些阴郁的心情变成公式,试图向人们证明生命是没有意义的,赋予生命以意义是自欺欺人。于是便形成了一些新的道德观念,这些新的道德观念把事实当作法律,推崇自杀,或者至少有这种倾向,劝告人们尽可能少活些日子。当这些新的道德观念出现时,似乎完全是由

它们的创造者发明的，人们有时指责这些创造者在宣传悲观失望。实际上，这些新的道德观念是结果而不是原因，它们只是以一种抽象的语言和一种有条不紊的形式来表现社会躯体的生理缺陷。[①]因为这种思潮是集体的，所以一开始就具有某种权威，这种权威使它得到个人的承认，并以更大的力量把个人推向他已经由社会的瓦解直接在他身上引起的道德贫困状态使他倾向的方向。由此可见，当他过分摆脱社会环境时，他便更加受到社会环境的影响。不管每个人多么个体化，总还是有某种集体的东西，这就是过分个体化所引起的消沉和忧郁。人们在忧郁这一点上是一致的，如果他们再也没有别的共同之处的话。

因此，这种类型的自杀完全配得上我们给它起的名字。利己主义不仅是自杀的一个辅助因素，而是引起自杀的原因。在这种情况下，把人和生命联系在一起的纽带之所以松弛，是因为把人和社会联系在一起的纽带松弛了。至于私人生活中的意外事件，似乎直接引起自杀，而且被看作自杀的决定性条件，实际上只是一些偶然原因。个人之所以屈服于最微不足道的环境冲突，是因为社会所处的状态使他成为完全准备自杀的牺牲品。

许多事实肯定了这种解释。我们知道，自杀在儿童中是例外，在生命达到极限的老年人中不多，因为在儿童和老年人中，肉体的人倾向于重新成为完人。前者还没有进入社会，因为社会还没有时间按照它的形象培育他们；社会开始离开后者，或者说他们离开

① 因此，指责这些忧伤的理论家推广他们的个人印象是不公正的。他们只是反映了一种普遍存在的情况。

社会,这是一回事。因此,两者都比较自我满足。由于他们很少需要通过自身以外的东西来自我完整,所以他们也不可能缺少生活所必需的东西。动物的免疫力没有其他原因。同样,我们将在下一章看到,下层社会之所以采取它所特有的自杀形式,是因为它几乎完全不知道我们刚才谈到的自杀形式。因为下层社会的社会生活非常简单,个人的社会习性也具有同样的特点,因此,他们不需要多少东西就能满足。他们很容易在外部找到一个他们能够坚持的目标。原始人无论到什么地方去,如果他们能够随身带着他们的神和他们的家属,那么他们就有了他们的社会本性所需要的一切。

因此,女子能够比男子更容易孤独地生活下去。如果看到寡妇比鳏夫更能忍受其处境,而且更不急于重新结婚,就会相信这种可以没有家庭的天赋是一种优势的标志;有人说,女子的感情丰富,可以用于家庭之外而绰绰有余,而她们的忠诚对于帮助我们坚持生活下去是必不可少的。实际上,她们之所以有这种天赋,是因为她们的感觉与其说退化,不如说不很发达。因为她们和男子相比是生活在集体之外,所以受集体生活的影响较小:社会对她们来说不是不可或缺的,因为她们不太爱交际。她们对这方面的需要不大,而且很容易满足。有某些祈祷要做,有某些动物要照料,老年未婚女子的生活就全被占满了。她们之所以一直如此忠心地依恋宗教传统,从而在其中找到某种有效地避免自杀的场所,是因为这些非常简单的社会形式足以满足她们的全部需要。相反,男子在其中却觉得太拘束了。他们的思想和活动越是展开,就越是逐步超出这种古老的形式。但是他们需要其他的形式。因为他们是更加复杂的社会存在，所以他们只有另外找到更多的支点才能保持平衡，而且这是因为他们的道德基础取决于许多更容易使这种基础遭到破坏的条件。

第四章 利他主义的自杀[1]

在生命的范畴中，没有什么好得不得了的东西。一种与生命有关的特点只有在不超过某些界限的条件下，才能完成它应该有助于完成的目的。社会现象也是如此。正像我们刚才看到的，尽管某种极端的个性会导致自杀，某种不充分的个性也会产生同样的结果。当一个人脱离社会时，他很容易自杀，而当他过分地与社会融为一体时，他也很容易自杀。

一

有人曾经说过，[2]低级社会没有自杀。这种说法是不准确的。诚然，像我们在前面所说的那种利己主义自杀在那里似乎并不经

① 参考书目——斯坦梅茨：《原始民族中的自杀》，载于《美国人类学家》，1894年1月。——魏茨：《原始民族人类学》。——《军队中的自杀》，载于《统计学协会杂志》，1874年，第250页。——米拉：《军队自杀的统计》，载于《统计学协会杂志》，伦敦，1874年6月。——梅斯尼埃：《论军队中的自杀》，巴黎，1881年。——布尔内：《法国和意大利的犯罪行为》，第88页以下。——罗特：《1873—1880年间皇家军队中的自杀》，载于《统计月刊》，1892年。——罗森费尔德：《普鲁士军队中的自杀》，载于《军事周刊》，1894年，第三附册。——罗森费尔德：《皇家奥地利军队中的自杀》，载于《德语》，1893年。——安东尼：《德国军队中的自杀》，载于《军事医学和药物学档案》，巴黎，1895年。

② 厄廷根：《道德统计学》，第762页。

常发生。但是另一种自杀在那里却很流行。

巴托林在他的《论在丹麦自杀的原因》一书中转述说，丹麦军人把死在床人——无论是老死还是病死——看成是一种耻辱，而以自杀来逃避这种耻辱。哥特人也相信，那些自然死亡的人注定要永远在充满毒蛇猛兽的洞穴里受折磨。[①] 在西哥特人领土的边界上，有一座高耸的悬岩叫"祖先岩"，那些老年人在对生活感到厌倦时都在这里跳岩身亡。在色雷斯人和赫鲁利人中，人们发现有同样的习俗。西尔维乌斯·伊塔利库斯在谈到西班牙的克尔特人时说："这是一个不惜流血、而且非常倾向于提前死亡的民族。克尔特人一旦超过了风华正茂的年龄，他就对时间的流逝感到不耐烦，而且不愿意有老年；他的命运掌握在他自己的手里。"[②]因此，他们给那些自杀身亡的人指定一块优美的安息之地，而把那些病死或老死的人草草地埋葬。同样的习俗在印度长期保持。也许这种对自杀的赞颂在吠陀经中还没有，但肯定有很悠久的历史。关于婆罗门卡拉努斯的自杀，普卢塔克说："他牺牲自己，就像这个国家的圣贤们的习惯所要求的那样。"[③]而昆图斯·库尔提乌斯说："在他们当中有一类残忍的粗野的人，人们把他们称为圣人。在他们看来，预料到死亡的日子是一种光荣，一旦老年和疾病开始折磨他们，他们便自焚身亡。按照他们的看法，等待死亡是生命的耻辱；他们也不尊敬被老年所摧毁的肉体。如果不接受还在呼吸的

① 引自布里埃尔·德布瓦蒙的著作，第23页。

② 《布匿战纪》，第1卷，第225页以下。

③ 《亚历山大传》，CXIII。

人,火便会被玷污。"[①]在斐济、[②]新赫布里底和曼加等地也有类似的事实。[③] 在赛奥斯,超过一定年龄的男子在一起举行一次隆重的宴会,他们头戴花冠,高高兴兴地喝毒芹汁。[④] 在古代的穴居人[⑤]和塞雷尔人中也有同样的习俗,然而他们都以他们的美德闻名于世。[⑥]

我们知道,在这些民族中,除老年人外,寡妇在她们的丈夫去世后也必须自杀。这种野蛮的做法在印度的风俗中如此根深蒂固,以致尽管英国人作出了种种努力,这种做法依然存在。1817年,仅孟加拉省就有706名寡妇自杀;1821年,全印度有2366名寡妇自杀。在其他地方,当一位君主或一位首领去世时,他的仆人们有义务不比他活得更久。这是高卢的情况。亨利·马丁说,首领们的葬礼是血腥的大屠杀,人们在葬礼上焚烧他们的衣服、他们的武器、他们的马匹、他们最宠爱的奴隶、还有那些在最后一次战斗中没有战死的忠实的追随者。[⑦] 忠实的追随者决不应比他的首领活得更久。在阿散蒂人中,当国王去世时,他的官员们也必须死。[⑧] 有些观察家在夏威夷见到过同样的习俗。[⑨]

因此,在原始民族中,自杀肯定十分频繁。但是这些自杀表现

① VIII,9。
② 见怀亚特·吉尔:《南太平洋的神话和歌曲》,第163页。
③ 弗雷泽:《金枝》,第1卷,第216页以下。
④ 斯特拉博:《地理概论》,第486节。埃利安的著作,第337页。
⑤ 西西里的狄奥多鲁斯:《历史丛书》,III,33,第5、6节。
⑥ 庞波努斯·梅拉:《世界概述》,III,7。
⑦ 《法国史》,第1卷,第81页。参见恺撒:《高卢人的战争》,第6卷,第19页。
⑧ 见斯宾塞:《社会学》第2卷,第146页。
⑨ 见贾夫斯:《三明治群岛的历史》,1843年,第108页。

出十分特殊的性质。实际上，上面所谈到的事实都归属于下列三个范畴之一：

1. 开始衰老或得了病的男子的自杀。

2. 妻子在她们的丈夫去世时的自杀。

3. 被保护者或仆人在他们的主子去世时的自杀。

然而，在这三种情况下，人之所以自杀，不是因为他自以为有自杀的权利，而是因为他有自杀的义务。如果他不履行这种义务，就要受侮辱，而且往往要受到宗教的惩罚。毫无疑问，当有人向我们谈起自杀的老年人时，我们首先倾向于认为，自杀的原因就在于对生活感到厌倦或者在这种年龄时常有的痛苦。但是，即使这些自杀确实没有其他原因，即使个人自杀仅仅是为了摆脱某种难以忍受的生活，他们也没有必要这样做；人们决不是必须享有某种特权。不过，我们已经看到，如果他坚持要活下去，公众就再也不会尊重他：在有些地方，人们拒绝给他举行一般的葬礼；在另一些地方，等待着他的必定是某种比坟墓还要可怕的生活。因此，社会逼着他去自杀。毫无疑问，社会也干预利己主义的自杀；但是，在这两种情况下，社会干预的方式不同。在一种情况下，社会满足于向人灌输使他摆脱生命的论调；在另一种情况下，社会明确地要求他离开社会。在前一种情况下，社会至多提出建议或意见；在后一种情况下，社会迫使他承担自杀的义务，使这种义务具有强制性的条件和环境就是由社会造成的。

此外，社会强制性地规定这种牺牲是为了社会的目的。被保护人之所以不应该比他的保护人活得更久，或者臣仆不应该比他的君主活得更久，这是因为社会的结构就意味着，在追随者和他们

的主人之间，在官员和国王之间，有一种如此密切的依赖关系，以致排除任何分离的念头。一个人的命运就是另一些人的命运。臣民必须到处追随着他们的主人，哪怕到墓坟里去，就像主人的服装和武器一样；如果可以设想出另一种情况，那么社会的从属关系就完全不是它所应该有的样子了。[①] 妻子和丈夫的关系也是如此。至于老年人，他们之所以有义务不等待死亡，很可能是出于宗教上的原因，至少在大多数情况下是如此。事实上，保护家庭的灵魂被认为依附在家长身上。另一方面，据认为，寄托在人身上的神参与人的生活，同时经历生老病死等几个同样的阶段。因此，年龄不可能使一方体力衰弱而不同时使另一方虚弱，也不会因此而使群体的存在受到威胁，因为保护群体的只有一位没有威力的神。这就是为什么要求父亲不等寿终正寝就把他所保管的宝贵财产转让给继承人的原因。[②]

这种描述足以确定这些自杀取决于什么。社会为了能够迫使它的某些成员去自杀，就必须贬低个人的人格。因为人格一开始形成，生存就是赋予它的第一个权利；这种权利无论如何只有在诸如战争之类的情况下才会中断。但是这种脆弱的个性本身只可能有一个原因。个人在集体生活中微不足道，一定是因为他完全和群体打成了一片，而后者一定相应地非常一体化。部分也几乎没

---

① 这些做法的实质很可能是为了防止死者的灵魂回到世上来寻找与他有密切关系的人和物。但是这种考虑意味着，臣仆和被保护人严格地从属于主人。不能和他分离，而且，为了避免灵魂长期留在世上可能引起的灾难，所以他们必须为了共同的利益牺牲自己。

② 见弗雷泽：《金枝》。

有自身的存在，一定是因为总体形成了一个紧密和统一的整体。实际上，我们在别的地方曾经指出，这种整体的凝聚力正是遵守上述习俗的社会的凝聚力。[①] 因为这些社会只有少数成员，所以所有的人都过着同样的生活；大家的思想、感情和职业都相同。同时，由于群体很小，所以人人都很接近，天天见面；因此集体的监督从不间断，任何事情都隐瞒不了，从而比较容易预防分歧。因此，个人没有办法为自己形成一种特殊的环境，在这种环境的掩护下，他可以发展他的个性并形成自己的特色。可以说，由于和同伴没有什么区别，所以他只是整体的一个完整的组成部分，没有自身的价值。他的性命如此不值钱，以致某些人对他的侵犯只受到比较宽容的制止。因此，他自然不能违背集体的要求，社会可以为了微不足道的理由毫不犹豫地要求他结束在它看来一钱不值的生命。

于是我们便看到了另一种自杀，这种自杀与前一种自杀有着截然不同的特点。前一种自杀是由于个性太强，而后一种自杀是由于个性太弱。一种自杀是由于某些部分或者甚至整体已经瓦解的社会允许个人离开社会；另一种自杀则是由于社会过分使个人从属于社会。既然我们把按个人的生活而生活并且只服从自己的自我感觉状态称为利己主义，那么利他主义这个词恰好表示相反的状态：自我不属于自己，或者和自身以外的其他人融合在一起，或者他的行为的集中点在他自身之外，即在他是其组成部分的一个群体中。因此我们把某种极端利他主义所导致的自杀称为利他主义的自杀。但是，既然这种自杀还表现出作为一种义务来完成

① 见《社会的劳动分工》。

的特点，那么所采用的术语就应该表现这种特点。因此，我们就把这种类型的自杀称为**义务性利他主义的自杀**。

为了给这种自杀下定义，有必要把这两个形容词联在一起，因为并非所有利他主义的自杀都一定是义务性的。有的利他主义自杀并不是社会特意强加于人的，而是有一种比较随意的性质。换句话说，利他主义的自杀是一种包括若干变种的自杀。我们已经确定了其中的一种，现在来看看其他几种。

在我们所说过的这些社会里，或者在其他同类社会里，可以经常看到一些自杀，其直接和明显的动机都是微不足道的。提图斯·李维、恺撒和瓦勒里乌斯·马克西穆斯不无惊奇和钦佩地告诉我们，野蛮的高卢人和日耳曼人若无其事地去自杀。[①] 有一些克尔特人为了美酒或金钱去自杀。[②] 另一些克尔特人则自吹不怕赴汤蹈火。[③] 现代旅行家曾在许多低级的社会里看到类似的习俗。在波利尼西亚，一点小小的冒犯往往足以引起一个人的自杀。[④] 在北美洲的印第安人中也是如此；夫妻吵架或猜疑的举动都足以使丈夫或妻子去自杀。[⑤] 在达科他人中，在希腊人中，稍微有点失望也会导致采取极端的步骤。[⑥] 大家都知道，日本人很容

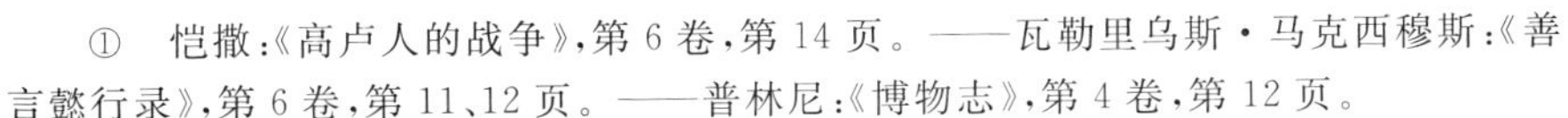

① 恺撒：《高卢人的战争》，第 6 卷，第 14 页。——瓦勒里乌斯·马克西穆斯：《善言懿行录》，第 6 卷，第 11、12 页。——普林尼：《博物志》，第 4 卷，第 12 页。

② 波塞多尼奥斯的著作，第 23 卷；餐桌上的健谈者亚大纳西的著作，第 4 卷，第 154 页。

③ 埃利安的著作，第 7 卷，第 23 页。

④ 魏茨：《原始民族人类学》，第 6 卷，第 115 页。

⑤ 同上书，第 3 卷，第 1 部分，第 102 页。

⑥ 玛丽·伊斯曼：《达科他》，第 89、169 页。——隆布罗索：《犯罪的人》，1884 年，第 51 页。

易为了最微不足道的理由剖腹自杀。有人甚至报道，在日本有一种奇怪的决斗，双方不是互相攻击，而是比谁能灵巧地用自己的手剖开自己的肚子。[①] 有人指出，在中国、交趾支那、西藏和暹罗王国也有类似的现象。

在所有这些实例中，一个人自杀并非明确地是被迫自杀的。然而，这些自杀的性质同义务性自杀没有什么两样。因为不留恋生命是一种美德，甚至是一种杰出的美德，所以人们赞扬稍微受到一点环境的刺激或者甚至仅仅由于假充好汉而放弃生命的人。由此可见，社会的奖励给予了因此而得到鼓励的自杀，而拒绝这种奖励就会招致惩罚那样的同样结果，尽管这是不太严重的惩罚，为了在某种情况下逃避耻辱，就是为了在另一种情况下赢得更多的尊重。如果从童年起就习惯于不重视生命，而且藐视那些过分重视生命的人，那就不可避免地会为了最小的借口而放弃生命。有人就轻易地决定作出如此没有价值的牺牲。因此，这种习俗完全像义务性自杀一样，与低级社会最基本的道德观念联系在一起。因为这种习俗只有在个人没有自身利益的时候才能保持原状，所以必须唆使个人无保留地放弃和牺牲自身的利益；这些自杀就是由此而发生的，部分是自发的。正像社会比较明确地要求的自杀一样，这些自杀也起因于这种无个性状态，或者像我们所说过的，起因于利他主义；利他主义可以被看成是原始人的道德特点。因此，我们也把这些自杀称为利他主义的自杀，即使为了更加突出这些自杀的特点而应该补充说这些自杀是**非强制性**的，那也只能把这

① 利尔的著作，第333页。

些自杀理解为不是社会特意要求的，尽管严格地说来是义务性的。这两种自杀的性质如此相近，以致不可能把它们区别开来。

最后，在另一些情况下，利他主义更直接更强烈地引起自杀。在前面这些例子中，利他主义只是在环境的协助下才促使一个人去自杀。死亡一定是社会当作一种义务强加于人的，或者是某种与荣誉有关的事在起作用，或者至少是某种令人不愉快的事件导致受害者贬低生命的价值。但是有时候个人自我牺牲仅仅是为了得到牺牲的乐趣，因为毫无特殊理由地自我牺牲被认为是值得赞扬的。

印度是这类自杀的传统乐土。在婆罗门教的影响下，印度人很容易自杀。《摩奴法典》确实劝告自杀，但有某些保留：一个人必须已经达到一定年龄，他至少应该留下一个儿子。但是，如果完成了这些条件，他就不需要生命了。“婆罗门用那些圣人所使用的方法之一摆脱了他的肉体，免除了忧愁和恐惧，他便光荣地被梵天的居住地所接纳。”[①]尽管有人常常指责佛教已经把这种原则推向了极端，把自杀当作了宗教实践，实际上不如说谴责了这种原则。毫无疑问，佛教一直教导说，最大的幸福是涅槃，但是这种生命的中止可以而且应该在今生做到，而不必为实现这一点采取强暴的手段。尽管如此，人必须逃避生命的思想在教义中根深蒂固，而且如此符合印度人的愿望，所以可以在产生于佛教或和佛教同时形成的主要教派中看到这种思想的不同形式。耆那教就是这种情况。尽管耆那教的经典之一谴责自杀，指责自杀是延长生命，但是在许

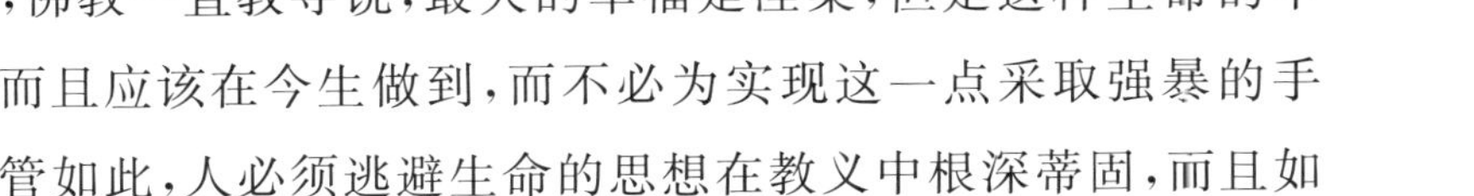

① 《摩奴法典》，VI，32。

多神庙中所收集的碑文证明，尤其是在南方的耆那教徒中，宗教自杀是十分常见的事。[①] 信徒们往往绝食身亡。[②] 在印度教中，在恒河或其他圣河中寻死的习俗十分普遍。那些碑文告诉我们，国王和大臣也准备这样结束自己的生命，[③]有人肯定，在本世纪初，这种迷信还没有完全消失。[④] 在比尔人中，有一处悬岩，为了献身于湿婆神，人们虔诚地从悬岩上跳下去；[⑤]1822 年，还有一位军官目睹了这样一次献身。至于那些让讫里什那神像车的轮子成群地碾死的宗教狂的故事，则已经成了经典作品。[⑥] 夏勒瓦曾经在日本见到过类似的宗教仪式，他说："在海边上，一些小船满载着这些宗教狂，他们有的在身上绑着石头往海里跳，有的把他们的小船凿穿，唱着赞美他们所崇拜的偶像的颂歌让自己渐渐地被海水淹没。许多旁观者注视着他们，向上苍赞扬他们的英勇，并在他们消失之前要求得到他们的祝福。这样的场面屡见不鲜。弥陀佛的信徒把自己封闭在岩洞里，在岩洞里，他们只有刚能保持坐姿的空间，只能通过一个通风口来呼吸。在岩洞里，他们安静地让自己饿死。另一些信徒则登上十分陡峭的悬岩的顶部，在这些悬岩上有一些硫黄矿，不时地喷出火焰来。他们不停地向他们的神祈求；他们祈求他们的神接受他们奉献的生命，祈求他喷出火焰来。一旦喷出

① 巴思：《印度的宗教》，伦敦，1891 年，第 146 页。

② 比勒：《论印度的耆那教派》，维也纳，1887 年，第 10、19、37 页。

③ 巴思：《印度的宗教》，第 279 页。

④ 赫伯：《印度北方诸省旅行记，1824—1825 年》，第 12 章。

⑤ 福赛思：《中印度高原》，伦敦，1871 年，第 172—175 页。

⑥ 见伯内尔：《外来语词典》中的 Jagarnnath 条。这种习俗几乎已经消失；然而，今天我们还看到过一些孤立的实例。见斯特林：《亚洲研究》，第 15 卷，第 324 页。

一道火焰，他们便认为是神表示同意，于是一头跳进深渊。……人们怀着极大的崇敬怀念这些所谓的殉教者。”①

再没有哪一种自杀的利他主义性质更明显了。在所有这些实例中，我们确实看到，个人渴望摆脱他个人的生命，以便进入他看作他的真正本质的东西中。他把这种东西叫做什么无关紧要；他相信他存在于这种东西中，而且只存在于这种东西中，而正是为了存在于这种东西中，他才如此使劲地和这种东西融合在一起。因此他自以为没有自身的生命。在这里，无个性达到了最大限度；利他主义处于极端状态。但是，有人会说，这些自杀难道不是仅仅出于自杀者觉得生命悲惨吗？很显然，当一个人自发地自杀时，他并不十分珍惜生命，因此他认为生命或多或少是一种令人伤感的现象。但是，在这一点上，所有的自杀都彼此相似。然而，对这些自杀不加任何区别将是一个严重的错误，因为这种表现并非总是出于同样的原因；因此，尽管看上去相似，但这种表现在不同的情况下是不相同的。利己主义者忧伤是因为他认为世界上只有个人才是真实的，而过分的利他主义者则相反，他的忧伤产生于个人在他看来是多么不真实。前者厌倦生活是因为他看不到任何他可以追求的目标，他感到自己毫无用处，没有理由活下去，而后者厌倦生活则是因为他有一个目标，但不在今生今世，因此生命对他来说似乎是一种障碍。所以，原因不同结果也不同，前者的忧郁与后者的忧郁性质完全不同。前者的忧郁产生于一种无法医治的厌倦感和沮丧，这种忧郁表现为不能有效地从事活动而完全消沉和颓丧。

① 《日本史》，第2卷。

相反，后者的忧郁产生于希望，因为这种忧郁恰恰由于模糊地预感到来世的前景更加美好。这种忧郁甚至隐含着兴奋和急切地满足某种信念的冲动，并且以某些激烈的行为表现出来。

而且，单凭一个人把生活设想得多少有点凄惨的方法不足以说明他倾向于自杀的强烈程度。基督教徒并不比耆那教徒把生活在这个世界上设想得更加令人愉快。他只把生活在这个世界上看成是一段经受痛苦考验的时光，他也认为他的真正的祖国不在这个世界上。然而大家都知道，基督教公开表示并启发人们厌恶自杀。因为基督教社会比以前的社会给予个人以更重要的地位。它规定个人应尽的义务，禁止个人逃避这些义务；只有根据他完成今世规定他应尽的义务的情况，来决定他是否被允许享受来世的欢乐，而且这些欢乐是属于个人的，就像劳动给他带来的权利一样。由此可见，基督教精神中的温和的个人主义不允许它支持自杀，而不管它关于人及其命运的理论如何。

作为这些道德实践逻辑背景的形而上学体系和宗教体系已经证明，它们就是这些道德实践的根源和涵义。事实上，早就有人指出，这些道德实践往往和泛神论的信仰同时存在。毫无疑问，耆那教和佛教一样，也是无神论；但泛神论不一定是有神论。泛神论的基本特点是认为，存在于个人身上的现实和他的本性是格格不入的，赋予他生命的灵魂不是他的灵魂，因此没有个人的存在。不过，这种信条是印度教教义的基础，人们已经在婆罗门教中发现这种信条。相反，凡是生命的本原不和这些教义相混淆、而是被设想为一种个别形式的地方，也就是说，在犹太人、基督教徒和伊斯兰教徒等信奉一神教的民族中，或者像希腊、罗马等信奉多神教的民族中，这种形式的自杀是例外。人们从来没有在这些民族的宗教仪式实践中见到过这种形式的自杀。因此，在这种形式的自杀和泛神论之间很可能有某种关系。那么到底是什么关系呢？

我们不能承认引起自杀的是泛神论。指导人的不是抽象的思想，而且不能把历史的发展解释为纯粹的形而上学概念在起作用。在民族中和在个人中一样，各种表象的作用首先是表现某种不是这些表象所造成的现实，相反地，这些表象倒是产生于这种现实，而尽管这些表象后来能改变这种现实，但也是很有限的。社会环境产生宗教观念，而不是宗教观念产生社会环境；尽管宗教观念一旦形成便会对产生宗教观念的环境起反作用，但这种反作用不会十分巨大。因此，如果说形成泛神论的原因是多少有点从本质上否定任何个性，那么这种宗教也只能在这样一种社会里形成，在这种社会里，个人实际上无足轻重，也就是说个人几乎完全消失在群体之中。因为人只能根据他们生活在其中的社会的形象来想象整个世界，所以宗教上的泛神论只不过是社会的泛神论组织的产物的反映。因此，这种到处都和泛神论联系在一起的特殊类型自杀的原因也就在于这种社会。

这便构成了第二种类型的自杀，而这种类型的自杀本身包括三种不同的形式：义务性利他主义的自杀、非强制性利他主义的自杀和强烈的利他主义的自杀，而宗教狂性质的利他主义自杀是后者的完整模式。在这些不同的形式下，这种自杀和利己主义自杀形成最鲜明的对照。一类自杀和粗野的道德观念联系在一起，这种道德观念认为只涉及个人的东西毫无价值；另一类自杀则和文雅的伦理观念联系在一起，这种伦理观念把人的个性抬得如此之高，以致再也不能处于次要的地位。因此，这两类自杀之间有着极大的差距，这种差距把原始民族和最开化的民族区别开来。

然而，尽管低级社会尤其是利他主义自杀的温床，但在某些比较现代的文明中也有这种自杀。我们尤其可以把某些基督教殉教者的死列入这一类。所有这些新教徒即使不是自己杀死自己，而是自愿让别人杀死自己，实际上还是自杀。尽管他们不是自己杀死自己，但是他们不顾一切地追求死亡，而且采取行动使死亡不可避免。为了自杀，只要知道其原因的牺牲者作出必然引起死亡的行动就够了。另一方面，新教忠实信徒这种临危不惧的狂热表明，在这种时刻，他们为了他们所虔信的思想，已经完全失去了他们的个性。在中世纪，曾几度使修道院荒无人烟，看来是过分的宗教狂热所引起的自杀风，很可能也是这种性质。[①]

在我们的当代社会里，由于个人的个性越来越摆脱集体的个性，所以这类自杀就不会十分普遍。有些军人宁死不受失败的屈辱，例如博勒佩尔舰长和维尔纳夫海军上将，这些不幸的人为了不给他们的家庭带来耻辱而自杀，当然可以说他们屈从于利他主义的动机。他们之所以舍弃生命，是因为他们更爱某种东西而不爱自己。但是这些情况是孤立的，只是例外地发生。[②] 然而，在我们中间，今天还有一个特殊阶层，在这个阶层中，利他主义的自杀是

① 人们把引起这些自杀的精神状态称为淡漠忧郁症。见布尔克洛：《关于中世纪有关自杀的舆论和立法的研究》。

② 在大革命时期，经常发生自杀很可能起因于一种利他主义的精神状态，至少在某种程度上是如此。在这种内部斗争和集体热情高涨的时候，个人的个性已经失去它的价值。祖国或党派的利益高于一切。大量的死刑大概出于同样的原因。杀人也像自杀一样容易。

长期的现象，这个阶层就是军队。

二

在所有的欧洲国家中，军人的自杀倾向要比同龄平民大得多，这是一种普遍现象。而且两者的差别在25%到900%之间(见表二十三)。

表二十三　欧洲主要国家中军人自杀人数与平民自杀人数的比较

	自杀人数		军人与平民相比增加系数
	100万军人中	100万同龄平民中	
奥地利(1876—1800)	1253	122	10
美　国(1810—1884)	680	80	8.5
意大利(1876—1890)	407	77	5.2
英　国(1876—1890)	209	79	2.6
符腾堡(1846—1858)	320	170	1.92
萨克森(1847—1858)	640	369	1.77
普鲁士(1876—1890)	607	394	1.50
法　国(1876—1890)	333	265	1.25

丹麦是这两类自杀人数大致相同的唯一国家，在1845—1856年期间，平民为每百万人中388人，军人为每百万人中382人。但军官的自杀人数不包括在这个数字内。①

这个事实乍看起来令人感到惊讶，因为有许多原因似乎应该使军队避免发生自杀。首先，从身体情况来看，组成军队的个人是

① 军人的自杀人数或者来自官方文件，或者来自瓦格纳的著作(第229页以下)；平民的自杀人数来自官方文件、瓦格纳的著作或莫塞利的著作。就美国来说，我们假定军队中的平均年龄同欧洲一样是20至30岁。

国家的精华。他们经过仔细的挑选，没有严重的器质性缺陷[①]。而且，团体精神和共同的生活在军队里应该像在其他地方一样具有预防的作用。因此，自杀人数这样多是什么原因呢？

因为普通士兵都没有结过婚，所以人们归咎于独身。但是，首先，独身在军队中不应该像在平民生活中那样产生有害的结果，因为正像我们已经说过的，士兵不是孤立的。他们是一个组织严密的集体的成员，这个集体从本质上来说部分地取代了家庭。但是，不管这种假设是否正确，我们有一个办法来单独考察这个因素。只要比较一下士兵的自杀人数和同龄独身者的自杀人数就行了；表二十一使我们可以进行这种比较，我们再一次看到这张表的重要性。在1888—1891年期间，法国每百万士兵中有380人自杀，而在同一个时期，每百万20至25岁的未婚青年中只有237人自杀。因此，每100名自杀的独身平民就有160名自杀的军人，这种使增加的系数达到1.6的情况，完全与独身无关。

如果把士官的自杀人数除外，那么增加的系数还要大。在1867—1874年期间，每百万名士官中平均每年有993名自杀。根据1866年的一次人口调查，他们的平均年龄为31岁多一点。我们确实不知道当时30岁未婚青年的自杀人数，我们所列的表只涉及最近一个时期(1889—1891年)，而且这是唯一的一张表。但是以这张表上的数字为基准，我们所犯的错误只不过是把士官自杀的增加系数降低到实际水平以下。实际上，因为自杀人数从一个时期到另一个时期几乎增加了一倍，所以这个年龄独身者的自杀

① 这是器质性因素和婚姻选择不起作用的又一证明。

率肯定也增加了。因此，比较1867—1874年士官的自杀人数和1889—1891年未婚青年的自杀人数，我们就可以减轻而不是加重军人职业的恶劣影响。然而，在1889—1891年期间，每百万31岁独身者中的自杀人数在394名到627名之间，或510名左右。这个数字和993之比为100比194；这就意味着增加系数为1.94，这个系数可以提高到4而不必担心超出实际情况。①

最后，从1862年到1878年，军官的平均自杀率为每百万人中430名。他们的平均年龄变化不大，1866年为37岁零9个月。因为他们当中有许多人结过婚，所以不应该把他们与独身者作比较，而应该与包括未婚青年和已婚男子在内的全体男性人口作比较。不过，在1863—1868年期间，每百万各种身份的男子中自杀的只有200人多一点。这个数字和430之比为100比215，这就构成增加系数2.15，这个增加系数与婚姻无关，与家庭生活也无关。

这个系数因军衔等级的不同而从1.6变到接近4，显然只能用军人地位本身的原因来解释。诚然，我们只是直接证实了法国的情况；至于其他国家，我们没有把独身的影响分离出来所必需的资料。但是，因为法国军队正好是欧洲受自杀影响最小的军队（只有丹麦除外），所以可以肯定上述情况带有普遍性，哪怕这种情况在其他欧洲国家应该更明显。那么是什么原因呢？

有人想到酗酒，他们说，酗酒在军队中比在平民中更严重。但

① 在1867—1874年期间，自杀率为140左右；1889—1891年期间为210至220，即增加将近60%。如果独身者的自杀率以同样的程度增加（没有理由认为不是这样），那么独身者在第一个时期的自杀率就只有319，这就使士官的增加系数上升到3.11。我们之所以不谈士官，是因为从这时起职业士官越来越少。

是，首先，正像我们已经证明过的，如果酗酒对一般人的自杀率没有决定性的影响，那么酗酒更不会影响军队的自杀率。其次，短短几年的服役期——法国为三年，普鲁士为二年半——不足以造成大量饮酒成癖的酗酒者，以致可以解释军队中有大量自杀者。最后，甚至根据那些把最大的影响归因于酗酒的观察家的看法，也只有十分之一的案例可以归因于酗酒。因此，即使酗酒引起的自杀在士兵中要比在同龄平民中多二三倍（这一点没有得到证明），军队中还有大量的自杀需要寻找其他根源。

人们最常提到的原因是对服役感到厌恶。这种解释和把自杀归因于生活艰苦的流行想法相一致；因为严格的纪律、缺少自由、被剥夺一切享受使人倾向于把军营生活看得特别难以忍受。说实在的，看来有许多其他职业更艰苦，然而这些职业并不加强自杀的倾向。无论如何，士兵总是保证有地方住，有足够的食物。但是，不管这些考虑多么有价值，下面的事实证明这种简单化的解释是不充分的：

1. 承认士兵对这种职业的厌恶在服役的最初几年里比较强烈，而随着对军营生活的习惯会逐步减轻，这是合乎逻辑的。在一段时间以后，由于习惯的作用，或者因为那些最固执的士兵已经开小差或自杀，必然会在某种程度上适应这种生活；而且在军队里的时间越长，这种适应就越完全。因此，如果说决定士兵特殊自杀倾向的是习惯的改变和对这种新生活不能适应，那就应该看到自杀的增加系数随着他们在军队中生活时间的延长而减小。然而事实并非如此，正像下表所证明的：

法国军队		英国军队		
	军士和士兵每10万人中每年的自杀人数（1862—1869）	年　龄	每10万人中的自杀人数	
			在宗主国	在　印　度
服役不足1年	28	20—25岁	20	13
服役1—3年	27	25—30岁	39	39
服役3—5年	40	30—35岁	51	81
服役5—7年	48	35—40岁	71	103
服役7—10年	76			

在法国，服役不到10年的士兵，自杀率就增加了2倍，而在相同的时间内，独身平民的自杀率只从237增加到394。在驻印度的英国军队中，自杀率在20年里增加了7倍；平民的自杀率从来没有增加这么快。这就证明，军队特有的严重情况不在服役的最初几年。

意大利的情况看来也是如此。诚然，我们没有与每一类士兵人数有关的比例数，但是在三年服役期内，每一年的平均自杀人数大体上差不多：第一年为15.1人，第二年为14.8人，第三年为14.3人。不过，完全可以肯定的是，服役人数一年比一年少的原因是死亡、退役和休假等等。因此，即使比例数明显增加，绝对数却只能保持在同样的水平上。然而，在某些国家，有一些士兵在服役初期由于生活的改变而自杀，这并不是不可能的。事实上，有人报告说，在普鲁士，1000名自杀的士兵中有156名是在服役的头三个月里自杀的，[①]这当然是一个很大的数字。但是这些事实和前面所说的那些事实丝毫没有矛盾。因为，除了在这个动荡时期

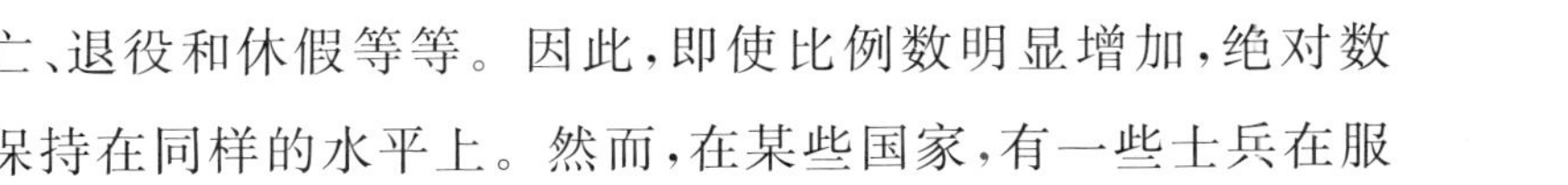

① 见罗思的文章，载于《统计月刊》，1892年，第200页。

发生的暂时增加以外，很可能有另一种完全出于其他原因的增加，而且按照我们在法国和英国所观察到的类似规律越来越严重。此外，即使在法国，第二年和第三年的自杀率也略低于第一年；然而这并不妨碍后来的增加。[①]

2. 军队生活对军官和士官来说不像对普通士兵来说那样难以忍受，纪律也不那么严格。因此前者的增加系数应该低于后者的增加系数。然而，事实恰恰相反，我们已经证实了法国的情况；其他国家的情况也是如此。在意大利，1871—1875 年期间军官的自杀人数为每百万人中每年平均 565 人，而士兵只有 230 人(莫塞利的数字)。士官的自杀率更高，每百万人中超过 1000 人。在普鲁士，普通士兵每百万人中有 560 人自杀，而士官则为 1140 人。在奥地利，有 1 名军官自杀就有 9 名普通士兵自杀，而每一名军官显然远不止有 9 名士兵。同样，尽管每一名士官并没有 2 名士兵，但有 1 名士官自杀就有 2.5 名士兵自杀。

3. 那些自愿服役和把从军当作职业的人应该不太厌恶军队的生活。因此，那些自愿入伍和再次入伍的人应该不太倾向于自

		每百万人的自杀率	可能的平均年龄	同龄独身平民的自杀率(1889—1891)	增加系数
1875—1878	自愿入伍者	670	25 岁	237—394 或 315	2.12
	再次入伍者	1300	30 岁	394—627 或 510	2.54

① 至于普鲁士和奥地利，我们没有每年的服役人数，所以我们不能确定各种比例数。有人认为，在法国，战争爆发后军人自杀人数之所以减少，是因为服役期缩短(从 7 年缩短到 5 年)。但是这种减少并不持久，从 1882 年起，自杀人数明显增加。从 1882 到 1889 年，自杀率恢复到战前的水平，即每百万人中 322 名到 424 名之间，尽管服役期再次缩短，从 5 年缩短到 3 年。

杀。恰恰相反，这种倾向却格外强烈。

由于我们已经说过的那些理由，与1889—1891年独身平民自杀率相比的增加系数肯定低于实际情况。再次入伍者所表现出来的倾向的强度尤其明显，因为他们在体验了军队生活之后留在了军队里。

由此可见，最受自杀考验的军队成员也是那些最把这种生涯当作自己天职的人，他们最习惯于这种职业的苛刻要求，最不怕这种职业可能带来的烦恼和不便。因此，导致这种职业特有的增加系数的原因不是这种职业引起的反感，而是构成军队精神的整体情况、后天的习惯和先天的素质。不过，士兵的第一品质是没有人格，这种品质在任何地方的平民生活中都看不到。他应该被训练得不重视他自身，因为他应该一接到命令就牺牲自己的生命。除了这些特殊情况，甚至在和平时期和日常操练时，纪律也要求他盲目服从，不需要讨论，有时甚至不需要理解。但是，要做到这一点，需要有一种和个人主义几乎不能同时并存的理智上的克制。要如此驯服地遵从外界的驱使，就不应该强调自己的个性。总之，士兵没有自己的行为准则；这是利他主义状态的特点。此外，在我们现代社会的所有组成部分中，军队的结构最能使人联想到低级社会的结构。军队也是由一个庞大而严密的群体所组成，这个群体把个人紧紧地包围起来，并且使他不能自由行动。因此，既然这种道德结构是产生利他主义的天然土壤，那就完全可以认为，军人的自杀也具有这种特点，而且出于同样的根源。

这就可以解释自杀的增加系数为什么随着服役年限的延长而增加；因为这种自我克制倾向、这种对非人格化的爱好由于比较长

期的训练而发展起来。同样，因为重新入伍者和士官身上的军人气概要比普通士兵强，所以前者比后者更倾向于自杀是很自然的。这种假设甚至可以使我们理解士官比军官更倾向于自杀的这种奇怪现象。士官之所以有更多的人自杀，是因为军官没有在同样的程度上要求养成服从和被动习惯的职责。军官不管多么守纪律，他们也可以在某种程度上有主动性，他们的活动范围更广，因此个性也更成熟。因此，有利于利他主义自杀的条件在他们身上不像在士官身上那么完全得到实现；因为他们更强烈地感到自己生命的价值，所以他们不太倾向于放弃生命。

这种解释不仅说明了前面所说的这些事实，而且得到了下述事实的证实。

1. 表二十三表明，军人自杀的增加系数越大，全体平民就越不倾向于自杀，反之亦然。丹麦是典型的自杀之乡，在那里，士兵自杀并不比其他居民多。在丹麦之后，自杀最多的国家是萨克森、普鲁士和法国；在这些国家，军人自杀也不特别多，增加系数在1.25到1.77之间。相反，在奥地利、意大利、美国和英国，因为平民自杀的很少，所以军人自杀率的增加系数相当大，罗森菲尔德在我们引用过的那篇文章中也得出同样的结论，他在把欧洲这些主要国家按军人自杀率进行分类之后，也没有想到要从这种分类中

	士兵的自杀率和20—30岁平民的自杀率相比的增加系数	平民的自杀率（每百万人）
法　国	1.3	150(1871—1875)
普鲁士	1.8	133(1871—1875)
英　国	2.2	73(1876)
意大利	3—4	37(1874—1877)
奥地利	8	72(1864—1878)

得出任何理论上的结论。下面就是按他所计算出来的增加系数排列的这些国家的顺序。

除了奥地利应该在意大利之前外，这种反比关系是绝对有规律的。[①]

在奥匈帝国，这种反比关系更加明显。增加系数最大的部队是那些驻扎在平民免疫力最强的地区的部队，反之亦然：

军　　区	士兵自杀率和20岁以上平民自杀率相比的增加系数		20岁以上平民的自杀率（每百万人中）	
维也纳（下奥地利和上奥地利，萨尔茨堡）	1.42		660	
布吕恩（摩拉维亚和西里西亚）	2.41	平均2.46	580	平均480
布拉格（波希米亚）	2.58		620	
因斯布鲁克（蒂罗尔，福拉尔贝格）	2.41		240	
萨拉（达尔马提亚）	3.48	平均3.82	250	平均283
格拉茨（施泰尔马克，卡林西亚，卡尼奥尔）	3.58		290	
克拉科夫（加利西亚，布科维纳）	4.41		310	

只有一个例外，这就是因斯布鲁克地区，那里的平民自杀率最低，军人自杀率的增加系数也低于平均数。

同样，在意大利，博洛尼亚是所有军区中士兵自杀率最低的军区（每百万人口180人），也是平民自杀率最高的地区（89.5人）。相反，普利亚地区和阿布鲁兹地区军人的自杀率很高（每百万人中

① 人们可能考虑，奥地利军人自杀率的增加系数大，是否并非因为精确统计的军队自杀人数多于平民的自杀人数。

370 至 400 人），而平民的自杀率只有 15 至 16 人。在法国也可以看到类似的情况。巴黎军政府的自杀率为每百万人中 260 人，大大低于布列塔尼驻军的 440 人。因此，在巴黎，自杀率的增加系数也很小，因为，在塞纳地区，每百万 20 至 25 岁的独身者中自杀人数达 214 人。

这些事实证明，军人自杀的原因不仅不同于最能引起平民自杀的原因，而且相反。在欧洲各主要国家中，平民自杀主要是由于这种随着文明而来的强烈个性。因此，军人的自杀大概取决于相反的禀性，即个性不强或我们所说过的那种利他主义情绪。事实上，军队最倾向于自杀的那些民族也是最不先进的民族，他们的风俗习惯最接近于低级社会的风俗习惯。与个人主义精神特别对立的传统主义在意大利、奥地利、甚至在英国要比在萨克森、普鲁士和法国突出得多；在萨拉和克拉科夫要比在格拉茨和维也纳强烈得多；在普利亚要比在罗马或博洛尼亚强烈得多；在布列塔尼要比在塞纳强烈得多。因为传统主义可以预防利己主义的自杀，所以很容易理解，在传统主义依然盛行的地方，平民自杀的人数很少。但是，传统主义只有在强度适中的时候才能起这种预防作用。如果传统主义超过了一定的强烈程度，它本身会变成自杀的一个根源。但是，正像我们所知道的，军队必然倾向于夸大传统主义，而且它本身的行动越是得到周围环境的支持和加强，就越是容易超过限度。军队的教育越是适应平民本身的思想和感情，就越是产生强烈的影响；因为军队不再受到任何限制。相反，在军队的精神始终和公众道德严重对立的地方，这种精神也不会像在一切都促使年轻士兵有同样倾向的地方那样强烈。因此可以理解，在利他

主义情绪足以在某种程度上保护全体居民的国家，军队很容易使这种情绪达到这样的程度，以致变成自杀率明显增加的原因。①

2. 在整个军队中，精锐部队是增加系数最高的部队。

	实际的或可能的平均年龄	自杀率（每百万人）	增加系数
巴黎特种部队	30—35	570（1862—1878）	2.45 与35岁各种身份的平民相比。②
宪兵	—	570（1873）	2.45
老兵	45—55	2860（1872）	2.37 与同龄独身者相比（1889—1891）

最后一个数字因为是和1889—1891年期间独身者的自杀率相比较计算出来的，所以非常小，但是比普通部队要大得多。同样，在被看作军队美德学校的驻阿尔及利亚部队中，1872—1878年期间的自杀率为同期驻法国部队的一倍（每百万人中570人而不是280人）。相反，最不受影响的是架桥兵、工兵、卫生兵和后勤部门的工人，即军事性质最不突出的部队。同样，在意大利，1878—1881年期间一般部队的自杀率为每百万人中430人，而狙击兵为580人、轻骑兵为800人、军事院校和教导营则为1010人。

然而，使精锐部队与众不同的是忘我精神和军人自我牺牲精神所达到的强度。

3. 这种规律的最后一个证明是，各地的军人自杀率都在降低。1862年，法国军人的自杀率为每百万人中630人，1890年只

① 我们将会看到，利他主义情绪是这个地区所固有的。布列塔尼的部队并非完全由布列塔尼人组成，但是整个部队受到周围精神状态的影响。

② 因为宪兵常常和保安警察融为一体。

有 280 人。有人曾经断言,这种减少归功于缩短了服役期的法律。但是这种减少的趋势早于关于征兵的新法律。这种趋势从 1862 年起就一直继续下去,除了 1882 年到 1888 年的一次相当大的回升。[①] 而且我们到处都看到这种情况。在普鲁士,军人的自杀率从 1877 年的每百万人中 716 人减少到 1893 年的 457 人;在整个德意志,从 1877 年的 707 人减少到 1890 年的 550 人;在比利时,从 1885 年的 391 人减少到 1891 年的 185 人;在意大利,从 1876 年的 431 人减少到 1892 年减少到 389 人。在奥地利和英国,这种减少不太明显,但也没有增加(前者在 1892 年为 1209 人,后者在 1890 年为 210 人,而不是 1876 年的 1277 人和 217 人)。

然而,我们的解释之所以有充分的理由,完全是因为这种事情必然会发生。事实上,在这个时期,所有国家的旧军人气概确实都有所消退。不管对不对,这种消极服从和俯首听命的习惯,这种非人格化的习惯(请允许我使用这种不规范的语词),越来越和公众意识的要求相矛盾。因此,这种习惯失去了滋生的土壤。为了满足新的愿望,纪律变得不那么严格,对个人不那么有强制性了。[②] 此外,值得注意的是,在同一个社会和同一个时期,平民的自杀人数有所增加。这再一次证明,引起他们自杀的原因从性质上来说完全不同于使士兵普遍具有这种特殊倾向的原因。

---

① 这次回升作为偶然的存在是太重要了。如果我们注意到这次回升恰好发生在殖民时期开始的时候,那么我们就有充分的理由怀疑,殖民事业引起的战争是否没有引起军人气概的复苏。

② 我们不同意说这些个人受到这种强制的折磨,并且因为受到这种折磨而自杀。他们自杀更多的是因为他们缺少个性。

因此，一切都证明军人的自杀是一种利他主义的自杀。当然，我们并不是说，所有发生在军队里的这些特殊情况都有这种特点和这种根源。士兵并不因为穿上了军装而完全变成了新人；他们所受过的教育和迄今为止所过的生活对他们的影响不会像变戏法那样地消失；而且，他们也没有脱离社会而不参与公共生活。因此，他们自杀的原因和性质有时可能和平民自杀的原因和性质一样。但是一旦排除这些相互之间没有联系的个别情况，军队仍然是一个严密的清一色的群体，是大多数取决于利他主义情绪的自杀的舞台；没有这种利他主义情绪，也就没有军人气概了。低级社会的自杀在我们当中继续存在，因为军队的风气本身从某些方面来说就是原始社会风气的残余。[①] 在这种倾向的影响下，士兵往往为了一点点气恼和微不足道的理由而自杀，例如请假遭到拒绝，受到训斥或不公正的处罚，为了荣誉或一时的妒忌，或者甚至仅仅因为看到或听说别人自杀。事实上，这就是产生我们经常在军队里看到的这些传染现象的原因，我们在上面已经举出一些例子。如果说自杀主要取决于个人的原因，那就无法解释这些现象了。我们不能假定，这么多由于他们的气质而倾向于自杀的个人偶然地正好集中在某一个部队里或某一个地区。另一方面，更不能接受的是，这种仿效的传播可能与任何素质无关。但是，如果承认军队生涯能培养起一种有效地促使人去放弃生命的心理气质，那么这一切就很容易理解了。因为这种气质不同程度地存在于大多数

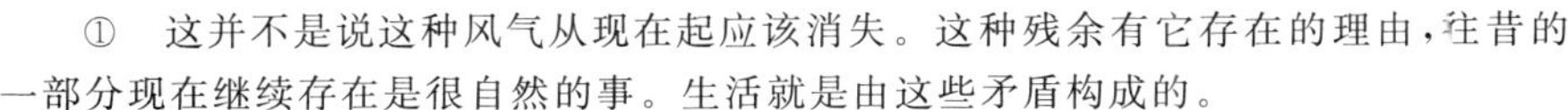

① 这并不是说这种风气从现在起应该消失。这种残余有它存在的理由，往昔的一部分现在继续存在是很自然的事。生活就是由这些矛盾构成的。

正在服役或曾经服过役的人身上，这是很自然的，而且，因为这种气质是自杀的温床，所以有一点风吹草动就可以使它所孕育着的自杀倾向变成行动；这方面的例子很多。因此这种倾向像一根导火线那样在某些准备接受这种倾向的人中间蔓延开来。

三

现在，我们可以更好地理解给自杀下一个客观的定义并坚持这个定义有什么好处了。

因为利他主义的自杀，尤其是这种自杀给人以强烈印象的表现形式，在表现自杀的特点的同时，非常接近我们习惯于尊重甚至钦佩的某些范畴的行为，所以我们常常拒绝把它看成是一种自杀。我们记得，埃斯基罗尔和法尔雷认为，加图的死和吉伦特派成员的死都不算是自杀。但是，如果那些明显和直接的原因是自我克制和自我牺牲精神的自杀都没有资格被称为自杀，那么那些出于同样原因（尽管以不太明显的方式）的自杀就更没有这种资格了，因为前者和后者只有若干细微的差别。如果说加那利群岛的居民为了对他们的上帝表示尊敬而跳进深渊不算自杀，那又怎能把耆那教徒为了进入超脱生死的境界而自尽，把原始人在同样精神状态的影响下为了受到一点冒犯或仅仅为了表示对生命的藐视而舍弃生命，把破产者宁死不受屈辱以及把这么多士兵自杀人数的逐年增多称为自杀呢？因为这些情况的根源都是这种利他主义情绪，而这种情绪也是人们可以称之为壮烈自尽的原因。我们可以只把这些情况算作自杀，而把那些动机特别单纯的情况排除在外吗？

但是，首先根据什么标准来分类呢？什么时候一种动机不再受到足够的赞扬，以致它所引起的行为可以被称为自杀呢？再说，在把这两种范畴的行为彼此彻底区别开来的时候，我们难免会混淆它们的性质。因为基本特点最明显的自杀类型是义务性的利他主义自杀，其他类型的自杀只不过是一些派生的形式。因此，我们或者无视大量有启发意义的现象，或者，如果不是把全部现象抛掉，除了只能在其中进行任意选择外，那就不可能看出我们要研究的那些现象的共同根源。这就是我们根据自杀所引起的主观感觉来给自杀下定义所要冒的风险。

此外，甚至人们认为那些可以用来证明这种排除是正当的感情，理由也是不充分的。人们所根据的是这样的事实：各种引起某些利他主义自杀的动机以一种几乎没有什么不同的形式成为人人都认为合乎道德的行为的基础。但是利己主义的自杀难道就不一样吗？个人的独立意识难道不像相反的意识那样有它自己的道义性吗？如果后者是某种勇气的条件，如果后者使人坚定甚至变得冷酷无情，那么前者就使人温柔而且富有同情心。如果说在利他主义自杀盛行的地方人们时刻准备献出自己的生命，那么他们也不会更重视他人的生命。相反，在人们如此看重人格以致看不出有任何超出人格目的地方，他们也尊重他人的人格。人们对人格的崇拜使他们可能因任何人降低他们的人格而感到痛苦，哪怕是他们的同伙。对人类痛苦的更大同情继原始时代的狂热牺牲精神而来。因此，每一种自杀都是某一种美德的夸张形式或变形。但是，同情和牺牲精神影响道德意识的方式并没有使它们有很大的区别，以致人们没有理由把它们分成不同的类型。

第五章 反常的自杀

但是社会不仅仅是以不同的强度引起个人对它的感情和活动的客体，它还是调节个人感情和活动的一种力量。在这种调节活动的方式和社会自杀率之间存在着某种关系。

一

经济危机对自杀的倾向有着严重的影响，这是众所周知的事实。

1873 年，维也纳爆发了一场金融危机，这场危机在 1874 年达到顶点；自杀的人数立刻就增加，从 1872 年的 141 人增加到 1873 年的 153 人和 1874 年的 216 人，比 1872 年增加 51%，比 1873 年增加 41%。充分证明这种灾难是自杀人数增加唯一原因的是，在危机处于最严重的状态时，即 1874 年的头四个月，自杀人数的增加特别明显。从 1 月 1 日到 4 月 30 日的自杀人数，1871 年为 48 人，1872 年为 44 人，1873 年为 43 人；而 1874 年则为 73 人，增加了 70%。同一时期在美因河畔法兰克福爆发的金融危机产生了同样的结果。在 1874 年以前的几年里，自杀的人数每年平均为 22 人，而 1874 年则为 32 人，即增加了 45%。

人们没有忘记 1882 年冬在巴黎证券交易所发生的股票行情

暴跌，其后果不仅在巴黎可以感觉到，而且波及整个法国。从1874年到1886年，自杀人数平均每年只增加2%，而1882年却增加了7%。而且，在这一年的不同时间，自杀人数也不一样，不过在头三个月里，即正在股票行情暴跌的时候最多；仅仅在这三个月里就增加了59%。这种增加完全是特殊情况的功绩，不仅不会发生在1881年，而且在1883年就消失了，尽管1883年全年的自杀人数要比上一年略多一点：

	1881	1882	1883
全年	6741	7213(增加7%)	7267
第一季度	1589	1770(增加11%)	1604

这种关系并非仅仅在某些特殊情况下才能看到；这是一种规律。破产的数字是相当灵敏地反映经济生活发生变化的晴雨表。如果破产突然一年比一年多，那就可以肯定发生了某种严重的动乱。从1845年到1869年，破产的数字有过三次突然增加，这是危机的征兆。在这段时期里，破产的数字平均每年增加3.2%，而1847年却增加26%，1854年增加37%，1861年增加20%。在这三年里，人们发现自杀的人数也格外迅速地增加。在这24年里，自杀人数平均每年只增加2%，而1847年却增加了17%，1854年增加了8%，1861年增加了9%。

但是这些危机靠什么产生影响呢？是不是因为这些危机在使公共财富减少的同时增加了贫困？是不是因为生活变得更加困难，所以人们更自愿地放弃生命？这种解释因为简单而吸引人，而且符合流行的自杀概念。但是这种解释与事实背道而驰。

其实，如果说自杀人数的增加是因为生活变得比较艰难，那么在生活变得比较富裕的时候自杀人数应该明显减少。然而,尽管在生活必不可少的食物价格大幅度上涨时,自杀的人数通常也大幅度增加,但是在相反的情况下自杀人数并没有减少到平均数以下。在普鲁士,1850年小麦的市价降到1848—1881年期间的最低点,每50公斤6.91马克;然而这时的自杀人数却从1849年的1527人增加到1736人,即增加了13%,而且在1851年、1852年、1853年继续增加,尽管小麦的价格一直很便宜。在1858—1859年期间,小麦的价格再一次下跌,然而自杀的人数却从1857年的2038人增加到1858年的2126人和1859年的2146人。从1863年到1866年,小麦价格从1861年的11.04马克逐步下跌到1864年的7.95马克,而且在这个时期价格一直非常平稳;在此期间,自杀人数却增加了17%(1862年为2112人,1866年为2485人)。[①]在巴伐利亚,人们观察到类似的事实。根据迈尔为1835—1861年这个时期所作的曲线,[②]1857—1858年和1858—1859年黑麦的价格最低,然而1857年的自杀人数只有286人,而1858年却增加到了329人,1859年又增加到387人。同样的现象在1848—1850年期间也发生过:这时小麦的价格同全欧洲一样非常便宜。然而,由于我们曾经说起过的政治事件,自杀人数尽管暂时略有减少,但保持在同样的水平上:1847年为217人,1848年还有215人,1849年尽管一度减少到189人,但1850年又重新增加到250人。

如果说贫困的加剧很少使自杀的人数增加,那么使一个国家

① 见施塔克:《普鲁士的犯罪与违法》,柏林,1884年,第55页。

② 《社会生活的规律性》,第345页。

突然繁荣昌盛起来的幸运机遇对自杀的影响也和经济灾难完全一样。

1870 年,维克多·伊马纽尔征服了罗马,最终奠定了意大利的统一,这对这个国家来说是一场革新运动的开始,这场运动正在使这个国家成为欧洲列强之一。商业和工业由此得到了有力的推动,国家异常迅速地发生了变化。1876 年,总功率为 54000 马力的 4459 台蒸汽锅炉已足以满足工业的需要,然而在 1887 年,机器的数量是 9983 台,总功率达到了 167000 马力,即增加了两倍。在此期间,产品的数量自然也以同样的比例增加。[①] 贸易随之而扩大;不仅商船和交通运输线路得到了发展,而且运送的客货量也翻了一番。[②] 因为这种普遍的过度活动导致了工资的增加(据估计从 1873 年到 1889 年增加了 35%),所以劳动者的物质状况有所改善,何况这时面包的价格也在下跌。[③] 最后,根据博迪奥的计算,私人财产从 1875—1880 年的平均 455 亿增加到 1880—1885 年的 510 亿和 1885—1890 年的 540 亿。[④]

然而,在这种百废俱兴的时候,自杀的人数却异乎寻常地增加了。从 1866 年到 1870 年,自杀人数大致保持不变;从 1871 年到 1877 年,自杀人数却增加了 36%:

1886—1870	每百万人中 29 人	1874	每百万人中 37 人
1871	每百万人中 31 人	1875	每百万人中 34 人

① 见福尔纳萨里·迪·韦尔切:《意大利的犯罪行为和经济变迁》,都灵,1894 年,第 77—83 页。

② 《意大利的犯罪行为和经济变迁》,第 108—117 页。

③ 同上书,第 86—104 页。

④ 1885—1890 年期间增加较少是因为有一次金融危机。

1872	每百万人中 33 人	1876	每百万人中 36.5 人
1873	每百万人中 36 人	1877	每百万人中 40.6 人

1877 年以后，自杀的人数继续增加，1877 年的总数为 1139 人，1889 年增加到 1463 人，即增了 28%。

在普鲁士，同样的现象发生过两次。1866 年，这个王国第一次扩大版图。它吞并了几个重要的省，同时成了北方同盟的盟主。伴随着这种光荣和权力的增加而来的是自杀的人数突然增加。在 1856—1860 年期间，每百万人中平均每年有 123 人自杀，而 1861—1865 年期间只有 122 人。在 1866—1870 年这五年里，尽管 1870 年的自杀人数有所减少，但平均数仍然增加到了 133 人。1867 年，即胜利后的第一年，是自 1816 年以来自杀人数最多的一年（每 5432 名居民中有 1 名自杀，而在 1864 年，每 8739 名居民中才有 1 名自杀）。

在 1870 年战争结束后，发生了令人高兴的新变化。整个德意志统一在普鲁士的霸权下。巨大的战争赔款扩大了公共财富；商业和工业飞跃发展。但自杀的人数也以前所未有的速度增加。从 1875 年到 1886 年，自杀的人数增加了 90%，即从 3278 人增加到了 6212 人。

万国博览会取得了成功，被看成是社会生活中一件令人高兴的大事。博览会促进了商业，给国家带来了更多的金钱，使国家更加繁荣昌盛，尤其是举办博览会的城市。然而，博览会最后以自杀人数大大增加告终也不是不可能的。1878 年的博览会看来尤其如此。这一年是 1874 年到 1886 年期间自杀人数增加最多的一年，增加了 8%，超过了股票行情暴跌的 1882 年。而且不能假设除了博览会以外还有另外的原因引起自杀人数再次增加，因为86%的自杀就发生在举行博览会的六个月里。

1889年，同样的情况并没有再次发生在整个法国。但这可能是布朗热危机对自杀进程的抑制作用抵消了博览会的有害作用。可以肯定的是，在巴黎，尽管布朗热主义引起的政治热情和全国其他地方一样，但发生的情况却和1878年相同。在举行博览会的七个月里，自杀的人数增加了将近10%，确切地说是9.66%，而在其余的几个月里，自杀人数却少于1888年和1890年的同期。

	1888	1889	1890
举行博览会的七个月……………	517	567	540
其余的五个月……………………	319	311	356

可以考虑，要不是布朗热主义，自杀的人数会更多。

但是，更能证明经济困难不像人们常说的那样有严重影响的是它的反作用。在爱尔兰，农民过着艰难的生活，但很少有人自杀。贫苦的卡拉布里亚地区可以说没有人自杀；西班牙的自杀人数只有法国的十分之一。我们甚至可以说，贫困起了保护作用。在法国的不同省份里，靠收入生活的人越多，自杀的也越多。

每十万人中的自杀人数（1878—1887）		每千人中靠收入生活的平均人数（1886）
48—43	（5个省）	127
38—31	（6个省）	73
30—24	（6个省）	69
23—18	（15个省）	59
17—13	（18个省）	49
12—8	（26个省）	49
7—3	（10个省）	42

自 杀
（1878—1887）
每10万人中
31–48
24–30
18–23
13–17
8–12
3–7

靠收入生活
的人数
每1000人中
100以上
71–100
51–70
41–50
31–40
10–80
平均 62%

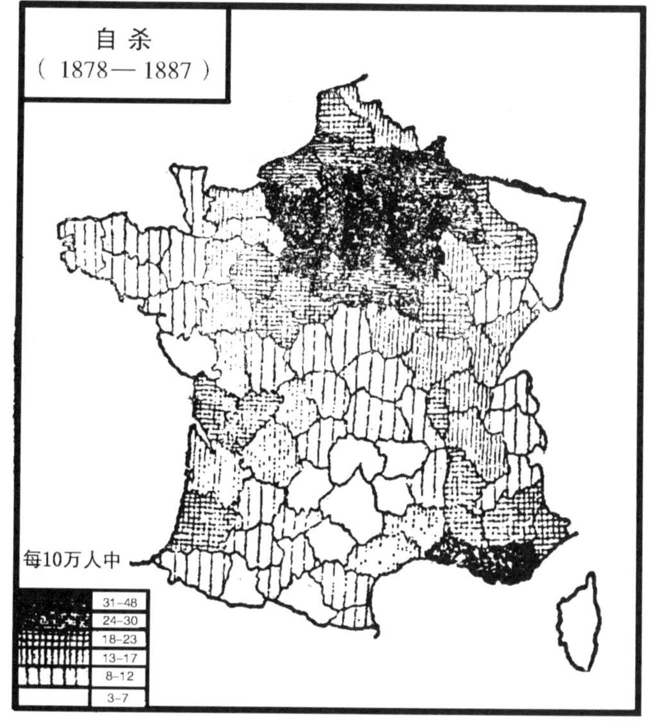

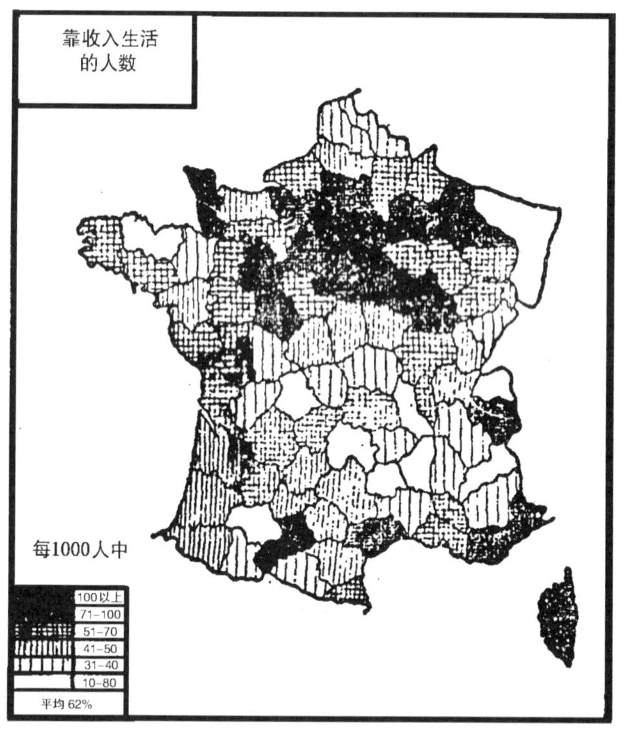

图五　自杀和财富

两张地图的比较证实了这些平均数的比较(见图五)

因此,工业危机或金融危机之所以使自杀人数增加,并非由于这些危机使人贫困,因为繁荣的机遇也产生同样的结果;而是由于这些危机打乱了集体秩序。[①] 对平衡的任何破坏,哪怕由此而导致更大的富裕和生活的普遍提高,也会引起自杀。每当社会机体发生重大的调整时,不管是由于迅速的发展还是由于意外的灾难,人都容易自杀。这怎么可能呢?通常被认为是使生活得到改善的事情怎么能使人脱离生活呢?

要回答这个问题,必需有几个先决条件。

二

任何生物都不可能幸福,甚至不可能活下去,除非它的需要完全与它的谋生手段相适应。换句话说,如果它的要求超过了它所能得到的,或者只能得到另一种东西,那么它就会不断地受到伤害,而且不能毫无痛苦地活动。然而,不能没有痛苦产生的运动是不会再次产生的。没有得到满足的倾向会衰退,而且,因为活下去的倾向只不过是其他倾向引起的结果,所以如果其他倾向减弱,这种倾向也不可能不减弱。

① 为了证明幸福的增加使自杀的人数减少,人们有时试图证明,当移民这个贫困的保险阀门大大打开时,自杀的人数便减少(见勒古瓦的著作第 257—259 页)。但是这两种现象不成反比而成正比的情况也很多。从 1876 年到 1890 年,意大利的移民从每 10 万居民中 76 人增加到 335 人,1887—1889 年期间甚至超过了这个数字。与此同时,自杀的人数也在不断增加。

在动物中，至少在正常的情况下，这种平衡是自发地建立起来的，因为这种平衡纯粹取决于物质条件。机体所需要的一切就是一定数量的物质和能量，用来生存下去，这些物质和能量定期地被同等数量的物质和能量所取代，因为体力的恢复和消耗相等。当生命所消耗掉的体力得到补充，动物就感到满足，再也没有更多的要求。它的思考能力没有发达到能够想象肉体需要以外的其他目的。另一方面，因为要求每一种器官所做的工作本身取决于生命力的一般状况和机体平衡的必要性，所以体力的消耗反过来要靠恢复来调节，平衡要靠自身来实现。一方面所受到的限制也是另一方面所受到的限制；这些限制同样存在于没有办法超越这些限制的生物的机体结构中。

但是人就不是这样，因为人的大部分需要不是或不是在同样程度上由肉体决定的。严格地说，也可以认为在肉体上维持一个人的生命所必需的食物数量是可以确定的，尽管不像前一种情况那样严格，而且各种欲望自由结合的余地更大；因为除了本性本能地感到满足的最低限度必需数量以外，比较活跃的思考使人隐约看到更好的条件，这些条件看来像是引人企求的目的，而且激发起人的积极性。然而可以承认，这类欲望迟早会遇到某种不可逾越的界限。但是，如何确定一个人可以合法地追求的幸福、舒适和奢侈的数量呢？我们既不能在人的肉体结构上也不能在人的心理结构上找到任何表明这类欲望的极限的东西。个人的生命机能并不要求这类欲望停留在这一点上而不是停留在另一点上；证明就是，这类欲望是有史以来才得到发展的，而且总是得到越来越全面的满足，然而一般的健康没有进展，越来越衰弱。尤其是如何确定这些欲望必须根据环境、职业以及事业的相对重要性而变化的方式呢？在任何社会里，不同社会等级的人都不能同样地满足这些欲望。然而，在任何公民身上，人性的基本特点看上去差不多是一样的。因此，人性不能给这些欲望规定必要的不同界限。因为这些欲望只取决于个人，所以是无限的。撇开任何外部的支配力量不谈，我们的感觉是一个没有任何东西能填满的无底洞。

但是，如果没有任何外来的力量限制这种感觉，那么这种感觉本身就只能是苦恼的源泉。因为有些贪得无厌的欲望按照定义来说是难以满足的，而这种贪得无厌被看成一种病态是不无道理的。既然没有什么东西限制这些欲望，这些欲望总是无限地超出自己所拥有的手段，因此没有什么东西能使这些欲望平息下来。当然，人们曾经说过，任意展开而没有规定的界限和为自己确定不可能达到的目标，正是人类活动的本性。但是看不出为什么这种不确定的状态和精神生活的条件取得一致，而不是和物质生活的要求取得一致。不管人在做事、活动、作出努力时感到多么愉快，他还必须感到他的努力没有白费，他在走路时向前进了。然而，如果他不向任何目标走去，他就不会前进；如果他所走向的目标在无穷远的地方，其结果也是一样。不管他走了多少路，如果他离开目标的距离还是那么遥远，那么他就好像在原地踏步不前。即使回过头来看，因为看到已经走过的空间而可能感到自豪，但是这也不会产生一种非常虚假的满意感，因为要走的空间并没有因此而缩小。追求一个假设达不到的目标，就是使自己永远处于不满足的状态。毫无疑问，人有时会毫无理由地抱有希望，而且即使毫无理由，希望也有它的乐趣。因此，希望可能使他支撑一段时间；但是在一再

受到欺骗以后，希望是不会无限期地存在下去的。然而，既然永远不可能达到一种可以保持下去的状态，既然不可能接近模糊地看到的理想，那么未来又能够比过去更多地给予他什么呢？由此可见，占有越多就希望占有更多，得到的满足只会刺激各种欲望，而不是平息这些欲望。有人会说，就行动本身而言，行动是令人愉快的吗？但是，首先，只要人们看不清真相，就不会感到这种行动的无益。其次，为了感觉到这种愉快，并且部分减轻和掩盖随着这种愉快而来的痛苦的不安，这种无益的行动至少应该是轻松的，而且不受任何阻碍。但是，如果这种行动受到阻碍，那就只剩下不安和这种不安所带来的苦恼了。如果从来没有出现过某种不可逾越的障碍，这倒是一个奇迹。在这种情况下，人只靠一根细丝和生命联系在一起，这根细丝随时都可能被拉断。

因此，要想避免这种情况，首先应该使情欲受到限制。只有这样，情欲才能和能力相一致，然后才能得到满足。但是，既然个人根本不能限制情欲，这种限制就必然来自个人以外的某种力量。必须有一种力量对精神上的需要起调节作用，就像机体对肉体上的需要起调节作用一样。这就是说，这种力量只能是精神上的。打破动物所处的平衡状态是意识的觉醒；因此只有意识才能提供恢复平衡的手段。在这里，肉体上的限制是不起作用的；不能用物理和化学的力量改变一个人的心情。欲念如果不是自动地被生理机制所遏制，就只能被限制在承认是合理的范围内。人是不会乐意节制他们的欲望的，如果他们自以为有充分理由超越给他们规定的界限的话。他们甚至不会为了我们所说过的理由把这种合理的规定强加给自己。因此，我们必须从某种他们所尊敬和自发地服从的权威那里接受这种规定。只有社会才能直接地和整体地，或者通过它的某一个机构起到这种节制作用，因为社会是唯一胜过个人的精神力量，而且个人承认它的优势。只有社会才有必要的权威制定法律和给情欲指明不能逾越的界线。也只有社会才能以最有利于共同利益的方式判断应该给每一类公务人员以何种奖励。

事实上，在历史上的每一时刻，在社会的精神意识中，对不同社会服务各自的价值，对每一种服务的相对报酬，因而对适合于每一种职业的劳动享受的一般舒适程度，都有一种难以理解的看法。舆论认为，不同的职业是分成等级的，并且根据在等级中所占的地位给每一种职业分配一定的享受系数。例如，根据得到认可的意见，有一种生活方式被看成是一个劳动者力求改善生活所能达到的上限，还有一个下限，低于这个下限就很难容忍，尽管他并没有受到极大的羞辱。对城市里的劳动者和对农村的劳动者、对仆人和对打短工的、对店员和对官员……来说，这种上限和下限是不同的。同样，人们指责过穷日子的富人，但是如果他过分追求奢侈，人们也会指责他的。节俭的人提出抗议是徒劳的；但是一个人完全不必要地消费太多的财富总会引起公愤，而且似乎只有在道德混乱的时代里才会稍加容忍。[1] 因此，有一种真正的规章制度，尽管并不总是具备法律的形式，但相当精确地规定每一个社会阶级可以合法地力求达到的最大限度富裕。此外，这样建立起来的等

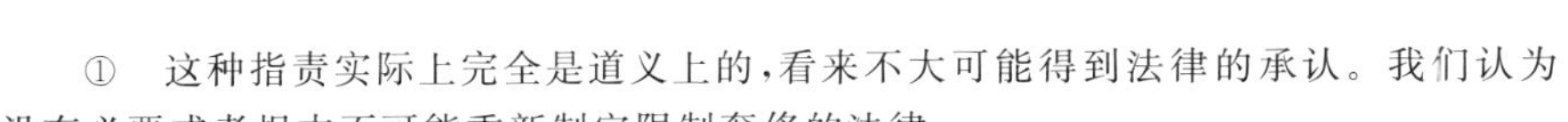

① 这种指责实际上完全是道义上的，看来不大可能得到法律的承认。我们认为没有必要或者根本不可能重新制定限制奢侈的法律。

级不是没有一点变化的。它随着社会财富的增加或减少和社会道德观念的变化而变化。由此可见，对于一个时代来说是奢侈，对于另一个时代来说就不再是奢侈；富裕长期只属于一个阶级仅仅是例外，终究会变得绝对必要和公平。

在这种压力下，每一个人在他的范围内模糊地意识到他的奢望所能达到的极限，而且丝毫不想超出这个极限。至少，如果他遵守惯例并服从集体的权威，也就是说，如果他具有良好的道德素质，他就会感到提出更多的要求是不应该的。这就为情欲规定了目标和极限。当然，这种限定不是一成不变的，也不是绝对的。给每一类公民规定的经济理想包含在某种范围内，各种欲望可以在这个范围内自由驰骋。但是这种理想不是无限的。正是这种相对的限制和由此而产生的节制，使得人们满足于他们的境遇，同时又刺激他们有分寸地去改善这种境遇；正是这种一般的满足产生这种平静和积极的欢乐，而这种生活的欢乐对于社会和个人来说都是健康的特征。每一个人，至少一般说来，和他的条件是一致的，而且只想他所能合法地得到的东西作为他的活动的正常奖励。此外，人并不因此而处于静止的状态。他可以设法美化他的生活；他在这方面所作的种种尝试可能不成功，但不会使他感到绝望。因为在他喜欢他所拥有的东西的同时，并不把他的全部情欲放在追求他所没有的东西上，他渴望得到的新的产品，在他的意愿里可能是很少的，但他同时并不缺少一切东西。基本的必需品他还是有的。他的幸福处于稳定的平衡状态，因为这种平衡状态是确定的，某些失望不足以打破这种平衡。

尽管如此，即使每个人都认为舆论所建立的职业的等级是公

平的也毫无用处，如果人们不同时认为这些职业吸收新成员的办法同样是公平的。劳动者如果不相信他已经有了他应该有的东西，他就和他的社会地位不一致。如果他自以为有充分理由占有另一种社会地位，他就不会对已有的东西感到满足。因此，公众的感情不足以规定每一种社会地位的平均需要水平，还应该有另一种更加精确的规章制度来确定不同社会地位应该向个人开放的方式。其实，没有一个社会没有这种规章制度，只是因时因地有所变化而已。从前这种规章制度几乎把出身当作社会划分等级的唯一原则；今天这种规章制度只坚持另一种天生的不平等，即产生于遗产和美德的不平等。但是，在这些不同的形式下，这种规章制度的目的到处都是一样的。而且不管在什么地方，只有由超越个人的权威即集体的权威强加于个人，这种规章制度才有可能存在。因为只有以公众利益的名义要求这一部分人或另一部分人作出牺牲，更通常的是要求这一部分人和另一部分人都作出牺牲，这种规章制度才能建立起来。

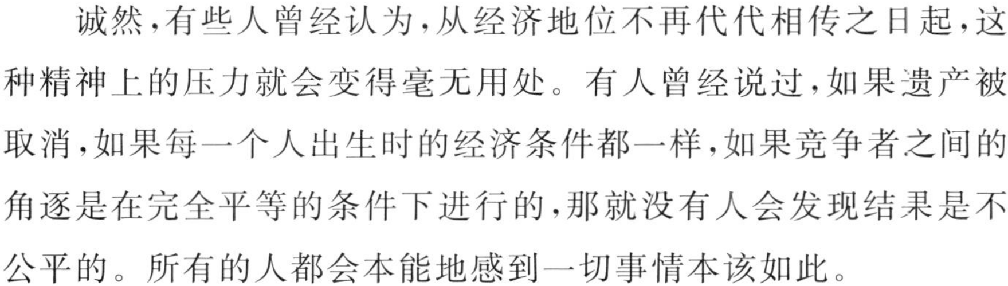

诚然，有些人曾经认为，从经济地位不再代代相传之日起，这种精神上的压力就会变得毫无用处。有人曾经说过，如果遗产被取消，如果每一个人出生时的经济条件都一样，如果竞争者之间的角逐是在完全平等的条件下进行的，那就没有人会发现结果是不公平的。所有的人都会本能地感到一切事情本该如此。

事实上可以肯定，越是接近这种理想的平等，就越是不需要社会的限制。这只是一个程度的问题。因为永远有一种遗产会继续存在下去，这就是天资的继承性。智力、爱好以及科学、艺术、文学和实业等方面的才能、勇气和心灵手巧，都是我们与生俱来的能力，就像产业主的儿子接受资产、从前的贵族接受封号和爵位一样。因此，还应该有一种精神上的约束，使那些天资最不好的人接受他们命中注定的最低下的地位。有人甚至会要求人人平等，并且不让那些最有用的人和最有功绩的人占任何优势。但是这样一来，就需要某种更加有效的约束，使后者接受与那些平庸的人和无能的人完全相同的待遇。

不过这种约束和前一种约束一样，只能在服从它的人都认为是公平的时候才有效。如果这种约束只是靠习惯和压力来保持，那么和平与和谐就只能在表面上继续存在；身心的不安和不满是潜在的；表面上得到克制的欲望随时会爆发出来。这就是古罗马和古希腊的贵族和平民组织建立于其上的信仰开始动摇时所发生的情况，也是我们现代的贵族的偏见开始失去其原有的巨大影响时所发生的情况。但这种动荡的状况是少有的，只发生在社会经历某种不正常危机的时候。在正常的情况下，全体国民都承认这种集体秩序是公正的。因此，当我们说把某种权威强加于个人是必要的，我们的意思绝不是说暴力是建立这种秩序的唯一手段。因为这种规章制度是用来限制各种个人情欲的，所以必须来自统治个人的某种权力机构，但是对这种权力机构的服从也应该是出于尊重而不是出于畏惧。

由此可见，人类的活动可以超越任何制约是不对的。世界上没有任何存在物可以享受这种特权。因为作为世界组成部分的任何存在物都和世界上的其他存在物有关，所以其本性和表现这种本性的方式不仅取决于其本身，而且取决于其他存在物，后者对前者加以限制和调节。在这一点上，矿物和能思维的人只有程度和形式上的某些差别。人的特点是他所受到的制约不是肉体上的，而是道义上的、即社会的制约。他所接受的规则不是来自粗暴地强加于他的某种物质环境，而是来自胜过他自己的意识的、而且他感觉到其优势的某种意识。因为他的生命的绝大部分和精华超出肉体，他摆脱了肉体的桎梏，但受到社会的约束。

不过，在社会动荡不定的时候，不管是由于某种令人痛苦的危机，还是由于某种令人高兴但过于突然的变化，社会都暂时没有能力采取这种行动，这就引起我们在前面已经证实的自杀人数的曲线突然上升。

事实上，在经济上遇到灾难时，会发生某种降低等级的情况，使某些人突然退回到他们原先所处的低下地位。于是他们必须降低他们的要求，限制他们的需要，学会更大的克制。对他们来说，社会活动的所有成果都不再存在；他们要重新接受道德教育。然而，社会并非一下子就能使他们适应某种新的生活，也不能一下子就使他们学会增加他们所不习惯的自我克制。其结果是他们不适应这种强加给他们的条件，而且这种条件的前景对他们来说甚至是不可容忍的；由此而产生的痛苦使他们弃世而去，甚至没有体验一下这种低下的生活。

但是，如果危机的根源是权力和财富的突然增加，其结果也没有什么不同。实际上，当生活的条件发生变化时，调节各种需要的尺度就不可能再是原来的样子；因为这种尺度是随着社会财富的变化而变化的，因为这种尺度是大致确定每一类生产者所应得的份额的。社会财富的分配标准被打乱，但是另一方面新的标准又没有立刻建立。公众的意识给人和物重新分类需要时间。只要由此而失控的各种社会力量没有恢复平衡，它们各自的价值观念仍然处于未定的状态，那就暂时不会有任何规章制度。人们再也不知道什么是可能做到的，什么是不可能做到的，什么是公平的，什么是不公平的，什么是合理的要求和希望，什么是超过了限度的要求和希望。因此，人们什么借口也不需要。这种动荡只要稍微严重一点，甚至会影响分配公民从事不同职业的原则。因为社会不同组成部分之间的关系必然要改变，所以表现这种关系的观念也不可能原封不动。例如危机对之特别有利的阶级再也不打算像从前那样顺从，而且作为一种反应，他们的好运也唤醒了周围的人和地位比他们低下的人的种种贪欲。因此，各种欲望由于不再受到迷失方向的舆论的制约，所以再也不知道哪里是应该停下来的界限。此外，在这种时候，各种欲望都处于一种自然而然的兴奋状态，只有在这种状态下，一般人的活动才更加频繁。因为幸运的事件增加了，欲望才更加强烈。给他们提供更多的收获刺激着他们，使他们的要求更高，更加忍受不了任何规章制度，传统的规章制度正是在这种时候失去了它们的权威性。因此，放纵或**反常**的状态进一步强化，各种情欲在需要更加有力的约束时反而得不到约束。

但是他们的要求是不可能得到满足的。过分受到刺激的野心总是超过已经得到的结果，不管这些结果是什么；因为这种野心没有得到应该适可而止的警告。因此，没有什么东西能使这种野心感到满足，而且这种激动本身会永远保持下去而不会平息。尤其是，由于这种向一个难以把握的目标前进的进程除了本身是一种乐趣外（如果还算是一种乐趣的话），不可能得到其他乐趣，所以这种进程万一受到阻碍，一个人就还是两手空空。不过，这时斗争会变得更加激烈和痛苦，因为斗争不受约束，还因为竞争更加激烈。所有的阶级都被卷了进去，因为再也没有固定的阶级区分。因此，在作出的努力变得更加毫无结果的时候，却要作出更大的努力。在这种情况下，活下去的愿望怎么会不减弱呢？

这种解释得到贫穷国家具有独特免疫力的肯定。贫穷之所以能防止自杀，是因为贫穷本身是一种制动器。不管一个人做什么，欲望在一定程度上不得不考虑手段；人们部分地以此为出发点来确定想要得到的东西。因此，占有得越少，就越是不想无限地扩大欲望的范围。无能在迫使我们节制的同时，也使我们习惯于节制，只要在普遍处于中等水平的地方没有任何东西来刺激欲望。相反，财富通过它所赋予的权力使我们幻想我们只属于我们自己。财富在减少我们对各种东西抵制力的同时，还诱使我们相信可以无限地获得这些东西。不过，人越是不感觉到限制，任何限制就越是显得令人难以容忍。因此，这么多宗教赞扬贫穷的好处和道德价值，不是没有道理的。实际上，贫穷是人们学习自我克制的最好课堂。贫穷在迫使我们经常约束自己的同时，还使我们作好准备去驯服地接受集体的约束，而财富在使个人兴奋的同时，往往有可能唤醒这种作为不道德行为根源的造反精神。当然，这不是阻止人类去改善物质条件的一个理由。但是，即使增加财富所引起的道德危机不是不可救药，但也不应掉以轻心。

三

像上述那些情况一样，尽管社会混乱历来只是间歇地以严重危机的形式发生，很可能不时地使社会自杀率发生变化，但不会是使自杀率发生变化的一个固有和经常的因素。不过，有一个社会生活领域，在当前这个领域里的混乱是一种持久的状态，这个领域就是工商界。

一个世纪以来，经济的进步实际上主要是使各种工业关系摆脱一切限制。直到最近，全部道义力量的职能还是约束这些关系。首先是宗教，它同样地影响工人和老板、穷人和富人。它安慰前者，使他们学会满足于他们的命运，告诉他们社会秩序是天意，每个阶级所得的份额是上帝本身确定的，同时使他们希望今生的不平等在来世得到公正的补偿。它使后者克制，提醒他们尘世的利益不是人类的一切，他们应该服从另一些更崇高的利益，因此不值得任意地和毫无限制地去追求尘世的利益。世俗的权力则通过对经济职能行使最高权力，通过使经济职能保持相对从属的地位，限制经济职能的扩大。最后，在工商界内部，行业公会通过调整工资、产品价格和生产本身，间接地确定收入的平均水平，在这个水平上通过环境的力量部分地调节各种需要。尽管如此，我们在描述这种组织时并不是想把它当作一种模式。如果不进行深刻的改造，这种组织显然不适合于现实世界。我们所指出的只是这种组织一直存在，起过有益的作用，而且今天还没有什么东西取而代之。

事实上，宗教已经失去了它的大部分权威。政府的权力不再是经济生活的调节者，而是变成了它的工具和奴仆。最对立的两派——正统的经济学家和过激的社会主义者——串通一气使政府处于不同社会职能之间或多或少是被动的中间人角色。前者仅仅打算使它成为私人契约的保管者；后者交给它的任务是管好集体的账目，也就是说，登记消费者的种种需求并转告生产者，清点总收入并按照固定的办法分配这些收入。但是两派都不承认政府有资格使其他社会机构服从于它，并使这些机构趋向一个支配它们的目标。双方都宣称，国家唯一的或主要的目标应该是发展工业；这正是经济物质主义教条的内涵，也是这两种表面上对立的制度的基础。而且，由于这些理论只是舆论的反映，所以工业不再继续被看作为了达到一个超越它的目标的手段，而是变成了个人和社会的最高目标。但是工业所引起的种种欲望却可能摆脱限制他们的任何权威。可以说，这种把幸福神化的做法在使欲望变得神圣不可侵犯的同时，也使欲望高于人类的任何法律，似乎制止欲望就是一种亵渎神圣的行为。因此，甚至工业界本身通过同业公会对各种欲望实施的纯功利主义的规章制度也没有成功地保持下去。最后，欲望的爆发由于工业的发展和几乎无限扩大的市场而变得更加严重。只要生产者只能在周围的邻近地区推销他的产品，可能获得的微薄收入就不可能使野心受到极大的刺激。但是，既然他几乎可以断言全世界都是他的顾客，那么，在这种无限的前景面前，各种情欲怎么会像从前那样接受别人的限制呢？

这就是这部分社会发生动荡并扩大到其余部分的根源。因为在这部分社会里，危机和混乱的状态是经常存在的，所以也可以说是正常的。贪婪自上而下地发展，不知何处才是止境。没有任何办法能平息贪婪，因为贪婪试图达到的目标远远超过了它能达到的目标。与狂热的幻想模糊地看到的可能性相比，现实似乎毫无价值；因此人们脱离现实，但是当可能变成现实时，他们后来也又要摆脱这种可能。人们渴望各种新奇的东西、不知道的享受和不可名状的感觉，但是这些新东西被认识以后，它们便失去了它们的一切风趣。从那时起，突然发生最微小的挫折，人们就无力承受。所有这种狂热一旦减弱，人们就会意识到，这种折腾多么徒劳，所有这些无限地积累起来的新鲜感觉没有成功地构成可以在不幸的日子里靠它生活的幸福的坚实基础。聪明人懂得享受已经取得的成果，而不是经常感到需要用其他成果来取而代之，并且在困难的日子来到时从中看到生活的希望。但是，老是等待未来和眼睛盯着未来的人在他的过去却没有任何东西来鼓励他忍受现在的痛苦，因为过去对他来说只是一系列急于度过的阶段。使他能够自己欺骗自己的是，他总是想在不久的将来找到迄今为止还没有遇到的幸福。但是他就此停步不前，从此在他的前后便再没有什么指望了。而且，仅仅疲倦就足以使幻想破灭，因为他终究很难不感到没有结果的追求是毫无用处的。

有人甚至可能会寻思，今天使经济灾难引起这么多人自杀会不会主要不是这种精神状态。在一个人服从某种合理约束的社会里，他也比较容易经受得住命运的打击。习惯于过紧日子和知足，作出必要努力强制自己日子过得更紧一点所要付出的代价也相对小一点。但是，如果任何限制都是令人讨厌的，那么更严格的限制怎么会不显得令人难以忍受呢？非常急躁的人是不大倾向于屈从的。如果他除了不断地超越他已经达到的那一点外没有别的目的，那么被抛在后面对他来说是多么痛苦啊！不过，作为我们经济状况的特点的混乱给所有的冒险打开了大门。由于各种想象都渴望新奇，而且得不到控制，所以这些想象就盲目地摸索。失败必然与风险交叉，所以危机也在变得更能造成极大损害时频繁发生。

然而，这种心情如此根深蒂固，所以社会在其中形成，而且习惯于把这种心情看作是正常的。人们一再说，永不满足、一刻不停地向着一个不确定的目标前进，这是人的本性。无限的情欲像一种道德差别的标志那样每天都显示出来，而这种情欲只能在失常的和把失常当作规律的意识中产生。不管怎样，关于尽可能迅速地取得进展的原则已经变成了信条。但是，与这些赞美不稳定性的好处的理论相对应，也出现了另外一些理论，这些理论在概括它们从中产生的环境时宣称生活是艰难的，指责生活中的痛苦多于欢乐，只用一些迷惑人的魅力来引诱人。由于混乱在经济界最严重，所以这里的牺牲者也最多。

表二十四　每种职业每百万人中自杀的人数

	商　业	交通运输	工　业	农　业	自由职业①
法　　国(1878—1887)②	440		340	240	300
瑞　　士(1876)	664	1514	577	304	558
意 大 利(1866—1876)	277	152.6	80.4	26.7	618③
普 鲁 士(1883—1890)	754		456	315	832
巴伐利亚(1884—1891)	465		369	153	454
比 利 时(1886—1890)	421		160	160	100
符 腾 堡(1873—1878)	273		190	206	
萨 克 森(1878)	341.59			71.17	

① 如果统计数字把若干种自由职业区别开来的话，我们便以自杀率最高的统计数字作为基准点。

② 从 1826 年到 1880 年，经济界受到的影响似乎不大(见《1880 年汇报》)；但是各种职业的统计数字是否非常精确呢？

③ 只有作家才达到这个数字。

事实上，工业和商业在各种职业中自杀的人数最多（见表二十四）。这两种职业的自杀人数几乎与自由职业的自杀人数持平，有时甚至超过；尤其是这两种职业所受的影响要比农业大得多。因为农业是古老的约束力还能最大限度地产生影响的职业，商业的狂热渗透到农业里很少。农业最能令人想起从前的经济秩序总的情况是什么样子。在工业界的自杀人数中，如果把老板和工人区别开来，差距就更明显了，因为前者可能最受混乱状态的影响。食利者异乎寻常的自杀率（每百万人中720名）充分表明，最有钱的人受到的损害最大。因为任何迫使人们甘居人下的因素都减轻这种状态的影响。下层阶级的前途至少要受到上层阶级的限制，所以他们的欲望比较有限。但是，那些还有向上活动余地的人几乎必然会陷入种种欲望之中，如果没有任何力量限制这些欲望的话。

因此，在我们的现代社会里，社会混乱是经常和特别引起自杀的因素，是每年使自杀的队伍得到补充的来源之一。所以我们面对着一种新的自杀类型，应该和其他类型的自杀区别开来。这种类型的自杀之所以不同是因为它不取决于个人与社会相联系的方式，而取决于社会管理个人的方式。利己主义的自杀产生于那些人再也看不到活下去的理由；利他主义的自杀则产生于这些人认为这种理由超出了生命本身。我们刚刚谈到的第三种自杀产生于这些人的活动失常并由此受到损害。根据其产生的根源，我们将把这种自杀称为**异常的自杀**。

当然，这种自杀和利己主义自杀不是没有同源关系。两者都起因于社会没有充分起作用。但是在这两种情况下，社会不起作用的领域不尽相同。对利己主义的自杀来说，社会缺乏真正的集体活动，使活动没有目的和意义。对异常的自杀来说，社会不能影响真正的个人情欲，使情欲得不到调节和控制。由此可见，这两种类型的自杀尽管有联系，彼此仍然是独立的。我们可以把我们身上一切具有社会性的东西同社会联系起来，但不懂得克制我们的欲望；我们不是利己主义者，但可能生活在社会混乱的状态之中，反之亦然。此外，这两种类型的自杀者并不来自同样的社会环境：前者主要来自知识界，即脑力劳动者阶层，后者主要来自工业界或商业界。

四

但是，经济的混乱不是唯一能够引起自杀的因素。

我们已经谈到过的在出现丧偶危机时发生的自杀，[①]实际上是由于夫妻中一方的死亡引起的家庭混乱。丧偶引起家庭混乱，未亡人则受到影响。活下来的人不适应这种新的境遇，因此比较容易自杀。

但是还有另一种异常的自杀，我们应该多说几句，因为这种自杀更常见，还因为这种自杀有助于我们说明婚姻的性质和作用。

在《国际人口年鉴》(1882 年 9 月)中，贝蒂荣先生发表了一篇值得注意的关于离婚的论文，在这篇论文中，他证实了下述假设：在整个欧洲，自杀的人数随着离婚和分居人数的变化而变化。

---

① 见本书第 191—193 页。

如果从这两方面来比较一下不同的国家，就已经看到这种类似性(见表二十五)。不仅这些平均数之间的关系是显而易见的，而且唯一比较明显地不一致的是荷兰，那里的自杀率不像离婚率那么高。

表二十五 欧洲各国离婚率和自杀率的比较

	每年每千对夫妇中的离婚数	每百万居民中的自杀人数
1. 离婚和分居很少的国家		
挪威	0.54(1875—1880)	73
俄罗斯	1.6 (1871—1877)	30
英国和威尔士	1.3 (1871—1879)	68
苏格兰	2.1 (1871—1881)	
意大利	3.05(1871—1873)	31
芬　兰	3.9 (1875—1879)	30.8
平均	2.07	46.5
2. 离婚和分居不多的国家		
巴伐利亚	5.0 (1881)	90.3
比利时	5.1 (1871—1880)	68.5
荷兰	6.0 (1871—1880)	35.5
瑞典	6.4 (1871—1880)	81
巴登	6.5 (1874—1879)	156.6
法国	7.5 (1871—1879)	150
符腾堡	8.4 (1876—1878)	162.4
普鲁士		138
平均	6.4	109.6
3. 离婚和分居很多的国家		
萨克森王国	26.9(1876—1880)	299
丹麦	38 (1871—1880)	258
瑞士	47 (1876—1880)	216
平均	37.3	257

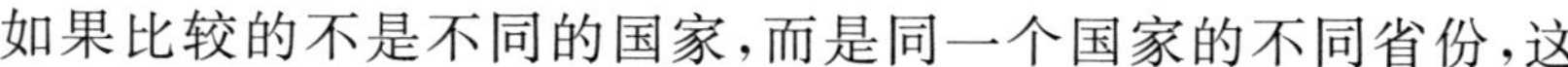

如果比较的不是不同的国家，而是同一个国家的不同省份，这

种规律就能得到更严格的证明。在瑞士，这两类现象之间的巧合非常明显（见表二十六）。信奉新教的州离婚最多，自杀也最多，其

表二十六　瑞士各州离婚与自杀人数比较

	每千对夫妇中的离婚和分居数	每百万居民中的自杀人数		每千对夫妇中的离婚和分居数	每百万居民中的自杀人数
1. 信奉天主教的州					
法语和意大利语区					
泰桑	7.6	57	弗里堡	15.9	119
瓦莱	4.0	47			
平均	5.8	50	平均	15.9	119
德　语　区					
乌里		60	索勒尔	37.7	205
上翁特瓦尔登	4.9	20	内阿彭策尔	18.9	158
下翁特瓦尔登	5.2	1	楚格	14.8	87
施维茨	5.6	70	卢塞恩	13.0	100
平均	3.9	37.7	平均	21.1	137.5
2. 信奉新教的州					
法　语　区					
纳沙泰尔	42.4	560	沃	43.5	352
德　语　区					
伯尔尼	47.2	229	沙夫豪森	106.0	602
巴勒（市区）	34.5	323	外阿彭策尔	100.7	213
巴勒（农村）	33.0	288	格拉鲁斯	83.1	127
			苏黎世	80.0	288
平均	38.2	280	平均	92.4	307
3. 信奉两种教的州					
阿尔戈维	40.0	195	日内瓦	70.5	360
克里松	30.9	116	圣加尔	57.6	179
平均	36.9	155	平均	64.0	269

次是新教和天主教混合的州，只有信奉天主教的州离婚和自杀最少。在每一类中，我们注意到同样的一致性。在信奉天主教的州中，索勒尔和内阿彭策尔的离婚率明显地比较高，它们的自杀率也明显地较高。弗里堡尽管是信奉天主教和说法语的州，但离婚率偏高，自杀率也偏高。在德语区信奉新教的州中，没有一个州的离婚率像沙夫豪森这样高的，沙夫豪森的自杀率也居于领先地位。最后，那些信奉两种宗教的州，离婚率和自杀率的关系也是如此，只有阿尔戈维是例外。

在法国各省之间进行比较，得出的结果也是如此。根据自杀人数的多少把这些省分成八个组，我们便看到，这样分组的排列顺序与按离婚和分居率的高低排列的顺序是一样的：

	每百万人中的自杀人数	每千对夫妇中离婚和分居的平均数
第 1 组(5 个省)	50 以下	2.6
第 2 组(18 个省)	51—75	2.0
第 3 组(15 个省)	75—100	5.0
第 4 组(19 个省)	101—150	5.4
第 5 组(10 个省)	151—200	7.5
第 6 组(9 个省)	201—250	8.2
第 7 组(4 个省)	251—300	10.0
第 8 组(5 个省)	300 以上	12.4

这种关系得到证实后，我们力求作出解释。

我们只谈一下贝蒂荣扼要地提出的解释作为提醒。根据这位作者的意见，自杀的人数和离婚的人数同时变化，因为这两种人数都取决于同一个因素：心理失去平衡的人有多少。他说，事实上，在一个国家里，不能相容的夫妻越多，离婚的人也就越多。然而，不能相容的夫妻主要是那些行为不轨的人和那些性格乖僻而不冷静的人，这种性格本身倾向于自杀。因此，这两种人数同时变化不是因为离婚的制度本身对自杀有某种影响，而是因为这两种情况都产生于同一个原因，只是表现的形式不同而已。但是，这样把离婚同某些心理变态联系起来是武断和没有根据的。没有任何理由假设，瑞士精神失常的人比意大利多 15 倍。比法国多 6 至 7 倍，尽管瑞士的离婚人数比意大利多 15 倍，比法国多 7 倍。此外，就自杀来说，我们知道纯粹个人的情况是远远不能说明问题的。何况，下述事实将证明这种理论不充分。

应该探讨这种明显关系的原因，不是到个人的禀性中去寻找，而是到离婚的内在性质中去寻找。在这一点上，第一种假设可以成立：在我们掌握了必要材料的国家里，离婚者的自杀人数大大地超过了其他人口中的自杀人数。

	每百万人中的自杀人数							
	15 岁以上的独身者		已婚者		丧偶者		离婚者	
	男	女	男	女	男	女	男	女
普鲁士(1887—1889)	360	120	430	90	1471	215	1875	290
普鲁士(1883—1890)	388	129	498	100	1552	194	1952	328
巴　登(1885—1893)	458	93	460	85	1172	171	1328	
萨克森(1847—1858)			481	120	1242	240	3102	312
萨克森(1876)	555.18		821	146			3252	389
符腾堡(1846—1860)			226	52	530	97	1298	281
符腾堡(1873—1892)	251		218		405		796	

由此可见，男女离婚者的自杀人数要比已婚者的自杀人数多 3 至 4 倍，尽管他们比较年轻（在法国是 40 岁而不是 46 岁），而且明显地多于丧偶者的自杀人数，虽然他们受到老龄的威胁。怎么

会发生这种情况呢？

毫无疑问，离婚引起的精神状态和物质条件的变化必然与这种结果有某种关系。但是这不足以解释这种结果。实际上，丧偶同样完全打乱了生活；一般说来，丧偶甚至引起更痛苦的后果，因为丧偶是夫妻都不希望发生的，而离婚对他们来说倒是一种解脱。然而，离婚者由于他们的年龄，自杀的人数本应该比丧偶者的自杀人数少 2 倍，实际上却更多，在某些国家甚至超过 2 倍。这种可以用系数 2.5 至 4 来表示的严重程度丝毫不取决于他们婚姻状况的变化。

为了找到原因，我们重新提出我们在前面已经证实的假设之一。我们已经在本编第三章中看到，对同一个社会来说，丧偶者的自杀倾向和已婚者的相应倾向有关。如果后者对自杀有很强的免疫力，那么前者的免疫力无疑要弱一点，但仍然相当强，而最能得到婚姻保护的男或女，也是在丧偶状态下最能得到保护的男或女。总之，即使夫妻关系因为一方去世而遭到破坏，那么就自杀来说，未亡人仍继续部分地受到夫妻关系的影响。[①] 但是，假设同样的现象是在婚姻并非由于死亡而是由于某种法律行为而遭到破坏时发生的，离婚者自杀倾向严重不是离婚而是离婚使婚姻遭到破坏的结果，这难道不是合情合理的吗？这种结果必然取决于夫妻继续受其影响的婚姻结构，即使他们已经分开。他们之所以如此强烈地倾向于自杀，是因为他们在一起生活时就已经强烈地倾向于自杀了，而且正是他们的共同生活使他们倾向于自杀。

---

① 见本书第 200 页。

接受这种假设，离婚和自杀的对应关系就变得可以解释了。事实上，在离婚很多的民族中，这种和离婚相互关联的特殊婚姻性质必然是十分普遍的；因为这种性质并不是那些注定要通过法律解除的婚姻关系所特有的。尽管这种性质在这些婚姻关系中达到最大强度，但也存在于其他婚姻关系或大部分其他婚姻关系之中，虽然在程度上要差一点。因为正像在有很多人自杀的地方有很多人试图自杀一样，发病率不高死亡率也不可能高，在有许多夫妻离

表二十七　离婚对男性已婚者免疫力的影响

国　　家		每百万人中的自杀人数		男性已婚者和未婚者相比的免疫力系数
		15 岁以上的男性未婚者	男性已婚者	
没有离婚的国家	意大利(1884—1888)	145	88	1.64
	法　国(1863—1868)①	273	245.7	1.11
离婚较多的国家	巴　登(1885—1893)	458	460	0.99
	普鲁士(1883—1890)	388	498	0.77
	普鲁士(1887—1889)	364*	431*	0.83
离婚很多的国家② 	萨克森(1879—1880)	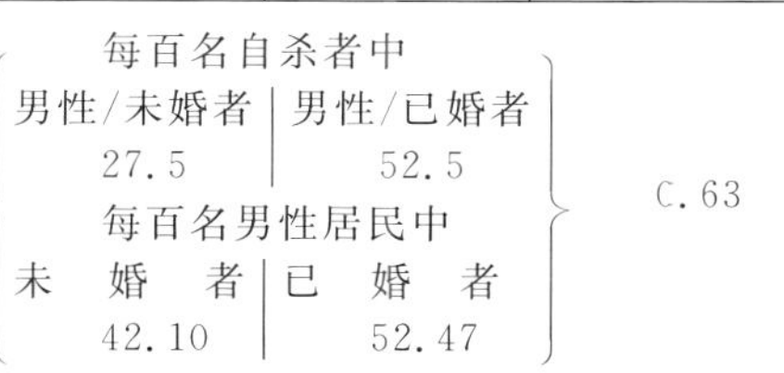 每百名自杀者中：男性/未婚者 27.5 每百名男性居民中：未婚者 42.10	每百名自杀者中：男性/已婚者 52.5 每百名男性居民中：已婚者 52.47	C.63

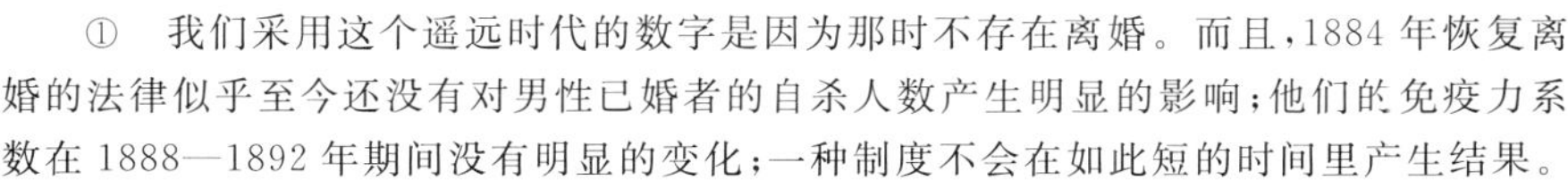

① 我们采用这个遥远时代的数字是因为那时不存在离婚。而且，1884 年恢复离婚的法律似乎至今还没有对男性已婚者的自杀人数产生明显的影响；他们的免疫力系数在 1888—1892 年期间没有明显的变化；一种制度不会在如此短的时间里产生结果。

* 这两个数字和前表略有出入。——译者

② 就萨克森而言，我们只有上述引自厄廷根的比例数；这些数字对我们的目的来说已经足够了。我们在勒古瓦的著作中(第 171 页)还可以找到其他资料，证明在萨克森已婚者的自杀率高于独身者。事实上，勒古瓦本人对此也感到吃惊。

婚的地方必然有许多夫妻不同程度地接近离婚。如果这种容易倾向于自杀的家庭状况不以同样的程度发展和变得普遍化的话，离婚的人数就不可能增加，因此，这两种现象向着同一个方向变化是很自然的。

这种假设不仅符合前面所论证过的一切，而且可以直接证明。事实上，如果这种假设成立，那么在离婚人数很多的国家里，已婚者对自杀的免疫力必然低于婚姻关系牢不可破的地方。这确实是从事实得出的结论，正像表二十七所表明的，至少就男性已婚者来说是这样。意大利是没有离婚的天主教国家，也是男性已婚者对自杀的免疫力系数最大；在分居一直比较多的法国，男性已婚者的免疫力系数比较小；离婚越多的国家，男性已婚者的免疫力系数就越小。[①]

① 我们之所以只比较这几个国家，是因为其他国家把男性已婚者的自杀人数和女性已婚者的自杀人数混在一起。我们在下文将会看到为什么必须把这两个数字分开。

但是不应该根据这张表得出结论说，在普鲁士、巴登和萨克森，男性已婚者的自杀人数确实多于男性未婚者的自杀人数。应该看到，这些系数并不取决于年龄和年龄对自杀的影响。然而，由于40至45岁（已婚男子的平均年龄）男子的自杀人数大约两倍于20—25岁（未婚男子的平均年龄）男子的自杀人数，所以前者的免疫力和离婚较多的国家相同，但是比其他国家小。为了能够说那里的免疫力等于零，已婚者——不考虑年龄——的自杀率就应该比独身者的自杀率高两倍；但事实并非如此。况且，不考虑年龄丝毫不影响我们得出的结论。因为各国已婚男子的平均年龄差不多，只相差二三岁；另一方面，年龄影响自杀的规律到处都是一样的。因此，不考虑这个因素的作用，我们便大大地降低了免疫力系数的绝对值。但是，由于我们是按比例降低的，所以我们没有改变这些系数的相对值，而对我们来说，相对值才是重要的。因为我们并不力求按绝对值来评价每个国家已婚男子的免疫力，而是力求按免疫力的大小来区分这些国家。至于我们如此简化的理由，首先是为了避免不必要地使问题复杂化，同时也因为我们并不是在所有的情况下都有必要的素材来准确地计算年龄的作用。

我们未能弄到奥尔登堡大公国的离婚数字。不过，由于这是一个信奉新教的国家，所以可以相信，那里经常有人离婚，但并不太多；因为信奉天主教的少数人数量还相当大。因此，从这个角度来看，它与巴登和普鲁士差不多属于同一种类型。从已婚男子免疫力系数的角度来看，它和这两个国家也属于同一种类型：第 10 万名 15 岁以上的独身者有 52 名自杀，每 10 万名已婚男子中有 66 名自杀。后者的免疫力系数为 0.79，因此和我们在很少或没有离婚的天主教国家中所观察到的免疫力系数大不相同。

法国给我们提供了观察的机会，观察得越仔细就越是证实了上述观点。塞纳省的离婚人数比全国其他省份多得多。1885 年，那里宣布的离婚数为每一万个正常家庭中有 23.99 个，而全国的平均数为 5.65 个。只要参照一下表二十二就可以看出，塞纳省已婚男子的免疫力系数大大低于外省。实际上只有 20 至 25 岁年龄组的免疫力系数达到过 3，而且这个数字的准确性也值得怀疑，因为这个数字是根据极少数情况计算出来的，既然这个年龄组每年几乎只有一个已婚男子自杀。从 30 岁起，免疫力系数都不超过 2，更多的时候低于 2；60 岁到 70 岁之间甚至低于整数。免疫力系数平均为 1.73。相反，在外省，8 次中有 5 次超过 3，平均为 2.88，也就是塞纳省的 1.66 倍。

这再一次证明，在离婚比较普遍的国家，自杀的人数不是取决于某种机体的素质，尤其不是取决于精神失常的人有多少。因为如果这是真正的原因，那么精神失常必然像影响已婚者那样影响独身者。然而事实上是前者最受影响。因此，正像我们曾经设想过的，这种毛病的根源在于婚姻或家庭的特殊性。留待我们选择的就是这两种假设。已婚男子对自杀的免疫力比较低是由于家庭关系的状态还是由于婚姻关系的状态？是由于家庭观念淡薄还是夫妻关系不正常？

使第一种解释不可能成立的第一个事实是，在离婚最多的民族中，出生率都很高，因此家庭人口众多。然而我们都知道，在家庭人口众多的地方，家庭观念一般说来都很强。因此有理由相信，这种现象的原因在于婚姻的性质。

实际上，如果这种现象应该归因于家庭的结构，那么已婚女子对自杀的免疫力在离婚司空见惯的国家也应该比在离婚很少的国家小；因为她们和已婚男子一样受到家庭关系恶劣的影响。但是事实正好相反。已婚女子对自杀的免疫力系数随着已婚男子免疫力系数的降低而升高，这就是说，随着离婚的增加而升高，反之亦然。夫妻关系越是经常地和容易地破裂，妻子就越是比丈夫受益（见表二十八）。

这两组免疫力系数的颠倒是很明显的。在没有离婚的国家里，妻子的免疫力系数比丈夫的免疫力系数小；但是在意大利比在婚姻关系一向脆弱的法国更小。相反，一旦实行离婚（巴登），丈夫的免疫力系数就比妻子的免疫力系数小，妻子的优势随着离婚人数的增多而逐步增加。

正像前面所说的，从这个角度来看，奥尔登堡大公国和离婚率不高不低的其他德意志国家一样。每百万名未婚女子中有 203 名自杀，每百万名已婚妇女中有 156 名自杀；因此已婚妇女的免疫力系数为 1.3，大大超过已婚男子的 0.79。前者为后者的 1.6 倍，与普鲁士的情况差不多。

塞纳省和法国其他省份的比较明显地证实了这条规律。在离

表二十八 离婚对已婚女子免疫力的影响①

	每百万16岁以上未婚女子中的自杀人数	每百万已婚女子中的自杀人数	已婚女子的免疫力系数	已婚男子的免疫力系数	已婚男子的免疫力系数超过已婚女子的免疫力系数多少倍?	已婚女子的免疫大系数超过已婚男子的免疫力系数多少倍?
意大利	21	22	0.95	1.64	1.72	
法 国	59	62.5	0.96	1.11	1.15	
巴 登	93	85	1.09	0.99		1.10
普鲁士	129	100	1.29	0.77		1.67
普鲁士(1887—1889)	120	90	1.33	0.83		1.60
萨克森	每百名各种婚姻状态的自杀者中 未婚女子 35.3	已婚女子 42.6				
	每百名自杀的居民中 未婚女子 37.97	已婚女子 49.74	1.19	0.63		1.73

婚较少的外省,已婚妇女的平均免疫力系数只有1.49,因此只相当于已婚男子的平均免疫力系数2.88的一半。在塞纳省,这个比例正好颠倒过来。丈夫的免疫力系数只有1.56,甚至只有1.44,如果不算与20至25岁这个年龄组有关的数字的话;妻子的免疫力系数为1.79。因此,在外省,妻子在这方面的处境要比丈夫好一倍多。

如果把普鲁士不同的州加以比较,我们也可以看到同样的情况:

① 本表时间与表二十七相同。

每十万名已婚者中有					
810—405名离婚者的州	妻子的免疫力系数	371—324名离婚者的州	妻子的免疫力系数	229—116名离婚者的州	妻子的免疫力系数
柏林	1.72	波美拉尼亚	1	波兹南	1
				黑森	1.44
勃兰登堡	1.75	西里西亚	1.18	汉诺威	0.90
东普鲁士	1.50	西普鲁士	1	莱茵兰	1.25
萨克森	2.08	石勒苏益格	1.20	威斯特伐利亚	0.80

第一组的所有免疫力系数都大于第二组，第三组的免疫力系数最小。唯一不正常的是黑森的免疫力系数，在那里，由于某些不明的原因，已婚妇女的免疫力系数相当大，尽管那里的离婚不多。①

尽管各种证据都一致，我们还是要对这条规律作最后一次验证。我们不再比较已婚男子对自杀的免疫力和已婚妇女对自杀的免疫力，而是研究各国的婚姻以什么方式对两性的自杀产生不同的影响。这种比较正是表二十九的目的。从表上可以看出，在没有离婚或最近才有离婚的国家里，已婚妇女的自杀率要比未婚女子的自杀率高。这就是说，婚姻对丈夫比对妻子更有利，而意大利的已婚妇女又比法国的已婚妇女处于更不利的地位。事实上，意大利已婚妇女的自杀率和未婚女子的自杀率之比，要比法国已婚妇女的自杀率和未婚女子的自杀率之比高一倍。到了离婚很多的国家，这种现象恰好颠倒过来：婚姻对女子比对男子更有利；普鲁士的女子从婚姻得到的好处比巴登的女子从婚姻得到的好处多，

① 我们不得不根据已登记的离婚数将这些州分类，因为找不到每年的离婚数。

而萨克森的女子又比普鲁士的女子得到的好处多。在离婚最多的国家，女子得到的好处也最多。

表二十九　欧洲各国每类婚姻状况中两性的自杀率

	每百名自杀的独身者中有		每百名自杀的已婚者中有		各国平均	
	男	女	男	女	已婚女子超出未婚女子	未婚女子超出已婚女子
意大利(1871)	87	13	79	21	6.2	
意大利(1872)	82	18	78	22		
意大利(1873)	86	14	79	21		
意大利(1884—1888)	85	15	79	21		
法　国(1863—1866)	84	16	78	22	3.5	
法　国(1867—1871)	84	16	79	21		
法　国(1888—1891)	81	19	81	19		
巴　登(1869—1873)	84	16	85	15		1
巴　登(1885—1893)	84	16	85	15		
普鲁士(1873—1875)	78	22	83	17		5
普鲁士(1887—1889)	77	23	83	17		
萨克森(1866—1870)	77	23	84	16		7
萨克森(1879—1890)	80	20	85	14		

因此，我们可以认为，下述规律是无可争议的：**从自杀的角度来看，离婚越多的地方婚姻对妇女越有利，反之亦然。**

从这个命题可以得出两个结论。

第一，在离婚较多的社会里，自杀率的上升只是因为已婚男子的自杀人数增加，那里已婚妇女的自杀人数反而比其他地方少，因此，如果说离婚只能随着妻子精神状态的改善而增加，那就不能说离婚是同能够使自杀倾向加强的家庭关系不好联系在一起的，因为自杀倾向的加强必然既影响妻子，也影响丈夫。家庭精神的削弱不可能对两性产生相反的影响，即不可能有利于母亲而严重地损害父亲。因此，产生我们所研究的现象的原因在于婚姻状况，而不在于家庭结构。其实，婚姻很可能对丈夫和妻子产生相反的影响。因为作为父母，他们有着共同的目标，但是作为配偶，他们的利益却是不同的，而且往往是对立的。因此，在某些社会里，这种夫妻关系的特殊性很可能对一方有利，而对另一方不利。上面所说的这一番话就是要证明这正是离婚的情况。

第二，同样的理由使我们不得不否定这样的假设：与离婚和自杀有关联的这种不幸的婚姻状况仅仅是家庭争吵比较频繁而已；因为这种原因和家庭疏远一样，不会增加妻子对自杀的免疫力。在离婚较多的地方，如果自杀的人数真的和夫妻争吵的次数有关，那么妻子和丈夫应该受到同样的影响，没有任何东西能使妻子得到额外的免疫力。这种假设站不住脚的原因还在于，多数时候离婚是妻子向丈夫提出的（在法国，60％的离婚和80％的分居是妻子提出的[①]）。因此，在大多数情况下，家庭纠纷应归咎于丈夫。但是，难于理解的是，在离婚多的一些国家里，丈夫自杀多是因为他使妻子受到更多的痛苦，而妻子自杀反而少是因为丈夫使她受到更多的痛苦。而且，夫妻不和越多，离婚也越多，这一点并没有得到证实。[②]

排除了这种假设后，就只剩下了一种可能。一定是离婚制度通过对婚姻的影响引起自杀。

那么婚姻到底是什么呢？是一种两性关系的安排，这种安排

① 勒瓦瑟：《法国的人口》，第2卷，第92页。参见贝蒂荣：《国际人口年鉴》，1880年，第460页。——在萨克森，丈夫提出要求和妻子提出要求，几乎同样多。

② 贝蒂荣：《国际人口年鉴》，1882年，第275页以下。

不仅延伸到这种关系所涉及的肉体本能，而且延伸到文明逐步在肉体欲望的基础上所灌输的各种感情。因为对我们来说，爱与其说是一种肉体上的行为，不如说是一种精神上的行为。丈夫在妻子身上所寻求的不仅仅是满足生殖的欲望。虽然这种天生的倾向是一切性进化的萌芽，但由于许多不同的审美观念和道德观念而逐渐变得复杂起来，如今只是爱情所产生的完整而复杂的过程的一个微不足道的组成部分。爱情和理智的成分联系在一起，本身也部分地摆脱了肉体而理智化了。精神上的原因和肉体上的诱惑一样能引起爱，所以爱不再像在动物身上那样表现出有规律和自动的周期性。某种心理的刺激任何时刻都能使爱苏醒；爱是一年四季都存在的。但是，正因为这些如此改变了的不同倾向并不直接受肉体需要的支配，所以社会制约就是必不可少的。既然机体内没有任何东西约束这些倾向，所以这些倾向应该由社会来约束。这就是婚姻的职能。婚姻控制整个爱情生活，而一夫一妻制的婚姻比任何其他婚姻更严格。因为，婚姻在使丈夫不得不始终依恋于唯一的妻子的同时，也给爱的需要指定一个严格规定的对象和活动范围。

正是这种规定形成了有利于已婚男子的精神平衡状态。因为他不能在允许的范围之外去寻求其他满足而不违背他的义务，所以他就把他的欲望限制在这个范围之内。他所服从的有益于身心的纪律使他有义务在他的范围内寻找他的幸福，并且由此给他提供寻找幸福的手段。此外，如果他的爱情保持不变，那么他也不会失去爱情所确定的对象，因为义务是互惠的。如果他的享乐是限定的，那么这种欢乐就是有保证的，而且这种可靠性巩固了他的精神状态。独身者的情况则完全是另一回事。因为独身者可以合法地眷恋他所喜欢的人，所以他希望得到所有他喜欢的人而永远不能满足。这种反常状态所带来的无限痛苦可能伤害我们的这部分意识，就像伤害我们的另一部分意识一样；这种无限的痛苦往往表现为一种缪塞所描写的性行为方式。[①] 一个人一旦不受任何约束，他就不会自我约束。在已经体验过的欢乐之外，他还想象并希望得到其他欢乐；如果他几乎尝试过可能的一切范围，他就会梦想尝一尝不可能得到的东西，他就渴望得到不属于他的东西。[②] 在这种不可能达到目的的追求中，感情怎么会不激化呢？为了使感情达到这种程度，他甚至不需要像唐璜那样无限地增加爱情和生活的体验，普通独身者的平庸生活就已经足够了。新的希望不断地产生和落空，留下的是厌倦和幻灭。而且，既然他没有把握能留住吸引他的人，欲望又怎能一成不变；因为反常具有两重性。正像一个人不能无限享受一样，他也没有任何绝对属于他的东西。未来的不肯定性，再加上他自身的不确定性，使他处于永久的变动之中。这一切便产生一种心神不定、激动和不满的状态，这种状态必然增加自杀的可能性。

不过，离婚意味着削弱婚姻的约束力。在有离婚的地方，尤其是在法律和习俗非常有利于离婚的地方，婚姻本身只是一种形式，是一种不牢靠的结合，因此也不会产生有益的影响，对欲望再也不能发挥固定不变的限制作用；由于这种限制比较容易动摇并被排

① 见《罗拉》以及《纳穆纳》中唐璜的形象。
② 见歌德著作中浮士德的独白。

除，所以不能有效地抑制情欲，所以情欲更倾向于流露出来，不会轻易地屈从于规定的条件。因此，构成已婚男子毅力的沉着和心理平静就更少了，在某种程度上被妨碍他满足于现状的焦虑状态所取代。而且，他越是不留恋现状，现状给他的欢乐就越是不完全可靠，未来就越是得不到保证。一个人不可能被一条随时都可能在这一头或另一头断裂的链子牢牢地拴住。一个人在感到他脚下不是坚实的土地时，不可能不寻找另外的地方。由于这些原因，在婚姻受到离婚严重影响的国家，已婚男子的免疫力不可避免地就较弱。因为在这种制度下，他和独身者很相像，所以他不可能不失去某些优势。因此，自杀的总人数就上升。[①]

但是，离婚的这种结果是丈夫所特有的，并不影响妻子。事实上，妇女的性要求具有较少心理特征，因为她们的精神生活一般说来不太发达。性欲要求更多地和肉体要求有关，服从肉体的要求而不是超过肉体的要求，因此可以在肉体的要求中找到有效的制约。因为女子的本能比男子的本能强，所以为了求得平静和安宁，她们只要按本能行事就行了。因此，像婚姻、尤其是一夫一妻制婚姻这样的社会约束对她们来说并不是必要的。然而，甚至在这种约束行之有效的地方，实行起来也不是没有弊病。因为在一劳永逸地确定了夫妻关系的同时，不管可能发生什么情况都不允许摆

① 但是有人会说，在离婚并不使结婚减少的地方，严格的一夫一妻制义务难道不可能引起厌倦？是的，如果人们不再理会这种义务的道义性，这种结果是必然会产生的。事实上，重要的不仅在于规章制度的存在，而且在于这种规章制度被良心所接受。否则，如果规章制度不再具有道义上的权威，而只是由于惯性的力量而保持下来，那就再也不能起有益的作用，就会使人感到不便而无多大帮助。

脱这种关系。在限制活动范围的同时，这种约束堵塞了一切出路，而且不许抱有任何希望，哪怕是合法的希望。男子本身也不是不受这种不可变动性的损伤，但是他们可以用从其他地方获得的好处来弥补这种弊病。而且，习俗赋予他们某些特权，使他们可以在某种程度上减轻这种制度的严格性。相反，对于妇女来说，既没有弥补也没有减轻。对她们来说，一夫一妻制是严格的义务，没有任何折中的解决办法；另一方面，婚姻对她们来说至少不是在同样的程度上有利于限制她们的欲望，她们的欲望自然而然地受到限制，而且也不是有利于使她们学会满足自己的命运，但是婚姻不允许她们改变命运，即使命运变得难以忍受。这种习俗对她们来说是一种没有多大好处的约束。因此，任何使这种习俗减轻和缓和的办法都只能改善已婚妇女的处境。这就是离婚保护已婚妇女和已婚妇女自愿诉诸离婚的原因。

正是这种夫妻关系反常的状态——离婚制度的产物——说明了离婚人数和自杀人数同时增长。因此，在离婚较多的国家里，这些已婚男子的自杀使自杀的人数增加，构成了一种异常的自杀。这不是由于这些国家不称职的丈夫较多或者不称职的妻子较多，因而不幸的家庭较多，而是由于其本身是婚姻约束削弱的原因的精神素质；正是这种在结婚时获得并保持下来的精神素质引起离婚者所表现出来的特殊自杀倾向。尽管如此，我们的意思并不是说，约束的软弱无力完全是由于在法律上承认离婚所造成的。承认离婚从来只是出于认可早于法律的习俗。如果公众的意识没有逐渐认为夫妻关系的不可分离是毫无道理的，那么立法者也就不会想到增加夫妻关系的脆弱性的条文。因此，婚姻的反常状态可能在写进法律以前就已经存在于舆论中。但是，从另一方面来看，婚姻的反常状态只有采取了某种法律的形式，才有可能产生它的全部后果。只要婚姻法没有修改，就至少可以用来在实际上限制情欲；尤其是婚姻法反对对反常状态的爱好占上风，对反常状态的谴责也就到此为止。因此，只有反常状态变成法律条文的地方，它才具有明显的和容易观察到的影响。

这种解释在说明离婚与自杀成正比[①]和已婚男子的免疫力与已婚妇女的免疫力成反比的同时，也得到另一些事实的证实。

1. 只有在实行离婚制度的地方才可能有真正的婚姻不稳定，因为只有离婚才使婚姻完全破裂，而分居只是推迟离婚的某些影响，并没有使夫妻双方都恢复自由。因此，如果这种特殊的反常状态确实加剧了自杀的倾向，那么离婚者的自杀倾向就应该大于分居者的自杀倾向。实际上，这是我们所知道的有关这一问题的唯一文献的结论。根据勒古瓦的计算[②]在萨克森，1847—1856 年期间，每百万离婚者中平均每年有 1400 人自杀，而每百万分居者中平均每年只有 176 人自杀。后者的自杀率甚至低于已婚男子的自杀率。

2. 独身者的自杀倾向之所以如此强烈，部分原因在于他们长期处于性反常的状态，尤其是在性欲最旺盛的时候，他们必然对他

① 有人也许要问，既然在已婚男子的免疫力较弱的地方已婚妇女的免疫力较强，那么为什么男子的免疫力得不到抵消呢？这是因为在自杀的总人数中已婚妇女所占的比例很小，所以女性自杀人数的减少总的说来并不明显，不能抵消男性自杀人数的增加。因此离婚归根结蒂伴随着自杀总人数的增加。

② 勒古瓦的著作，第 171 页。

们所受到的痛苦最敏感。事实上,20 岁到 45 岁的独身者的自杀率比 45 岁以上独身者的自杀率增长得快得多;在此期间,前者的自杀率增长了 3 倍,而从 45 岁到年龄最大(80 岁以上)的独身者的自杀率只增长了一倍。但是女性不存在同样的加速度;从 20 岁到 45 岁,未婚女子的自杀率甚至并没有翻一番,只从 106 人增加到 171 人(见表二十一)。因此,性欲期并不影响女性自杀的发展。这是必然发生的情况,正像我们已经承认的,妇女对这种反常状态并不十分敏感。

3. 最后,本篇第三章所举出的若干事实在上述理论中找到了解释,同时这些事实也可以用来证明这种理论。

我们在第三章中已经看到,在法国,撇开家庭这个因素,光是婚姻本身就使男子有 1.5 的免疫力系数。现在我们知道这个系数相当于什么了。它代表男子从婚姻对他的调节作用以及婚姻减轻他的自杀倾向和由此而产生的心理上的安宁中得到的好处。但是,我们同时也看到,在这同一个国家,如果不是孩子的出生来减轻婚姻对已婚妇女的恶劣影响,那么她的情况就反而恶化了。理由已如上述。这并不是说男子天生就是利己主义者和恶人,他在家里的作用就是虐待他的配偶。因为在法国,直到最近,婚姻关系还没有受到离婚的削弱,婚姻强加给妇女的硬性规定对她们来说是十分沉重而毫无好处的枷锁。总的说来,使婚姻不能给双方带来同样好处的两性对立的原因是:[①]他们的利益有矛盾,一方需要限制而另一方则需要自由。

① 见本书第 191 页。

另外，男子在生命的某一时刻似乎和妇女同样受到婚姻的影响，尽管原因不同。正像我们已经指出的，过于年轻的已婚男子自杀的要比同龄的独身者多得多，这无疑是因为他们的性欲过于强烈，而且过于自信，所以不能服从如此严格的规定。这种规定对他们来说是一种难以忍受的障碍，他们的欲望遇到这种障碍便被粉碎。这就是很可能要到年龄的增长使男子逐渐平静下来，并且使他感到某种约束的必要性时，婚姻才发挥它的全部有利影响的原因。[①]

最后，我们在第三章中还看到，在婚姻对妻子比对丈夫更有利的地方，两性之间的差距总是比情况相反的地方小。[②] 这就证明，即使在婚姻完全有利于女子的社会里，婚姻对妇女的帮助也不及对男子的帮助多，从中得到好处最多的还是男子。如果婚姻不符合妇女的利益，那么她就可能比婚姻符合她的利益时受到更大的损害。因为她对婚姻的要求更少。然而，这正是上述理论所假设的情况。因此，我们在前面所得出的结论和本章所得出的结论是一致的和互相印证的。

① 甚至很可能在年龄较大时，即到30岁以后，婚姻本身才开始起预防自杀的作用。事实上，从绝对数来看，无子女已婚男子每年自杀的人数和有子女已婚男子的自杀人数差不多，即从20岁到25岁，两类已婚男子的自杀率都是6.6，从25岁到30岁，前者的自杀率为33，后者为34。然而，显而易见的是，在这个年龄阶段，多子女的家庭要比无子女的家庭多得多。因此，后者的自杀倾向必然比有子女已婚男子的自杀倾向大好几倍，其强度十分接近独身者的自杀倾向。遗憾的是，我们在这一点上只能作出某些假设，因为人口调查中没有每个年龄段无子女已婚男子的人口数，以区别于有子女的已婚男子，所以我们不能分别计算两者的自杀率。我们只能提供从司法部得到的1889—1891年期间的绝对数。我们把这些数字重新制成一张特殊的表附在本书的最后。人口统计中的这个空白是非常令人遗憾的。

② 见本书第182页和第202页。

这样，我们便得出了与人们对婚姻及其作用的流行看法相距甚远的结论。婚姻被看成是为了女性才缔结的，以便保护她们的软弱不受男性反复无常的伤害。一夫一妻制尤其经常被说成是男子牺牲他们的多配偶本性，以便提高和改善女子在婚姻中的地位。实际上，不管是什么历史原因决定把这种限制强加给男人，这种限制也对他们最有利。他们因此而放弃的自由对他们来说不可能是痛苦的根源。女子却没有同样的理由放弃自由，而且可以说，在这一点上，她们服从同样的规则正是她们作出的一种牺牲。①

①　从上面的论述可以看出，还有一种和异常的自杀截然不同的自杀，就像利己主义自杀和利他主义自杀截然不同一样。这种自杀产生于过分的限制；这种自杀者的前途被无情地断送，他们的情欲受到压制性戒律的粗暴抑制。这就是过于年轻的丈夫和没有孩子的妻子的自杀。为了全面起见，我们应该说这是第四种自杀。但是，这种自杀今天并不重要，而且除了我们提到过的那些情况外，很难找到例子，所以看来没有必要多费笔墨。不过，这种自杀可能有某种历史意义。奴隶的自杀不就是这种自杀吗？有人说，在某些条件下，奴隶经常自杀（见科尔：《克雷奥尔地方的罪行》第48页）。总之，所有可以归因于肉体上或精神上的虐待的自杀都是这类自杀。为了突出人们对之无能为力的规则的不可抗拒性和不可改变性，为了区别于我们使用过的反常的这种表达法，可以把这种自杀称为命中注定的自杀。

第六章　不同类型自杀的各种形式

到现在为止，我们的探讨得出了一个结论：自杀不是只有一种类型，而是有几种类型。当然，自杀总是一个人宁可死而不愿活的行为。但是，引起这种行为的原因的性质并不总是相同的，有时甚至是相反的。然而原因的不同不可能不表现在结果中。因此可以肯定，有几种性质截然不同的自杀。但是仅仅证明这些区别必然存在是不够的；我们希望能够直接通过观察来了解这些区别，并且知道这些区别包括什么内容。我们希望看到各种自杀的特点归入不同的类别，与前面所区别的类型相一致。这样，我们便可以追溯各种自杀的潮流，从它们的根源到它们的各种表现形式。

这种形态学的分类在刚开始这项研究时几乎是不可能做到的事，现在则可以试一试了，因为有病因学的分类作为基础。事实上，我们只有把我们确定的引起自杀的三种因素作为基准点，探讨自杀所具有并表现在个人身上的特征是否产生于这些因素以及是以何种方式产生的。当然，我们不可能这样来推断自杀可能表现出来的所有特点，因为有些特点必然取决于个人固有的性格。每一个自杀者都给他的行为打上个人的印记，这种个人印记表示他的性格和他所处的特定环境，因此不能用这种现象的一般社会原因来解释。但是这些社会原因也必然给它们所引起的自杀打上一种特殊的印记，一种表示这些原因的特殊标志。我们所要找的正是这种共同的标志。

此外，这种寻找当然只能大体上准确。我们不能系统地描述每天发生的或历史上发生的所有自杀。我们只能选择最一般和最明显的特点，我们甚至没有进行这种选择的客观标准。而且，为了把这些自杀和似乎引起这些自杀的各种原因联系起来，我们甚至只能推断。我们所能做到的一切就是证明这些自杀和这些原因在逻辑上有关，但这种推理永远不可能得到实验的证实。我们并不讳言，推断总是靠不住的，如果没有任何实验来检验的话。然而，即使有这些保留，这种研究也决不是没有用处的。即使只把推断看成是一种通过某些例子来说明上述结论的方法，推断也有助于使这些结论具有比较具体的特点，并把这些结论与不可忽视的观察资料及日常经验的细节联系起来。此外，推断还使我们能够初步识别这一堆通常被混为一谈、似乎只是程度不同而实际上有着明显区别的事实。自杀就好比精神错乱。对于一般人来说，精神错乱是一种永远相同的独特状态，只不过根据情况可能在外表上有些变化。相反，对于精神病医生来说，精神错乱这个词却代表许多种疾病分类学的类型。同样，人们通常把任何自杀者都想象成忧郁症患者，生命对他来说是一种负担。实际上，一个人放弃生命的行为可以分成不同的种类，其道德意义和社会意义也不尽相同。

一

有一种基本的自杀形式肯定古已有之，但是今天格外多：拉马丁笔下的拉斐尔给我们提供了理想的典型。这种自杀的特点是某种长期的忧郁状态触发了行动。事业、公职、有益的劳动甚至家务只能引起自杀者的冷漠与厌恶。他不愿意摆脱个人的圈子。相反,思考和内心生活成了他的全部活动。由于避开了周围的一切,所以他只意识到他自身,把自身当作他固有的和唯一的思考对象,把自我观察和自我分析当作他的主要任务。但是这种专注扩大了他和外界之间的鸿沟。一个人一旦自爱到这种程度,他就只能进一步脱离不属于他的一切,并且进一步把他的孤独视为神圣不可侵犯。只关心自己就找不到理由去关心自身以外的一切。从某种意义上来说,任何活动都是利他主义的,因为它是离心的,并且扩散到自身以外。相反,思考是某种个人的、利己主义的东西,因为一个人只有在脱离客观世界重新回到主观世界时才能思考,而且越是完全回到主观世界,思想就越是集中。同社会混在一起是不能进行思考的,要思考就必须停止和社会混在一起,以便能从外部来观察社会,自我反省就更需如此。因此,全部活动都转向内心思考的人对他周围的一切变得无动于衷。他之所以恋爱,并不是为了献身给另一个人,也不是为了和另一个人一起生儿育女,而是为了对他的爱进行思考。他的情欲只是表面上的,因为这种情欲不会开花结果。他的情欲消失在形象的徒劳结合中,不会产生出自身以外的任何结果。

但是从另一方面来看,任何内心生活都从外部汲取它的养料。我们只能思考某些客观事物或我们思考这些事物的方式。我们不能在一种完全不确定的状态下思考我们的意识;在这种形式下,意识是不可思考的。意识只有在受到自身以外的事物影响时才能确定。因此，如果意识在一定范围之外个性化，如果它过于彻底地脱离人或事物等其他存在，它就不再与它在正常情况下获得养料的来源有联系，也就不再有用武之地了。由于在它的周围形成空白，所以它也使自己成为空白，除了它自身的不幸，再也没有什么可思考的了。除了自身的空虚和由此而引起的悲哀，它再也没有思考的对象。它以一种病态的喜悦满足于这种空虚，沉湎于这种空虚之中。拉马丁了解这种空虚，并通过他笔下的人物之口出色地描述了这种空虚："我周围一切事物的委靡不振和我自身的委靡不振非常合拍。一切事物的委靡不振诱使我更加委靡不振。我陷入了忧伤的深渊。但这种忧伤是活生生的，充满了思想、印象、与无限的交往和我灵魂深处的半明半暗，使我不希望从中摆脱出来。这是人的病态；但对这种病态的感觉是一种诱惑，而不是一种痛苦；在这种病态中，死亡就像令人愉快地消失在无限之中。我决心从此完全投身于其中，决心摆脱任何能把我从中脱身出来的社会，决心在我遇到的芸芸众生中用沉默、孤独和冷漠把自己包裹起来；我在精神上的孤独是一层遮盖物，通过这层遮盖物，我不再愿意看到人类，而只愿意看到自然和上帝。"①

但是人们不能这样停留在空虚面前沉思而不被逐渐吸引。人们徒然给空虚加上"无限"这个美名，它不会因此而改变性质。当一个人感到不存在是多么快乐时，他就只有完全放弃存在才能完全满足他的爱好。这正是哈特曼认为观察到的意识的发展与生存意志的衰退成正比的真实情况。因为思想和运动实际上是两种对

① 《拉斐尔》，小斧出版社出版，第6页。

立的力量，这两种力量向彼此相反的方向发展，运动就是生命。有人说，思考就是放弃行动，也就是放弃生命。因此思想的绝对优势是不能建立的，尤其不能保持下去，因为思想的绝对优势就是死亡。但这并不是说，像哈特曼所认为的那样，现实本身是难以令人容忍的，除非蒙上一层幻想的薄纱。忧伤不是事物所固有的，它不是来自社会，我们也不是只通过忧伤来思考社会。忧伤是我们自己思想的产物。忧伤完全是我们自己造成的；但是要忧伤，我们的思想就必须不正常。即使意识有时使人不幸，也只是在意识达到某种病态发展的时候，这时的意识违背自己的本性，自以为是某种绝对的存在，需要有自己的目的。这不是什么最新的发现，也不是科学的最终成果，我们完全可以从斯多葛派的精神状态中看到我们的描述中的主要成分。斯多葛主义也教导人们摆脱一切身外之物，独自生活。不过，由于这时生命已没有存在的理由，所以这种学说的结论是自杀。

这些特点同样再现于作为这种精神状态逻辑结果的最终行动中。这种解脱既不用丝毫暴力，也不匆忙。自杀者选择他的时间，事先长期地酝酿他的计划。一种平静的、有时并非不愉快的忧郁标志着他的最后时刻。他自我分析直到最后。这就是法尔雷所谈到的那位商人的情况，[①]他隐居在一座人迹罕至的森林里让自己饿死。在持续将近三个星期的临终过程中，他坚持每天记下他的印象，这本日记保存了下来。另一位用嘴去吹必然使他致死的木炭使自己窒息，并随时记下他的想法，他写道："我并

① 《忧郁与自杀》，第 316 页。

不打算让人看到更多的勇气或更多的怯懦；我只是想利用剩下不多的时间描述一下一个人在窒息时的感受和这种痛苦持续的时间。”[①]还有一位在让自己进入他所说的“前景令人陶醉的安息”之前，制造了一种复杂的仪器，用来结束自己的生命而不使鲜血流到地板上。[②]

我们很容易看出这些不同的特点如何与利己主义自杀联系在一起。毫无疑问，这些特点是利己主义自杀的结果和个人的表现形式。这种行动的迟缓，这种忧郁的淡漠，产生于这种夸大了的个性，我们就是根据这种个性给这种自杀下的定义。个人之所以孤独，是因为把他和其他人联系在一起的纽带被放松或切断了，是因为他和社会的接触点不是非常融合。这种使各种意识分开和彼此疏远的空虚正是产生于社会组织的松弛。最后，如果记得利己主义自杀必然伴随着科学和反思能力的巨大发展，解释这种自杀的智力和思考特点就不难了。事实上，在意识通常必须扩大其行动范围的社会里，意识显然也比较容易越出它不毁灭自身就不能越出的正常范围。一种怀疑一切的思想如果不是相当坚定地承担其无知的重担，就有可能怀疑自己并陷入怀疑的深渊。因为，如果思想不能发现它所考虑的事物存在的权利——如果它找到能如此迅速地看出这么多奥秘的方法，这倒是一个奇迹——那么它就会否定这些事物的一切现实性，甚至仅仅提出问题这个事实也已经意味着它倾向于作出消极的解答。但是它同时也变得没有任何积极

① 布里埃尔·德布瓦蒙：《论自杀》，第 198 页。

② 同上书，第 194 页。

的内容，而且由于再也看不到有任何东西阻挡它，它也就只能消失在内心梦幻的空虚中。

但是，这种高雅的形式并不是利己主义自杀的唯一形式，还有一种比较庸俗的形式。自杀者不是忧郁地考虑他的处境，而是愉快地作出自杀的决定。他意识到自己的利己主义和由此而产生的合乎逻辑的结局，但是他事先就接受这种结局，并且试图像小孩或动物那样生活，唯一的区别是他知道自己的所作所为。因此他把满足个人的欲望当作唯一的任务，甚至把欲望简单化，以便更有把握地得到满足。由于知道不能有别的希望，所以他也不提出更多的要求；如果达不到这个唯一的目的，他今后就没有理由活下去，所以随时准备了结这一生。这是伊壁鸠鲁式的自杀。伊壁鸠鲁并不要求他的弟子提前去死，相反，他劝他们活下去，只要他们觉得活下去还有点意思。不过，他清楚地意识到，一个人如果没有其他目的，就随时可能不再有任何目的，而感性的欢乐是把人和生命联系在一起的一条十分脆弱的纽带，所以他劝他们随时准备摆脱它，只要环境稍有这种要求。在这里，达观的、爱幻想的忧郁被多疑的、不抱幻想的冷静所取代，这一点在最后时刻特别明显。自杀者在自杀时没有怨恨，没有愤怒，但也没有知识分子自杀时所品尝到的那种病态的满足。他比知识分子更缺少激情。他对他所达到的结局并不感到意外，这是他预料迟早会发生的事件。他也不需要做长期的准备；按照他以前的生活，他只需要设法减少痛苦。那些生活放荡的人尤其是这样，当他们再也不能继续寻欢作乐的时刻不可避免地到来时，他们便以一种嘲弄人的平静直截了当地结束

自己的生命。[①]

我们在探讨利他主义自杀时，为了不需要详细描述这种自杀的心理特征，已经反复举出一些例子。利他主义自杀的心理特征和利己主义自杀的心理特征相反，就像利他主义本身和利己主义相反一样。利己主义自杀的心理特征是一般的消沉，表现为伤感的忧郁或伊壁鸠鲁式的冷漠。相反，利他主义自杀的根源是一种强烈的感情，所以不能不表现出某种力量。在义务性自杀的情况下，这种力量是为理智和意志服务的。利他主义者自杀是因为他的意识要他这样做，他服从某种迫切的需要。因此，他的行动把责任感所产生的这种泰然自若的坚定作为主调；加图[*]和博勒佩尔船长之死是这种自杀在历史上的典型。此外，当利他主义处于强烈的状态时，自杀就更是从激情出发而不假思索的行动，促使人去死的是一种信仰和热情的冲动。这种热情本身有时是快乐的，有时则是可悲的，这要取决于把死看作与心爱的崇拜对象相结合的手段，还是看作为了平息某种可怕的、敌对的力量而作出的赎罪的牺牲。把投身于其偶像的车下被压死当作有福气的盲信者的宗教热忱，不同于厌世的和尚的宗教热忱，也不同于为了赎罪而自尽的罪犯的悔恨。但是，尽管有这些细微的差别，这种现象的基本特点还是相同的。这是一种主动的自杀，因此和上面讨论过的那种消沉的自杀形成对照。

① 可以在布里埃尔·德布瓦蒙的著作第 494 页和第 506 页中找到例子。

* 古罗马政治家。——译者

原始人或士兵比较简单的自杀甚至也有这种特点，他们自杀或者是因为某种轻微的冒犯损害了他们的荣誉，或者是为了证明他们的勇气。不应该把他们轻易的自杀与伊壁鸠鲁派不抱幻想的冷漠混为一谈。牺牲自己的生命可以说是一种主动的倾向，这种倾向根深蒂固，轻易而且自发地变成行动。勒鲁瓦所报告的一个实例可以被看作这种自杀的模式。这个例子涉及一位军官，他在第一次试图自缢失败后又准备重新开始，但事先想到记下他的印象，他写道："我的命运真奇怪！我刚才上吊了，我已经失去了知觉，可是绳子断了，我左臂着地摔了下来。……我又重新做好了准备，马上就要重新开始，但是我还要抽最后一袋烟，我希望这是最后一袋烟。第一次我没有遇到什么困难，一切顺利，我希望第二次也同样顺利。我就像早晨起来喝一杯水那样平静。我承认这相当奇怪，但事实就是如此。一切都是真的。我就要第二次心安理得地去死了。"[①]在这种平静下面，既没有嘲弄，也没有怀疑，更没有生活放荡的自杀者不能成功地完全掩饰的那种不由自主的畏缩。这种平静是无懈可击的，没有任何做作的痕迹，这种行动是自然而然地产生的，因为自杀者的所有主动倾向都为他铺平了道路。

最后还有第三种自杀者，这种自杀者与第一种自杀者不同是因为他们的行动基本上是出于激情，与第二种自杀者不同是因为鼓舞他们和对这最后一幕起决定作用的完全是另一种性质的激情。这不是热情，不是宗教、道德或政治信仰，也不是军人的某种

① 勒鲁瓦的著作，第 241 页。

美德，而是愤怒，是通常伴随着失望而来的一切情绪。布里埃尔·德布瓦蒙分析了1507名自杀者留下的遗书，发现大多数自杀者首先表露出一种激怒和厌倦的心情。有时是一些亵渎神明的话，通常是强烈地诅咒生命，有时是威胁和埋怨某一个特定的人，自杀者把他的不幸归咎于这个人。那些先杀人后自杀的人显然也属于这一类：他们在杀掉被他们指责为毒害了他们的生命的人之后自杀。没有比自杀者的愤怒更明显的了，因为这种愤怒不仅用语言而且用行动表现出来。利己主义的自杀者决不会表现得如此强烈。当然，他也可能抱怨生活，但是以一种悲痛的方式来抱怨。生活使他感到抑郁，但是并不用严重的伤害来激怒他。他发现生活空虚而不是痛苦。生活使他不感兴趣，而不是使他受到实在的痛苦。他的抑郁状态不允许他激动。至于利他主义的自杀者，他们的感觉就完全不同了。从定义上来看，可以说利他主义者是牺牲自己而不是牺牲和他同类的人。因此我们所看到的是一种与前两种截然不同的心理状态。

然而，这种心理状态完全包含在异常自杀的性质中。事实上，某些不受限制的情绪既不能互相适应，又不能适应它们应该对之作出反应的环境，因此它们不能不痛苦地彼此发生冲突。异常状态不管是进步的还是倒退的，在使欲望超过适当限度的同时都为幻想打开大门，然后为失望打开大门。一个人突然被降低到他所习惯的地位之下，他就不能不为离开他自以为可以自己作主的位置而感到愤怒，而且他的愤怒必然会转而针对产生这种情况的原因，不管这种原因是真实的还是想象的，他都把他的没落归咎于它。如果他承认自己要对这种灾难负责，他就会要自己的命，否则就要别人的命。在前一种情况下就只有自杀；在后一种情况下，在自杀之前可能先杀人或采取别的什么暴力的行为。但是在这两种情况下，感情是相同的，只是表现这种感情的方式不同。一个人在发怒的时候总是攻击自己，不管他是不是先攻击过他的某一个同伴。习惯完全被打乱使他过分激动，而这种过分激动必然倾向于通过某些毁灭性的行动来缓解。发泄由此而引起的激情的对象是次要的。决定激情发泄方向的是环境的偶然性。

每当一个人的地位非但没有下降，反而不断上升时，情况也是如此。有时一个人没有他自以为能够达到而实际上是他力所不能及的目标，他的自杀就是未被理解者的自杀，这种自杀在不再有公认的等级时很常见。有时一个人在一段时间里成功地满足了自己的欲望和对变化的爱好，后来突然遇到了他不能克服的障碍，他便急不可待地摆脱他觉得今后再也无法忍受的生活。少年维特就是这种情况，他自称有一颗不平静的心，充满无限的爱，最后因为失恋而自杀；某些艺术家也是如此，他们在取得了极大的成功以后，因为听到一些闲言碎语、稍微严厉一点的批评或者不再受到欢迎而自杀。[①]

还有另外一些人，他们对别人和环境没有什么抱怨，但是对可能不会有结果的追求终于感到厌倦，或者欲望更加强烈而不是平息下来。于是他们笼统地责怪生活，指责生活欺骗了他们。不过，他们这种徒然的激动留下了某种形式的疲惫，使得落空的激情不能像从前那样强烈地表现出来。久而久之，激情好像疲沓了，从而

① 实例见布里埃尔·德布瓦蒙的著作第187—189页。

变得更加不能有力地作出反应。因此，自杀者陷入了某种形式的忧郁，这种忧郁在某些方面使人想起精神上的利己主义者的忧郁，但没有那种伤感的魅力，主要是生活引起的某种程度的厌倦。塞内克早已在他的同时代人中观察到这种心情和由此而引起的自杀。他写道："折磨我们的痛苦不在我们所处的环境中，而在我们的心中。我们没有力量承受一切，不能忍受痛苦，不能享受欢乐，对一切都感到不耐烦。有多少人在尝试过各种变化以后，发现自己又恢复了同样的感情，丝毫不能体验到新的感情而寻死。"[①]在当代，夏多布里昂笔下的勒内也许是最能体现这种精神状态的典型之一。拉斐尔是一位陷入自己内心的沉思者，而勒内则是欲望没有得到满足。他痛苦地大声喊道："人们指责我没有专一的爱好，不能长期具有同样的幻想，是某种想象的牺牲品，这种想象很快就达到我的欢乐的顶点，好像被欢乐的时限所压倒；人们指责我总是超越我所能达到的目标。唉！我只是寻找本能驱使我去寻找的一种未知的幸福。如果我到处碰壁，如果过去的一切对我毫无价值，这难道是我的过错吗？"[②]

这段描述证明了我们的分析已经使我们看到的利己主义自杀和异常自杀之间的关系和区别。[③]这两种类型的自杀者都患了人们所说的无限症。但是这种病在两种情况下的表现形式不同。在前一种情况下是思考的智力受到了损伤和过度发展；在后一种情况下是感情过分激动和失去节制。前者是由于思想内向而不再有

① 《心情的平静》，第 2 章末。参见《第二十四封信》。

② 《勒内》，巴黎，维亚拉出版社，1849 年，第 112 页。

③ 见本书第 280 页。

目标；后者是由于激情不再受限制而不再有目标。前者陷入了无限的梦想；后者陷入了无限的欲望。

由此可见，甚至自杀者的心理程式也不像人们通常所认为的那样简单。当人们谈到他对生活感到厌倦和厌恶时，并没有给这种程式下定义。事实上，有几类很不相同的自杀者，而这些不同之处明显地表现在完成自杀的方式上。因此，我们可以把行为和原因分成若干类别，这些类别的基本特征与我们在前面根据其社会原因的性质所确定的自杀类型是一致的，好像是这些社会原因在个人内心的延伸。

不过还应该补充一点，这些类型在实际生活中并不总是以孤立和纯粹的状态表现出来，而是往往互相结合，从而产生一些复合的类型，属于几种类型的特点同时出现在同一起自杀中。这是因为自杀的不同社会原因可以同时作用于一个人，它们的影响在他身上混合起来。因此，某些病人被某些不同性质的狂热所折磨，这些狂热互相交织在一起，尽管起源不同，但都汇集在同一个方向上，所以趋向于引起同一种行为。这些狂热互相强化。同样，我们也看到过几种完全不同的热病同时存在于一个人身上，每一种热病都以自己的方式使病人的体温升高。

尤其是利己主义和异常这两种自杀因素有着特殊的关系。我们知道，实际上这两种因素一般说来只是同一种社会状态的两个不同的方面，因此它们在同一个人身上相遇并不奇怪。利己主义者有某种失常的倾向几乎是不可避免的，因为当他脱离了社会，社会就没有办法来制约他。然而，他的欲望之所以不像往常那样越来越强烈，就是因为他身上的激情逐渐消失，因为他完全转向自己，外部世界不再吸引他。但是他可能既不变成一个完全的利己主义者，也不变成一个纯粹的烦躁症患者。于是人们看到他扮演两种角色。为了填补内心的空虚，他力图获得新的感觉；实际上他不像严格意义上的狂热者那样投入那么多热情，而且很快就厌倦了，这种厌倦使他重新回到自我，并且强化他最初的忧郁。反之，失常不会没有利己主义的苗头，因为如果他非常社会化，他就不会抗拒任何社会约束。不过，在反常行为占优势的时候，利己主义的苗头不可能得到发展，因为反常行为使人性格外向，阻止他离群索居。但是，如果反常不那么强烈，就可能使利己主义产生某些影响。例如，欲望得不到满足可能使人内向，到内心生活中去发泄受到挫折的激情。但是当他在内心生活中找不到任何寄托时，由此而引起的忧伤只能使他重新自我逃避，增加他的焦虑和不满。于是便产生沮丧与激动、梦幻与行动、强烈的欲望与沉思的忧郁相交替的混合型自杀。

社会混乱也可能与利他主义相结合。一次危机可以打乱一个人的生活，破坏他和他的环境之间的平衡，同时使他的利他主义倾向处于一种促使他自杀的状态。这尤其是我们称之为被围困自杀的情况。例如，犹太人之所以在耶路撒冷被占领时大批自杀，既因为罗马人的胜利使他们成为罗马的臣民和附庸，使他们受到改变生活习惯的威胁，也因为他们过于热爱他们的城市和宗教信仰，所以不能在二者都有可能被毁灭的时候继续活下去。同样，一个破了产的人自杀，既因为他不愿过苦日子，也是为了使他的名声和他的家庭免受失败的耻辱。军官和士官之所以在他们不得不退役时轻易自杀，也是因为他们的生活方式将突然改变，同时因为他们普遍具有视死如归的禀性。这两种原因在同一个方向上起作用。由此而引起的自杀把利他主义自杀的兴奋激情或坚定勇气与混乱引起的失控的愤怒结合在一起。

最后，利己主义和利他主义这两个对立面本身也可以统一行动。在某些时代，四分五裂的社会再也不能作为个人活动的目标，于是个人或群体便会在普遍存在的利己主义的影响下向往其他目标。但是，由于清楚地意识到，不断地从某些利己主义的欢乐转向另一些利己主义的欢乐并不是自我逃避的上策，短暂的欢乐即使不断更新也决不可能平息他们的焦虑，所以他们要寻找一个可以坚定不移地追求和赋予生活以意义的目标。不过，由于没有可以一心一意追求的真正目标，所以他们只能满足于拼凑某种能够起这种作用的理想的现实。因此，他们通过思考创造出一种幻象，他们就成为这种幻象的奴仆；他们越是固执地贬低其他人，甚至贬低自己，他们就越是献身于这种幻象。他们把自身存在的一切理由都赋予这种幻象，因为在他们看来其余的一切都毫无价值。于是他们过着双重的、矛盾的生活：对现实世界来说，他们是个人主义者；对这种理想的目标来说，他们又是极端的利他主义者。然而这两种倾向都导致自杀。

这就是斯多葛式自杀的根源和性质。我们在上文说明了这种自杀如何再现利己主义自杀的某些基本特征，但是可以从另一方面来考虑这种自杀。尽管斯多葛派主张对个性以外的一切采取绝对冷漠的态度，尽管他们劝告个人自我满足，但是他们同时使个人处于严格依赖普遍理性的状态，甚至使个人成为实现这种理性的工具。因此，他们把最彻底的心理个人主义和极端的泛神论这两种对立的观念结合在一起。因此，他们的自杀既像利己主义者的自杀那样缺乏感情色彩，又像利他主义者的自杀那样被当作义务来完成。[1] 人们在这种自杀中看到前者的忧郁和后者的活力；利己主义和神秘主义在这种自杀中交织在一起。这种混杂还使衰落时代的神秘主义区别于正在形成的年轻民族的神秘主义；尽管表面上看来相同，但两者的区别是很大的。后者产生于把个人的意志引向同一个方向的集体冲动，以及使公民忘我地为共同事业通力合作的自我牺牲精神；前者是一种只意识到自己和自己微不足道的利己主义，这种利己主义力求超越自身，但只能在表面上人为地做到这一点。

二

人们可能先验地认为，在自杀的性质和自杀者所选择的死亡方式之间有着某种联系。实际上，自杀者用来实现他的决心的方法取决于促使他这样做的感情，因而也是表达这些感情，这看来是很自然的。人们因此可能试图利用统计数字给我们提供这方面的材料，根据自杀的形式比较精确地说明不同种类自杀的特点。但是我们在这方面所作的研究只得出否定的结论。

然而，决定这些选择的肯定是社会原因；因为在同一个社会里，不同自杀方式的相对频率在很长一段时间内没有什么变化，而在不同的社会里，这种频率的变化很明显，正像下表所表明的那

① 塞内克赞扬加图的自杀是人类的意志战胜物质。

样：

表三十　每千名自杀者中不同死亡方式所占的比例（男女合计）

国家和年代	自缢	投河	枪击	跳楼	服毒	窒息
法　国　1872	426	269	103	28	20	69
法　国　1873	430	298	106	30	21	67
法　国　1874	440	269	122	28	23	72
法　国　1875	446	294	107	31	19	63
普鲁士　1872	610	197	102	6.9	25	3
普鲁士　1873	597	217	95	8.4	25	4.6
普鲁士　1874	610	162	126	9.1	28	6.5
普鲁士　1875	615	170	105	9.5	35	7.7
英　国　1872	374	221	38	30	91	—
英　国　1873	366	218	44	20	97	—
英　国　1874	374	176	58	20	94	—
英　国　1875	362	208	45	—	97	—
意大利　1874	174	305	236	106	60	13.7
意大利　1875	173	273	251	104	62	31.4
意大利　1876	125	246	285	113	69	29
意大利　1877	176	299	238	111	55	22

由此可见，每个民族都有自己喜爱的死亡方式，而且这种喜爱的顺序也很难改变，甚至比自杀的总数还要稳定；有时暂时改变后者的事件却并不影响前者。此外，社会原因如此占优势，以致自然因素似乎可以忽略不计。因此，与所有的推测相反，每个季节投河自杀的人数并不按照某种特殊的规律变化。下面是法国在1872—1878年期间每月投河自杀人数和一般自杀人数的比较：

每年每千名自杀者中每月所占的比例

	1月	2月	3月	4月	5月	6月	7月	8月	9月	10月	11月	12月
各类自杀	75.8	66.5	84.8	97.3	103.1	109.9	103.5	86.3	74.3	74.1	65.2	39.2
投　河	73.5	67.0	81.9	94.4	106.4	117.3	107.7	91.2	71.0	74.3	61.0	54.2

在气候宜人的季节里，投河自杀的人数并没有增加多少，差别微不足道。然而，夏季似乎应该更有利于这种自杀。确实有人说，投河自杀在北方比在南方少，而且把这个事实归因于气候。[①] 但是，在哥本哈根，1845—1856 年期间这种方式的自杀并不比意大利少多少（281‰∶300‰）。在圣彼得堡，1873—1874 年期间这种方式的自杀也不少。因此，气温并不妨碍这种自杀。

不过，引起一般自杀的社会原因不同于决定自杀方式的原因，因为我们不能确定我们已经区别的自杀类型与最流行的自杀方式之间有任何关系。意大利是一个虔诚的天主教国家，到现在为止，科学文化还不太发达。因此，利他主义的自杀者很可能比法国和德国多，因为这种自杀有点和智力的发展成反比；我们在下文可以找到许多理由来证实这种假设。因此，由于用火器自杀在意大利要比在中欧各国多得多，所以我们可以认为这种自杀与利他主义不是毫无关系。为了证明这种假设，我们甚至可以指出，这也是士兵们所喜爱的自杀方式。遗憾的是，在法国，最常用这种方式自杀的却是作家、艺术家和文职官员等最有知识的阶级。[②] 同样，自缢似乎是忧郁性自杀合乎情理的表现方式。事实上，最常使用这种方式的是农村，而忧郁却是城市特有的一种精神状态。

因此，促使一个人去自杀的原因并不是决定他用这种方式自杀而不用另一种方式的原因。确定其选择的动机完全属于另一种性质。首先是习惯和准备工作使他能够拿到这一种而不是另一种

① 莫塞利的著作，第 445—446 页。

② 见利尔的著作，第 94 页。

死亡工具。由于顺其自然，只要没有相反的因素干扰，他总是倾向于使用就在手边和日常用惯的毁灭性手段。例如在城市里，跳楼自杀就比农村多，因为城市里的房屋比较高。同样，随着铁路的铺设，卧轨自杀的习惯也逐渐普遍起来。因此，说明各种不同自杀方式在全部自杀中所占比例的统计表也在某种程度上说明工业技术、最普遍的建筑和科学知识等状况。随着电力的普遍使用，借助电流的自杀也必然会更多。

但是，最有影响的原因也许是每个民族和每个民族内部的每个社会群体对不同死亡方式的尊重程度。事实上，不同的死亡方式受到不同的对待。有的被认为比较高尚，另一些则被认为庸俗和可耻而遭到厌恶，舆论对自杀方式的分类因社区不同而有所变化。在军队里，斩首被认为是一种有损名誉的死亡，在其他地方则是绞死。因此，自缢在农村比在城市流行得多，在小城市比在大城市流行得多。因为自缢多少有点粗暴，有损于城市风俗的文雅和有教养阶级对人身的尊重。这种厌恶也许是因为这种死亡的方式在历史上就被认为是不体面的，有教养的城里人强烈地感觉到这一点，而头脑比较简单的乡下人却没有这种感觉。

因此，自杀者所选择的死亡是一种与自杀的性质完全不同的现象。尽管这同一个行动的两种要素看上去关系非常密切，实际上却是彼此独立的。至少两者之间只有外在的并列关系。因为尽管两者都取决于社会原因，但它们所表现的社会状态却很不相同。前者根本不能说明后者；后者属于完全不同的研究范畴。因此，尽管在论述自杀时习惯上要相当详细地论述自杀者所选择的死亡方式，但我们不再多谈了。因为这不会给我们在前面所进行的研究和上表所归纳的结果增添什么东西。

自杀的社会类型的病因学和形态学分类

这些类型特有的形式			
基本特点			继发性的变化
基本类型	利己主义的自杀	冷漠	消极的忧郁和对忧郁的自我欣赏。 多疑和不抱幻想的冷静。
	利他主义的自杀	强烈的激情或坚强的意志	具有冷静的责任感。 具有神秘的热情。 具有平静的勇气。
	反常的自杀	恼怒 厌恶	强烈地指责一般的生活。 强烈地指责某一个人（杀人—自杀）。
混合类型	反常的利己主义自杀………	激动与冷漠的混合。行动与梦幻的混合。	
	反常的利他主义自杀………	过分的激动。	
	利己—利他主义自杀………	被某种坚强的精神所缓解的忧郁。	

这些就是自杀的一般特点，也就是直接由社会原因产生的特点。这些特点在特定的情况下个性化时，根据自杀者的个性和他所处的特定环境而有各种复杂的变化。但是，在由此而产生的各种组合中，我们总是能够重新发现这些基本的形式。

第 三 编

作为一般社会现象的自杀

第一章　自杀的社会因素

既然我们知道社会自杀率根据各种因素而变化，那么我们就可以说明自杀率与之相适应和用数字来表示的现实的性质了。

一

人们可以先验地假设，自杀所取决的个人条件有两种。

首先是自杀者所处的外部环境。自杀的人有时是遭到家庭的不幸或自尊心受到伤害，有时是遭到贫困或疾病的折磨，有时是不得不因某种道德上的失误而自责，如此等等。但是我们已经看到，这些个人的特殊情况不能解释社会自杀率，因为社会自杀率的变化相当大，而几种情况的不同组合在作为个人自杀的直接原因时却几乎没有什么变化。因此，这些组合不是随之而来的行动的决定性原因。这些组合有时在深思熟虑时起着重要的作用，但这种作用并不证明它们的有效性。事实上，人们都知道，人类的反思意识所达到的深思熟虑只不过是纯粹的形式，而且除了证实出于意识所不知道的原因已经作出的某种决定外没有其他目的。

此外，因为经常伴随着自杀而被认为是引起自杀的情况几乎数不胜数。有的人在富裕中自杀，有的人在贫困中自杀，有的人是由于家庭的不幸，有的人则刚刚通过离婚摆脱了使他不幸的婚姻。在这里，一名士兵在无辜受到处罚后自尽；在那里，一名罪犯自尽而他的罪行并没有得到惩罚。生活中最不相同甚至最矛盾的事件同样可以成为自杀的借口。因此，任何事件都不是自杀的特定原因。我们能不能至少把这种因果关系归因于各种自杀的共同特点呢？但这些共同的特点是什么呢？我们至多只能说这些特点通常包括气恼和忧伤，但不能确定痛苦达到什么强度才会有这种悲惨的后果。我们看到有些人经得住极大的不幸，而另一些人则在遇到一点小麻烦就自杀。此外，我们已经证明，那些受苦最多的人中自杀的并不是最多，倒是过分的享受使人跟自己过不去。在生活不太艰苦的时代或阶层中，人们最容易自寻短见。即使自杀者的个人情况确实是使他作出决定的实际原因，但这种情况确实十分少见，因此我们不能用这一点来解释社会的自杀率。

因此，甚至那些认为个人影响最大的人也不去研究这种外部事件，而是去研究自杀者的内在气质，即研究他的生物学结构和这种结构所从属的肉体状况。所以，自杀曾被说成某种气质的产物，是受到同样因素影响的神经衰弱的一个情节。但是我们没有发现在神经衰弱和社会自杀率之间有任何直接和有规律的关系。有时这两种情况彼此成反比，当一种情况最少发生的时候，另一种情况却最多。我们更没有发现，自杀的多少与被认为最影响神经系统的自然环境——例如种族、气候、气温——之间有明确的关系。因为尽管神经病患者在某些条件下可以表现出自杀的倾向，但他并不是命中注定非自杀不可；自然因素在这一点上不足以决定他的本性的一般倾向。

当我们不考虑个人而到社会的性质中去寻找自杀倾向的原因时，我们所获得的结果就完全不同了。自杀与生物学方面和肉体方面的情况的关系越是模棱两可和不能肯定，与某些社会环境就越是有直接和恒定的关系。这一次，我们终于找到了真正的规律，这些规律使我们可以尝试对自杀的类型进行系统的分类。由此确定的社会学原因给我们解释了这些不同的偶合，人们往往把这些偶合归因于物质原因的影响，而且愿意看到这种影响的证据。女子的自杀之所以比男子少得多，是因为她们参与集体生活比男子少得多；因此她们不是强烈地感到集体生活的影响，不管是好是坏。老年人和儿童也是如此，尽管是出于别的原因。最后，自杀的人数之所以从1月到6月逐渐增加，然后逐渐减少，是因为社会活动也经历同样的季节变化。因此，社会活动所产生的后果自然服从同样的节奏，上半年更明显；自杀就是这些不同后果之一。

从所有这些事实可以知道，社会自杀率只能从社会学的角度来解释。在任何时候，决定自杀人数多少的都是社会的道德规范。因此，每个民族都有一种具有一定能量的集体力量推动人们去自杀。乍看起来，自杀者所完成的动作似乎只表现他个人的性格，实际上是这些动作所表现出来的某种社会状态的继续和延伸。

这样就解决了我们在本书开头所提出的问题。我们谈到每个人类社会都或多或少有一种自杀的倾向，这并不是比喻；这种说法是以事物的本性为依据的。每个社会群体确实有一种自杀的集体倾向，这种倾向是群体所固有的，个人的倾向由此而来，而不是集体倾向来自个人倾向。造成这种倾向的是利己主义、利他主义或反常等这样一些影响社会的潮流，无精打采的忧郁、积极的自我牺牲或者恼人的厌倦等倾向都是这些潮流引起的后果。正是这种集体的倾向侵入个人时才促使他们去自杀。至于通常被认为是自杀的直接原因的个人事件，它们只能起到受害者的精神状态归因于它们的这种作用，是社会精神状态的反应。为了解释他自绝于世，自杀者总是责怪他周围的环境；因为他忧伤，所以觉得生活也是忧伤的。当然，在某种意义上，他的忧伤来自外部，但不是来自他生涯中的某件事故，而是来自他是其组成部分的群体。所以，没有什么情况不能成为自杀的偶然原因。一切都取决于引起自杀的原因作用于个人的强度。

二

此外，社会自杀的稳定性本身就足以证明这个结论。尽管从方法上来说，我们认为应该把这个问题留到现在来解决，但事实上这个问题不容许有其他解决办法。当凯特莱提请某些哲学家注意某些社会现象以令人惊奇的规律性、周期性地重复出现时，他认为可以用他的普通人的理论来说明，而且这种理论一直是对这种值得注意的特性唯一系统的解释。[①] 根据他的见解，每个社会都有

---

① 尤其是在他的这两部著作中：《论人及其官能的发展或社会物理学论文集》，共二卷，巴黎，1835 年；《论社会制度及其规律》，巴黎，1848 年。尽管凯特莱是第一个试图科学地解释这种规律性的人，但他并不是第一个观察到这种规律性的人。道德统计学的真正奠基人是絮斯米尔希牧师，见他的著作：《从人的生、死和繁衍角度证明人类性别变化中神的安排》，共三卷，1742 年。

关于这个问题，还可以参见瓦格纳：《人类表面上的随意行为的规律性》第一部分；德罗比施：《道德统计学和人类的意志自由》，莱比锡，1867 年（尤其是第 1—58 页）；迈尔：《社会生活中的规律性》，慕尼黑，1877 年；厄廷根：《道德统计学》，第 90 页以下。

一个明确的模式，大多数个人在不同程度上如实地再现这种模式，只有少数人在动乱的影响下倾向于背离这种模式。例如，大多数法国人身上都表现出某些共同的肉体和精神特征，但是这些特征并不以同样的程度和同样的方式表现在意大利人或德国人身上，反之亦然。由于这些特征肯定是最普遍的，所以产生于这些特征的行为也是最多的，这些行为构成了绝大多数。相反，由不同的特征决定的行为像这些特征本身一样是很少见的。另一方面，尽管这种一般人并非绝对一成不变，但比起个别人的变化来要慢得多，因为一个社会要比一个人或几个人更难发生变化。这种稳定性自然会传给来自这种人的特有属性的行为；只要这些属性不改变，这些行为的量和质也不会改变，而且，由于这些行为方式是最常用的，所以这种稳定性就必然成为统计资料所涉及的人类活动表现形式的普遍规律。实际上，统计学家是根据一定社会所发生的一切同类行为进行统计的。因此，既然只要这个社会的一般人不变，这些行为的大多数也不会改变；另一方面，因为社会的一般类型不容易发生变化，所以统计的结果在相当长的时间内也必然保持原样。至于那些由特殊的性格或个别的偶然事故引起的行为，确实没有同样的规律性，因此，这种稳定性不是绝对的。但这些行为是例外，因此不变是规律，而变化则是例外。

凯特莱把这种一般人称之为普通人，因为这种人差不多恰好是个别人的算术平均数。例如，如果在测得某一个社会所有人的身高后，把身高的总和除以被测的人数，所得到的结果以相当接近的程度说明最一般的身高。因为人们可以承认，高个子和矮个子的人数大体上相等，他们互相补偿，彼此抵消，所以不影响平均数。

理论似乎很简单。但是，这种理论首先要能够使人懂得普通人如何表现在个人的一般性中，才能被看作一种解释。普通人要在个人发生变化时保持不变，从某种意义上来说应该不以个人为转移，但是也应该有某种办法影响个人。当然，如果承认普通人和种族类型是一回事，那么这个问题也就不再是一个问题了。因为种族的构成要素有个人之外的起源，所以和个人的变化不一样；然而，种族的构成要素体现在个人身上，而且只体现在个人身上。因此，完全可以设想，种族的构成要素影响个人的构成要素，甚至成为后者的基础。不过，这种解释要能适用于自杀，就必须是导致个人自杀的倾向完全取决于种族；然而我们都知道，事实与这种假设相反。那么能不能说，社会环境的一般状况因为对大多数个人来说是相同的，几乎以同样的方式影响个人，所以在某种程度上使个人具有同样的外貌呢？但是，社会环境基本是由共同的思想、信仰、习惯和倾向构成的。这些思想、信仰、习惯和倾向要能影响个人，就必须以某种独立于个人的方式存在；这就接近于我们曾经提出的解决办法。因为人们默认有一种集体的自杀倾向，个人的倾向就起源于这种集体倾向，因此全部问题在于知道这种集体倾向由什么组成和如何起作用。

但是，不管以何种方式解释普通人的一般性，这种设想都不能说明使社会自杀率重复的规律性。事实上，从定义上来讲，这种类型所能包含的独有的特点是那些在大部分人口中所见到的特点。然而，自杀是少数人的行为。在自杀最多的国家里，每百万居民中至多也只有300或400例。普通人的自卫本能根本排除自杀；普通人并不自杀。但是，如果自杀的倾向是罕见的、反常的，那么自杀就与普通人无关，因此，即使对后者有深刻的了解，也远不能帮助我们理解一个社会的自杀人数怎么稳定不变，甚至不能解释为什么有人自杀。凯特莱的理论归根结蒂是根据一种不确切的看法。他一直认为，肯定只有在人类活动最一般的表现形式中才有稳定性，然而，这种稳定性也以同样的程度存在于发生在社会领域少数孤立地点的零星现象中。他由于使人们懂得怎样才能严格地理解非例外情况的不变性，他就认为已经答复了一切要求；但是例外本身有它的不变性，而且这种不变性不亚于任何其他不变性。人都是要死的；任何有生命的机体都是这样构成的，所以不可能不毁灭。相反，很少有人自杀；在绝大多数人中，没有什么东西使他们倾向于自杀。然而，自杀率却比一般死亡率还要稳定。因此，在某种特点的扩散与持久之间，并没有凯特莱所承认的那种严格的一致性。

而且，他自己的方法所导致的结果也证实了这个结论。根据他的原理，为了计算普通人的某种特点的强度，应该把在社会内部表现这种特点的行为总数除以能够产生这种行为的个人数。因此，在像法国这样一个国家里，每百万居民中的自杀人数长期不超过 150 名，自杀倾向的平均强度为 150/1000000＝0.00015；在英国，每百万居民中只有 80 名自杀，比率只是 0.00008。普通个人的自杀倾向就这么大。但是这两个数字几乎等于零。这样微弱的倾向不会引起这种行为，所以可以被认为并不存在。它也没有足够的力量单独引起自杀。因此，可以使人理解，在这种或那种社会里，为什么每年有这么多人自杀，不是这种倾向的一般性。

这种估计还是被无限地夸大了的。凯特莱只是武断地认为普通人对自杀有一定的亲和力才作出这种估计的，并且不是根据普通人的表现，而是根据例外的少数人的表现来估计的 。这是用反常来确定正常。凯特莱确实以为，只要指出反常的情况有时发生在这一方面，有时发生在相反的方面，互相抵消，就可以避免这种反对意见了。但是，只有人人都不同程度地具备某些特点才能互相抵消，例如身高。事实上可以认为，特别高的人和特别矮的人在数量上几乎相等。这些异常身高的平均数显然应该等于最普通的身高；因此，最普通的身高是这样计算出来的。但是，如果涉及一种从性质上来说是例外的情况，例如自杀的倾向，那就是另一回事了；在这种情况下，凯特莱的方法只能人为地把平均值以外的某种因素加入普通人中。当然，正像我们刚才所看到的，这种因素只存在于某种非常稀释的状态中，因为这种因素在其中分布的个人数大大超过了它应该在其中分布的个人数。但是，尽管误差实际上并不大，却确实存在。

实际上，凯特莱推算出来的比例只是表示一个属于某一社会群体的人在一年内自杀的可能性。如果在 10 万人中一年有 15 人自杀，那就可以推断出，一个人在这段时间内自杀的可能性是 10 万分之 15。但是这种可能性丝毫不能用来衡量自杀的平均倾向，也不能用来证明这种倾向的存在。100 个人里有多少人自杀，这个事实并不意味着其余的人在某种程度上也可能自杀，而且丝毫不能说明引起自杀的原因的性质和强度。①

① 这些理由再一次证明，种族不能说明社会自杀率。实际上，种族类型也是一种属的类型，只包括大多数个人的共同特点。相反，自杀是一种例外的行为。因此，种族没有任何东西能引起自杀；否则，自杀就会有一种实际上并没有的普遍性。是不是可

由此可见，关于普通人的理论并不解决问题。因此，让我们再来好好看看这个问题。自杀者是分布在世界各地的极少数人，每个人都单独完成他的行动，不知道其他人也在采取同样的行动；然而，只要社会没有变化，自杀的人数也没有变化。因此，所有这些个人的表现尽管彼此独立地出现，但实际上必定是同一种原因或同一些原因的结果。因为，否则的话，怎么解释所有这些彼此互不了解的个人意愿每年使同样数量的人达到同样的结果呢？这些个人意愿至少在一般情况下彼此互不影响，彼此之间没有任何协调，然而，所发生的一切就好像这些意愿在执行同一道命令。因此，在它们所处的共同环境中，有某种力量使它们都倾向于同一个方向，这种力量的大小决定自杀人数的多少。然而，表现这种力量的种种结果并不随着机体条件和自然环境的变化而变化，而仅仅随着社会环境的变化而变化。因此这种力量是集体的。换句话说，每个民族都集体地有一种固有的自杀倾向，这种倾向决定他们自杀的多少。

从这种观点出发，自杀率的不变性就再也没有不可思议之处，它的特性也没有什么不可思议之处。因为由于每个社会都有它不会朝夕之间就改变的气质，由于这种自杀倾向的根源在于各群体的精神气质，所以自杀是不可避免的，而自杀的倾向则因群体不同

以说，尽管构成种族的任何因素实际上不可能被看成是自杀的充分原因，然而，种族按其性质来说可以使人们或多或少地容易受自杀原因的影响呢？但是，尽管事实证实了这种假设，实际情况却并非如此，至少应该承认，种族类型是一种作用很小的因素，因为它的假设的影响不能表现在几乎全部情况中，而只是在非常特殊的情况下才明显地表现出来。总之，种族不能说明为什么在同一种族的 100 万人中，每年至多有 100 至 200 人自杀。

而不同，但在每一个群体中，自杀的倾向却明显地多年保持不变。自杀倾向是社会存在感觉的基本要素之一；然而，在集体生活中和在个人身上一样，存在感觉的状态是最有个性和不易变化的，因为没有比这种状态更根本的东西了。但是由此而产生的结果必然有同样的个性和稳定性。这些结果的稳定性自然超过一般死亡率的稳定性。因为气温、气候和地理的影响，一句话，决定公众健康的各种条件，比起民族的气质来更容易发生变化。

不过，有一种假设表面上看来不同于前面的假设，这种假设可能吸引某些人。为了解决这个难题，假定私人生活中那些尤其被看成是自杀的决定性原因的事件每年以同样的比例有规律地重新出现，这不就行了吗？有人说，[①]每年几乎有同样多的不幸婚姻、破产、抱负落空和贫困等等。因此，同样多的人处于同样的情况下，自然也有同样多的人决心摆脱他们的处境。没有必要想象这些人屈从于某种支配他们的力量，只要假设他们面对同样的情况时往往作出同样的推理就行了。

但是我们都知道，尽管这些个人的事件通常发生在自杀之前，实际上并不是自杀的原因。再说一遍，生活中没有必然引起自杀的不幸，如果不是以另一种方式倾向于自杀的话。因此，这些情况可能重复出现的规律性不能解释自杀的规律性。而且，尽管这些情况有某种影响，这种解释也只是回避问题而不是解决问题。因为还需要说明，为什么这些情况每年按照每个国家特有的规律同样地重复。一个假定是稳定的社会怎么总是有这么多破裂的家

① 这其实是德罗比施在他的著作中所阐述的见解。

庭、这么多经济破产等等呢？如果每一个社会没有明确的趋势以一定的力量引导人们去从事商业和工业冒险，去从事各种能够使家庭不和的活动等等，就不能解释同样的事件在同一个民族中按固定不变的比例有规律地重复，而在不同的民族中这种比例却大不相同。然而，这是以几乎没有什么不同的形式回到我们以为已经排除的假设。[①]

三

但是我们要正确地理解上面使用过的这些术语的含义。

通常，在谈到集体的倾向或激情时，我们只是把这些词组看作比喻或说话的方式，除了表示一定数量个别状态之间的某种平均数，并没有任何实际的意义。我们不把这种倾向或激情看成现实，或者看成支配那些特殊意识的特殊力量。然而，这就是这种倾向或激情的本质，这就是自杀的统计数字明确地表明的东西。[②] 组

① 这种论点不仅适用于自杀，尽管在这种情况下比在其他情况下更加明显。这种论点以不同的形式同样适用于犯罪。实际上，罪犯和自杀者一样是一种特殊的人，因此，不是普通人的本性能够解释犯罪活动的。但是这和婚姻没有什么不同，尽管缔结婚姻的倾向要比杀人或自杀的倾向更普遍。在生命的每一个时期，结婚的人和同年龄的独身者相比只是少数。在法国，从 25 岁到 30 岁，即在结婚率最高的时期，每 1000 名男子和 1000 名女子中每年只有 176 名男子和 135 名女子结婚（1877—1881 年期间）。因此，如果结婚的倾向——不要和喜欢搞不正当男女关系混为一谈——只是在一小部分人中才有足够的力量得到满足，那么就不是这种倾向在普通人中的强度能解释某一特定时刻的结婚率。实际情况是，就像在涉及自杀一样，统计数字所表示的不是个人情绪的强度，而是导致婚姻的集体力量的强度。

② 况且自杀的统计数字也不是唯一的；正像上面的注释所说明的，道德统计学的所有事实都意味着这个结论。

成一个社会的个人年年在变化,然而自杀的人数却不变,只要社会本身不变。巴黎的人口更新非常快,然而巴黎的自杀人数占整个法国自杀人数的比例却明显地保持不变。尽管军队的兵员只消几年就完全变了,但一个国家军队的自杀率却变化得极其缓慢。在所有的国家里,集体生活在一年里都按同样的节奏变化,从 1 月到 7 月逐渐增加,然后逐渐减少。尽管欧洲不同社会的成员属于彼此大不相同的普通人,但各地的自杀人数都按同样的规律逐季甚至逐月变化。同样,在截然不同的社会群体中,不管个人的情绪如何不同,已婚者的自杀倾向和鳏夫寡妇的自杀倾向之间的关系完全相同,这是由于丧偶的精神状态和婚姻所固有的精神状态之间的关系到处都是一样的。由此可见,决定一个社会或一部分社会自杀人数多少的原因必然与个人无关,因为不管对哪些个人起作用,这些原因都保持着同样的强度。有人会说,同样的生活总是产生同样的结果。不错,但是一种生活是一回事,它的稳定性却需要解释。即使这种生活可以保持不变,而过这种生活的人却在不断变化,那么这种生活就不能依靠他们保持它的全部现实性。

有人曾经认为,只要指出这种连续性本身是个人的事,因而为了分析个人的事,没有必要与个人生活相比,赋予社会现象某种超验性,这就可以避免这种结果了。事实上有人说过:“任何一种社会事物、一种语言的某个词、一种宗教的某种仪式、一种手艺的某种窍门、一种艺术的手法、一条法律或一种道德准则,都是由父母、老师、朋友、同志等个人传给另一个个人的。”①

---

① 塔尔德:《社会学基础》,载于《国际社会学研究所年鉴》,第 213 页。

当然，如果问题只在于使人懂得，一种思想或一种感情是如何以普遍的方式从一代人传给另一代人，是如何对它们的记忆不致消失，那么这种解释在迫不得已时可以被认为是充分的。[①] 但是，像自杀和道德统计学向我们提供的各种比较普遍的行为一样，行为的传播有一种非常特殊的性质，我们花费这么少的力气是不能阐述清楚的。事实上，这种传播不仅要大大影响某种行为方式，**而且要影响采取这种行为方式的人数**。不仅每年有人自杀，而且每年的自杀人数往往和上一年一样多。引起自杀的精神状态不是无条件地传播的，而是传播给同样数量处于采取这种行动所必需的条件下的人，这一点非常值得注意。如果只涉及某些个人，这怎么可能呢？多数人不可能是任何直接传播的对象。今天的人没有从昨天的人那里得知有多少人自杀，然而，他们的自杀人数却正好一样，如果环境不变的话。

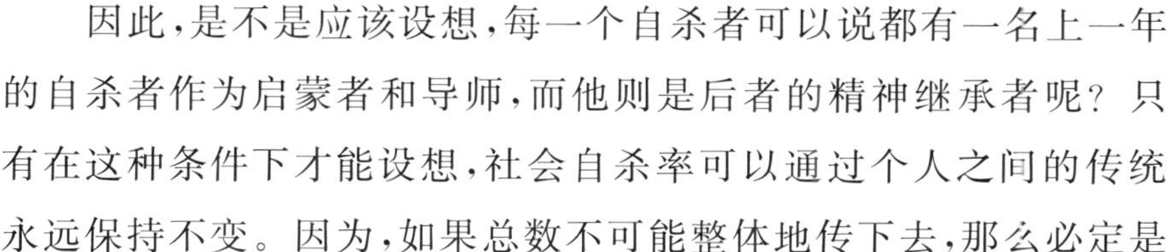

因此，是不是应该设想，每一个自杀者可以说都有一名上一年的自杀者作为启蒙者和导师，而他则是后者的精神继承者呢？只有在这种条件下才能设想，社会自杀率可以通过个人之间的传统永远保持不变。因为，如果总数不可能整体地传下去，那么必定是

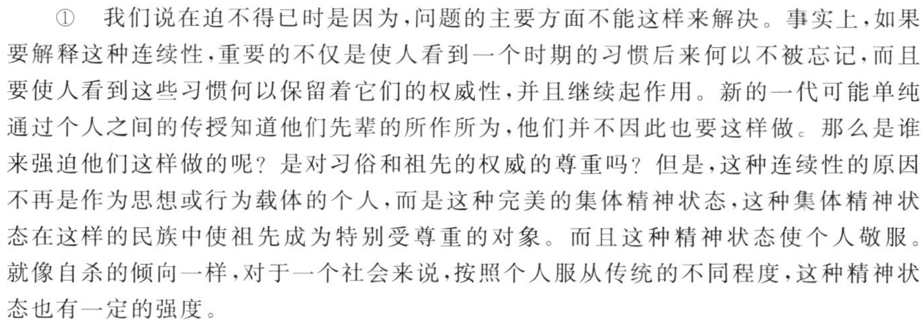

① 我们说在迫不得已时是因为，问题的主要方面不能这样来解决。事实上，如果要解释这种连续性，重要的不仅是使人看到一个时期的习惯后来何以不被忘记，而且要使人看到这些习惯何以保留着它们的权威性，并且继续起作用。新的一代可能单纯通过个人之间的传授知道他们先辈的所作所为，他们并不因此也要这样做。那么是谁来强迫他们这样做的呢？是对习俗和祖先的权威的尊重吗？但是，这种连续性的原因不再是作为思想或行为载体的个人，而是这种完美的集体精神状态，这种集体精神状态在这样的民族中使祖先成为特别受尊重的对象。而且这种精神状态使个人敬服。就像自杀的倾向一样，对于一个社会来说，按照个人服从传统的不同程度，这种精神状态也有一定的强度。

构成总数的单位一个一个地传下去。因此，每一名自杀者必定从某一位先人那里接受了自杀的倾向，每一次自杀都是前一次自杀的重复。但是，没有一件事实使人承认，统计表所登记的这一年的每一件道德事件与上一年的某件事件之间有这种个人的前后关系。正像我们在上面已经证明的，一种行为引起同样性质的行为完全是例外。而且，为什么这种继承现象年复一年有规律地发生呢？为什么这种有繁殖力的行为要用一年时间产生出与它相似的行为呢？最后，为什么这种行为只能产生一件复制品呢？因为每一种模式一般只应该重复一次，否则总数就不会保持不变。我们不必更详尽地讨论这种武断得难以形容的假设。但是，如果撇开这种假设，如果每年自杀人数相等不是由于每一种个别情况后来引起与它相似的情况，那么自杀人数相等就只能是由于某种非个人原因的持久影响超过了所有个别情况的影响。

因此，应该严格地使用这些术语。集体的倾向有它自身的存在，这是一种和自然力同样实在的力量，尽管属于另一种性质；它同样从外部作用于个人，尽管通过另一些途径。使我们能够肯定前者的现实性不亚于后者的现实性的，是前者以同样的方式，即以它的影响的稳定性，证明它自身的存在。当我们看到死亡的数量一年年很少变化时，我们解释这种规律性说，死亡率取决于气候、气温和土壤的性质，总之，取决于一定数量的物质力量，这些物质力量因为与个人无关，所以当一代代人在变化时，它却保持不变。因此，既然像自杀这样的道德行为以不仅相同而且以更大的一致性重复，我们就应该承认这些行为取决于个人以外的力量。不过，由于这种力量只能是精神上的，而在个人以外，世界上除了社会没有其他精神上的存在，所以这种力量必定是社会的力量。但是，不管叫什么名字，重要的是承认它的现实性，把它看成是从外部决定我们的行为的全部能量，就像物理和化学能量影响我们一样。这种力量完全是特殊的事物，而不是语言上的实体，所以可以衡量它，比较它的相对大小，就像测量电流或光线的强度一样。因此，社会行为是客观的这个基本命题，这个我们曾经有机会在另一部著作[①]中提出并认为是社会学方法的原则的命题，在道德统计学中，尤其是在自杀的统计中找到了新的、特别说明问题的证明。这个命题可能与常识有抵触。但是，每当科学向人们揭示某种未知力量的存在时，它都遭到过怀疑。由于必须改变固有的思想体系，以便让位给事物的新秩序并形成新的概念，所以人们在精神上并不竭力抵制。然而，应该理解，社会学之所以存在，只能是研究未知的世界，不同于其他科学所探索的东西。如果这个世界不是一系列的现实事物，它就什么也不是。

但是，正因为遇到了某些传统的偏见，所以这种设想引起了一些我们应该予以回答的反对意见。

首先，这种设想意味着，像集体思想这样的倾向与个人的倾向和思想属于不同的性质，前者具有后者所没有的特点。然而，有人说，既然在社会中只有个人，这怎么可能呢？但是，照这么说，有生命的世界和无生命的物质就应该是一样的，因为细胞也完全是由无生命的原子构成的。同样，社会除了个人的力量，确实没有其他起作用的力量；只有个人联合起来形成一种新的精神存在，因此这种

① 见《社会学方法的规则》第2章。

精神存在有它自己的思维和感觉方式。产生社会行为的基本特性可能以萌芽的状态被包含在个人的精神之中。但是，社会行为只有在这些基本特性被联合所改变的时候才表现出来，因为只有在这个时候它才产生。联合本身也是一种产生特殊影响的积极因素。然而，联合本身又是一种新的东西。当某些意识不是彼此孤立，而是集合和结合在一起时，世界上就会有某种变化。因此，这种变化自然引起别的变化，这种新的情况自然产生其他新的情况，某些现象自然出现，这些现象的特性并不存在于构成这些现象的要素中。

否认这个命题的唯一办法是，承认整体在质量上等于其各部分的总和，承认结果在质量上可以还原为产生这种结果的种种原因的总和；这就重新否认任何变化或使这种变化无法解释。然而，有人甚至支持这种极端的论点，但是他只找到两条实在离奇的理由来为这种论点辩护。他说，第一，“在社会学中，我们特别有幸对作为组成部分的个人意识以及作为复合体的全部意识有深刻的认识”；第二，通过这种双重内省，“我们清楚地了解，如果个人被分开，社会就不存在”。[①]

第一种说法是大胆地否定整个当代心理学。今天，大家都一致承认，精神生活远远不能通过直接的观察被认识。相反，精神生活有一些深刻的内涵不能被直接的感觉识破，我们只能用类似科学用来了解外部世界的那种迂回和复杂的方法逐步接近。因此，意识的性质今后还会有许多不解之谜。至于第二种主张，这纯粹是武断的看法。作者完全可以肯定，根据他个人的印象，社会上除

① 塔尔德：《社会学基础》，载于《国际社会学研究所年鉴》，第222页。

了来自个人的东西,没有任何真实的东西,但是为了证明这种论断,却没有证据,因而也无法讨论。用这种感觉来反对大多数人的感觉是很容易的,大多数人不是把社会想象成个人的本性在向外发展时自发地采取的形式,而是想象成一种限制他们和他们所竭力反对的敌对势力!而且,能说我们通过这种直觉就可以直接地而不是间接地不仅了解组成部分,即个人,而且了解复合体,即社会吗?说真的,如果真的只要睁开眼睛,就能立刻看出社会的规律,那么社会学就没有用了,至少是太简单了。遗憾的是,事实只能证明,意识在这一方面是多么无能。如果没有来自外界的提示,意识本身绝不会想到这种年复一年以同样的数量带来这些人口现象的必然性。更何况,意识没有能力单靠自身的力量发现这些现象的原因。

但是,我们这样把社会生活和个人生活分开,决不是说根本没有精神生活。相反,生活显然基本上是由各种表象构成的。不过,集体的表象和个人的表象属于不同的性质。我们看不出说社会学是一种心理学有什么不合适,只要想到补充说社会心理学有它自己的规律,这种规律不是个人心理学的规律。一个例子就可以说明我们的想法。通常,人们认为宗教的起源是神秘和可怕的生命给有意识的人所留下的令人害怕或敬畏的印象。从这个观点来看,宗教是作为个人情绪和私人感情的简单发展而出现的。但是,这种简单化的解释与事实毫无关系。只要指出在只有非常初步的社会生活的动物王国里,是不知道有宗教制度的就足够了。宗教从来只存在于有某种集体组织的地方,宗教随着社会性质的变化而变化,人们就有理由得出结论说,只有成群的人才有宗教思想。

如果个人只知道他自己和物质世界，他就决不会想到有如此无限地超越他和他周围的一切的力量。甚至与他有关的那些巨大的自然力也不可能使他产生这种想法，因为原始的个人和今天的个人一样，他根本不知道这些力量所控制的范围；相反，他以为在某种条件下能随意支配这些力量。[①] 科学使他懂得，他和这些力量相比何等渺小。这种使他尊敬和成为他崇拜的对象的力量就是社会，神不过是社会的实体形式。归根结蒂，宗教是信条的体系，社会通过这些信条意识到自身的存在；这就是集体存在所特有的思维方式。因此，如果个人的意识不联合起来，就不会产生如此众多的精神状态，这些精神状态产生于这种联合，又和产生于个人本性的精神状态相结合。人们尽可能详尽地分析个人的本性，决不可能发现什么东西来解释这些从中产生图腾崇拜的信仰和独特的宗教仪式是如何形成和发展的，自然崇拜是如何产生的，自然崇拜本身是如何在这里变成耶和华的抽象宗教，在那里又变成希腊人和罗马人的多神教的。不过，我们要说的是，我们之所以肯定社会和个人的异质性，是因为上述看法不仅适用于宗教，而且适用于法律、道德、习俗、政治机构和教育实践等等，总之，适用于一切形式的集体生活。[②]

但是，另一种反对意见乍看起来可能更重要。我们不仅承认社

① 见弗雷泽：《金枝》，第 9 页以下。

② 为了避免任何不确切的解释，我们还要补充一点。我们并不因此而认为个人与社会之间有一条界线。联合并不是一下子就建立起来，也不是一下子就产生影响的；它需要有时间做到这一点，因此，有些时候现实是不确定的。由此可见，我们是不间断地从一类行为过渡到另一类行为的，但是这不是对这些行为不加区别的理由。否则，世界上就没有什么不同的东西，至少人们会以为没有不同的类别，进化是连续不断的。

会的精神状态本质上不同于个人的精神状态，而且承认社会的精神状态从某种意义上说是在个人的精神状态之外。我们甚至不怕比较这种外在性和物质力量的外在性。但是，有人说，既然在社会中除了个人什么也没有，那么在个人之外怎么可能有某种东西呢？

如果这种反对意见是有根据的，那么我们就会面临一种二律背反的情况。因为不应该忘记前面已经证明的东西。既然每年自杀的少数人并不形成一个自然群体，他们彼此之间互不来往，那么自杀的人数不变就只能是由于支配个人和在他们自杀后继续存在的同一原因。这种把分散在地球表面的许多个别情况联系在一起的力量，必然地应该存在于每一种情况之外。因此，如果这种力量确实不可能存在于这些情况之外，那么问题就难以解决了。但是，这种不可能性只是表面现象。

首先，社会并非真的只由个人构成，它还包含一些物质的东西，这些东西在共同的生活中起着重要的作用。社会行为有时具体化到成为外部世界的一个组成部分。例如，某种确定的建筑类型是一种社会现象，然而这种类型体现在房屋和各种建筑物上，房屋一旦建成，就成了独立于个人的现实。通讯和交通运输渠道、工业或私人生活中使用的工具和机器也是如此，表明历史上每一时刻的技术状况和书面语言的状况等等。因此，在物质基础上这样具体化和固定化的社会生活是客观存在，而且是从外部影响我们的。在我们之前建立的通讯渠道使我们的活动有一定的方向，这要看这些渠道使我们与哪些国家有联系。儿童的爱好是在接触到前几代人留下的具有民族风格的纪念物才形成的。有时候，这些纪念物甚至消失并被遗忘数百年，后来，在创造这些纪念物的民族也消失很久以后，这些纪念物又重见天日，并且在新的社会里重新开始新的存在。这就是这种人们称之为“复兴”的非常特殊的现象的特点。复兴就是社会生活的复兴，社会生活好像沉淀在某些事物中并且潜伏很久以后又突然重新活跃起来，而且改变那些没有参与形成这种社会生活的人的思想和道德倾向。当然，如果不存在某些活跃的意识接受它的影响，它也不可能重新活跃起来；但是，另一方面，如果不产生这种影响，这些意识就会有完全不同的思想和感觉。

同样的看法也适用于那些凝聚着信条或戒律的明确公式，如果这些信条或戒律以某种约定俗成的形式外在地固定下来的话。当然，这些公式无论编得多么好，如果没有人想到并付诸实施，那它们依然是一纸空文。但是，这些公式虽然不能令人满意，仍不失为社会活动的特殊因素。因为这些公式有自身特有的行为方式。各种法律关系并非都是相同的，这要看所根据的是成文法还是不成文法。在有成文法的地方，审判就比较正规，但不太灵活；法律比较统一，但也比较死板。法律不会完全适合各种不同的特殊情况，而且比较反对革新措施。因此，法律的具体形式不是无效的简单的词语结合，而是能起作用的真实事物，因为不存在这些起作用的真实事物，就不会产生结果。然而，不仅这些真实事物外在于个人的意识，而且这种外在性就是这些真实事物的特点。正因为这些真实事物不在个人所及的范围之内，所以个人更难以使之适应环境，而且这种同样的原因使之更不易改变。

尽管如此，无可争辩的是，整个社会意识不会这样外在化和具体化。任何民族的审美观都不在这种审美观所启发的作品之中；

任何道德都不表现为明确的规则。它绝大部分是分散的。有一种完全自由自在的集体生活；各种潮流四处来回流动，以无数不同的方式互相交叉和混合，而且正因为这些潮流处于永恒的运动状态，所以不会以某种客观的形式固定下来。今天，忧伤沮丧的情绪笼罩着社会，而明天，欢快的心情又可能使人振奋。在一段时间里，整个群体都倾向于个人主义，而在另一个时期，博爱的社会愿望却占了优势。昨天，人们都倾向于世界主义，今天，爱国主义又占了上风。所有这些思潮、所有这些高涨和低落都时常发生，并不受由于其刻板形式而不变的或稍有变化的法律和道德规则的支配。况且，这些规则本身只是表现一种它们是其组成部分的隐蔽生活；它们产生于这种生活，但并不取消这种生活。这些规则都有这些公式所归纳的实际而生动的感觉作为基础，但这些公式只不过是这些感觉的外衣。这些公式不会引起任何共鸣，如果它们不符合分散在社会中的具体感觉和印象的话。因此，尽管我们把这些公式归因于某种现实，但我们不想把它们看成是道德现实的全部。这是把标记当作被标出的事物。一种标记当然是某种事物，而不是某种多余的附带现象；人们今天知道标记在智力发展中所起的作用，但说到底它只是一种标记。[1]

但是，因为这种生活没有充分达到固定不变的程度，所以不可能与我们上面所说的这些规则具有相同的特点。这种生活外在于

[1] 我们认为，在这样解释以后，人们就再也不能指责我们想在社会学中用外部代替内部了。我们从外表出发，因为它是唯一可以直接看到的，但这是为了达到内部。这种过程当然是复杂的，但没有别的办法，如果我们不愿使研究不是针对我们想要研究的那类行为，而是针对个人感觉的话。

每个单独的普通个人。例如，国难当头引起爱国情绪的高涨。由此而产生一种集体的冲动，整个社会由于这种冲动而提出一条公理：个人利益，甚至是平时最受尊重的个人利益，必须服从公共利益。这条原则不仅被宣布为一种愿望，而且在必要时要不折不扣地付诸实施。在这种时刻，你观察一下普通的个人吧！你就可以在其中的许多人身上发现类似这种精神状态的但大大缩小了的东西。甚至在战争期间，准备这样自发地完全牺牲自己的人也很少。因此，在构成民族大群体的所有个人的意识中，对于任何个人的意识来说，集体意识几乎都是外在的，因为每个个人的意识都只包含其中的一小部分。

甚至在最稳定最基本的精神感情中，也可以看到同样的情况。例如，任何社会一般都尊重人的生命，尊重的程度是有一定限度的，并且可以根据杀人犯所受到的惩罚的相对严重程度来衡量。[①]另一方面，普通人不是没有这种感情，只是强烈的程度要比社会差得多，表现的方式也不同。为了了解这种差距，只要比较一下我们个人在看到杀人犯或凶杀时所产生的感情和一群人在同样情况下所产生的感情就行了。我们都知道他们会被引向什么极端，如果没有任何阻拦的话。因为在这种情况下，愤怒是集体的。然而，在社会感受这些凶杀的方式和这些凶杀影响个人的方式之间，任何

---

① 要知道在一种社会里这种尊重的感情是否比在另一种社会里更强烈，不应该仅仅考虑镇压措施的内在暴力，而且应该考虑这种惩罚在刑罚中所占的位置。今天和前几个世纪一样，谋杀罪只被判处死刑。但是今天，单纯的死刑相对来说比较严重，因为它是极刑，而在从前，死刑可能是加重的惩罚。既然这种加重的惩罚不适用于普通的谋杀罪，所以普通的谋杀罪是较轻的惩罚的对象。

时候都有这种差别；因此，这些凶杀伤害个人感情的方式和伤害社会感情的方式也有这种差别。社会的愤怒是这样一种能量，往往只有采取极端措施才能得到发泄。对我们来说，如果被害者是一位陌生人或者是一位与己无关的人，如果罪犯并不生活在我们周围，因此对我们个人没有威胁，那么尽管这种行为应该受到惩罚，但我们不会感到真正有必要进行报复。我们不会采取任何步骤去发现罪犯，我们甚至对告发罪犯有反感。只有在舆论像人们所说的那样对这种事情感到震惊时，情况才有所变化。于是我们便变得比较严格、比较积极。但舆论是通过我们的嘴说出来的，我们是在集体的压力下而不是作为个人采取行动的。

社会状态和个人反应之间的差距往往更大。在上述实例中，集体的感情在变成个人的感情时，至少在大多数人身上保持着相当强的力量来反对那些伤害它的行为；对人血的恐惧今天深深地扎根于大多数人的意识中，这就防止了杀人念头的产生。但是，简单的侵吞挪用和悄悄的、不用暴力的欺诈根本不会引起我们同样的反感。充分尊重他人的权利并把想发不义之财的欲望消灭在萌芽状态的人不是很多。这倒不是因为教育没有培养某种对不公正行为的反感。但是，这种含糊、不坚定和总是准备妥协的感情与社会打击各种形式的抢劫时那种明确、毫无保留和毫不迟疑的谴责是多么不同啊！而对其他许多更没有在普通人心目中扎下根来的义务，例如我们有义务对公共开发作出我们应有的贡献、不偷税漏税、不设法逃避兵役、忠实地履行我们的合同等，我们又能说什么呢？在所有这些方面，如果道德观念只得到一般意识中所包含的动摇不定的感情的保证，那么它就特别不稳定。

因此，像多次发生的那样，把一个集体类型的社会与构成社会的一般类型的个人混为一谈，这是一种根本性的错误。一般人的道德观念是很淡薄的。只有那些最基本的准则才以某种力量铭刻在他们的心目中，而且这些准则也远不像在集体类型即整个社会中那么明确和有权威性。这种混为一谈正是凯特莱所犯的错误，使道德的产生成为一个无法理解的问题。因为既然个人的道德观念一般说来如此淡薄，如果道德只是表现个人的一般气质，那么怎么可能形成一种超过这种程度的道德呢？没有奇迹，伟大是不可能产生于渺小的。如果共同的意识只不过是最一般的意识，那么它就不可能超过一般的水平。那社会力求灌输给它的成员并要求他们尊重的这些崇高而显然是强制性的规则又从何而来呢？各种宗教和后来的许多哲学认为，道德只能从上帝那里获得它的全部实在性，这不是没有道理的。因为个人意识所包含的那种不明显和很不完整的道德雏形不可能被看作道德的原型。更恰当地说，这种道德雏形是一种不精确和粗糙的复制品，它的原型必定存在于个人以外的什么地方。因此，人们的想象往往过于简单化地认为原型在上帝那里。科学当然不会停留在这种设想上，甚至不应该有这种设想。① 不过，如果撇开这种设想，那么除了让道德成为得不到解释的无稽之谈，或者使它成为一系列社会状态，就再也没有别的办法了。道德不是来自经验世界中的什么东西，就是来自社会。它只能存在于某种意识中；如果不是存在于个人的意识中，

① 物理学不必讨论对物质世界的创造者上帝的信仰，同样，道德学也不必讨论把上帝看作道德的创造者的教义。这个问题与我们无关；我们不必赞同任何解答。我们要关心的只是那些间接的原因。

就是存在于群体的意识中。但是应该承认，群体的意识远远不会和一般的意识相混淆，而且从各方面超出一般的意识。

因此，观察证实了假设。一方面，统计数据的规律性意味着有一些外在于个人的集体倾向；另一方面，在许多重要的实例中，我们可以直接观察到这种外在性。而且，对于任何承认个人状态和社会状态的异质性的人来说，这种外在性一点也不奇怪。事实上，按照定义，社会状态只能从外部影响我们每一个人，因为社会状态不是来自我们个人的素质；由于社会状态是由外在于我们的因素构成的，[①]所以表现为与我们本身不同的另一种事物。当然，只要我们成为群体的一分子，和群体生活在一起，我们就会受到群体的影响；相反，由于我们有截然不同于群体的个性，所以我们不服从群体的制约，并且设法避开群体。但是由于没有人不同时过着这种双重生活，所以我们每一个人都同时受到一种双重运动的推动。我们被引向社会方向，同时我们又按照我们的本性行事。因此，社会中的其他人影响我们，遏制我们的离心倾向，而我们则竭力影响其他人，以便抵消他们的影响。我们自己受到我们对其他人所施加的压力。两种力量相对峙。一种力量来自集体，力求征服个人；另一种力量来自个人，并且排斥前一种力量。第一种力量确实要比第二种力量强大得多，因为第一种力量是所有个人力量的联合；但是，由于这种力量也像个人的力量一样遭到抵制，所以有一部分消耗在形形式式的斗争中，对我们的影响就变形和消弱了。当这种力量十分强大时，当这种力量产生影响的环境经常出现时，这种力量还可以给个人的素质打上很深的烙印，产生某种相当活跃的

① 见本书第339页。

心理状态，这种心理状态一旦形成，便会和本能的自发性一道起作用；这便是最基本的道德观念的情况。但是，大多数社会思潮不是太弱就是过分间歇地与我们有联系，所以不能在我们的心中扎下根来。它们的影响是肤浅的，因此它们几乎完全停留在外部。由此可见，估量任何一种集体类型因素的方法，不是衡量它在个人意识中的大小并计算其平均值，而是应该计算其总值。这种估量方法所得出的结果还可能大大低于实际情况，因为这样只能得到减去它在个体化时的全部损耗的社会感情。

因此，认为我们的设想是烦琐哲学，指责这种设想把某种说不清的新的重要原则当作社会现象的基础，未免有点轻率。我们之所以拒绝承认社会现象的基础不是个人的意识，是因为社会现象的基础是所有个人意识联合起来形成的。这种基础既不是实体的也不是本体的，因为它只是由部分构成的整体。但是它仍像构成它的成分一样真实，因为这些成分不是以另一种方式构成的，它们也是复合的。事实上，今天人们都知道，我是由许多没有我的意识结合而成的，而每一种基本意识又是无意识的生命单位的产物，就像每一个生命单位本身是由无生命的粒子组合而成一样。因此，如果心理学家和生物学家有理由认为他们所研究的现象是有充分根据的，只因为这些现象与低一级的因素联合在一起有关，那么在社会学中为什么会是另一种情况呢？只有那些没有放弃生命力和灵魂的假设的人才会认为这种根据是不充分的。因此，毫不奇怪，人们曾经认为应该对这种命题感到气愤：[①]一种信仰或一种社会

① 见塔尔德的著作第212页。

实践可以独立于个人的表现而存在。在那里，我们当然不是想说社会可以没有个人而存在，人们可能不会怀疑我们会相信这种明显的无稽之谈。但是我们认为：1. 由个人联合起来形成的群体是不同于单独的个人的实体；2. 集体的心理状态产生于群体的本性并存在于群体之中，然后影响个人本身并在个人身上以一种新的形式形成一种完全内在的存在。

此外，这种理解个人与社会的关系的方式使人想起，当代动物学家倾向于认为个人与人种或种族也有类似的关系。理论很简单，按照这种理论，人种只不过是在时间中永远存在和在空间中普遍存在的个人。这种理论现在越来越被抛弃。实际上，这种理论与这样的事实相抵触：一个孤立的主体所发生的变异只有在非常罕见的、也许是不能肯定的情况下才变成特殊的变异。[①] 种族的特点只有在整个种族中发生变化时才会在个人身上发生变化。因此，种族有某种现实性，由此产生出它在个人身上所表现出来的不同形式，绝不是个人表现形式的普遍化。当然，我们不能认为这些学说已经最终得到证明。但是我们只需要使人明白，我们的社会学设想不是从另一个研究范畴中借来的，然而与那些最实证的科学也不是没有相似之处。

四

现在我们把这些观点用在自杀问题上；我们在本章开头作出

① 见德拉热：《原生质的结构》；魏斯曼：《遗传》和所有与魏斯曼的理论近似的理论。

的解答就会更加明确。

典型的道德无不是利己主义、利他主义和一定程度的反常在不同的社会中按不同比例的组合。因为社会生活既意味着个人有一定的个性，又意味着个人准备放弃这种个性，如果社会有此要求的话，还意味着个人在某种程度上接受进步的思想。因此，没有一个民族不同时存在着这三种思潮，这些思潮把人引向不同的甚至相反的方向。当这三种思潮互相克制时，道德因素处于一种使人不受自杀念头侵袭的均衡状态。但当其中之一的强度超过其余二种一定程度时，由于那些已经说过的原因，它便在个体化时成为自杀的诱因。

当然，这种思潮越强，就有更多的受它影响相当深的人去自杀，反之亦然。但是这种强度本身只能取决于以下三种原因：1.组成社会的个人的本性；2.个人联合的方式，即社会组织的性质；3.打乱集体生活的运转而没有改变它的基本结构的暂时性事件，例如民族危机和经济危机等等。至于个性，只有那些人人都有的个性才能起作用。因为那些纯属个人的或只有少数人才有的个性都淹没在大量的其他个性中；而且由于这些个性彼此不同，所以在形成集体现象的过程中互相中和、互相抵消。因此，只有人类的普遍特点才能产生某种影响。然而，这些特点几乎是不变的，即使能变，至少一个民族可能延续的几百年时间是不够的。因此，只有社会环境才能决定自杀人数的变化，因为只有社会环境才是可变的。这就是为什么只要社会不变，自杀的人数也保持不变的原因。这种稳定性并非由于引起自杀的精神状态不知为什么存在于一定数量的个人身上，而这些个人又不知什么原因把这种精神状态传给同样数量的仿效者。而是因为产生并保持这种稳定性的非个人原因是相同的。因为没有什么东西来改变社会单位聚集在一起的方式和它们的一致性。这些社会单位的作用和反作用是相同的，因此，表现出来的思想和感情也不会变化。

不过，这些思潮中的一种能够在整个社会中占如此大的优势，即使不是不可能，也是十分罕见的。这种思潮总是在有限的范围内找到有利于它发展的特殊条件，达到这样的强度。特别能刺激这种思潮的是某种社会条件、某种职业、某种宗教信仰。这就说明了自杀的两重性。当人们从自杀的外在表现来考虑时，往往只看到一系列独立的事件，因为自杀是在不同地点发生的，彼此没有明显的关系。然而，所有特殊情况的总和有它的统一性和它的特殊性，因为社会自杀率是每一种集体个性的特殊标志。这就是说，尽管容易发生自杀的特殊环境各不相同，以各种方式分散在整个国土上，然而，它们彼此有着密切的联系，因为它们是同一个整体的组成部分，就像同一个有机体的各种器官一样。因此，每一种特殊环境中的状态取决于整个社会的状态；某种倾向达到的致病程度与这种倾向在整个社会机体中的强度有密切的关系。利他主义在军队中是强是弱要看它在平民百姓中的情况；[①]在新教地区，理性的个人主义更加发达，自杀的人更多，因为这种情况在全国其余地方已经比较突出；如此等等。一切都是互相联系的。

但是，除了精神病之外，尽管没有什么个人状态可以被看成是自杀的决定性因素，然而，看来某种集体感情也不能影响个人，如

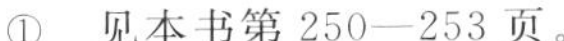

① 见本书第250—253页。

果他们坚决抵制的话。因此，只要我们没有说明，在自杀的趋势发展的时候和地方，为什么有这么多人容易受到这种趋势的影响，人们就可以认为上述解释不完整。

但是，假定这种巧合确实始终是必然的，一种集体倾向不能不顾任何先有的天赋以大力强加于个人，那么这种协调一致就是自行实现的，因为引起社会潮流的种种原因同时也影响个人，使他们的情绪适合于服从集体行动。这两类因素之间有一种天然的亲缘关系，它们甚至取决于同一个原因并表现这种原因，这就是为什么它们互相结合和互相适应的缘故。产生反常倾向和利己主义倾向的超级文明也有使神经系统变得过分脆弱的作用，因此神经系统甚至不能坚定地致力于一个明确的目标，更不能忍受任何纪律，更容易受暴怒和过分抑郁的影响。相反，原始人的过分利他主义所包含的低级文明却发展了一种有利于克己的冷漠性格。总之，由于社会在很大程度上塑造个人，所以它在同样的程度上按照它的形象来塑造他们。因此，它所需要的材料是不会缺少的，因为可以说它亲手准备了这种材料。

现在我们可以更精确地想象个人因素在自杀的发生中起什么作用了。在同样的精神环境中，例如在同一种信仰中，或者在同一个部队中，或者在同一种职业中，某些个人受到影响而另一些则没有，至少一般地说，这无疑是因为大自然和各种事件所造成的前者的心理素质对自杀的趋势缺乏抵抗力。但是，这些条件之所以能促使这些人体现这种趋势，并不是因为这种趋势的特点和强度取决于这些条件，也不是因为在每年有这么多自杀者的群体中有这么多神经病患者。神经病只不过使后者更挡不住前者的诱惑。这就是临床医生和社会学家的观点大不相同的原由。前者历来只面对一些个别的、彼此孤立的情况。他往往认为,自杀者不是神经病患者就是酗酒者,而且用这两种精神变态之一来解释自杀。从某种意义上说他是有道理的,因为一个人之所以自杀而不是他的邻居自杀,经常是出于这种原因。但是,一般地说,有一些人的自杀并非出于这种原因,尤其是每个社会在一定的时间里有一定数量的人自杀,更不是出于这种原因。只观察个人的人必然看不到产生这种现象的原因,因为这种原因存在于个人之外。要发现这种原因,就必须超越个别的自杀者,看是什么东西使他们统一行动的。有人会反对说,如果没有足够多的神经衰弱者,社会原因就不可能产生它们的全部影响。但是,没有一个社会没有不同形式的神经衰弱者给自杀提供超出它所需要的候补者。只有某些人受到影响,如果可以这样说的话。这就是那些由于某些情况更接近悲观的潮流、因而更完全地受到这种潮流影响的人。

但是,还有最后一个问题需要解决。既然每年都有同样数量的自杀者,这就是说这种趋势并不是一下子影响所有它能够和应该影响的人。它在第二年要影响的人从现在起就已经存在;也是从现在起,他们大部分都已参与集体生活,因此已经处于它的影响下。那么它为什么暂时不影响他们呢?我们知道,这种趋势发挥它的全部影响大概需要一年时间,因为正像各个季节里社会活动的条件不相同,所以它在一年的不同时间里也在改变强度和方向。只有在一年的周期完成时,使它发生变化的各种环境才完全组合起来。但是,既然根据假设下一年只是重复上一年的情况,引起同样的组合,那么为什么第一年不能全部完成呢?

用句俗话来说，为什么社会对它的债务只能采取分期支付的办法呢？

我们认为，说明这种延迟性的是时间影响自杀倾向的方式。时间是一个辅助性的因素，但又是一个重要的因素。我们知道，从青年到壮年，自杀的倾向其实是不间断的，[①]而且在生命终结时往往比在生命开始强十倍。因此，促使一个人去自杀的集体力量只是一点一点地影响他。在一切条件都相同的情况下，他随着年龄的增长而变得更容易受集体力量的影响，这大概是因为需要多次重复的经验才能使他感到利己主义的生活或无止境的名利欲的空虚。这就是自杀者只能一批接一批地相继结束他们的生命的缘故。[②]

① 不过，我们要指出，只有利他主义自杀十分罕见的欧洲社会才是这样不间断地存在。也许利他主义的自杀不是不间断地存在，而是可能在一个人最热心地参与社会生活的壮年期达到顶点。这种自杀与杀人的关系证明了这种假设，这一点我们将在下一章谈到。

② 由于不想提出一个我们不必探讨的形而上学问题，所以我们必须指出，这种统计学理论没有义务否认人有各种各样的自由。相反，这种理论比把个人看成社会现象的根源更不能解决自由意志的问题。实际上，不管集体表现的规律性出于什么原因，这些原因不可能不产生影响，因为，否则的话，这些不变的影响就会任意变化。如果这些原因是个人所固有的，那么它们就不可能不影响这些个人。因此，在这种假设中，看不到摆脱最严格的决定论的办法。但是，如果人口统计资料的这种稳定性产生于某种外在于个人的力量，那么情况就不同了，因为这种力量可能不影响这些人而影响另一些人。这种力量要求一定数量的行为，而不是要求这些行为来自这些人或那些人。可以承认，这种力量遭到某些人的抵制而只能在另一些人身上得到满足。归根结蒂，我们的设想只是在物理的、化学的、生物的和心理的力量之外，再加上在外部像这些力量一样影响人的社会力量。因此，如果社会力量并不排斥人类的自由，那就没有理由认为前几种力量排斥人类的自由。两者所引起的问题是相同的。当一种流行病爆发时，它的强度预先就决定了由此而导致的死亡率的大小，但是并不由此而决定哪些人必定得病身亡。自杀的情况和引起自杀的趋势也是这种关系。

第二章　自杀和其他社会现象的关系

既然从其基本要素来看自杀是一种社会现象，那就应该探讨它在其他社会现象中占有什么位置。

涉及这个方面的第一个和最重要的问题是要知道，自杀应该被列入道德所允许的行为中，还是应该被列入道德所禁止的行为中。是不是应该在某种程度上把自杀看成一种犯罪行为？我们都知道这个问题历来有多少争论。为了解决这个问题，人们通常从提出某种理想的道德观念着手，然后再思考自杀在逻辑上是否与这种道德观念相悖。由于我们曾经在别处阐述过的原因，[①]这种方向不可能成为我们的方法。一种没有约束的推断总是靠不住的，而且这种推断的出发点纯粹是一种关于个人感觉的假设，因为每个人都以他自己的方式设想这种理想的道德作为公认的原则。我们不是这样做，而是首先到历史中去探索人们实际上是如何从道义上评价自杀的，然后尽力确定这种评价的理由是什么。我们只需要弄明白，这些理由是否和在什么程度上存在于我们当前社

① 见《社会的劳动分工》导言。

会的性质中。[①]

一

基督教社会刚一形成，自杀就被正式禁止。公元 452 年，阿莱斯宗教会议*宣布，自杀是一种罪过，而且只能是一种恶魔般的疯狂的结果。但是，直到一个世纪以后，即在公元 563 年的布拉格宗教会议上，这项禁令才得到刑法的承认。会议决定，自杀者"在弥撒圣祭时不能得到被追念的荣幸，他们的尸体在落葬时不能唱圣歌"。民法受教会法的启发，在宗教惩罚之外又加上世俗的惩罚。圣路易法的一章特别规定：自杀者的尸体要由处理杀人的权力机构处理，死者的财产不归通常的继承者而要交给贵族。许多习惯法不满足于没收财产，而且还规定不同的肉体惩罚。"在波尔多，尸体被倒挂起来；在阿布维尔，尸体被放在柳条筐里游街示众；在里尔，如果自杀者是男人，尸体就被拖到岔路口吊起来；如果是女人，尸体就被烧掉。"[②]甚至精神病也不能作为免除惩罚的理由。这些习惯做法没有经过重大的修改就被编入路易十四于 1670 年

① 关于这个问题的参考书：阿皮亚诺·博纳费德：《自杀的批判和哲学史》，1762 年，译成法文，巴黎，1843 年。——布尔格洛：《关于法律对自杀的看法的研究》，《巴黎文献学院丛书》，1842 年和 1843 年。——格恩齐：《自杀，刑法的历史》，纽约，1883 年。——加里森：《罗马法规和法国法规中的自杀》，图卢兹，1883 年。——温·韦斯科特：《自杀》，伦敦，1885 年，第 43—58 页。——盖格：《古代的自杀》，奥格斯堡，1888 年。

* 罗马皇帝君士坦丁为处理多那图斯教派问题而召开的一次会议。——译者

② 加里森的著作，第 77 页。

颁布的刑法中。一种常见的惩罚被宣布为 ad perpetuam rei memoriam（对事件的永远纪念）；尸体脸朝下放在柳条筐里被拖着游街示众，然后被吊起来或扔在垃圾场上。财产被没收。贵族则被贬为平民，他们的树林被砍伐，他们的城堡被拆毁，他们的纹章被打碎。我们现在还有巴黎最高法院根据这项立法于 1749 年 1 月 31 日作出的一项判决。

出于一种粗暴的反应，1789 年的革命废除了所有这些做法，从犯罪名单上划掉了自杀。但是，法国人所信奉的各种宗教继续禁止并惩罚自杀，公共道德也谴责自杀。自杀还在公众的意识中引起反感，这种反感扩大到对发生自杀的场所和所有与自杀者有亲属关系的人。自杀成了一种道德上的污点，尽管舆论在这一点上有变得比过去宽容的倾向。此外，自杀在某种程度上保留了原有的犯罪学特点。根据最普遍的法律原则，自杀的同谋者被当作杀人犯起诉。如果自杀被看成是道德上的冷漠，情况就不会是这样。

我们在所有信奉基督教的民族中都看到同样的法律，这种法律差不多都比法国严厉。10 世纪，英国国王爱德华在他颁布的一部法典中把自杀者比作盗贼、杀人犯和其他各种罪犯。直到 1823 年，习惯的做法还是把自杀者的尸体用木棍抬着游街，然后埋在大路旁，没有任何仪式。今天，自杀者还是被单独埋葬的。自杀者被宣布为不忠(felo de se)，他的财产交给国王。直到 1870 年，这条规定才和因不忠而没收财产的做法同时被废除。实际上，这种惩罚因为过于严厉早已不实行了；陪审团往往绕过法律，宣布自杀者是在精神错乱时自杀的，因此没有责任。但是这种行为仍被看作犯罪，一旦发生，便成为起诉和审判的对象，而且从原则上讲，未遂行为也要受到惩罚。根据费里的材料，[①]1889 年，仅在英国就对这种违法行为起诉 106 次，判刑 84 次。对同谋行动更是如此。

米什莱说，在苏黎世，自杀者的尸体过去一直受到骇人听闻的对待。如果这个人是自刎的，人们就在靠近他头部的地方钉进一块木头，把刀子插在木头里；如果他是投河的，人们就把他埋在水下五尺深的沙土里。[②] 在普鲁士，直到 1871 年的刑法典颁布之前，自杀者必须在没有任何排场和宗教仪式的情况下埋葬。新的德国刑法典仍然判处同谋行为三年监禁（第 216 条）。在奥地利，旧的宗教法规几乎原封不动地被保留下来。

俄国的法规更加严厉。如果自杀者不像是受到慢性的或暂时的精神混乱的影响。那么他的遗嘱和因为要死而可能作出的一切安排都被认为是无效的，而且不能举行基督教葬礼。自杀未遂要被处以罚款，数额由教会负责确定。最后，任何人怂恿或以某种方式帮助他人自杀，例如提供必要的工具，要被当作共同预谋杀人处理。[③] 西班牙的法典在宗教和道义惩罚之外规定没收财产并惩罚任何同谋行为。[④]

最后，纽约州的刑法典虽然是最近（1881 年）颁布的，但也把自杀定为犯罪。实际上，尽管这样定性，人们出于某些实际原因不再打算惩罚自杀者，因为惩罚不能有效地伤害罪人。但是自杀未

① 《杀人和自杀》，第 61—62 页。

② 《法国法规的起源》，第 371 页。

③ 费里的著作，第 62 页。

④ 加里森的著作，第 144、145 页。

遂可能导致被判处二年以下监禁或200美元以下罚款，或者二者并处。仅仅给自杀者出谋划策或帮助他自杀也被看作共谋杀人。[①]

伊斯兰教社会同样坚决禁止自杀。穆罕默德说："人只能按真主的意旨根据生死簿上规定的寿限去死。"[②]——"当寿限到来时，他们既不能推迟片刻，也不能提前片刻。"[③]——"我们已经确定，死亡将依次袭击你们，谁也不能比我们先走一步。"[④]——事实上，再没有比自杀更违背伊斯兰教文明的一般精神了，因为高于一切的美德是绝对服从神的意旨和"使人耐心地忍受一切"的顺从。[⑤]自杀是不顺从和反抗的行为，因此只能被看作严重地缺乏基本的责任感。

如果我们从现代社会转向史前社会，即转向希腊城邦，我们同样发现那里有关于自杀的立法，但是这种立法完全不是以同样的原则为基础。只有未经国家批准，自杀才被视为非法。因此，在雅典，自杀的人因为对城邦做了一件不公正的事而受到"凌辱"[⑥]：他不能享受正常的荣誉和葬礼，而且尸体的一双手还要被砍下来另埋他处。[⑦] 除了在细节上有所不同，第比斯和塞浦路斯的情况也

① 费里的著作，第63、64页。

② 《古兰经》，第3章第139节。

③ 同上书，第16章第63节。

④ 同上书，第56章第33节。

⑤ 同上书，第33章第33节。

⑥ 亚里士多德：《尼可马亥伦理学》，第5章第ⅱ、3节。

⑦ C. 埃斯基涅斯：《泰西封》，第244页。——柏拉图：《法律篇》，第9章第12节，第873页。

是如此。[1] 在斯巴达，规定如此明确，以致阿里斯托德姆力求在普拉蒂亚战役中战死的做法也受到指责。但是这些惩罚只有在个人自杀事先没有请求主管机关批准的情况下才适用。在雅典，如果在自杀之前说明生活难以忍受的理由，请求元老院批准，如果请求正式得到同意，那么自杀就被认为是合法的行为。关于这个问题，巴尼奥斯[2]告诉我们某些诫条，他没有告诉我们这些诫条的时代，但这些诫条确实在雅典流行过；而且他特别赞扬这些法律，肯定这些法律产生过最令人满意的效果。这些法律在以下条款中说："不愿再活下去的人应该向元老院说明理由，并在得到许可后去死。如果生活使你不愉快，你可以死；如果你运气不好，你可以喝毒芹汁自尽。如果你被痛苦压倒，你可以弃世而去。不幸的人应该说出他的不幸，法官应该向他提供补救的办法，他的不幸就可以结束。"在塞奥斯也有同样的法律。[3] 这种法律被建立马赛城的希腊移民带到该地。法官备有毒药，为那些向六百人院说明他们必须自杀的理由后得到批准的人提供必要数量的毒药。[4]

关于古罗马法的规定我们知之甚少，因为我们所得到的十二表法的残存部分没有谈到自杀。然而，由于这部法典在很大程度上受到希腊立法的启发，所以很可能包含类似的规定。无论如何，塞尔维乌斯在关于《埃涅斯记》的评论中告诉我们，任何自缢的人

① 狄奥·克里索斯托姆：《讲演稿》4、14（特布纳编辑，第 2 卷，第 207 页）。

② 《梅莱特》，阿尔腾堡，赖斯克出版社，1797 年，第 198 页以下。

③ 瓦勒尔—马克西姆：《善言懿行录九卷》，2、6、8。

④ 同上书，2、6、7。

都不能举行葬礼。[①] 拉努维奥一个宗教团体的章程也规定同样的惩罚制度。[②] 据塞尔维乌斯引述的编年史作者卡修斯·赫尔米纳的记载,高傲者塔奎尼乌斯为了制止自杀的风习,曾下令将自杀者的尸体钉在十字架上,任凭鸟兽啄食。[③] 看来至少在原则上一直保持不为自杀者举行葬礼的做法,因为我们在《古罗马判例汇编》中看到:Non solent autem lugeri suspendiosi nec qui manus sibi intulerunt, non tædio vitæ,sed mala conscientia。(人们通常不哀悼、祭祀不是因为厌恶生活,而是因为心地不良而自杀的人。)[④]

但是,根据昆提利安的一篇著作,[⑤]在罗马,直到相当晚的时期,还有一种类似我们在希腊看到的制度,目的在于减轻上述规定的严酷性:想要自杀的公民应该向元老院说明他的理由,元老院决定这些理由是否可以接受,甚至决定自杀的方式。可以使人相信,在罗马确实有过这种做法,甚至在皇帝的统治下,军队里还继续存在某些做法。为了逃避兵役而试图自杀的士兵要被判处死刑,但是,如果他能证明他是出于某种可以原谅的动机,那么他就仅仅被开除军籍。[⑥] 如果他的行为是出于对违反军规感到内疚,那么他的遗嘱就被宣布无效,财产充公。[⑦] 毫无疑问,在罗马,在道义上

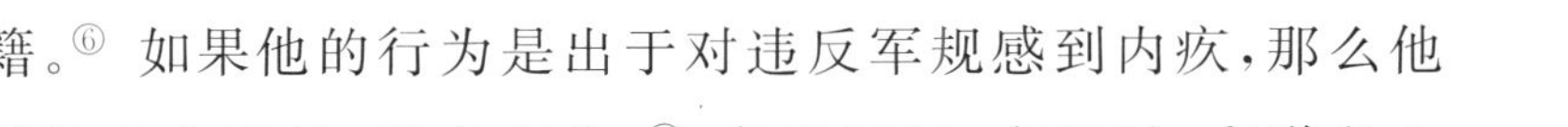

① 十二表法,第603条。

② 见拉佐尔克斯:《关于努马国王的书》,载于《古代研究》。我们转引自盖格的著作,第63页。

③ 在塞尔维乌斯上述引文中。

④ 第3卷第2编第2章第3节。

⑤ 《雄辩家的培训》,VII,4,39——《雄辩术》,337。

⑥ 《古罗马判例汇编》,第49卷第16编第6条第7节。

⑦ 同上书,第28卷第3编第6条第7节。

或法律上评价自杀时,关于自杀动机的考虑始终起着决定性的作用。因此有这样的诫条:“Et merito, si sine causa sibi manus intulit, puniendus est: qui enim sibi non pepercit, multo minus aliis parcet。”(如果一个人无缘无故地自杀,那么他理应受到惩罚:因为一个不爱惜自己的人更不会爱惜他人。)[1]公众的意识通常谴责自杀,同时保留在某些情况下批准自杀的权利。这种原则与作为昆提利安所说的那种制度的基础的原则十分接近;在关于自杀的罗马立法中,这种原则如此重要,以致一直保留到帝国时代。不过,随着时间的推移,合法的借口越来越多,最后只剩下了一条不正当理由:为了逃避刑事判决的后果。后来有一阵,不宽容这类自杀的法律似乎也没有执行。[2]

如果我们从城邦追溯到盛行利他主义自杀的原始民族,很难明确地断言他们可能有过通行的立法。然而,他们以自杀为荣,这一点可以使人相信,自杀并不正式被禁止,尽管可能并不是在所有的情况下都得到绝对的宽容。但是无论如何,所有已经超越这个低级阶段的社会都不是毫无保留地赋予个人以自杀的权利的。在希腊和意大利,确实有过这样一个时期,那些关于自杀的旧规定几乎全部失效。但这只是在城邦制度本身开始衰亡的时期发生的。因此,这种宽容不能被当作仿效的榜样,因为这种宽容显然与这些社会当时所遭受的严重动乱有关。这是一种病态的症状。

如果撇开这些倒退的情况,那么这种对自杀的普遍谴责本身

① 《古罗马判例汇编》,第 48 卷第 21 编第 3 条第 6 节。

② 共和国末期和帝国初期。见盖格的著作第 69 页。

已经是一个有教育意义的事实，应该足以使那些过分倾向于宽容的道德学家犹豫不决。一位作家应该对自己的逻辑有特殊的信心，敢于以某种制度的名义反抗人类的道德意识；如果他认为这种禁令是过去形成的，现在要求废除这种禁令，那么他应该事先证明，集体生活的基本条件从现在起发生了某种深刻的变化。

但是，从这种描述得出一个更能说明问题的结论，这个结论几乎不容人们相信这种证明是可能的。如果不考虑不同民族所采取的制止自杀的手段在细节上有所不同，那就可以认为关于自杀的立法经过两个主要阶段。在第一个阶段，禁止个人擅自自杀，但国家可以批准他自杀。这种行为只有在完全是个人的所作所为，而集体生活的各种机构没有参与进去的时候，才是不道德的。在某些特定的情况下，社会可以说毫无办法，只好原谅它在原则上要谴责的行为。在第二个阶段，对自杀的谴责是绝对的，没有任何例外。除了在死亡是对某种罪行的惩罚时，[①]不仅有关的人，就连社会也没有处置一条人命的权力。这是一种集体和个人从此都不能任意支配的权利。不管是什么人参与，自杀本身都被看成是不道德的行为。由此可见，随着历史的进步，对自杀的禁令只会变得更加彻底，而不是放松。因此，如果说今天公众的意识在这方面看上去不太坚决，这种动摇可能是出于某些偶然的和暂时的原因，因为道德在同一个方向上进化了几百年之后，不可能在这一点上倒退。

实际上，使道德向着这个方向进化的思想始终存在。人们有

① 甚至在这种情况下，社会也开始被否认有这种权利。

时说，自杀之所以受到禁止和应该受到禁止，这是因为有人用自杀来逃避他对社会的义务。但是，如果我们只是出于这种考虑，那么我们就应该像在希腊那样听任社会随意取消为自身利益规定的某种禁令。我们之所以不允许社会有这种权力，是因为我们不是简单地把自杀者看成不道德的债务人，而社会是他的债权人。因为债权人无论如何可以免除这笔对他有利的债务。而且，如果对自杀的谴责没有别的原因，那么，个人越是严格地服从国家，这种谴责就应该越是严厉；因此，这种谴责应该在低级社会达到顶峰。然而，实际情况恰恰相反，这种谴责随着个人的权利逐渐超过国家的权利而变得更加严厉。因此，这种谴责在基督教社会里之所以变得如此正式和严厉，其原因可能不在于这些民族的国家观念，而在于他们对人生有了新的看法。在他们眼里，人生成了神圣的、甚至最神圣的东西，任何人都不得侵犯。在城邦制度下，个人的生命可能已经不再像在原始部落中那样不值钱。从那时起，人们承认个人的生命具有某种社会价值，但是人们认为这种价值完全属于国家。因此，城邦可以任意处置个人，而个人对自己却没有同样的权利。但是如今个人获得了某种使他凌驾于他自身和社会之上的尊严。只要他没有因为自己的行为而失去做人的资格，那么在我们看来就可以说具有任何宗教赋予诸神并使他们永垂不朽的那种特殊本性。他便带上了宗教色彩，人便成了人类的神。因此，对人的任何伤害对我们来说都好像是亵渎圣物。自杀就是这种伤害之一。不管这种伤害来自何人，都使我们产生反感，因为这种伤害破坏了我们的这种神圣性，而这种神圣性无论是我们的还是别人的都应该受到尊重。

因此，自杀受到谴责，因为它违背对我们的全部道德所寄托的人生的崇拜。证明这种解释的是，我们对自杀的看法完全不同于古代各民族。从前，人们只是简单地把自杀看成是公民对国家所犯的错误；宗教对此不大感兴趣。[①] 相反，自杀现在成了一种基本上与宗教有关的行为。禁止自杀的是教规，而世俗政权在惩罚自杀时只是追随和仿效教会。因为我们具有作为神性组成部分的不朽的灵魂，所以我们应该认为自己是神圣不可侵犯的。因为我们和上帝有某种关系，所以我们不完全属于任何世俗的人。

但是，如果这就是把自杀列入非法行为的理由，那么是否应该断定这种指责从今以后毫无根据呢？事实上，科学的考证看来不会认为这些想法有任何价值，也不会承认人身上有什么超人的东西。费里在他的《杀人与自杀》一书中正是这样推论的，所以才认为可以把对自杀的一切禁令都看成是过去遗留下来的，注定要消失。他从唯理论的观点出发，认为个人可能有某种与自身无关的目的是荒唐的说法，由此推断出，我们永远有牺牲生命来放弃共同生活的好处的自由。在他看来，生的权利从逻辑上讲包含着死的权利。

但是，这种论点过早地从形式到内容、从我们借以表达我们的感情的语言到这种感情本身得出结论。不错，宗教信条——我们通过这些信条来理解我们对人生的尊重——无论就其本身还是抽象地来看都不完全和现实相一致，而且很容易证明这一点；但是并不因此而得出这种尊重本身是没有理由的结论。相反，这种尊重

① 见盖格的著作，第 58—59 页。

在我们的权利和伦理中起着占优势的作用，这个事实告诫我们不要作出相似的解释。因此，我们不是从字面上理解这种概念，而是研究这种概念本身，探讨这种概念是如何形成的，我们便会看到，即使这种概念的流行公式不尽完善，但也不是没有某种客观的价值。

实际上，我们归于人身的这种超验性并不是它所专有的特点，在别处也可以看到。它只是一切有某种强度的集体感情给有关对象留下的印记。正因为这些感情来源于集体，所以只能使我们的活动转向集体的目标。然而社会有它的需要，这些需要并不是我们的。因此，这些需要所引起的我们的行为不是根据我们个人的爱好，其目的不是我们自身的利益，而是在于牺牲和吃苦。当我守斋时，当我为了取悦上帝而禁欲修行时，当我出于尊重某种我不知其意义的传统而自找苦吃时，当我交纳捐税时，当我为国家出力或献出生命时，我牺牲了某种属于我自己的东西；而我们的利己主义却反对这种牺牲，我们很容易看出这种牺牲是我们所服从的某种权力要求我们作出的。甚至在我们愉快地尊重它的命令时，我们也意识到，我们的所作所为是由一种尊重某种比我们强大的力量的感情所决定的。尽管我们在某种程度上自发地服从要我们作出这种牺牲的呼声，但是我们清楚地感觉到，这种呼声的口气是命令式的，而不是出于本能的。因此，尽管这种呼声在我们的内心深处得到反应，但是我们不可能毫无抵触地把它看成是我们自己的呼声。我们就像克制我们的感情那样抵制这种呼声；我们把它拒之门外，我们把它和我们设想的作为外在的并优越于我们的某种存在联系起来，因为这种存在支配着我们，而我们则服从它的命令。当然，在我们看来产生于同一来源的一切都具有相同的性质。因

此，我们不得不想象一个在这个世界之上并充满另一种性质的现实的世界。

这就是所有这些作为宗教和道德的基础的超验观念的来源，因为道德义务是不可能有其他解释的。当然，我们赋予这些观念的具体形式在科学上是没有价值的。无论我们是把具有某种特殊性质的个人存在作为这些观念的基础，还是把我们含糊地以道德理想的名义假设的某种抽象力量作为这些观念的基础，这些观念总是一些比喻的说法，不能充分地说明事实。但是这些观念所代表的过程却不是不真实的。同样真实的是，在所有这些情况下，我们都是在高于我们的权威即社会的要求下采取行动的，而社会赋予我们的目的在道义上是至高无上的。如果是这样的话，那么可能对人们试图用来想象这种至高无上的这些一般概念提出的所有反对意见就不会减少这种至高无上的现实性。这种批评是肤浅的，没有触及事物的本质。因此，如果能证实使人生更加完美是现代社会所追求和应该追求的目标之一，那么产生于这种原则的一切道德规范都将因此被证明是合理的，不管人们通常是用什么方式方法来证明的。尽管民众感到满意的理由是可以批评的，但是只要把这些理由换成另一种说法就可以说明这些理由的全部意义。

事实上，这个目标不仅是现代社会所追求的目标之一，而且是一条历史规律：人们倾向于越来越放弃其他任何目标。起初，社会就是一切，个人什么也不是。因此，最强烈的社会感情是使个人依恋集体的感情：社会本身就是自己的目标。人不过被看作它手中的工具；人的一切权利似乎都是来自社会，他没有反对社会的特权，因为没有任何高于社会的东西了。但是，各种事物渐渐地发生了变化。随着社会变得更加庞大，人口更加稠密，社会就变得更加复杂，劳动有了分工，个人的差别扩大，[①]而且逐渐接近这样的时刻：同一个人类群体的所有成员再也没有任何共同之处，除了他们都是人。在这种情况下，不可避免的是，集体的感情用它的全部力量依附于它所剩下的这个唯一的对象，并且由此赋予这个对象一种无与伦比的价值。既然人生是唯一同时触动每一颗心的东西，既然它的美好是唯一可以集体追求的目标，那么它在所有人的心目中就不能不具有某种特殊的重要性。于是它便升高到人类的所有目标之上，并且具有了某种宗教性质。

因此，这种对人的崇拜和前面说过的导致自杀的利己主义的个人主义完全是两回事。这种崇拜绝不使个人脱离社会，脱离任何高于他们的目标，而是使他们统一思想，使他们为同一项使命出力。因为，受到集体爱戴和尊敬的人，不是我们当中任何一个易动感情和全凭经验的个人，而是整个人类，是每一个民族在每一个历史时刻所设想的理想的人类。不过，我们谁也不能完全代表它，尽管我们谁也不是完全与它无关。因此，问题不在于使每个人只考虑他自己和他自身的利益，而在于使他服从人类的整体利益。这样一个目标使他摆脱自身；这个目标是非个人的和无私的，所以超过了所有个人的人格；像任何理想一样，这个目标只能被认为是超越现实和支配现实的。这个目标甚至支配着各种社会，因为它是一切社会活动所要达到的目标。这就是为什么这个目标不再由社会来决定的原因。尽管我们承认社会也有它存在的理由，但是它

① 见我们的《社会的劳动分工论》第 2 卷。

已经处于受这个目标支配的状态，而且已经没有权利违背这个目标，更没有权利准许个人违背这个目标。因此，我们作为道德存在的尊严已不再是任城邦摆布的东西，但也没有因此而变成我们的东西，我们也没有获得利用这种尊严为所欲为的权利。事实上，既然作为高于我们的存在的社会本身也没有这种权利，我们的这种权利又从何而来呢？

在这种情况下，自杀必须被列为不道德的行为，因为自杀从基本原则上否定人类一心追求的这个目标。有人说，自杀的人只是伤害他自己，而社会根据 Volenti non fit injuria（愿望不构成损害）这条古老的准则并没有介入。这是错误的。社会受到了损害，因为今天作为最受尊重的道德准则的基础、几乎是联系社会成员唯一纽带的感情受到了伤害，而且如果可以随意造成这种伤害的话，这种感情就会变得软弱无力。如果道德意识在这种感情遭到破坏时不提出抗议，那么这种感情怎么能保持最低限度的权威呢？自从人身被看成而且应该被看成一种神圣的东西、个人和群体都不能任意处置之时起，任何对人身的伤害都应该被禁止。哪怕伤害者和受害者是同一个人，仅仅从采取这种行为的人本身受到这种行为的损害来说，这种行为给社会造成的损害也不会消失。如果以暴力毁灭一个人的生命这个事实本身一般说来使我们像对亵渎圣物那样产生反感，那么我们在任何情况下都不会容忍这种事。在这一点上作出让步的集体感情很快就会变得软弱无力。

不过，这并不是说，应该恢复过去几百年里对自杀实行的严厉惩罚。这些惩罚是在整个刑罚制度受一时的形势影响而大大强化的时期形成的。但是应该坚持自杀必须受到谴责的原则。有待探讨的是，这种谴责应该用什么外部标志表现出来。道义上的制裁够不够？或者应不应该给予法律上的制裁和用哪些法律呢？这是下一章要讨论的问题。

二

从前，为了进一步确定自杀的不道德程度，我们总是研究自杀和其他不道德行为、尤其是和犯罪及违法有什么关系。

根据拉卡萨涅的看法，自杀的冲动和涉及财产的犯罪（有加重情节的盗窃、纵火和诈骗性破产等等）通常成反比。他的一位学生肖西南博士在他的《犯罪统计学研究》一书中以他的名义支持这个论点。[①] 但是用来说明这个论点的证据都是错误的。根据这位作者的意见，只要比较两条统计曲线就可以看到，这两条曲线以彼此相反的方向变化。实际上，不可能看出这两条曲线之间有任何直接的或相反的关系。不错，从 1854 年起，与财产有关的犯罪有所减少，而自杀有所增加。但是这种减少在某种程度上是虚假的。这仅仅是因为从这时起，法院已经习惯于将某些犯罪行为作轻罪处理，以便使这些犯罪行为不受重罪法庭的审判，为的是把这些本来可以由重罪法庭审判的犯罪行为交给轻罪法庭。因此，从这时起，一定数量的罪行便从犯罪行为统计栏里消失，而重新出现在违法行为的统计栏里；而最得益于这种今天已被认可的法律原则的

① 里昂，1881 年。1887 年在罗马举行的犯罪学大会上，拉卡萨涅申明这个理论是他提出来的。

是与财产有关的犯罪行为。因此，统计表上这种犯罪行为之所以比较少，恐怕完全是由于在计算时做了手脚。

但是，即使这种减少是真实的，也不能由此得出结论。因为，尽管从 1854 年开始这两条曲线向相反的方向延伸，但是从 1826 年到 1854 年，与财产有关的犯罪行为的曲线或者和自杀的曲线同时上升，尽管稍慢一点，或者保持稳定。从 1831 年到 1835 年，平均每年有 5095 人被起诉，这个数字在下一个五年里增加到 5732 人，在 1841—1845 年期间为 4918 人，从 1846 年到 1850 年为 4992 人，只比 1830 年减少 2%。而且，这两条曲线的整个外形排除了任何关于接近的想法。与财产有关的犯罪行为的曲线起伏多变，前后两年大起大落，这种表面上看来反复无常的变化显然取决于许多偶然的情况。相反，自杀的曲线以一种均匀的起伏有规则地上升，除了极少数例外，没有突然的上升，也没有突然的下降。上升是不断的和逐步的。在其发展如此不可比较的两种现象之间，不可能存在任何联系。

此外，拉卡萨涅的意见看来一直没有得到别人的支持。但是他的另一种理论则不同，根据这种理论，与自杀有联系的是伤害人身的犯罪行为，尤其是杀人。这种理论有许多为之辩护的人，值得认真研究。①

① 参考书目：——盖里：《论法国的道德统计学》。——卡佐维埃伊：《论自杀、精神错乱和伤害人身的犯罪行为及其相互关系的比较》，共二卷，1840 年。——德斯皮纳：《自然心理学》，第 111 页。——莫里：《论社会的道德演变》，载于《两个世界评论》杂志，1860 年。莫塞利：《自杀论》，第 243 页以下。——《第一届犯罪人类学国际大会会刊》，都灵，1886—1887 年，第 202 页以下。——塔尔德：《犯罪行为比较》，第 152 页以下。费里：《杀人和自杀》，第四版，都灵，1895 年，第 253 页以下。

从1833年起，盖里就一直提醒人们注意，南方诸省伤害人身的犯罪行为是北方诸省的两倍，而自杀的情况正好相反。后来，据德斯皮纳计算，在流血的犯罪行为比较频繁的14个省里，每百万居民中只有30人自杀，而在这种犯罪行为少得多的另外14个省里，每百万居民中却有82人自杀。他还指出，在塞纳省，每百例起诉案中只有17例是伤害人身的犯罪行为，而平均每百万居民中有427人自杀；但是在科西嘉，前者为每百例中有83例，后者为每百万居民中只有18人。

然而，这些意见一直没有受到重视，直到被意大利的犯罪学家们所接受，尤其是费里和莫塞利，他们把这些意见当作整个理论的基础。

根据他们的看法，自杀和杀人的对立是绝对的一般规律。无论是地理上的分布还是随着时间的演变，两者在任何地方都是朝相反的方向发展的。但是这种对立一旦得到承认，便可以用两种方式来解释。或者说杀人和自杀是两种对立的趋势，只有此消才能彼长；或者说这是两条来自同一源头的河流，因此不可能同时为它们提供同样多的水。在这两种解释中，意大利的犯罪学家接受了第二种解释。他们把自杀和杀人看作同一种情况的两种表现形式，同一个原因的两种结果，有时表现为这一种形式，有时表现为另一种形式，不可能同时表现为两种形式。

决定他们选择这种解释的是，根据他们的看法，从某些方面来说，这两种现象在某些方面表现出逆方向的发展并不排除平行发展。虽然有一些条件使这两种现象逆方向发展，但是还有另外一些条件在以同样的方式影响着它们。因此，莫塞利说，气温对这两种现象起着同样的作用；它们在每年的同一时刻，即炎热季节来临的时候，发展到顶点：两者的出现在男子中都比在女子中更频繁。最后，根据费里的看法，这两种现象都随着年龄的增长而增加。由此可见，这两种现象虽然在某些方面是截然不同的，但是有一部分具有相同的性质。不过，使这两种现象平行发展的因素都是个人的，因为这些因素或者直接由某些生理状态（年龄、性别）构成，或者属于只能通过个人肉体影响个人精神的自然环境。于是，自杀和杀人便由于它们的个人条件而被混为一谈。使某人倾向于自杀或杀人的心理状态是一样的，这两种倾向实际上是一种倾向。在隆布罗索之后，费里和莫塞利也曾试图给这种气质下定义。这种气质的特点是机体的衰退，使人在坚持斗争时处于不利的条件下。杀人者和自杀者都是身心衰退者和软弱无能者。他们同样不能对社会起某种有用的作用，因此注定要失败。

不过，这种独特的气质本身并不特别倾向于哪一种方式，而是根据社会环境的性质选择杀人或自杀，从而产生这两种尽管明显地对立但隐藏着某种同一性的现象。在民风敦厚、人们厌恶流血的地方，失败者只好听天由命，承认自己无能，而且，由于预料到自然选择的结果，所以他只好通过放弃生命来放弃斗争。相反，在民风比较粗犷、不太尊重人的生命的地方，他便会起来反抗，向社会宣战，去杀人而不是自杀。总之，自杀和杀人是两种暴力行为。但是，有时产生这些行为的暴力在社会环境中没有遭到抵制而传播开来，于是它便变成杀人；有时这种暴力受到公众意识的压力而不能发泄出来，只能回到它的发源地，于是使用暴力的人便成了暴力的牺牲品。

因此，自杀是变相和弱化的杀人。这样看来，自杀似乎是一件好事，即使不是好事，至少是不太坏的事，因为它使我们避免了一件更坏的事。看来，我们不应该力求用某些禁止手段来限制自杀的发展，因为这样一来会使杀人不受限制。这是一个有必要让它打开的安全阀门。归根结蒂，自杀有这样一个极大的好处：使我们可以在不用社会干预的情况下以最简单、最经济的办法摆脱一定数量无用或有害的人。让他们自行消灭，难道不是比迫使社会用暴力把他们清除出去更好吗？

这种有创造性的论点是不是有充分的理由？这个问题有两个方面，应该分开来讨论。犯罪的心理条件和自杀的心理条件是不是一样？它们所取决的社会条件之间有没有对抗性？

三

有三个事实可以提出来证实这两种现象在心理上的一致性。

首先，性别对自杀和杀人起着类似的影响。确切地说，性别的影响与其说是生理原因的结果，不如说是社会原因的结果。妇女自杀的少，杀人的也少，这不是因为她们在生理上不同于男人，而是因为她们不像男人那样参与集体生活。但是，妇女并不是同样远离这两种形式的不道德行为。实际上，人们忘记了有一些杀人行为是她们的专利，这就是杀害婴儿、堕胎和放毒。只要杀人在她们力所能及的范围内，她们也会像男人那样地去干，甚至更加经常地干。根据厄廷根的看法，[①]家庭谋杀案有一半要归咎于她们。

① 《道德统计学》，第 526 页。

因此，按照她们的天性，没有什么根据说她们更尊重他人的生命，她们只是缺少机会，因为她们卷入生活的旋涡不太深。导致流血罪行的原因对她们比对男人的影响小，因为她们处在这些原因的影响范围之外。由于同样的原因，她们也较少遭到意外死亡的危险；在100例意外死亡中，只有20例是女性。

此外，如果我们把所有故意杀人、无预谋杀人、有预谋杀人、杀害父母、杀害婴儿和放毒等都算作一类，那么妇女所占的比例还要大。在法国，每100例这些罪行中有38例或39例是妇女犯下的，如果把堕胎也算上，甚至达到42例。在德国，这个比例为51%，在奥地利为52%。不错，我们没有把过失杀人包括在内，但是，只有故意杀人才是真正的杀人。另一方面，妇女所特有的无预谋杀人、杀害婴儿、堕胎和家庭谋杀，从性质上来说是很难发现的。这类杀人有许多逃脱了司法机关的追究，因此也没有被统计在内。如果我们想到，妇女在判决时必定利用了她们在预审时已经利用过的宽容，她们比男人更经常地被宣告无罪，那么我们就会看到，男女的自杀倾向没有很大的区别。相反，我们知道妇女对自杀的免疫力有多大。

年龄对这两种现象的影响区别不大。按照费里的看法，杀人和自杀一样随着人的年龄增长而更加频繁。而莫塞利的看法则恰恰相反。[①] 实际情况是两者既不成反比也不成正比。自杀有规律地逐步增加，直至老年，无预谋杀人和有预谋杀人在壮年即30岁

① 莫塞利的著作第333页。——在《罗马大会会刊》第205页上，这位作者对这种对立的现实性提出了疑问。

或 35 岁时达到高峰，然后逐步减少。这就是表三十一所表明的情况。在表中不可能发现丝毫证据说明自杀和杀人在性质上是一致的或对立的。

表三十一　法国无预谋杀人、有预谋杀人和自杀在不同年龄时的比较（1887 年）

	每个年龄组每十万人中		每个年龄组每种性别每十万人中的自杀	
	无预谋杀人	有预谋杀人	男	女
16—21 岁①	6.2	8	14	9
21—25 岁	9.7	14.9	23	9
25—30 岁	15.4	15.4	20	9
30—40 岁	11	15.9	33	9
40—50 岁	6.9	11	50	12
50—60 岁	2	6.5	69	17
60 岁以上	2.3	2.5	91	20

剩下的还有气温的影响。如果我们把所有侵犯人身的罪行都加在一起，那么我们所得到的曲线似乎证实了意大利学派的理论。这条曲线逐步上升，直到 6 月，然后逐步下降，直到 12 月，就像自杀的曲线一样。但是，这种结果仅仅是因为在侵犯人身罪行这个共同表现形式下，除了杀人之外，我们把猥亵和强奸也计算在内了。因为这些罪行在 6 月份达到最高峰，而且数量比伤害生命罪多得多，所以形成这条曲线的正是这些罪行。但是这些罪行与杀人没有任何直接的关系，因此，如果我们要知道后者如何在一年的

① 就杀人而言，与前两个年龄组有关的数字严格地说来是不确切的，因为犯罪统计的第一个年龄组是 15—21 岁，而人口调查所提供的是 15—20 岁的人口总数。但是这种稍微的不确切丝毫不改变本表所表示的一般结果。至于杀害婴儿，将近 25 岁就达到了最大限度，而且减少得很快，原因很容易理解。

不同时刻发生变化，只需将它与其他罪行区别开来就行了。不过，如果我们这样做，尤其是如果我们细心地把不同形式的杀人罪都区别开来，那么我们就再也不能发现前面所说的那种平行发展的任何痕迹了（见表三十二）。

表三十二　不同形式杀人罪每月的变化[①]（1827—1870）

	无预谋杀人	有预谋杀人	杀害婴儿	致命打击和伤害
1月	560	829	647	830
2月	664	926	750	937
3月	600	766	783	840
4月	574	712	662	867
5月	587	809	666	983
6月	644	853	552	938
7月	614	776	491	919
8月	716	849	501	997
9月	665	839	495	993
10月	653	815	478	892
11月	650	942	497	960
12月	591	866	542	886

实际上，当自杀从1月到6月继续而有规律地增加，而在下半年继续而有规律地减少时，无预谋杀人、有预谋杀人和杀害婴儿却逐月在变化无常地波动。不仅总的发展趋势不同，而且高峰和低谷也不一致。无预谋杀人有两次高峰，一次在2月，另一次在8月；有预谋杀人也有两次高峰，但时间不同，一次在2月，另一次在11月。至于杀害婴儿，高峰是在5月，而致命性打击则是在8月和9月。如果我们不是按月而是按季计算各种变化，这些差别同

① 根据肖西南的材料。

样明显。秋季的无预谋杀人几乎和夏季一样多（秋季为 1968 例，夏季为 1974 例），而冬季则比春季多。有预谋杀人冬季最多（2621 例），秋季次之（2596 例），再其次是夏季（2478 例），最少是春季（2287 例）。至于杀害婴儿，春季超过其他季节（2111 例），其次是冬季（1939 例）。致命的打击和伤害在夏季和在秋季几乎一般多（2854 例和 2845 例），其次是春季（2690 例），冬季也差不多（2653 例）。我们已经看到，自杀的分布完全不同。

此外，如果自杀的倾向只是一种受抑制的杀人倾向，那我们就会看到，无预谋杀人者和有预谋杀人者一旦被逮捕，他们的狂暴本性就再也不能表现出来，他们自己就会成为这种本性的牺牲品。因此，在监禁的作用下，杀人的倾向必然变成自杀的倾向。然而，许多观察家都证明，罪大恶极的刑事犯反而很少自杀。卡佐维埃伊从我们不同的苦役犯监狱的医生那里收集了关于苦役犯自杀的情况。[①] 在罗什福尔，30 年里只见过一例；在土伦，那里通常有三四千犯人（1818—1834 年），但没有一例自杀。在布雷斯特，情况有所不同，在平均 3000 名犯人中，17 年里只有 13 名自杀，年平均自杀率为十万分之二十一；尽管这个比例高于上述两个地方，但这个数字一点也不算过大，因为它是与主要是男性的和成年人的群体有关。据利尔大夫说："从 1816 年到 1837 年，包括 1837 年在内，在死于苦役犯监狱的 9320 人中，只有 6 人是自杀的。"[②]根据费律大夫的调查，在平均有 15111 名囚犯的各地中心监狱中，7 年

① 卡佐维埃伊的著作，第 310 页以下。

② 利尔的著作，第 67 页。

内只有 30 人自杀。但是在苦役犯监狱中，这个比例还要小，从 1838 年到 1845 年，平均 7041 名犯人中只有 5 名自杀。[①] 布里埃尔·德布瓦蒙进一步肯定了后一个事实，他说："比起那些罪行不太严重的犯人来，罪大恶极的职业杀人犯更少使用这种暴力手段来逃避刑罚。"[②]勒鲁瓦大夫也指出，"作为苦役犯监狱常客的屡教不改的流氓"很少企图自杀。[③]

诚然，有两个统计材料——一个是莫塞利引用的，[④]另一个是隆布罗索引用的[⑤]——有助于证实犯人一般地特别倾向于自杀。但是，因为这些材料没有把无预谋杀人者和有预谋杀人者同其他刑事犯区别开来，所以根本不能得出与我们所关心的问题有关的结论。甚至不如说，这些材料似乎肯定前面的那些看法。实际上，这些材料证明，监禁本身引起了十分强烈的自杀倾向。即使不考虑那些被捕后尚未判刑就自杀的人，还有相当多人的自杀只能归因于监狱生活的影响。[⑥] 但是另一方面，被监禁的无预谋杀人者必然特别强烈地倾向于自杀，如果这种产生于监禁的自杀倾向又被天生的素质所强化的话。如此看来，这种倾向不是低于一般人

① 《囚犯、监禁和监狱》，巴黎，1850 年，第 133 页。

② 布里埃尔·德布瓦蒙的著作，第 95 页。

③ 《塞纳—马恩省的自杀》。

④ 莫塞利的著作，第 377 页。

⑤ 《刑事犯》，法文版，第 338 页。

⑥ 这种影响是什么呢？一部分似乎应该归因于隔离监禁制。但是我们对监狱的一般生活能够产生同样的效果不会感到奇怪。大家都知道，坏人和犯人的关系是紧密结合的；那里的人完全没有个性，监狱的纪律也在这方面起作用。因此，那里所发生的某些情况似乎和我们在军队中所看到的情况一样。证实这种假设的是，自杀在监狱里和在军营里一样经常流行。

而是大于一般人，因此这个事实不利于这样的假设；他们仅仅由于自身的性格而与自杀有某种天生的亲和力，一旦条件有利就准备表现出来。此外，我们的意思并不是肯定他们有真正的免疫力：我们所掌握的有关材料不足以解决这个问题。在某些条件下，罪大恶极的刑事犯可能轻易了结自己的生命而不感到太大的痛苦。但是这种情况至少没有意大利学者的论点必然包含的普遍性和必然性。这一点是我们完全能够肯定的。[①]

四

但是意大利学者的第二种主张还有待讨论。由于杀人和自杀不是同一种心理状态引起的，所以我们应该研究它们所取决的社会条件是否真正截然不同。

这个问题要比这些意大利学者和他们的反对者所认为的更复杂。当然，在许多情况下，反比的规律没有得到证实。这两种现象不是互相排斥和互不相容，而是经常平行发展。因此，在法国，从1870年战争以后，无预谋杀人表现出一种增加的趋势。在1861—1865年期间，无预谋杀人平均每年只有105起，从1871年到1876年平均每年增加到163起，而有预谋杀人在同期从175起增加到

① 费里所引证的一份统计材料(《杀人和自杀》第373页)并不是更令人信服的。从1866年到1876年，在意大利的苦役犯监狱里，因伤害人身罪被判刑的苦役犯自杀的有17名，而因侵犯财产罪被判刑的苦役犯自杀的只有5名。但是，在苦役犯监狱里，前一种犯人比后一种犯人多得多。因此，这些数字不是结论性的。另外，我们不知道这份统计材料的作者从何处得到他所利用的素材。

201 起。然而，在此期间，自杀大大地增加。同样的现象在 1840—1850 年期间也发生过。在普鲁士，从 1865 年到 1870 年，自杀没有超过 3658 起，1876 年达到了 4459 起，1878 年达到 5042 起，增加了 36%。无预谋杀人和有预谋杀人也同样增加，1869 年为 151 起，1874 年增加到 166 起，1875 年增加到 221 起，1878 年增加到 253 起，增加了 67%。[①] 在萨克森也有同样的现象。在 1870 年以前，自杀的人数在 600 人到 700 人之间；只是在 1868 年达到 800 人。从 1876 年起，自杀的人数增加到 981 人，然后增加到 1114 人和 1126 人，最后在 1880 年增加到 1171 人。[②] 同样，伤害他人生命罪从 1873 年的 637 起增加到 1878 年的 2232 起。[③] 在爱尔兰，从 1865 年到 1880 年，自杀增加了 29%，杀人也以几乎同样的程度增加(23%)。[④] 在比利时，从 1841 年到 1885 年，杀人从 47 起增加到 139 起，自杀从 240 起增加到 670 起；前者增加 195%，后者增加 178%。这些数字如此不符合规律，以致费里怀疑比利时统计资料的准确性。但是，即使根据最近几年最可靠的资料，也可以得出同样的结果。从 1874 年到 1885 年，杀人增加了 51%(从 92 起增加到 139 起)，自杀增加了 79%(从 374 起增加到 670 起)。

这两种现象的地理分布引起类似的看法。法国自杀最多的省是：塞纳省、塞纳—马恩省、塞纳—瓦兹省和马恩省。不过，就杀人而言，这些省虽然不是名列前茅，但名次也相当靠前：塞纳省的无

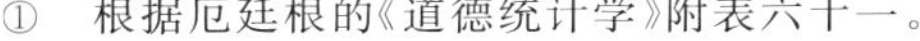

① 根据厄廷根的《道德统计学》附表六十一。

② 同上书，附表一〇九。

③ 同上书，表六十五。

④ 根据费里所列的表。

预谋杀人居第 26 位，有预谋杀人居第 17 位，塞纳—马恩省居第 33 位和第 14 位，塞纳—瓦兹省居第 15 位和第 24 位，马恩省居第 27 位和第 21 位。瓦尔省的自杀居第 10 位，无预谋杀人居第 5 位，有预谋杀人居第 6 位。在罗纳河口省，自杀很多，杀人也很多：有预谋杀人居第 5 位，无预谋杀人居第 6 位。[①] 在自杀的分布图上和在杀人的分布图上一样，塞纳河中下游地区都是深色的；地中海沿岸诸省也是如此。唯一的区别是，前一个地区在杀人分布图上的颜色比在自杀分布图上的颜色略浅，而后一个地区则相反。同样，在意大利，罗马是自杀居第 3 位的行政区，情节严重的杀人居第 4 位。最后，我们已经看到，在生命不太受到重视的下层社会里，自杀往往特别多。

尽管这些事实确凿无疑，而且不容忽视，但是相反的事实同样是确实的，而且甚至更多。尽管这两种现象在某些情况下是一致的，至少是并行不悖的，但在另一些情况下却是明显地对立的：

1. 尽管在本世纪的某些时候，这两种现象朝着同一个方向发展，但是从整体来看，这两条曲线至少在一段相当长的时间内十分明显地背道而驰。在法国，从 1826 年到 1880 年，自杀有规律地增加，就像我们已经看到的那样；相反，杀人却逐步减少，尽管减少的速度不太快。在 1826—1830 年期间，平均每年有 279 人被控无预谋杀人，而在 1876—1880 年期间则只有 160 人；在这两个时期之

① 各省的分类引自布尔内：《法国和意大利的犯罪行为》，巴黎，1884 年，第 41 页和 51 页。

间，被控无预谋杀人的人数甚至减少到1861—1865年的121人和1856—1860年的119人。在1845年以前和1870年战争以后的两段时期里，有重新增加的趋势，但是如果撇开这些不大的波动，减少的总趋势是显而易见的。减少的比例为43%，因为同期人口增加了16%，所以更加不可忽视。

有预谋杀人的减少不太明显。1826—1830年期间平均每年有258人被控有预谋杀人，1876—1880年期间还有239人。但是如果把人口的增加考虑在内，那么这种减少也就不可忽视了。有预谋杀人的这种不同变化趋势没有什么值得奇怪的。实际上，这是一种混合型的犯罪行为，与无预谋杀人既有共同的特点，也有不同的特点。有时候，这是一种比较考虑周到和有意识的有预谋杀人，有时候，这只是在抢劫财产时发生的有预谋杀人。作为后一种有预谋杀人，它的起因不是杀人。引起这种有预谋杀人的不是各种导致流血的倾向，而是各种导致抢劫的动机。在这两种犯罪行为逐月逐季的变化表上可以明显地看出它们的二重性。有预谋杀人在冬季达到最高峰，尤其是在11月份，和抢劫完全一样。因此，我们无须通过有预谋杀人的各种变化便能清楚地看到这种杀人趋势的发展；无预谋杀人的曲线清楚地说明了它的发展的大方向。

在普鲁士也可以看到同样的现象。1834年有368人因无预谋杀人或给人以致命打击而受审，即每29000名居民中有1人；1851年就只有257人，即每53000名居民中有1人。此后，这种减少的趋势一直继续下去，尽管比较缓慢。1852年，每76000名居民中还有1人受审，到1873年，每109000名居民中才有1人受审。[1] 在意大利,从 1875 年到 1890 年,一般的杀人和性质严重的杀人减少了 18%(从 3280 起减少到 2660 起),而自杀却增加了 80%。[2] 在杀人没有减少的地方,至少也没有增加。在英国,从 1860 年到 1865 年,平均每年有 359 起,1881—1885 年期间平均每年只有 329 起;在奥地利,1866—1870 年期间有 528 起,1881—1885 年期间只有 510 起。[3] 在这些不同的国家里,如果把有预谋杀人同其他杀人区别开来,这种减少的趋势可能更加明显。与此同时,所有这些国家的自杀却都在增加。

然而,塔尔德先生却试图证明,在法国,杀人的减少只是表面上的。[4] 这种减少仅仅是因为没有把重罪法庭审理的案子和检察机关没有起诉或法官裁定不予起诉的案子加在一起。根据这位作者的意见,没有起诉、因而法院没有统计在总数内的无预谋杀人案数量在不断增加;如果把这些无预谋杀人案和同类犯罪行为加在一起,杀人案就不断增加而不是减少。可惜他用来证明这种论断的办法是过分巧妙地安排这些数字。他满足于比较 1861—1865 年期间以及 1876—1880 年期间和 1880—1885 年期间重罪法庭没有起诉的无预谋杀人和有预谋杀人数,证明第二个五年、尤其是第三个五年超过第一个五年。但是,1861—1865 年碰巧是这个世纪里未经法庭审判的杀人案最少的时期;杀人案的数量格外少,我们不知道是什么原因。因此这是一种最不恰当的比较。而且,我们

① 斯塔克:《普鲁士的犯罪和罪犯》,柏林,1884 年,第 144 页以下。

② 根据费里的统计表。

③ 见博斯科:《某些欧洲国家的杀人》,罗马,1889 年。

④ 《刑罚的哲学》,第 347—348 页。

不能从两三组数字的比较中归纳出某种规律来。如果塔尔德先生不是这样来选择他的基准点，而是比较长期地观察这些案件数量的变化，那么他就可能得出完全不同的结论。下面就是长期观察的结果：

没有起诉的案件数[①]

	1835—1838	1839—1840	1846—1850	1861—1865	1876—1880	1880—1885
无预谋杀人	442	503	408	223	322	322
有预谋杀人	313	320	333	217	231	252

这些数字的变化不是非常有规律的；但是，从 1835 年到 1885 年，这些数字明显地减少了，尽管到 1876 年有所增加。无预谋杀人减少了 37%，有预谋杀人减少了 24%。因此，没有任何根据可以断定相应的犯罪行为在增加。[②]

① 某些案件没有起诉是因为这些案件既不构成犯罪行为，也不构成不法行为。因此有理由把它们减去。然而我们没有这样做，以便和作者保持一致；而且我们可以肯定，减去以后也丝毫不会改变从上述数字得出的结果。

② 作者提出支持他的论点的第二种考虑并不更有说服力。根据他的意见，还应该考虑被误认为是杀人的自杀或意外死亡。因为两者的数量从本世纪初起都有所增加，所以他由此得出结论，列入这两类之一的杀人数也必然增加。因此他还说，这是应该考虑的一种有重大意义的增加，如果我们要准确地判断杀人的发展的话。——但是这种推理是以一种混乱的思想为基础的。意外死亡和自杀的人数增加，不等于被误列入这类死亡的杀人数量也增加。自杀和意外死亡越多，也不等于被误认为是自杀和意外死亡的人数越多。为了使这样的假设具有某种真实性，就必须证明对这些可疑情况进行的行政或司法调查做得比从前更糟；我们看不出这种假设有任何根据。诚然，塔尔德先生对今天淹死的人比以前多感到吃惊，促使他认为这种增加掩盖了杀人的增加。但是，遭雷击而死的人也增加了，而且增加了一倍，这却和犯罪意图没有任何关系。实际情况首先是因为统计更加精确了，而淹死的人增加，是因为海滨浴场更热闹、港口更繁忙、内河船只更多招致了更多的意外死亡。

2. 尽管有些国家把自杀和杀人合并统计，但二者所占的比例总是不同的；这两种现象的严重程度从来不会同时达到最高峰。在杀人非常多的地方有一种对自杀的免疫力，这甚至是一条普遍的规律。

西班牙、爱尔兰和意大利是自杀最少的三个欧洲国家：西班牙每百万居民中为 17 起，爱尔兰为 21 起，意大利为 37 起。相反，杀人却不是同样最少。只有这三个国家的杀人数超过了自杀数：西班牙的杀人数为自杀数的 3 倍（在 1885—1889 年期间，平均每年有 1484 起杀人案，但只有 514 起自杀），爱尔兰为 2 倍（前者为 225 起，后者为 116 起），意大利为 1.5 倍（分别为 2322 起和 1437 起）。相反，法国和普鲁士的自杀很多（分别为每百万居民中 160 起和 260 起），而杀人却只有自杀的十分之一：在 1882—1888 年期间，法国平均每年为 734 起，普鲁士为 459 起。

在每个国家内部也可以看到同样的比例。在意大利的自杀分布图上，整个北方都是深颜色的，整个南方则完全是白色的；而杀人的分布图却正好相反。另外，如果按自杀率把意大利各省分成两类，再找出每一类的平均杀人率，两者的差别就特别明显：

第一类：每百万居民中有 4.1—30 起自杀，有 271.9 起杀人。

第二类：每百万居民中有 30—88 起自杀，有 95.2 起杀人。

杀人最多的省是卡拉布里亚，每百万居民中有 69 起情节严重的杀人案，自杀也不少。

在法国，杀人最多的省是科西嘉、东比利牛斯、洛泽尔和阿尔代什。不过，就自杀而言，科西嘉从第 1 位降到了第 85 位，东比利牛斯降到了第63位，洛泽尔降到了第83位，阿尔代什降到了第63位。①

在奥地利，自杀最多的是下奥地利、波希米亚和摩拉维亚，较少的是卡尼奥尔和达尔马提亚。相反，达尔马提亚每百万居民中有79起杀人案，卡尼奥尔有57.4起，而下奥地利只有14起，波希米亚只有11起，摩拉维亚只有15起。

3. 我们已经证实，战争对自杀的发展有一种抑制的作用，对抢劫和诈骗等也有同样的作用。但是有一种犯罪行为是例外，这就是杀人。在法国，无预谋杀人在1866—1869年期间平均每年从119起增加到1870年的133起，后来又增加到1871年的224起，增加了88%，②1872年又减少到162起。如果考虑到杀人最多的年龄是三十岁左右，而当时所有的年轻人都在服兵役，那么这种增加看上去就会更加严重。年轻人在和平时期所犯的罪行不统计在内。而且，司法行政部门的混乱必然更妨碍犯罪行为的侦破，或者更加妨碍预审得到起诉，这是毫无疑问的。如果说，尽管有这两种减少的原因，但杀人的数量还是增加了，那就可想而知实际的增加有多么大啊！

同样，普鲁士在1861年爆发对丹麦的战争时，杀人案从137起增加到169起，这是自1854年以来达到的最高水平；到1865年，杀人案减少到153起，但在1866年又有所增加（159起），尽管

① 就有预谋杀人来说，这种反比关系不那么明显，这就证实了上面所说的这种犯罪行为的混合性质。

② 相反，谋杀在1868年为215起，1869年为200起，1870年减少到162起。可以看出这两种犯罪行为竟然如此不同。

普鲁士军队已经被调动。1870 年比 1869 年又有所减少(从 185 起减少到 151 起),到 1871 年又减少到 136 起,但是其他犯罪行为减少得更多!在这个时期,情节严重的抢劫案减少了一半,从 1869 年的 8676 起减少到 1870 年的 4599 起。而且,在这些数字中,无预谋杀人和有预谋杀人是混在一起的,但是这两种犯罪行为的数量并不一样多,我们知道在法国也是只有前一种犯罪行为在战时有所增加。因此,如果各种杀人的总数没有较大的减少,那就可以相信,一旦把有预谋杀人除外,无预谋杀人就会表现出极大的增加。另外,如果可以把由于上面所说的两种原因而应该除外的所有杀人案都加在一起,那么这种表面上的减少本身是微不足道的。最后,特别值得注意的是,当时非故意的杀人大大地增加了,从 1869 年的 268 起增加到 1870 年的 303 起和 1871 年的 310 起。① 这难道不能证明战时的人命案少于平时吗?

政治危机也有同样的作用。在法国,从 1840 年到 1846 年,无预谋杀人的曲线一直是不变的,而在 1848 年却突然上升,1849 年达到最高峰,共有 240 起。② 在路易·菲力浦统治的最初几年已经出现过同样的现象。政党的竞争特别激烈。这时无预谋杀人也达到了这个世纪的最高峰,从 1830 年的 204 起增加到 1831 年的 264 起,这个数字从来没有被超过。到 1832 年,无预谋杀人还有 253 起,1833 年为 257 起,1834 年突然减少,而且越来越少,到 1838 年就只有 145 起,即减少了 44%。在此期间,自杀却朝相反

① 根据斯塔克的著作第 133 页。

② 谋杀的曲线几乎一直是不变的。

的方向发展。1833 年的自杀人数和 1829 年处于同一个水平(分别为 1973 人和 1904 人);后来在 1834 年,上升的趋势开始了,而且非常迅速,到 1838 年增加了 30%。

4. 自杀在城市比在农村多得多,而杀人则相反。1887 年,把无预谋杀人、杀害父母和杀害婴儿加在一起,农村为 11.1 起,城市只有 8.6 起。1880 年的数字几乎相同,分别为 11 起和 9.3 起。

5. 我们已经看到,天主教减少自杀的倾向,而新教却增加了这种倾向。相反,天主教国家的杀人要比新教国家多得多。

天主教国家	每百万居民中的杀人数	每百万居民中的有预谋杀人数	新教国家	每百万居民中的杀人数	每百万居民中的有预谋杀人数
意大利	70	23.1	德　国	3.4	3.3
西班牙	64.9	8.2	英格兰	3.9	1.7
匈牙利	56.2	11.9	丹　麦	4.6	3.7
奥地利	10.2	8.7	荷　兰	3.1	2.5
爱尔兰	8.1	2.3	苏格兰	4.4	0.70
比利时	8.5	4.2			
法　国	6.4	5.6			
平均	32.1	9.1	平均	3.8	2.3

至于杀人,这两类国家之间的对比尤其明显。

在德国内部也可以看到同样的对比。超过平均数最多的地区都是天主教地区:波兹南每百万居民中有 18.2 起无预谋杀人和有预谋杀人,多瑙有 16.7 起,布伦堡有 14.8 起,上巴伐利亚和下巴伐利亚有 13 起。同样,在巴伐利亚内部,新教徒越少的省杀人越多。

天主教徒占少数的省	每百万居民中无预谋杀人和有预谋杀人数	天主教徒占多数的省	每百万居民中无预谋杀人和有预谋杀人数	天主教徒占90%以上的省	每百万居民中无预谋杀人和有预谋杀人数
莱因河巴拉丁领地	2.8	下弗兰克	9	上巴列丁领地	4.3
中弗兰克	6.9	施瓦本	9.2	上巴伐利亚	13.0
上弗兰克	6.9			下巴伐利亚	13.0
平　　均	5.5	平　　均	9.1	平　　均	10.1

只有上巴列丁领地是例外。而且，只要比较上表与第 149 页上的表就可以明显地看出自杀的分布与杀人的分布成反比。

6. 最后，家庭生活对自杀具有一种缓和的作用，但能引起杀人。在 1884—1887 年期间，每百万已婚男子中平均每年有 5.07 起无预谋杀人案，每百万 15 岁以上未婚男子中有 12.7 起。与后者相比，前者的免疫力系数似乎是 2.3。不过，应该考虑到这样的事实：这两种人年龄不同，而杀人倾向的强度随着年龄的不同而变化。未婚男子的平均年龄为 25—30 岁，已婚男子的平均年龄为 45 岁左右。然而，无预谋杀人倾向**最强烈**的年龄是 25 岁到 30 岁之间，每百万这种年龄的人中每年有 15.4 起无预谋杀人案，而在 45 岁的人中不超过 6.9 起。这两个数字之比为 2.2∶1。由此可见，已婚者的无预谋杀人数只有未婚者的二分之一，这仅仅是因为他们的年龄较大。因此，他们这种表面上的特殊情况不是由于他们已经结婚，而是由于他们年龄较大。家庭生活并没有赋予他们任何免疫力。

家庭生活不仅不能防止杀人，反而可能引起杀人。因为，从原则上讲，已婚者的品德要比未婚者更高尚。我们认为，品德的高尚不是由于婚姻的选择，而是由于家庭对每个成员的影响，当然，前者的影响也是不可忽视的。毫无疑问，一个人如果离群索居和自暴自弃，那么他在道德上的磨练就不如不断得到家庭环境的良好训练的时候。因此，就杀人来说，已婚者之所以并不比未婚者的情况好，是因为他们所受到的、应该使他们避免各种犯罪行为的道德影响部分地被促使他们去杀人的恶劣影响所抵消，而这种恶劣影响必然与家庭生活有关。[①]

总之，自杀和杀人有时同时存在，有时互相排斥，有时在相同条件的影响下以同样的方式发生，有时以相反的方式发生，而相反的情况最多。如何解释这些表面上矛盾的事实呢？

调和这些事实的唯一办法是承认有不同种类的自杀，有些自杀与杀人有某种亲缘关系，而另一些自杀则排斥杀人。因为同一种现象在同样的条件下不可能以不同的方式表现出来。像杀人一样变化的自杀和朝相反方向变化的自杀，性质不会相同。

事实上我们已经指出有不同类型的自杀，它们的特点根本不同。上一编的结论已经证实了这一点，这个结论也可以用来解释上面所说的事实。仅仅从这些事实就足以推测出自杀的内在区别；但是这种假设不再是一种假设，接近于前面得出的结论，而且这些结论得到这种接近作出的补充证明。同样，既然我们知道有哪些不同种类的自杀，我们就可以很容易看出有哪些种类的自杀

---

① 然而，这些说法与其说是为了解决问题，不如说是为了提出问题。只有像我们对自杀那样，将年龄的影响和婚姻状况的影响分开，问题才得到解决。

与杀人不相容，有哪些种类的自杀与杀人在某种程度上取决于同样的原因，而这种不相容为什么是最普遍的事实。

实际上，最普遍、最使每年总数增加的自杀类型是利己主义的自杀。这种自杀的特点是产生于一种夸大了的个性的抑郁和冷漠状态。一个人不想活下去，因为他不再依恋唯一使他和现实联系在一起的中介，我所说的中介就是社会。由于对自己和自身的价值有着强烈的感情，所以他愿意成为自身的目的，而由于这种目的不能使他得到满足，所以他就无精打采和烦恼地过着一种对他来说毫无意义的生活。杀人取决于相反的条件。这是一种不能没有激情的暴力行为。然而，在由个性不太突出的人组成社会的地方，集体状态的强度就提高激情的总水平；甚至再也没有比这更有利于发扬激情、特别是杀人激情的地方了。在家庭精神保持它原有力量的地方，对家庭的冒犯被认为是亵渎行为，无论怎样对它报复也不算过分残酷，而且这种报复不能留给第三者来进行。这就是使我们的科西嘉和某些南方国家还在流血的“族间仇杀”的来源。在宗教信仰十分强烈的地方，族间仇杀往往引起无预谋杀人，政治信仰也是如此。

而且，一般说来，公众的意识越是不加以限制，也就是说，对谋害生命罪的判决越是宽容，杀人的趋势就越是汹涌；因为越是不重视杀人罪，公共道德就越是不重视个人和个人的利益，所以软弱的个性或者用我们的话来说过分的利他主义状态便促使人们去杀人。这就是杀人在下层社会既多又不受制止的缘故。下层社会的这种经常杀人和比较受到宽容，来自唯一的和同一个原因。不尊重个人的人格使个人容易受到暴力的攻击，同时使暴力看上去不那么有罪。利己主义的自杀和杀人出于相反的原因，因此不可能同时发展。在社会激情高涨的地方，个人是不大倾向于毫无结果的空想或伊壁鸠鲁式的冷静思考的。当他习惯于把各种特殊遭遇看得无所谓的时候，他是不会认真考虑自己的命运的。当他不把人类的痛苦放在心上时，个人的痛苦也就减轻了。

相反，由于同样的原因，利他主义自杀和杀人完全可能同时发展，因为两者都决定于同样的条件，只是程度不同。当一个人变得不重视自己的生命时，他是不可能重视别人的生命的。因此，杀人和自杀同样流行于某些民族中。但是不能把我们在文明国家里看到的两者同时发展的情况归因于相同的原因。在最有教养的环境下，我们有时看到的和无预谋杀人同时存在的许多自杀，不是某种过分的利他主义状态。因为要引起自杀，利他主义必须非常强烈，甚至比引起杀人还要强烈。实际上，不管我通常多么不重视个人的生命，我个人的生命在我眼里总是胜过别人的生命。同样，一般的人重视自己的生命甚于重视其他人的生命，因此，为了消除这种重视生命的感情，在前一种情况下需要有比在后一种情况下更强烈的动机。不过，今天除了军队这样少有的特殊环境，对非个性和克己的爱好太不明显，相反的感情太普遍了，所以不会这样轻易地牺牲自己。因此应该有另一种比较现代化的、同样容易和杀人相结合的自杀。

这就是反常的自杀。反常实际上产生一种激怒和厌烦的状态，这种状态根据不同的情况可以转而针对自己或针对他人：在前一种情况下会引起自杀，在后一种情况下会引起杀人。至于决定这种受到过分刺激的力量发展方向的因素，可能与个人的道德素质有关，根据这种素质的强弱朝一个方向或朝另一个方向发展。一个道德观念较差的人宁愿杀人而不愿自杀。我们甚至看到，有时候，这两种表现形式相继发生，只是同一种行为的两个方面；这就证明两者之间有着密切的亲缘关系。这时个人处于如此激化的状态，所以为了缓解这种状态，他需要两个牺牲者。

这就是为什么今天在大城市和有高度文明的地区杀人和自杀在某种程度上平行发展的原因。因为在这些地方，反常达到了尖锐的状态。同样的原因妨碍杀人迅速减少，就像自杀增多那样。实际上，尽管个人主义的发展使杀人的源泉之一枯竭，但是随着经济发展而来的反常却打开了另一个源泉。可以认为，在法国，尤其是在普鲁士，自杀和杀人之所以在战争开始以后同时增加，原因就在于道德的不稳定性，这种不稳定性由于不同的原因在这两个国家变得比较严重。最后，由此可以解释，尽管有这些部分一致的地方，为什么对立仍是最普遍的事实。因为反常的自杀只有在某些特殊的时刻才大量发生，即在工业和商业活动处于最高潮的时候。看来利己主义的自杀最普遍，但是这种自杀排斥流血的犯罪行为。

因此，我们将得出下述结论。自杀和杀人之所以经常朝彼此相反的方向变化，不是因为两者是同一种现象的两个方面，而是因为两者在某些方面构成对立的社会潮流。两者就像白天与黑夜、旱与涝那样互相排斥。然而，这种总的对立之所以并不完全妨碍协调，这是因为某些类型的自杀不是取决于与杀人的原因相对立的原因，而是表现出同样的社会状态并在同样的道德环境中发展。

此外，可以预料，与反常的自杀同时并存的杀人和与利他主义的自杀相一致的杀人不一定是同样的性质，因此，杀人完全像自杀那样，不是一个不可分割的犯罪学实体，而应该包含许多彼此很不相同的种类。但这里不是详细讨论这个重要的犯罪学命题的场合。

由此可见，说自杀具有有益的反作用，能够减少其不道德性，因此不妨碍其发展才有利，这是不准确的。自杀不是从杀人派生出来的。当然，决定利己主义自杀的道德素质和使最文明的民族减少杀人的道德素质是互相关联的。但是这种范畴的自杀者决不是失败了的杀人者，没有一点杀人者的特征。自杀者是忧郁的人，消沉的人。因此，人们可以谴责他的行为，而不会把那些和他走上同一条道路的人变成杀人犯。谴责自杀是否意味着同时谴责并削弱引起自杀的精神状态，即这种与个人有关的一切感觉过敏呢？并因此而冒强化无个性的爱好和由此而产生的杀人危险呢？但是，为了能够遏制杀人的倾向，个人主义不需要达到成为自杀根源的这种极端强烈的程度。为了使个人厌恶让同类流血，不需要使他只关心自己，只需要使他普遍地热爱和尊重人的生命就行了。因此，个性化的倾向可以限制在合理的限度内，而杀人的倾向不会因此而加强。

至于反常状态，由于它既能引起杀人也能引起自杀，所以能够制止反常状态，也就能够制止杀人和自杀。甚至不用担心被制止的反常状态一旦不能在自杀的形式下表现出来便会引起更多的杀人，因为容易受道德纪律约束的人由于尊重公众的意识及其禁律而放弃自杀，所以更不会去杀人，杀人是要受到更严厉的谴斥和制

止的。此外，我们已经知道，在这种情况下自杀的人是最好的人，所以没有任何理由促使他们作出相反的选择。

本章可以有助于澄清一个经常争论的问题。

我们对同类的感情只是利己主义感情的延伸还是彼此无关的感情，我们知道这个问题引起了多少争论。然而我们已经看到，这两种假设都是没有根据的。当然，对别人的怜悯和对自己的怜悯并非彼此毫不相干，因为两者同时发展或消退。两者之间之所以有某种亲缘关系，是因为两者都产生于同一种集体意识状态，它们只是这种状态的不同方面。两者所表现的都是舆论评价个人一般道德价值的方式。每当个人受到公众的尊重时，我们就把这种社会评价应用于他人，同时也应用于我们自己；他们的生命像我们的生命一样，在我们的眼里就比较有价值，而且我们变得比较容易感觉到分别涉及他们每个人的一切，就像比较容易感觉到涉及我们的一切一样。他们的痛苦就像我们的痛苦，我们比较容易感到难以忍受。因此，我们对他们的同情并非我们对自己的同情的简单延长；但两者都是同一个原因的结果，都是同一种精神状态所构成的。这种精神状态当然是根据适用于我们自己还是适用于他人而变化；我们的利己主义本能在前一种情况下使这种精神状态强化，在后一种情况下则使之削弱，但是在这两种情况下都存在并起作用。甚至看上去与个人气质最有关的感情也取决于个人以外的原因，这是千真万确的！我们的利己主义本身在很大程度上是社会的产物。

六[①]　各年龄组有配偶者和丧偶者按有无子女分类的自杀人数（除塞纳省以外的法国各省）

绝对数（1889—1891）

男				
年　　龄	有配偶无子女	有配偶有子女	丧　偶无子女	丧　偶有子女
0—15 岁	1.3	0.3	0.3	—
15—20 岁	0.3	0.6	—	—
20—25 岁	6.6	6.6	0.6	—
25—30 岁	33	34	2.6	3
30—40 岁	109	246	11.6	20.6
40—50 岁	137	367	28	48
50—60 岁	190	457	48	108
60—70 岁	164	385	90	173
70—80 岁	74	187	86	212
80 岁以上	9	36	25	17
女				
年　　龄	有配偶无子女	有配偶有子女	丧　偶无子女	丧　偶有子女
0—15 岁	—	—	—	—
15—20 岁	2.3	0.3	0.3	—
20—25 岁	15	15	0.6	0.3
25—30 岁	23	31	2.6	2.3
30—40 岁	46	84	9	12.6
40—50 岁	55	98	17	19
50—60 岁	57	106	26	40
60—70 岁	35	67	47	65
70—80 岁	15	32	30	68
80 岁以上	1.3	2.6	12	19

① 本表是根据司法部未发表的文件编制的。我们无法进一步利用这些文件，因为人口调查没有公布每个年龄组有多少无子女的有配偶者和丧偶者。然而我们公布我们的研究结果，希望今后在人口调查的空白被填补时有用。

第三章　实际的结论

既然我们知道自杀是怎么回事、自杀的种类和主要规律，就应该探讨现实社会对自杀应该采取什么态度。

但是这个问题本身又意味着另一个问题。应该把文明民族的自杀现状看成是正常的还是不正常的？实际上，根据人们所能赞同的解决办法，可以认为，为了限止自杀，某些改革是必要的和可能的，或者相反，最好接受自杀的事实，同时谴责自杀。

一

人们也许会对可能提出这个问题感到奇怪。

实际上，我们习惯于把一切不道德的事都看成是不正常的。因此，如果自杀像我们已经证实的那样伤害道德意识，那么看来就不可能不把自杀看成是社会病理学的一种现象。但是我们在其他场合已经说明，[①]甚至最明显的不道德行为——犯罪——也不一定非得被列为病态的表现。这种论断当然使某些人感到困惑，而且从表面上看似乎动摇了道德的基础。然而，这种论断没有丝毫

① 见《社会学方法的规则》，第三章。

破坏性。为了使自己信服这种论断，只要参照这种论断所依据的理由就行了，这种理由可以归纳如下。

“弊病”这个词或者毫无意义，或者是指某种可以避免的东西。毫无疑问，一切可以避免的东西并非都是病态的，但一切病态的东西都是可以避免的，至少大多数人可以避免。如果不愿意拒绝承认观念和措辞中的一切差别，那就不可能把某一类人不能没有、必然包含在他们的素质中的某种状态或特点说成是病态的。另一方面，我们只有一种客观的、可以根据经验来确定并容易被他人检验的特征，我们可以从这种特征看出这种必要性的存在；这就是普遍性。在任何时候和任何场合，如果两种行为同时发生而毫无例外，那就与任何假定这两种行为可以分开的方法相反。一种行为并非总是另一种行为的原因。两者之间的联系可能是间接的，[①]但是这种联系还是存在的，而且是必然的。

然而，没有任何已知的社会没有不同形式不同程度的犯罪行为。没有任何民族的道德不每天受到破坏。因此我们应该说，犯罪是必然的，不可能不存在，社会组织已知的基本条件必然导致犯罪。所以，犯罪是正常的。在这里，以人性不可避免的不完善为理由，坚持认为弊病始终是弊病，不可能加以制止，这是徒劳的；这是说教者的语言，不是学者的语言。必然的不完善不是弊病，否则就应该到处都是弊病，因为到处都是不完善。我们不可能想象有完善的机体功能和解剖形式。有人说过，光学仪器制造者会对造出

① 任何合乎逻辑的联系难道不都是间接的吗？两种说法之间的联系无论多么密切，总还是有区别的，因此，两者之间总是有合乎逻辑的距离。

像人的眼睛一样粗劣的视觉工具感到惭愧。但是他没有也不能由此得出结论说这种器官是不正常的。而且，用我们的反对者多少有点神学味道的话来说，必然的东西本身不可能没有某种完善之处。作为生命不可缺少的条件的东西不可能是没有用的，除非生命是没有用的。我们坚持这种看法。实际上我们已经证明犯罪为什么可能有用。不过犯罪只是在受到谴责和镇压时才有用。有人错误地认为，把犯罪列入正常的社会学现象，这个事实本身就意味着宽恕犯罪行为。但是，如果有些犯罪行为是正常的，那么这些犯罪行为受到惩罚也是正常的。惩罚和犯罪是不可分割的一对，缺一不可。镇压制度的任何不正常放松，其结果是鼓励犯罪行为，使犯罪行为达到某种不正常的强度。

我们现在来把这些观点应用于自杀。

我们确实没有充分的材料可以用来肯定没有不存在自杀的社会。只有少数几个国家的统计数字告诉我们这一点。至于其他国家，只有在立法上留下的痕迹可以证明自杀的存在。不过我们并不肯定知道自杀在任何地方都是法律条例的对象，但是可以肯定这是最普遍的情况。自杀有时遭到禁止，有时遭到谴责；对自杀的禁止有时是正式的，有时则容许有保留和例外。但是所有类似的情况都使人相信，自杀决不可能与法律和道德无关；这就是说，自杀总是有足够的重要性，可以引起公众意识的注意。不管怎样，可以肯定的是，欧洲各国任何时候都有自杀的倾向，只是不同的时期强度不同而已；从上个世纪起，统计数字就给我们提供了这方面的证据，而法律文件证明在更早的时代就有自杀。因此，自杀是这些时代正常结构的组成部分，甚至很可能是任何社会结构的组成部分。

此外，看出自杀与社会结构如何联系在一起也不是不可能的。

利他主义的自杀与低级社会有关尤其明显。正因为个人严格服从群体是这些社会的基本原则，所以可以说，利他主义自杀是低级社会集体纪律不可缺少的一种手段。如果一个人为了一点小事就不重视自己的生命，那么他就不是一个体面的人，而且，既然他不重视生命，那么一切都不可避免地成为他摆脱生命的借口。因此，这种自杀和这些社会的道德结构之间有着某种密切的联系。今天，在自我牺牲和无个性盛行的地方，情况也是如此。而且，尚武精神只有在个人超脱自己的时候才可能是强烈的，而这种超脱必然导致自杀。

由于某些相反的原因，在个人的尊严是行为的最终目标、人是人类的上帝的社会和环境中，个人很容易倾向于把自己当作上帝，把自己当作崇拜的对象。当道德首先致力于使个人十分看重自己的时候，只要有某些情况综合在一起就足以使个人根本看不到有谁高于他自己。当然，个人主义不一定是利己主义，但接近利己主义，不可能激发个人主义而不进一步加强利己主义。利己主义自杀便由此而发生。最后，在进步快和应该快的民族那里，限制个人的规则必然是相当灵活和可变的；如果这些规则像在原始社会那样严格和不可变，那么受到阻碍的进化就不可能相当迅速地恢复。但是，没有受到坚决限制的欲望和野心在某些时候难免大大地膨胀起来。既然我们向所有的人灌输进步是他们的责任这种教导，要使他们作出某些让步就比较难了；于是，不满和不安便不可能不增加。因此，整个道德的进步和完善在某种程度上是和反常分不开的。由此可见，一定的道德素质和一定类型的自杀是互相对应和互相关联的，两者不可或缺，因为自杀只是每一种道德素质在某些特殊条件下必然要采取的形式，而这些特殊条件不可能不产生。

但是有人会说，这些不同的倾向只是在增强的时候才引起自杀，因此这些倾向难道不可能在所有的地方都是中等强度的吗？——这就要求所有地方的生活条件都是相同的：这既不可能也不受欢迎。任何社会都有某些特殊的环境，在这些环境中，各种集体的状态只有在变化的时候才深入人心，根据不同情况或是加强或是削弱。一种倾向要在全国具有某种强度，就必须在某些地方超过这种强度或达不到这种强度。

但是这些超过部分不论是多是少，不仅是必要的，而且是有用的。因为，如果最一般的状态也是最适合社会生活最一般情况的状态，那么这种状态就不可能与其他情况有关；不过社会应该能够适应任何情况。一个对活动的爱好从来不会超出一般水平的人，不可能在要求作出额外努力的情况下坚持下去。同样，一个思想上的个人主义不可能扩大的社会，不可能摆脱传统的束缚并更新它的信仰，即使这是必要的。相反，在这种同样的精神状态不能在有机会的时候减少到足以允许相反的倾向得以发展的地方，人们在战时、即被动的服从是首要义务的时候会怎么样呢？但是，这些活动形式要能够在有用的时候产生，社会就不应该完全忘记这些活动形式。因此，这些活动形式必须在共同的生活方式中有一席之地；例如有一些领域保持着一种毫不动摇的批评与自由讨论风气，而另一些领域如军队则几乎原封不动地保持着对权威的古老信仰。在平时，这些领域的行为当然不应该扩大到某种限度之外；因为在其中产生的感情符合某些特殊情况，所以这些感情基本上不会扩散。但是这些感情如果必须保持局部化，那么继续存在也是必要的。如果考虑到社会在同一个时期里不仅必须面对各种不遇的情况，而且不可能保持一成不变，那么这种必要性就更加明显了。在一个世纪里，与现代人相适应的个人主义和利他主义的正常比例不是一成不变的。如果现在没有未来的萌芽，那就不可能有未来。一种集体倾向要在发展时削弱或增强，也不应该固定为一种后来再也不能摆脱的形式；集体倾向如果在空间不表现出任何变化，那么在时间中也不会变化。[①]

产生于这三种精神状态的不同的集体忧郁倾向本身只要不过分，就不是没有存在的理由。事实上，认为纯粹的欢乐是正常的感觉状态，这是一种错误。人如果完全不受忧郁的影响，就不可能活下去。有许多多疑的人，你只有在爱他们时才能适应他们，而你在其中得到的乐趣必然有某种令人感到忧郁的东西。因此，忧郁只有在生活中占有过多的位置时才是病态的；但是完全被排除在生活之外同样是病态的。爱好表露欢乐的感觉应该被相反的爱好遏制；只有在这种条件下，这种爱好才能保持一定的分寸，并和各种事物相一致。社会和个人都是如此。过分的欢乐就是放荡，只适合于那些堕落的人，而且只能在这些人那里看到。生活往往是艰难的，往往是令人失望或空虚的。集体的感觉必然反映生活的这

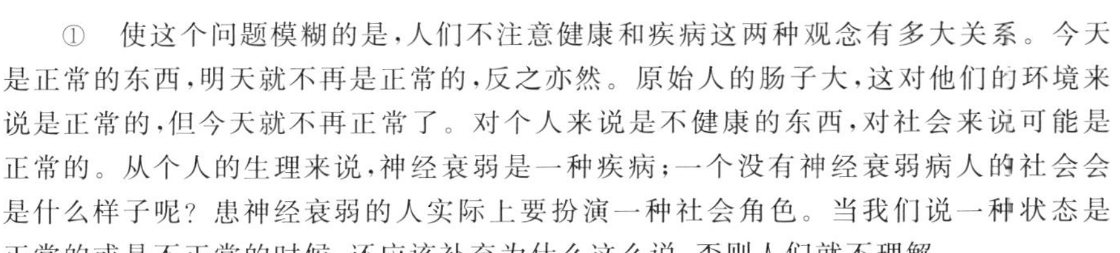

① 使这个问题模糊的是，人们不注意健康和疾病这两种观念有多大关系。今天是正常的东西，明天就不再是正常的，反之亦然。原始人的肠子大，这对他们的环境来说是正常的，但今天就不再正常了。对个人来说是不健康的东西，对社会来说可能是正常的。从个人的生理来说，神经衰弱是一种疾病；一个没有神经衰弱病人的社会会是什么样子呢？患神经衰弱的人实际上要扮演一种社会角色。当我们说一种状态是正常的或是不正常的时候，还应该补充为什么这么说，否则人们就不理解。

个方面。因此,除了促使人们信心十足地去面对世界的乐观主义倾向之外,必然有一种相反的倾向,这种倾向当然没有前一种倾向那样强烈和普遍,但还是能够部分地遏制前一种倾向;因为一种倾向本身并不自我限制,从来只能受另一种倾向的限制。根据某些迹象来看,甚至某种忧郁的倾向也是随着社会类型向高级发展而发展的。正像我们已经在另一部著作中说过的,[①]最文明的民族的伟大宗教比古代社会最简单的信仰更充满了忧伤,这至少是显而易见的事实。当然这不是说,悲观的倾向最终必然淹没其他倾向,而是证明悲观倾向没有失去地盘,而且看来并非注定要消失。不过,悲观的倾向要能存在和保持下去,必须在社会上有一种特殊的机制作为其基础,必须有一些个人群体特别代表这种集体情绪。但是扮演这种角色的那部分人口必然是很容易产生自杀念头的。

但是,必须把具有某种强度的自杀倾向看成是正常的社会学现象,并不因此而说明任何同类倾向必然具有同样的性质。如果克己的精神、热爱进步和崇尚个性在任何社会里都有它们的位置,如果它们不在某些时候变成自杀的起因,那么它们一定只是在某种程度上具有这种属性,而且因民族而异。这种属性只有在不超过某种界限时才是合理的。同样,集体的忧伤倾向只有在不占优势的条件下才是合理的。因此,现在文明国家的自杀现象是否正常的问题并没有因此得到彻底的解决,还需要研究一个世纪以来自杀大大增加是不是没有病理学根据。

---

① 《社会的劳动分工论》,第266页。

有人说过，这种增加是文明的代价。可以肯定，自杀的增加在欧洲是普遍现象，文化水平越高的国家就越是明显。事实上，普鲁士的自杀从1826年到1890年增加了411%，法国从1826年到1888年增加了385%，德意志奥地利从1841—1845年到1877年增加了318%，萨克森从1841年到1875年增加了238%，比利时从1841年到1889年增加了212%，瑞典从1841年到1874—1875年只增加了72%，丹麦在同期增加了35%。意大利自1870年以来，即自从成为欧洲文明的代表之一以来，自杀的人数从788名增加到了1653名，即20年内增加了109%。此外，自杀最普遍的是那些最文明的地区。因此可以认为，智慧的进步与自杀的增加之间有某种联系，彼此不能分开；[①]这种论点类似那位意大利犯罪学家的论点，根据他的论点，犯罪增加的原因和补偿是各种经济交往同时增加。[②] 如果这种论点得到承认，那就应该得出这样的结论：高级社会特有的结构包含着对自杀倾向的特殊刺激作用，因此，它们现有的这种极端暴力行为因为是必然的，所以是正常的，没有必要采取特殊措施来反对，除非同时反对文明。[③]

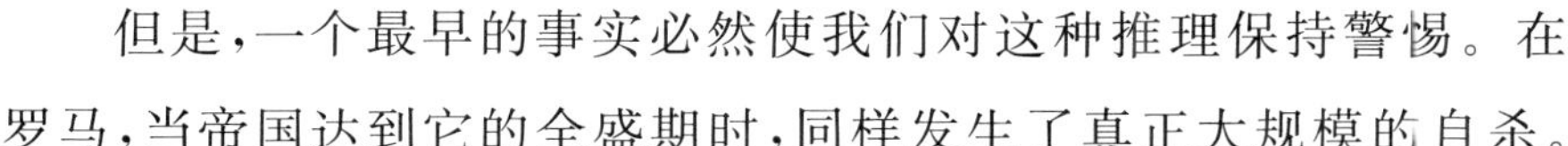

但是，一个最早的事实必然使我们对这种推理保持警惕。在罗马，当帝国达到它的全盛期时，同样发生了真正大规模的自杀。

① 厄廷根：《关于急性的和慢性的自杀》，第28—32页；《道德统计学》，第761页。

② 这位意大利犯罪学家就是波莱蒂先生；我们只是通过塔尔德先生在《比较犯罪学》第72页的介绍才知道波莱蒂先生的理论的。

③ 为了避免这种结论，有人（厄廷根）说，自杀确实只是文明的丑恶一面（Schattenseite，短处、弱点），而且有可能减少这一面而不必反对文明。但这是玩弄文字。如果自杀和文化产生于同样的原因，那就不可能减少自杀而不削弱文化，因为有效地减少自杀的唯一办法是消除其原因。

因此可以肯定，像现在一样，这是人们发展智力所付出的代价，是有教养的民族给自杀提供更多牺牲品的规律。但是，后来的历史证明这种归纳法多么没有根据，因为自杀的流行只延续一时，而罗马的文化却继续保存下来。不仅基督教社会吸收了这种文化最好的成果，而且自16世纪以来，在印刷术发明以后，在文艺复兴和宗教改革运动之后，基督教社会已经大大地超过了古代社会所达到的最高水平。然而，直到18世纪，自杀还只是略有发展。因此，进步不是必然要流这么多血，因为这些成果可以保留下来甚至超过，而不会继续产生同样的杀人效应。但是，今天难道不可能是同样的情况，我们的文明的发展和自杀的发展没有逻辑上的关系，因此可以制止自杀的发展而不同时停止文明的发展吗？此外，我们已经看到，自杀在进化的最初阶段就出现了，而且有时极端严重。因此，既然自杀存在于最粗野的部落中，那就没有任何理由认为自杀必然与非常文雅的习俗有关。当然，古代的自杀类型有一部分已经消失；正是这种消失应该使我们每年的自杀人数有所减少，但是今天自杀却变得更加严重，这就更加令人感到奇怪了。

因此有理由相信，自杀的增加不是由于进步的固有性质，而是由于今天发生自杀的特殊条件，但是没有任何理由使我们相信这些条件是正常的。因为我们不应该被科学、艺术和工业引人注目的发展所迷惑；这种发展肯定是在一种病态的兴奋中完成的，我们每个人都感到它令人痛苦的反作用。因此，自杀增加的根源很可能是现在伴随着文明的进步而来的一种病理状态，但不是必要条件。

自杀人数增加的速度甚至不允许有其他假设。事实上，在不到50年的时间里，不同国家的自杀人数增加了两倍、三倍、甚至四倍。另一方面，我们知道，自杀与社会结构最根深蒂固的东西有关，因为自杀表现了社会的情绪，而民族的情绪像个人的情绪一样，反映了机体最根本的状态。因此，我们的社会组织必定在这个世纪里发生了深刻的变化，所以才引起自杀率如此升高。然而，既严重又迅速的变化不可能不是病态的，因为一个社会不可能如此突然地改变结构。只是由于一系列缓慢和几乎难以觉察的变化，社会才终于具有另一些特点。而且这些可能发生的变化是有限的。一旦一种社会类型确定下来，就不再是无限可塑的；一个很快达到的限度不会被超越。因此，当代自杀统计所假设的各种变化不可能是正常的。不确切知道这些变化包括什么，人们就可以预先肯定，这些变化不是产生于有规律的进化，而是产生于一种病态的动荡，这种动荡完全可能彻底推翻过去的一切法规，但不可能建立任何新的法规，因为几百年的业绩不可能在几年内重新完成。但是，如果原因是不正常的，那么结果也不可能是正常的。因此，说明自杀倾向高涨的不是我们的文明日益光辉灿烂，而是一种危机和动荡的状态，这种状态的延长不可能没有危险。

在这些不同的理由之外，还可以加上最后一条。尽管集体的忧伤在正常情况下确实要在社会生活中起某种作用，但是并不普遍和强烈到渗入社会机体的高级中枢。这种忧伤始终是一种暗流，集体的主体隐约地感觉到并因此而受到影响，但不能明显地体会到。至少，即使这些隐隐约约的情绪终于影响公众的意识，也只是通过一阵一阵的冲动。同样，这些冲动通常只表现为部分的判断、孤立的格言，这些格言彼此互不联系，尽管看上去是完美无缺的，但也只表现现实的一个方面，而且要由某些相反的格言来纠正和补充。这些针对生活的令人伤感的格言和谚语式的俏皮话正是由此而产生的，这些格言和俏皮话有时是民族的智慧所热衷的，但并不比那些相反的格言数量更多。这些格言和俏皮话显然说明那些只是通过意识而没有完全占据意识的一时印象。这些感觉只有在获得一种异乎寻常的力量时，才吸引公众的注意而可能被当作整体来意识到，并且被协调和系统化，于是便变成完整的生活理论的基础。事实上，在罗马和在希腊，伊壁鸠鲁和芝诺的令人沮丧的理论正是出现在社会受到严重打击的时候。因此，这些伟大理论体系的形成是由于社会机体的紊乱使悲观的倾向达到某种不正常强度的标志。不过我们知道这类理论体系今天是如何多起来的。要对这类理论的数量和重要性有一个正确的概念，光想到那些正式具有这种性质的哲学(例如叔本华和哈特曼等人的哲学)是不够的，还应该考虑到所有在不同的名义下产生于同样精神的哲学。无政府主义者、唯美主义者、神秘主义者和革命的社会主义者，即使他们不对未来感到灰心，至少和悲观主义一样痛恨或厌恶现状，同样需要摧毁或逃避现实。集体的忧郁如果没有得到病态的发展，就不会如此侵入人们的意识，因此，由此而引起的自杀的发展也属于同样的性质。①

因此，所有的证据加在一起，使我们把一个世纪以来自杀的人

① 这种论点可能遭到反对。佛教和耆那教都是系统的生活悲观论，那么是否应把这些宗教看成是信奉者们的病态标志呢？我们对这些宗教了解得太少，所以不能冒昧地问答这个问题。希望大家认为我们的推理只适用于欧洲各民族，甚至只适用于城市类型的社会。在这个范围内，我们相信这种推论是不会引起争议的。但是其他某些社会所特有的克己精神可能自成体系，这也没有什么不正常。

数大大增加看成是一种越来越可怕的反常现象。用什么办法来消除这种现象呢？

二

有些作者曾经极力主张恢复从前使用过的恫吓性惩罚。①

我们愿意相信，当前我们对自杀的宽容实际上是过分了。既然自杀违背道德，就应该受到比较严厉和明确的谴责，而这种谴责应该以外部的和明确的迹象表现出来，即表现为惩罚。我们的惩罚制度在这方面的放松，本身就是一种不正常的现象。不过，稍微严厉一点的惩罚也行不通，不会被公众的意识所容忍。因为正像我们已经看到的，自杀是真正的美德的近亲，只是过分了。因此舆论对自杀的评价容易产生分歧。因为自杀在一定程度上是由舆论所尊重的感情引起的，所以舆论在谴责自杀时不能没有保留和毫不犹豫。理论家们在自杀是否违背道德的问题上旷日持久的争论就是由此而来的。因为自杀通过一系列逐步发生的中介行为与道德所赞许或容忍的某些行为联系在一起，所以人们有时认为自杀与这些行为属于同样的性质，愿意使自杀得到同样的容忍，这也就不奇怪了。对杀人和抢劫就很少提出这样的疑问，因为这里的界线比较明确。②

① 其中有利尔，见他的著作第437页以下。

② 这并不是说，甚至在这些情况下，合乎道德的行为和不合乎道德的行为之间的区别也是绝对的。善与恶之间的对立并没有一般意识所赋予它的那种彻底性。人们总是通过难以觉察的堕落从善过渡到恶，善与恶的界线往往是不明确的。不过，在涉及已被证实的犯罪行为时，和自杀的距离是很大的，这两种极端行为之间的关系就不太明显了。

此外，不管怎样，自杀者把自己处死这个事实也会引起太多的同情，以致谴责不可能是毫不容情的。

由于这些原因，人们因此只能规定某些道义上的惩罚。可能做到的一切就是，拒绝给予自杀者正式落葬的荣誉，剥夺自杀者的某些公民权利、政治权利或家庭里的权利，例如做父亲的某些权力和担任公职的资格。我们相信，舆论会毫无困难地承认，任何试图逃避基本义务的人，他的相应权利也要被剥夺。但是不管这些措施多么合理合法，也永远只能产生非常次要的影响；以为这些措施足以制止这种暴力行为的倾向，这是幼稚的想法。

此外，仅仅靠这些措施不可能从根本上消除这种罪恶。实际上，我们之所以不打算在法律上禁止自杀，是因为我们没有强烈地感到自杀的不道德性。我们听任自杀自由发展，因为自杀不再像从前那样使我们反感。但是能够唤起我们的道德感的决不是法律条文。一种行为在我们看来是否在道义上令人憎恶并不取决于法律。如果法律制止公众的感情认为是无害的行为，那么使我们感到气愤的是法律，而不是法律所惩罚的行为。我们过分容忍自杀是因为产生自杀的精神状态是普遍存在的，我们不能谴责自杀而不谴责我们自己；这种精神状态在我们身上太根深蒂固了，所以不能部分地加以原谅。唯一能使我们比较严厉的办法是对悲观主义倾向直接采取行动，使这种倾向恢复正常并加以限制，使大多数人的意识不受其影响并更加坚定。一旦大多数人的意识恢复了正常，就会以适当的方式抵制一切有害的倾向。再也不需要一种完全是想象出来的惩罚制度；在需要的压力下，这种制度会自行形成。迄今为止，这种制度都是人为的，因此没有多大用处。

教育难道不是获得这种结果最可靠的手段吗？既然教育可以影响各种性格，那么培养各种性格，使之比较坚强，从而不宽容那些自暴自弃的愿望，这不就行了吗？这正是莫塞利所想到的。他认为，预防自杀的办法完全包含在下述格言中："培养人们协调思想和感情的能力，使他们能够在一生中追求一个明确的目标；总之，给道德性格以力量和能量。"[①]一个完全不同的学派的一位思想家得出了同样的结论："弗朗克先生说，如何消除自杀的原因呢？只要改进教育大业，努力不仅培养智慧，而且培养性格，不仅培养观念，而且培养信念。"[②]

但这是赋予教育一种它所没有的能力。教育只是社会的映象和反映。教育模拟社会并以缩小的形式复制社会，而不是创造社会。当民族本身是健康的，教育就健康；但是教育和民族一起变质，它自身是不会自行改变的。如果道德环境是污浊的，由于老师们自己生活在其中，所以他们不可能不被感染，那么他们如何使他们所培养的学生接受不同于他们已经接受的指导呢？每一代新人都是他们的前辈扶养起来的，因此，后者为了改良他们的后代，他们就应该改良他们自己。我们是在一个圈子里循环。完全可能发生这样的情况，相隔很久可能出现一个思想和愿望超过他的同辈的伟大；但人们不是用某些孤立的个性来彻底改变民族的道德素质的。当然，我们很愿意相信，一种有说服力的呼声能够像魔法似的改变社会的本质；但是，在这里和在其他地方一样，无中不能生有。

① 莫塞利的著作第 499 页。

② 《哲学词典》《自杀》条。

最坚强的意志也不能从虚无中汲取并不存在的力量，而失败的经验总是来驱散这些随意的幻想。况且，不管怎样，由于某种不可理解的奇迹，教育制度可能和社会制度对立起来，而且由于这种对立，教育制度可能变得毫无效果。如果要使产生人们要与之作斗争的道德状态的集体组织维持下去，那么小孩从开始和这种组织接触之时起，就不可能不受到它的影响。学校的人为环境只能保护他一时，而且这种保护很不得力。随着现实生活对他的进一步侵蚀，这种组织就会破坏教师的工作。因此，只有在社会本身得到改造的时候，教育才能得到改造。为此，必须消除社会产生弊端的原因。

不过，这些原因我们现在已经知道了。我们在说明各种主要自杀倾向的根源时，已经明确了这些原因。然而，其中有一种倾向肯定与当前自杀的发展毫无关系，这就是利他主义的倾向。实际上，这种倾向已经大大地失去了它所赢得的地盘；它只是在低级社会里占上风。尽管它在军队中被保留下来，但看来也没有达到不正常的强度；因为它在某种程度上是保持尚武精神所必需的。而且，这种倾向甚至在军队中也越来越衰退。因此，只有利己主义自杀和反常自杀的发展可以被看成是病态的，只有这两种自杀是我们必须关心的。

利己主义自杀的根源，是社会在各方面都没有足够的整合作用使它的所有成员从属于它。因此，这种自杀之所以过分地增加，是因为它所依赖的这种状态本身在蔓延，是因为混乱而虚弱的社会听任它的许多成员完全摆脱它的影响。因此，纠正这种弊病的唯一办法，是使各种社会群体具有足够的稳定性，以便这些群体更加牢靠地留住个人，个人更加依恋群体。应该使个人更加感到和在时间上先于他而存在、比他存在的时间长而且在各方面都超过他的集体利害一致。在这种情况下，他就不再在自己身上寻找自己行为的唯一目标，而且，由于懂得他是达到超越他的目标的手段，所以他就会意识到他对某件事有用。生活在他的眼里就重新有了某种意义，因为生活重新找到了目标和正常的方向。但是什么团体最适合于不断地使人们恢复这种有益的团结一致的感情呢？

不是政治团体。尤其是今天，在我们这些现代大国中，政治团体离个人太远，不能有效地不断影响个人。不管在我们的日常生活和整个政治生活之间有什么联系，这种联系终究太间接，不能使我们对这种联系有某种强烈和不间断的感情。只有在关系到重大的利益时，我们才强烈地感觉到我们对政治团体的依赖状态。当然，在那些构成道德精英的人那里，完全没有国家观念的情况是很少见的；但是在平时，这种观念是模糊的，隐隐约约地表现出来，有时甚至完全被掩盖起来。需要有一些特殊的情况，例如民族或政治大危机，国家观念才会被置于首要地位，渗入人们的意识，成为行为的指导动机。然而，能够经常抑制自杀倾向的不是一种如此间歇的影响。个人必须在一生中不是相隔很久而是每时每刻都能意识到，他的所作所为是有某种目的的。但是，只有在一种比较单纯和范围较小的社会环境更加紧密地包围着他，并且提供某种比较接近他的活动的条件，才可能做到这一点。

宗教团体同样不适合起这种作用。当然，这并不是因为宗教

团体在一些特定的条件下不能施加某种有益的影响,而是因为施加这种影响的必要条件现在不再存在。实际上,宗教团体只有在强大到足以约束个人的时候才能防止自杀。正因为天主教强迫它的信徒接受大量教条和教规,甚至影响他们世俗生活的所有细节,所以它比新教更能使他们遵守教条和教规。天主教徒不大可能看不到把他和他是其中一分子的宗教团体联系在一起的纽带,因为这个团体时时刻刻以适用于不同生活环境的戒律形式提醒他。他不需要惶惶不安地寻思他的所作所为有什么目的;他把这些所作所为全部向天主汇报,因为这些所作所为大部分是由天主安排的,也就是说,是由代表天主的教会安排的。而且,因为这些戒律被认为来源于某种超人的权威,所以人类没有权利去思考这些戒律。把这些戒律归于这种起源,而又允许自由地批评这些戒律,这将是真正的自相矛盾。因此,宗教只有在不允许人们自由思考的情况下才能减少自杀的倾向。不过,从现在起就很难控制个人的才智了,而且会变得越来越难。这种控制伤害我们最珍贵的感情。我们越来越拒绝承认有人可以限制理性,并且对他说:你别走得太远了。这种变化并非始于昨天;人类的思想史就是自由思考的进步史。因此,要想制止一种充分证明是不可抗拒的潮流,这就太幼稚了。除非现在的大社会无可挽回地分解,我们又回到从前那种小社会集团,[1]这就是说,除非人类回到它的起点,否则宗教就再也

① 希望大家不要误解我们的想法。当然,现在的社会有朝一日会消亡,分解成比较小的群体。不过,如果根据过去来推测将来,那么这种情况只是暂时的。这些小群体将成为比今天的社会大得多的新社会的组成部分。而且可以预料,这些群体本身要比形成现在社会的群体大得多。

不能对意识产生非常深远的影响。这并不是说不会建立新的宗教。但是,唯一能存在的将是比新教最自由的教派还要重视研究权和个人首创精神的宗教。因此,这些宗教不会对它们的成员采取为制止自杀所必不可少的行动。

相当多的作者之所以把宗教看成是这种弊病的唯一补救办法,是因为他们误解了宗教权力的起源。他们几乎把宗教完全归结为许多崇高的思想和庄严的格言,他们认为,这些思想和格言的理性主义归根结蒂能够扎根在人们的心灵之中,足以防止各种弊病。但这是对宗教的本质、尤其是把宗教有时使人们有自杀免疫力的原因搞错了。实际上,这种特权并不是来自它对人们所保持的一种多少有点神秘的说不清楚的模糊感觉,而是来自它使人们的行为和思想服从的强有力的和详细的纪律。当宗教只不过是一种象征性的理想主义、一种可以讨论和与我们的日常工作没有多大关系的传统哲学时,它就很难对我们产生许多影响了。被国王逐出世界的世俗生活的上帝不可能作为我们世俗活动的目标,因此我们的世俗活动也就没有了目标。从此以后,与上帝无关的东西太多了,以致他不能使生活具有某种意义。上帝把对他没有价值的世界留给了我们,同时也把与世俗生活有关的一切留给了我们。能够阻止人们抛弃生命的不是对我们周围的神秘事物的思考,甚至不是对万能的上帝的信仰。上帝无限地远离我们,而我们只能在不确定的未来想到他。总之,我们只有在被社会化的情况下才能预防利己主义的自杀,但是宗教只有在剥夺了我们的自由研究权的情况下才能使我们社会化。不过,宗教现在再也没有足以使我们作出这种牺牲的权威,而且很可能再也不会有了。因此,

我们不能指望宗教来制止自杀。况且，如果那些认为复兴宗教是拯救我们的唯一办法的人本身的意见是一致的，那么他们应该复兴的也是最古老的宗教。因为犹太教比天主教更能预防自杀，天主教又比新教更能预防自杀。然而，最脱离世俗行为、因而是最理想主义的却是新教。相反，犹太教尽管在历史上起过重要作用，但在许多方面依然保留着最原始的宗教形式。它根本不可能用教条道德和智慧上的优势来影响自杀，这是千真万确的。

还有家庭的预防作用也是肯定的。但是，认为只要减少独身者的数量，就足以制止自杀的发展，这却是一种幻想。因为尽管已婚者的自杀倾向比较小，但这种倾向正在和独身者的自杀倾向以相同的规律性和比例扩大着。从 1880 年到 1887 年，已婚者的自杀增加了 35%（从 2735 起增加到 3706 起）；独身者的自杀只增加 13%（从 2554 起增加到 2894 起）。根据贝蒂荣的计算，在 1863—1868 年期间，前者的自杀率为百万分之 154，1887 年为百万分之 242，增加了 57%。同期，独身者的自杀率并没有增加很多：只是从 173 增加到 289，增加了 67%。**因此，本世纪自杀的大量增加与婚姻状况无关。**

实际上，家庭结构的变化使家庭不再具有从前那种预防的作用。从前，家庭把它的成员从出生到死亡一直留在它的活动范围之内，形成一个具有某种永久性的不可分割的严密整体，而今天，这种家庭的存在是很短暂的。家庭刚刚建立就分散了。孩子们一旦长大，他们往往离开家庭去求学；尤其是，一旦成年，他们就远离父母去成家立业，家庭便人去楼空，这几乎成了规律。因此可以说，在大部分时间里，家庭只有夫妇二人，而我们知道，这对自杀的影响是微乎其微的。因此,家庭在生活中的地位降低,也就不能作为生活的目标了。这当然不是说我们不爱我们的孩子,而是他们以不很密切和不很经常的方式参与我们的生活,所以我们的生活需要有其他的存在理由。因为在没有他们时我们也必须活下去,所以我们必须使我们的思想和行动依附于其他目标。

但是,尤其是这种周期性分散使作为集体存在的家庭化为乌有。从前,家庭社会不仅是一个个人集合体,用相互之间的感情纽带联系在一起,而且在它的抽象的和客观的统一体中,它本身也是一个群体。它使人想到世代相传的姓氏和一切有纪念意义的东西:家里的房子、祖先的田地、传统的地位和声誉等等。这一切都在趋于消失。一个随时可能解体的社会只能在全新的条件下用其他成分重建,所以它没有足够的连续性来形成自己的面貌和能够使它的成员依恋的历史。因此,如果人们不更换这种正在背离他们的旧的活动目标,那么生活就不可能不出现极大的空虚。

这种原因不仅使已婚者的自杀增加,而且也使独身者的自杀增加。因为这种家庭状况迫使年轻人在能够成家立业之前就离开自己出生的家庭;正是部分地由于这种原因,单身家庭变得越来越多,而且我们已经看到,这种分离强化了自杀的倾向。然而,什么都不能制止这种变动。从前,当每一个局部环境由于习惯、传统和缺少通讯手段而不同程度地与其他局部环境隔绝时,每一代人都不得不留在他们的出生地,或者至少不能离得太远。但是,随着这些障碍的减少,这些特殊环境的差别消除了,而且彼此混合起来,个人也就不可避免地按照自己的抱负和兴趣分散到向他们敞开的更广阔的空间。因此,任何人为的方法都不能阻碍这种必然的分散，把成为家庭力量的不可分割性归还家庭。

三

那么这种弊病是不是不可救药呢？乍一看来，可以认为是不可救药的，因为在我们前面谈到的起有利影响的所有团体中，看来没有哪一个能够真正消除这种弊病。但是我们已经证明，宗教、家庭和祖国之所以能够预防利己主义的自杀，原因不应该到它们所利用的特殊感情中去找。这些团体的这种能力都应归功于这样的事实：它们都是团体，而且只有在它们是非常完整的团体，即在任何方面都有节制的情况下，才有这种能力。因此，一个完全不同的团体也可以起同样的作用，只要它具有同样的凝聚力。除了宗教团体、家庭和政治团体以外，还有另一种还没有讨论过的团体，这就是同类劳动者、履行同样职责的合作者联合起来形成的职业团体或行会。

这种团体的定义就说明它有能力起这种作用。因为它是由从事同类工作的个人组成的，他们的兴趣是一致的，所以再没有比它更适合于形成社会思想和社会感情的场所了。出身、文化和职业的相同使职业活动成为共同生活最丰富的内容。此外，行会在过去就已经表明，它可以成为一种集体人格，甚至过分珍惜它的独立自主和它对其成员的权威；因此它无疑能成为他们的道德环境。在劳动者看来，行会的利益没有理由不获得这种可尊敬的性质，而在一个组织严密的团体里，社会利益总是高于个人利益的。另一方面，职业团体有三个方面对所有其他团体占优势：它在任何时候、任何地方都存在，而且它的影响涉及大部分人。它不像政治团体那样间歇地影响个人，而是始终和他们保持接触，只有这样，团体才能始终行使作为工具的职能，个人才能始终进行合作。职业团体能随着劳动者到他们所去的任何地方，而家庭则不能。不管他们在什么地方，他们都发现职业团体就在周围，使他们想到自己的责任，有机会时还支持他们。最后，因为职业生活几乎就是全部生活，所以我们生活的一切细节都感受到行会的影响，从而具有一种集体意识。因此，行会具有为围绕个人、使他脱离精神上的孤立状态所必需的一切；而且，由于现在其他团体不多，所以只有行会才能完成这种必不可少的任务。

但是，为了能产生这种影响，行会应该是在完全不同于今天的基础上组织起来的。首先，它必须不再是一个法律允许而国家不重视的私人团体，而应该成为我们社会生活中的一个确定的而且得到承认的机构。我们的意思并不是说必须使它具有强制性；但重要的是，它的组成是为了能够起一种社会作用，而不是仅仅体现各种特殊利益的不同组合。这还不是全部。为了不使这种机构形同虚设，就必须容纳所有能够在其中发展的生活萌芽。为了不使这种组织纯粹是一块招牌，就必须使它具有某些明确的职责，而它比任何其他组织都能更好地履行这些职责。

现在，欧洲社会处于这两种选择中：或者让职业生活无人管理，或者通过国家来管理它，因为没有其他法定的机构能够扮演管理者的角色。但是国家离这些复杂的现象太远，找不到适合于每一种现象的特殊形式。国家是一台笨重的机器，只能做一般的和简单的活。它的动作总是千篇一律的，不能够灵活并适应无数不同的特殊情况。由此可见,它必然是强制性的和一成不变的。但是,另一方面,我们清楚地意识到,不可能让无拘无束的生活处于无组织的状态。于是我们便在一种独裁的管理和一种一贯的放任之间无休止地来回摆动;前者由于过分刻板而变得不起作用,而后者则因为引起混乱而不能持久。只要涉及工作时间的长短、健康、工资或者互相帮助等事项,一切善良的愿望都会到处遇到同样的困难。有人刚刚尽力制定某些规则,这些规则就在实践中被证明是不适用的,因为这些规则缺少灵活性,或者至少不能适用于为之制定这些规则的方向,除非使用暴力。

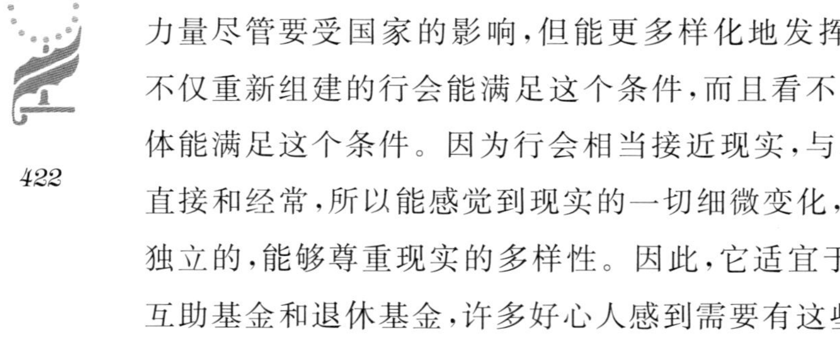

解决这种矛盾的唯一办法是建立国家之外的集体力量,这种力量尽管要受国家的影响,但能更多样化地发挥它的调节作用。不仅重新组建的行会能满足这个条件,而且看不到有什么其他团体能满足这个条件。因为行会相当接近现实,与现实的联系相当直接和经常,所以能感觉到现实的一切细微变化,而且一定是相当独立的,能够尊重现实的多样性。因此,它适宜于管理保险基金、互助基金和退休基金,许多好心人感到需要有这些基金,但把它交到国家的如此强大和如此不灵活的手里,就不无理由地犹豫不决;行会也适宜于解决同一行业不同部门之间不断发生的冲突,根据不同的企业以不同的方式确定公正的合同必须遵守的条件,以共同利益的名义防止强者过分剥削弱者,等等。随着劳动的分工,法律和道德在行使每一种特殊的职能时采取不同的形式,但在任何地方都以同样的普遍原则为基础。除了所有人共有的权利和责任之外,还有一些根据每种职业规定的权利和责任,其数量和重要性随着职业活动的日益发展和多样化而增加。每一种特殊的纪律都需要有一个同样特殊的机构来实施和保持。如果不是同一种职业的劳动者,谁能组成这种机构呢?

这里扼要地说明一下行会应该是什么样子,以便能够起到人们有权期望它所起的作用。当然,如果考虑到行会的实际状况,就有点难以想象它能被提高到道德权威的地位。实际上,它是由个人组成的,但是没有什么东西把他们彼此联系在一起,他们之间只有表面的和断断续续的关系,甚至随时准备把对方当作竞争者和仇敌来对待,而不是当作合作者来对待。但是,有朝一日他们有了许多共同的事情,他们和他们所属的群体之间的关系就会在这一点上密切起来和持续下去,一些几乎还不知道的利害一致的感情便会油然而生,职业界那种如今还使它的成员感到如此冷淡和如此格格不入的道德气氛便必然会热烈起来。而且正像前面那些例子所能证明的,这些变化将不仅发生在经济生活的代理人身上。在社会上,没有不需要这种组织和不能接受这种组织的行业。其网络如此松弛的社会组织将全面地收紧和加强。

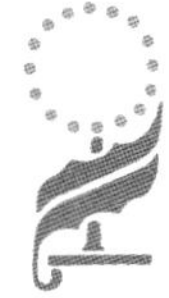

遗憾的是,古代行会在历史上留下的坏名声却不利于这种普遍感到有此必要的复兴。然而,为了证明行会是必不可少的,行会不仅从中世纪而且从古希腊罗马时期就已经存在这个事实难道不是更有说服力吗?[①] 而现在废除行会并不能证明行会无用。如果说,除了一个世纪以外,任何地方的职业活动取得某些进展,都是由行会组织的,那么这种组织难道不是真的有必要吗?如果说这

① 第一批手工者的团体可以追溯到罗马帝国。见马尔克瓦特:《罗马市民的私生活》第 2 卷,第 4 页。

种组织有100年没有充分发挥它的作用，补救的办法是纠正它的错误并加以改进，而不是彻底消灭它。诚然，这种组织终于成了最刻不容缓的进步的障碍。在一个精神上和政治上统一的国家里，完全是地方性的、不受任何外部影响的旧行会成了毫无意义的东西：它所享有并使它成为国中之国的过分独立自主不可能保持下去，因为向四面八方伸出它的触角的国家机构越来越使全社会一切次要的机构都从属于它。因此，应该扩大这个机构的基础，并使它和整个国民生活联系起来。但是，如果不同地方的同类行会不是保持孤立，而是互相联系起来形成一个系统，如果所有这些系统都受到国家的普遍影响，从而抱有一种团结一致的感情，那么官僚的专制和职业的利己主义就会被限制在合理的范围内。事实上，在一个分布在辽阔的土地上的庞大的联合体中，传统不可能像在一个不超过一个城市范围的小集体里那样容易毫无变化地保持下去；[①]同时，每一个特殊的群体一旦与公共生活的指导中心有了经常的联系，它就不那么倾向于只看到和只追求自身的利益。只有在这种条件下，关于共同事业的思想才会在个人的意识中以充分的连续性保持着清醒的状态。因为，就像每一个特殊机构和负责代表各种普遍利益的权力机构之间的联系不会中断一样，社会也不会以断断续续或含糊的方式仅仅提醒个人想起它，我们将会在日常生活的整个过程中感觉到它的存在。但是，由于推翻现有的一切而没有任何东西取而代之，所以只能用更加堕落的个人利己主义取代行会的利己主义。因此，在这个时期所完成的全部破坏

① 理由见我们的《社会的劳动分工》第2卷第3章，尤其是第335页以下。

中，只有这一点是应该感到遗憾的。由于解散了那些唯一能够联合各种个人意愿的团体，我们就亲手摧毁了用来重建我们的道德的工具。

但是，这样受到限制的不仅是利己主义的自杀。与利己主义自杀有同源关系的反常自杀也可以受到同样的对待。事实上，在社会的某些方面，反常是由于没有集体的力量，也就是说，是由于没有为了能够管理社会生活而组成的团体。因此，反常部分地产生于这种分裂状态，利己主义倾向也产生于这种状态。不过，这种原因产生不同的结果，要看它的影响范围，要看它是影响主动的和实际的职能还是影响象征性的职能。它刺激并加强前一类职能，迷惑并打乱后一类职能。因此，在这两种情况下，补救的办法是相同的。事实上已经可以看到，行会的主要作用在将来和在过去一样，都是调节社会职能，尤其是经济职能，从而使这些职能摆脱现在所处的无组织状态。每当受到刺激的贪婪倾向于不再承认任何限度时，就要由行会来确定每一类合作者应该公平地享有的份额。行会高于它的成员，具有全部必要的权威来要求他们作出牺牲和必要的让步，并迫使他们接受某种规则。行会强迫强者有分寸地使用他们的力量，防止弱者无休止地提出他们的要求，提醒双方想到彼此的责任和普遍的利益，在某些情况下安排好生产，以免生产转化成一种病态的狂热；与此同时，行会用一种激情来缓和另一种激情，并为这些激情规定限度，使这些激情有可能平息下来。这样，一种新的道德纪律便可以建立起来，没有这种道德纪律，所有的科学发现和经济进步就只能引起不满。

我们不知道这种如此迫切需要的公平分配法可以在什么别的

环境下制定出来，也不知道这种法律可以由什么别的机构来实施。从前，宗教部分地起过这种作用，但是现在就不适合于起这种作用了。因为它能使经济生活服从的唯一必要管理原则是鄙视财富。宗教之所以劝告它的信徒满足于他们的命运，这是根据这样的思想：我们在尘世的条件与我们的灵魂得救毫无关系。宗教之所以教导说我们的责任是驯服地接受环境为我们安排的命运，这是为了使我们完全专心于更值得我们努力去达到的目的；一般说来，宗教推崇禁欲也是出于同样的原因。但是，这种被动的顺从与世俗利益已经在集体生活中取得的地位是不相称的。世俗利益所需要的纪律，其目的不应该是使世俗利益降到次要的地位，而应该是使世俗利益有一个与其重要性相适应的组织。问题已经变得更加复杂，如果放纵欲望不是一种补救办法，那么为限制欲望而限制欲望也是不行的。如果旧经济理论的辩护士们不承认今天和从前一样需要一种规则是错误的，那么宗教机构的辩护士们认为从前的规则今天同样有效也是错误的。正是这种规则现在同样无效是弊病的原因。

这些简单的解决办法不适用于这种情况的难点。当然，只有一种道德力量能够使人们遵守法律，但是这种力量也必须介入这个世界上的各种事件，才能估计这些事件的真正价值。职业团体就表现出这种两重性。因为它是一个团体，所以它相当公开地控制着个人，以便限制他们的贪婪；但是它过于靠他们的生存来维持自己的生存，所以不会同情他们的需要。此外，国家本身当然有一些重要的职能要完成。只有国家才能用普遍的功利感和有机平衡的必要性来对抗每个行会的本位主义。但是我们知道，国家的行动只有在有一系列从属机构使这种行动多样化时才行之有效。因此，首先应该建立这些从属机构。

但是有一种自杀不会被这种办法制止：这就是夫妻的不正常生活引起的自杀。在这里，我们似乎遇到了一个无法解决的矛盾。

我们已经说过，这种自杀的原因在于离婚制度，以及产生这种制度而这种制度只会使之神圣化的全部思想和习俗。那么是不是应该废除这种制度呢？这个问题太复杂了，不能在这里探讨：只有在研究了婚姻及其演变之后，才能有效地讨论这个问题。现在，我们暂时只能探讨一下离婚和自杀的关系。从这个观点出发，我们可以说：要减少夫妻的不正常生活所引起的自杀，唯一的办法是使婚姻关系牢不可破。

但是，使这个问题特别令人不安并几乎带有某种悲剧色彩的是，人们不能由此减少丈夫的自杀而不增加妻子的自杀。是不是必定要牺牲夫妻中的一方，从而使这种解决办法将导致两害相权取其轻呢？只要夫妻双方在婚姻中的利益明显地有矛盾，我们看不出还可能有别的什么办法。只要一方首先需要自由，而另一方首先需要受束缚，那么婚姻制度就不可能对双方同样有利。但是这种使现在的解决办法毫无结果的对立并非无法补救，而是可以指望它必定会消失。

实际上，这种对立是由于夫妻双方并不同样参加社会生活。丈夫积极参加而妻子只是远远地作壁上观。因此，他的社会化程度要比她高得多。他的爱好、愿望和心情多半产生于集体，而他的伴侣的爱好、愿望和心情却更直接地受机体的影响。他有着与她完全不同的需要，因此，调节共同生活的制度不可能是公平的，也不可能同时满足如此对立的需要。这种制度不可能同时适合于两个人，其中的一个几乎完全是社会的产物，而另一个则在更大的程度上是自然的产物。但是没有证据表明这种对立必然会保持下去。当然，从某种意义上说，这种对立原来不像今天这样明显；但是不能由此得出结论说，这种对立必定会无休止地发展下去。因为最原始的社会状态常常在进化的最高级阶段再现，不过是以不同的、几乎与原来相反的形式再现。当然，没有理由假设，妻子和丈夫在社会上能够起同样的作用；但是妻子可以在社会上起一种完全属于她的、比今天更积极更重要的作用。女性不会再变得像男性一样；相反，可以预料，男女之间的区别将更加明显。不过，对社会来说，这种区别将比过去更有用。例如，随着男子越来越被功利主义的职能所吸引而不得不放弃审美的职能，为什么审美的职能就不能重新归属于妇女呢？这样，男女便会变得相似，但又有所区别。他们可以同样地社会化，不过是以不同的方式。[①] 看来进化正是在这种意义上发生的。在城市里，男女之间的区别要比农村大得多；不过，城市妇女的智力和道德素质受社会生活的影响最大。

不管怎样，这是缓和当前分隔男女的可悲的道德冲突的唯一办法，关于自杀的统计已经向我们明确地证明了这一点。只有在

---

① 可以预料，这种区别很可能不再像今天这样具有严格意义上的调节性质。妇女将不会被正式排除在某些职能之外而去承担另外一些职能。她们可以比较自由地选择，不过她们的选择是由她们的天赋决定的，所以一般说来会集中在某一类职能的范围内。选择看来是一致的，但不是强制性的。

夫妻之间差距不大时，结婚才不会必然有利于一方而不利于另一方。至于现在那些为男女权利平等呐喊的人，他们忘记了几个世纪形成的传统是不可能一下子被废除的；而且，只要心理上的不平等还是这样明显，法律上的平等就不可能是合情合理的。因此，我们应该努力减少心理上的不平等。男女要能同样地受到婚姻制度的保护，他们首先应该是同样性质的人。只有到那时，夫妻关系的不可分离性才可能不再被指责为只适用于对立双方的一方。

四

总之，正如自杀不是由于男子在生活上可能遇到的困难，制止自杀发展的办法也不是使斗争不再艰苦和生活更加安逸。自杀的人现在之所以比从前多，不是因为我们为了保存自己必须作出更痛苦的努力，也不是因为我们的合法需要没有得到充分的满足，而是因为我们不知道合法的需要何处是止境，我们看不到我们所作努力的意义。当然，竞争变得一天比一天激烈，因为更加便利的交通使越来越多的竞争者加入了竞争。但是，从另一方面来看，更加完善的劳动分工和随之而来的更为复杂的协作无限地增加和改变着使一个人可以对别人有用的职业，从而增加了生存的手段，并使各色各样的人都能掌握这些手段。甚至天赋最低下的人也能在其中找到一席之地。与此同时，这种更巧妙的协作所导致的更大量的生产增加了人类所掌握的财富，同时保证每个劳动者都得到丰厚的报酬，从而使精力的极大消耗和精力的恢复保持平衡。事实上可以肯定，在社会等级的每一个层次上，一般的生活福利都增加了，尽管这种增加也许并不总是按照最公平的比例。因此，我们的苦恼不是客观原因增加了数量或强度所造成的；这种苦恼不是证明在经济上更加贫困，而是证明令人不安的道德贫困。

不过，不应该误解这个词的意义。当我们谈到一种完全是道德方面的个人或社会弊病时，通常是指这种弊病没有任何有效的治疗办法，只有通过不断的规劝和合理的指责才能治愈，一句话，只有通过某种口头上的影响才能治愈。有人在推理时，好像一系列思想与外部世界无关，因而为了打乱和彻底改变这一系列思想，似乎只需要以某种方式宣布一些确定的程式就行了。他们没有看到，这是把原始人用于物质世界的信仰和方法用于精神世界。就像原始人相信咒语能够把一个人变成另一个人那样，我们也默认用某些适当的话就可以改变一个人的理解力和性格，而没有意识到这种想法的肤浅。就像野蛮人在坚决表示他愿意看到某种自然现象的出现时，自以为通过交感巫术就可以引起这种现象那样，我们以为，如果我们热情地宣称我们希望看到某种变化的完成，这种变化就会自动发生。但是，一个民族的精神体系实际上是确定的力量体系，不可能通过简单的禁令来打乱和重新安排。实际上，这种精神体系取决于各种社会成分的组合和组织。既然是一个以一定数量的个人以一定的方式构成的民族，就会产生一系列集体的思想和习惯，只要决定这些思想和习惯的条件不变，这些思想和习惯就保持不变。事实上，集体存在的性质必然根据其组成部分的多少和按哪一方式组成而变化，它的思想和行为的方式也随之而变化；但是我们只能改变集体存在本身才能改变其思想和行为的方式，我们不能改变集体存在而不改变其组织结构。因此，我们在

把以自杀的不正常发展为其症状的弊病称之为道德上的弊病时，决不是想把这种弊病归结为可以用一些好话来消除的某种表面上的疾病。恰恰相反，由此向我们暴露的道德气质的变化证明我们的社会结构发生了深刻的变化。因此，要消除一种变化，就必需消除另一种变化。

我们已经说过，根据我们的看法，应该如何消除这种变化。但是终于证明其迫切性的不仅是自杀的现状，而且是我们整个历史的发展。

事实上，历史发展的特点是相继抛弃了一切旧的社会组织形式。这些组织形式一个接一个地不是被时间慢慢地消蚀，就是被巨大的动荡所摧毁，但不是没有另一种形式来取而代之。起初，社会是在家庭的基础上组织起来的，它是由许多比较小的社会，即其成员是或被认为是有亲属关系的氏族组成的。这种组织看来没有以纯粹的状态持续很久。家庭很快就不再是一种政治上的划分，而变成了私生活的核心。于是，地域集团便取代了原来的家庭集团。久而久之，同一地域里的个人形成了不是取决于血缘关系的共同观念和习俗，但这些观念和习俗与较远地域的观念和习俗不尽相同。这样便形成了一些小的集合体，这些集合体只有邻居关系和由此而产生的种种关系，没有其他物质基础，但每个集合体都有自己与众不同的面貌；这就是村落和更大的城市及其属地。当然，最一般地说来，这些集合体不会保持一种原始的孤立状态。它们互相结成联盟，以各种形式组织起来，从而形成更加复杂的社会，但它们在进入社会时依然保持着自己的个性。它们始终是基本的组成部分，整个社会只是这些基本组成部分放大了的复制品。

但是，随着这些联盟的关系变得更加密切，彼此的地域界线便逐渐变得模糊不清，并且失去它们原来的道德个性。从一个城市到另一个城市，从一个地区到另一个地区，各种差别越来越少。[①] 法国大革命完成的伟大变革正是把各种差别减少到前所未有的程度。这次变革并不是法国大革命临时完成的，而是旧制度逐步中央集权化长期准备的结果。但是，在法律上撤销原有的省份，人为地建立名义上的新省份，使这次变革最终得到认可。从此以后，交通的发展在使人口混杂的同时，几乎彻底清除了旧事物的痕迹。与此同时，就像专业组织被彻底摧毁一样，社会生活的所有从属机构也都被彻底消灭。

在这场风暴中唯一保存下来的集体力量就是国家。因此，由于事物的力量，国家倾向于担任一切能够表现某种社会特点的活动，在它的面前只有数量不定的无数个人。但是，国家由此甚至不得不过多地承担不适合于它和它不能有效地完成的职责。国家既好管闲事又无能为力，这是一种经常听到的评语。它作出一种不正常的努力，插手各种不该它管的事，或者成事不足败事有余。因此人们指责它白费力气，实际上与获得的结果毫无关系。另一方面，个人除了接受国家的影响，不再接受别的集体影响，因为它是唯一有组织的集体。只有通过国家，个人才感觉到社会的存在和他们对社会的依赖。但是，由于国家离他们很远，所以只能隐隐约约和断断续续地影响他们；因此这种感觉对他们来说既不是连续

① 当然，我们只能指出这种演变的主要阶段。我们的意思并不是说现代社会紧接着城市而来；我们只是没有提到中间的阶段。

的,也没有足够的力量。在他们一生的大部分时间里,周围没有什么东西使他们忘掉自己并把某种约束强加给他们。在这种情况下,他们不可避免地陷入利己主义或放纵自己。一个人不可能致力于达到他力所不能及的目标并服从某种规则,如果他看不到在他之外还有与他休戚相关的东西。使他摆脱一切社会压力,就是任他为所欲为和道德败坏。实际上,这就是我们的道德状况的两个特点。当国家为了能够相当有力地约束个人而畸形发展,但没有达到目的时,彼此之间没有联系的个人就像许多液体分子那样互相碰撞,不会遇到任何吸引、固定和组织他们的力量中心。

为了纠正这种弊病,人们有时建议在某种程度上恢复地方组织的自治权,这就是人们所说的地方分权。但是,唯一真正有效的地方分权是能够同时使各种社会力量更加集中的地方分权。应该在不放松把社会每个部分与国家联系在一起的纽带的情况下,形成对众多个人有国家不可能有的某种影响的道德力量。不过,为了能够施加这种影响,村社、地区和省现在对我们都没有足够的优势;我们只看到一些传统的、没有任何意义的招牌。当然,在一切条件都相同的情况下,人们通常更喜欢生活在他们出生或成长的地方。但是再也没有局部的祖国,也不可能再有。国家的一般生活是绝对统一的,不允许所有这一类的分散。人们可能对不再存在的东西感到惋惜,但这种惋惜是徒劳的。人为地恢复某种不再有基础的特殊精神是不可能的。从此以后,人们完全可以借助于某种巧妙的组合,减少一点政府机构的作用,但是决不能因此而改变社会的道德状况。人们可以用这种办法成功地减轻政府各部门的负担,但是不可能由此而使不同的地区具有不同的道德环境。

因为，不仅靠行政手段不可能达到这个目的，而且这个目的本身也是既不可能达到又不受欢迎的。

唯一可以增加共同生活中心而不破坏国家统一的地方分权是可以称之为专业性分权的地方分权。因为，由于每一个中心只是某种特殊和有限的活动的中心，所以彼此不可分开，而且个人可以依附于这些中心而不会削弱与整体的联系。社会生活可以分成若干部分，同时继续保持完整，只要每一个部分代表一种职能。正是越来越多的作家和国务活动家懂得了这一点，[①]他们愿意把专业团体作为我们的政治组织的基础，也就是说，不是按地区而是按行业来划分选举团。不过，为了做到这一点，首先应该组织同业公会。同业公会应该不同于在选举日汇合在一起而没有任何共同之处的那些个人的集会。同业公会能够起到人们给它规定的作用，只要它不再是一种约定俗成的存在，而是变成一个确定的组织，一种集体人格，有它的习俗和传统，有它的权利和义务，有它的统一性。最大的困难不在于通过政令规定按职业任命代表和每一种职业有多少代表，而在于使每一个同业公会成为道德上的特征。否则，人们只能从外部人为地限制那些现有的而人们希望更换的同业公会。

由此可见，一部关于自杀的专题论著所涉及的范围超出了它专门讨论的那些特殊性质的问题。自杀的反常发展和当代社会普遍存在的弊病是相同的原因引起的。自杀人数异常地增加表明文明社会正在经历严重的动荡，自杀的人数说明动荡的严重性。甚

① 关于这一点，见伯努瓦：《普选的组织》，载于《两个世界评论》杂志，1886 年。

至可以说，自杀的人数是衡量动荡严重性的尺度。如果这种动荡是一位理论家说的，那么我们可以认为这种动荡被夸大和扭曲了。但是，在自杀的统计中，这种动荡本身是记录在案的，没有个人评价的余地。因此，要防止这种集体的悲惨遭遇，至少要减轻集体的弊病，因为前者是后者的结果和征候。我们已经证明，为了达到这个目的，没有必要人为地恢复过时的、仅仅体现生活表面现象的社会形态，也没有必要创造全新的、历史上没有过的社会形态。应该做的是在过去的形态中寻找新生活的萌芽并促使其开花结果。

至于更确切地确定这些萌芽将来以何种形式开花结果，即详细说明我们所需要的专业组织应该是什么，这是我们在本书中不可能做到的。只有在专门研究行会制度及其发展规律之后，才有可能进一步明确说明上述结论。也不应该过高估计政治哲学家们通常所热衷的这些过分明确的计划的好处。这些计划都是想入非非，总是过分脱离复杂的事实，所以不可能对实践有很大用处；社会的现实不是很简单的，我们还不太了解它，所以不能预料到它的一切细节。只有和事物直接接触，才能使科学的各种学说具有所缺少的确定性。一旦确定了弊病的存在、内容和原因，如果我们因此而知道了补救办法的一般特点和应该何时使用这种补救办法，那么重要的不是先制订一个周密的计划，而是果断地行动起来。

图书在版编目(CIP)数据

自杀论/(法)埃米尔·迪尔凯姆著;冯韵文译.—北京:商务印书馆,2017
(汉译世界学术名著丛书:120 年纪念版:珍藏本)
ISBN 978-7-100-14553-4

Ⅰ.①自… Ⅱ.①埃… ②冯… Ⅲ.①自杀—社会学—研究 Ⅳ.①C913.9

中国版本图书馆 CIP 数据核字(2017)第 153591 号

汉译世界学术名著丛书
(120 年纪念版·珍藏本)
自 杀 论
社会学研究
〔法〕埃米尔·迪尔凯姆 著
冯韵文 译

商 务 印 书 馆 出 版
(北京王府井大街 36 号 邮政编码 100710)
商 务 印 书 馆 发 行
北京市十月印刷有限公司印刷
ISBN 978-7-100-14553-4

2017 年 12 月第 1 版　　开本 710×1000 1/16
2017 年 12 月北京第 1 次印刷　　印张 27½
定价:130.00 元